SMART

객관식

재무관리

목 차

머리말

SMART 객관식 재무관리 2판을 내며

본서는 공인회계사 1차 수험생들을 대상으로 하는 재무관리 수험서로서 이 책의 가장 큰 특징은 QUICK & SMART 이다. 이 책은 방대한 재무관리 내용에서 CPA 1차 시험에 꼭 필요한 핵심적인 내용들만을 요약 정리 하였고, 그 동안 공인회계사 시험의 기출문제들을 상세히 정리하였고, 각 장마다 OX문제를 수록하여 핵심내용이 정리되도록 하였다. 그리고 공인회계사 1차 시험에 적합한 난이도의 공인회계사 2차 기출문제를 수정하여 실전문제에 추가하였다. 1차 시험의 50% 출제비중을 차지하고 있는 포트폴리오와 옵션 부분의 내용은 상세히 기술하여 수험생들이 고득점을 받을 수 있도록 하였다. 본서의 중점사항은 다음과 같다.

1. 핵심이론

재무관리의 방대한 내용을 1차 시험만을 위한 내용으로 압축하였다. 수험생들이 시험 막바지에 가장 부담을 느끼는 것은 기본서의 방대한 양 때문이다. 기출문제를 잘 분석해보면 독자들도 느끼겠지만 기본서의 모든 내용이 1차 시험에 나오는 것은 아니다. 왜냐하면 기본서는 주로 2차 시험에 초점을 두었기 때문이다. 따라서 이 책은 내용만으로도 1차 시험을 대비하는 것은 물론이거니와 불필요한 학습량을 없애도록 하였다.

2. 기출문제

공인회계사 1차 시험 문제를 모두 복원하여 상세히 해설하였다. 재무관리를 강의하면서 가장 안타까웠던 것은 수험생들이 기출문제를 등한시 한다는 것이다. 그 동안의 기출문제가 그대로 출제되는 것은 아니지만 기출문제에서 다루었던 내용들이 주로 응용이 되어 출제되고 있다는 사실을 수험생들이 다시 한 번 주목하여야 할 것이다. 기출문제는 출제연도별로 배열하여 수험생들이 시험의 추세를 파악할 수 있도록 하였다.

3. OX문제

1차 시험에서는 계산형 문제뿐만 아니라 OX문제가 많이 출제되므로 각 장마다 OX문제를 수록하여 핵심내용이 정리되도록 하였다.

4. CPA 2차 문제

공인회계사 2차 시험문제 중에서 난이도가 높지 않은 문제는 유사한 문제로 1차 시험에 출제된다. 1차 시험 16개 문제 중에서 14개 이상의 고득점을 목표로 하는 수험생을 위하여 최근 공인회계사 2차 시험문제를 수정하여 실전문제에 수록하였다.

5. 포트폴리오와 옵션

과거 10년간의 기출문제를 분석한 결과 1차 시험의 16개 문제 중에서 평균 8개 문제가 출제되어 50% 출제비중을 차지하고 있는 포트폴리오(6장)와 옵션(8장)은 매우 중요하다. 따라서 이 부분의 내용은 상세히 기술하여 수험생들이 고득점을 받을 수 있도록 하였다.

저자는 지난 수 년 동안 공인회계사 시험의 '재무관리'를 강의하고 있으며 이러한 경험을 바탕으로 한 'KIMCPA 객관식 재무관리'는 그 동안 많은 합격생을 배출하였으며 이번에 편집을 새롭게 하여 'SMART 객관식 재무관리'로 출간하였다. 특히 재무관리는 공인회계사 1차 시험에서는 그 비중이 크지 않기 때문에 수험생들의 재무관리 투입 시간대비 산출 효과를 높여 수험생들이 1차 시험합격에 결정적인 역할을 하는 다른 과목에 집중하도록 하여 좋은 평가를 받고 있다.

본서의 출간을 위하여 수고하신 출판사 관계자분들에게 감사의 마음을 전하며 본서가 수험생들의 공인회계사 1차 시험 준비에 큰 도움이 되기를 바란다.

시간은 누구에게나 평등하게 주어진 인생의 자본금이다.
이 자본금을 잘 이용한 사람이 승리한다.
– 아뷰난드 –

2021년 여름에

공인회계사/미국공인회계사/미국 재무분석사(CFA)
김용석.

최근 6년간 공인회계사 1차 시험 재무관리 출제경향

	2015	2016	2017	2018	2019	2020	2021
1장. 재무관리	2	2	2	2	1	1	1
2장. 주식	1	1	1	0	2	1	1
3장. 자본예산	2	2	1	2	1	1	2
4장. 자본구조	2	1	3	2	2	4	4
5장. 합병	0	1	0	0	1	1	0
6장. 포트폴리오	4	5	3	5	5	4	3
7장. 채권	1	2	2	2	2	2	3
8장. 옵션	4	2	2	3	2	2	1
9장. 선물	0	0	1	0	1	0	1
10장. 환율	0	0	1	0	0	0	0

SMART
객관식
재무관리

Chapter

01

재무관리

Chapter

01

재무관리

핵심이론

01 절 **재무관리의 의의**

1 재무관리 분야

기업재무 (Corporate finance)	투자론 (Investment)
기업의 관점에서 자금 조달 및 운용 의사결정	투자자의 관점에서 증권투자 의사결정
(1) 자본예산 (Capital budgeting) 　　실물투자와 관련된 자금 운용결정	(1) 균형가격의 결정 　　시장가격과 균형가격을 비교하여 차익거래
(2) 자본구조 (Capital structure) 　　최적자본구조의 결정 및 배당정책	(2) 위험관리 　　포트폴리오와 파생상품을 이용
목표 : 기업가치의 극대화 　　⇨ 기업잉여현금흐름의 최대화 　　⇨ 가중평균자본비용의 최소화	목표 : 투자자 효용의 극대화 　　⇨ 기대수익률의 최대화 　　⇨ 투자위험의 최소화

2 재무관리(기업재무)의 목표

1. 기업가치(V)의 극대화

- 재무관리의 목표는 기업가치(firm value)의 극대화이다.
- 기업가치 : 기업현금흐름(FCFF)을 가중평균자본비용(wacc)으로 할인한 현재가치
- 기업가치(V) = 자기자본의 가치(S) + 타인자본의 가치(B)

$$V = \sum_{t=1}^{n} \frac{FCFF_t}{(1+wacc)^t} = S + B \qquad wacc = k_d(1-t) \times \frac{B}{V} + k_e \times \frac{S}{V}$$

2. 자기자본 가치(S)의 극대화

- 기업가치의 극대화는 자기자본가치의 극대화와 동일한 목표가 된다.

- 자기자본가치 : 주주현금흐름(FCFE)을 자기자본비용(k_e)으로 할인한 현재가치

- 자기자본의 가치(S) = 주가(P) × 주식수 (n)

$$S = \sum_{t=1}^{n} \frac{FCFE_t}{(1+k_e)^t} = P \times n$$

3. 이익의 극대화

이익의 극대화는 다음과 같은 문제점이 있기 때문에 재무관리의 목표가 아니다.

① 이익은 회계기준이나 회계처리방법에 따라 그 크기가 달라질 수 있다.

② 이익은 화폐의 시간적 가치를 고려하지 않는다.

③ 이익은 미래의 불확실성(위험)을 고려하지 않는다.

④ 이익은 기회비용(자본비용)을 고려하지 않는다.

⑤ 이해관계자에 따라 이익의 개념이 모호하다.

3 투자론

1. 투자론의 목표

- 투자론의 목표 = 투자자 효용을 극대화

- 투자자의 효용 : Utility=f (기대수익(+), 위험(−))

- 위험−수익의 상충관계 (risk−return trade−off)
  위험이 큰 투자대상에 투자하는 투자자는 높은 수익률을 기대

2. 균형가격

- 증권의 균형가격 = 미래현금흐름을 적절한 할인율(균형수익률)로 계산한 현재가치

- 균형가격 > 시장가격 → 매수 (long)

- 균형가격 < 시장가격 → 공매 (short)

3. 위험관리

- 투자자가 적절한 기법을 이용해서 자신의 투자목적에 따라 위험을 관리
- 포트폴리오를 이용한 위험관리와 파생상품을 이용한 위험관리로 구분
- 헤지(hedge) : 위험을 제거하거나 감소시키는 효과
- 레버리지(leverage) : 위험의 크기를 더 크게 만드는 효과

4. 차익거래

- 차익거래의 2가지 원칙
  ① No risk : 투자자는 차익거래로 추가적인 위험을 부담하지 않는다.
  ② No cost : 투자자는 차익거래로 추가적인 자금을 부담하지 않는다.
- 시장의 균형상태
  ① 시장가격 = 균형가격이 성립하는 시장
  ② 일물일가의 법칙이 성립하는 시장
  ③ 차익거래의 차익이 0이 되는 시장

4 금융시장의 법칙

1. 현재가치와 미래가치의 현금흐름

현재가치의 현금흐름과 미래가치의 현금흐름은 반대흐름이어야 한다.

2. 제로섬게임(Zero-sum game)

투자자의 수익률 = 기업의 자본비용

3. High risk-High return

위험이 큰 증권일수록 투자수익률이 더 커야 한다.

주식투자수익률 > 채권투자수익률 ⇨ 자기자본비용 > 타인자본비용

1   미래가치

1. 일시불의 미래가치

이자율(R)이 일정한 경우 현재 P_0원의 n시점의 미래가치 P_n

복리계산의 미래가치 → $P_n = P_0 \times (1+R)^n = P_o \times FVIF(R,n)$

단리계산의 미래가치 → $P_n = P_0 \times (1+R \times n)$

2. 연금의 미래가치

- 정상연금 : 매년 말에 C원씩 n년간 불입하는 연금의 n시점의 미래가치 P_n

$$P_n = C \times \frac{(1+R)^n - 1}{R} = C \times FVIFA(R, n)$$

- 선불연금 : 매년 초에 C원씩 n년간 불입하는 연금의 n시점의 미래가치 P_n

$$P_n^{선불연금} = P_n^{정상연금} \times (1+R)$$

2   현재가치

1. 일시불의 현재가치

이자율(R)이 일정한 경우 n시점의 미래금액 P_n의 현재가치 P_0

$$P_0 = \frac{P_n}{(1+R)^n} = P_n \times PVIF(R,n)$$

2. 연금의 현재가치

- 정상연금 : 매년 말에 C원씩 n년간 지급되는 연금의 현재가치 P_0

$$P_0 = \sum_{t=1}^{n} \frac{C}{(1+R)^t} = C \times \frac{(1+R)^n - 1}{R \times (1+R)^n} = C \times PVIFA(R, n)$$

- 선불연금 : 매년 초에 C원씩 n년간 지급되는 연금의 현재가치 P_0

$$P_0^{\text{선불연금}} = P_0^{\text{정상연금}} \times (1+R)$$

- 영구연금 : 매년 말에 C원씩 무한히 지급되는 연금의 현재가치 P_0

$$P_0 = \frac{C}{R}$$

- 고정성장 영구연금 : 영구연금 중에서 매년 말 수령액이 일정한 비율(g)로 증가하는 연금의 현재가치 P_0 (단, 연금의 성장률은 할인율보다 작아야 한다. R > g)

$$P_0 = \frac{C}{R-g}$$

⇨ 시점의 표현

　'올해초' 또는 '작년말' → t = 0 　　'올해말', '내년초', '두번째해 초' → t = 1

3　실효이자율

1기간에 m회 이상 이자계산이 행해질 때

- 실효이자율(EAR : R_e) : 1기간 내에서 이자의 재투자효과를 고려한 이자율

- 표시이자율(APR : R_s) : 1기간 내에서 이자의 재투자효과를 고려하지 않은 이자율

  금융시장에서는 표시이자율로 표시하기 때문에 복리계산을 반영한 금액을 계산하기 위해서는 다음 식에 의하여 표시이자율을 실효이자율로 변환하여야 한다.

$$(1+R_e) = (1+\frac{R_s}{m})^m \text{ 또는 } (1+EAR) = (1+\frac{APR}{m})^m$$

- 이산복리계산의 미래가치

  1기간의 이자계산횟수(m)를 셀 수 있는 경우

$$P_n = P_0 \times (1+\frac{R_s}{m})^{m \times n}$$

- 연속복리계산의 미래가치

  1기간의 이자계산횟수(m)가 무한인 경우

$$P_n = P_0 \times e^{R_s \times n}$$

4 평균이자율

투자가 여러 기간에 걸쳐 지속되는 경우 연평균수익률을 이용하여 투자성과를 분석

1. 산술연평균수익률

이자의 재투자효과를 고려하지 않은 평균수익률

$$*_0R_2 = \frac{(_0R_1 + _1R_2)}{2}$$

- $_0R_1$: 첫 번째 해의 수익률
- $_1R_2$: 두 번째 해의 수익률
- $_0R_2$: 두 번째 해까지의 연평균수익률

2. 기하연평균수익률

이자의 재투자효과를 고려한 평균 이자율

$$(1 + _0R_2)^2 = (1 + _0R_1) \times (1 + _1R_2)$$

⇨ 기하평균수익률 ≤ 산술평균수익률

3. 내부수익률(IRR)

- 금액가중수익률로 투자수익의 현가와 투자비용의 현가를 일치시키는 할인율
- 매기 발생하는 현금흐름을 내부수익률로 재투자한다는 가정

$$P_o = \frac{CF_1}{(1 + IRR)^1} + \frac{CF_2}{(1 + IRR)^2}$$

5 명목이자율

- 실질이자율(r) : 자본의 한계생산성만을 반영한 이자율
- 명목이자율(R) : 실질이자율에 예상물가상승률(inf)을 반영한 이자율

피셔효과

$$1 + R = (1 + r) \times (1 + inf)$$

- 예상물가상승률이 증가하면 명목이자율이 증가한다.
- 일반적으로 현재가치의 계산은 명목현금흐름을 명목이자율로 할인하여 계산한다.

6 균형수익률과 기대수익률

- 균형수익률 : 균형가격을 산출하기 위한 할인율로서 현금흐름의 위험을 반영한다.
  예 가중평균자본비용, SML로 산출한 주식수익률
- 기대수익률 : 시장가격에서 산출된 수익률로서 시장가격과 미래현금흐름을 일치시켜준다.
  예 내부수익률(IRR), 고정성장모형으로 산출한 주식수익률
- 균형수익률 < 기대수익률 → 균형가격 > 시장가격 → 매수 (Long)
- 균형수익률 > 기대수익률 → 균형가격 < 시장가격 → 매도 (Short)

7 미래현금흐름과 할인율의 관계

미래현금흐름	할인율
기업잉여현금흐름(FCFF)	가중평균자본비용
주주잉여현금흐름(FCFE)	자기자본비용
기대현금흐름	위험조정이자율
확실성등가	무위험이자율

1 재무비율

1. 유동성 비율

- 기업의 단기 채무를 상환할 수 있는 능력을 측정하는 재무비율
- 유동비율과 당좌비율이 높을수록 유동성이 좋다.

$$유동비율 = \frac{유동자산}{유동부채} \qquad 당좌비율 = \frac{유동자산-재고자산}{유동부채}$$

2. 안정성(레버리지) 비율

- 기업의 부채의존도를 나타내는 것으로 장기채무지급능력을 측정하는 재무비율
- 부채비율이 낮을수록, 자기자본비율과 이자보상비율이 높을수록 안정성이 높다.

$$부채비율 = \frac{타인자본}{자기자본} \qquad 자기자본비율 = \frac{자기자본}{총자본} \qquad 이자보상비율 = \frac{영업이익(EBIT)}{이자비용(I)}$$

3. 활동성(효율성) 비율

- 기업의 보유자산의 효율적 이용정도를 측정하는 재무비율
- 회전율이 높을수록, 회전기간이 낮을수록 활동성은 좋다.

$$재고자산회전율 = \frac{매출원가}{평균재고자산} \qquad 재고자산회전기간 = \frac{365}{재고자산회전율}$$

$$매출채권회전율 = \frac{매출}{평균매출채권} \qquad 매출채권회수기간 = \frac{365}{매출채권회전율}$$

$$매입채무회전율 = \frac{매입액}{평균매입채무} \qquad 매입채무회전기간 = \frac{365}{매입채무회전율}$$

$$총자산회전율 = \frac{매출}{평균자산}$$

4. 수익성 비율

- 기업의 이익을 매출 또는 투자금액 기준으로 수익성을 측정하는 재무비율
- 이익률이 높을수록 수익성이 좋다.

$$\text{매출액순이익률} = \frac{\text{당기순이익}}{\text{매출액}} \qquad \text{총자산이익률(ROA)} = \frac{\text{당기순이익}}{\text{평균 총자산}}$$

$$\text{자기자본이익률(ROE)} = \frac{\text{당기순이익}}{\text{평균자기자본}}$$

- 자기자본이익률(ROE)은 주주관점의 수익성 지표로서 다음과 같이 분석된다.

$$\text{ROE} = \frac{NI}{Equity} = \frac{\text{순이익}}{\text{매출액}} \times \frac{\text{매출액}}{\text{총자산}} \times \frac{\text{총자산}}{\text{자기자본}}$$

$$= \text{매출액순이익율} \times \text{총자산회전율} \times \text{자기자본비율의 역수}$$

5. 시장가치비율

- 기업의 주당이익 또는 주당순자산금액과 주가와의 재무비율
- 주가수익비율과 주가순자산비율이 높을수록 주가는 비싸다.

$$\text{주가수익비율}(PER) = \frac{\text{주가}(P)}{\text{주당이익}(EPS)} = \frac{\text{자기자본 시장가치}(S)}{\text{당기순이익}(NI)}$$

$$\text{주가순자산비율}(PBR) = \frac{\text{주가}(P)}{\text{주당순자산}(BPS)} = \frac{\text{자기자본시장가치}(S)}{\text{자기자본장부가치}(E)}$$

⇨ 재무비율의 법칙

1) 재무상태표와 손익계산서 항목의 비율인 경우 재무상태표 항목은 평균값을 사용
2) 비율 > 1인 경우 분자와 분모가 동일금액으로 증가하면 비율은 감소한다.
3) 비율 > 1인 경우 분자와 분모가 동일금액으로 감소하면 비율은 증가한다.

2 레버리지 분석

1. 영업레버리지도(DOL)

- 매출액 변화율에 대한 영업이익 변화율의 민감도를 의미한다.

- 고정영업비용의 영업위험을 측정한다.

$$DOL = \frac{\Delta\,EBIT/EBIT}{\Delta\,Q/Q} = \frac{CM}{EBIT} = \frac{CM}{CM-TFC}$$

* CM(공헌이익) = 매출액 − 변동비

* EBIT(영업이익) = 공헌이익 − 영업고정비(TFC)

2. 재무레버리지도(DFL)

- 영업이익 변화율에 대한 순이익 (또는 주당이익)변화율의 민감도를 의미한다.
- 고정재무비용의 재무위험을 측정한다.

$$DFL = \frac{\Delta\,EPS/EPS}{\Delta\,EBIT/EBIT} = \frac{EBIT}{EBT} = \frac{EBIT}{EBIT-I}$$

* EBT (세전이익) = EBIT(영업이익) − I (이자비용)

3. 결합레버리지도(DCL)

- 매출액 변화율에 대한 순이익 (또는 주당이익) 변화율의 민감도를 의미한다.
- 총 고정비용의 영업 및 재무위험을 측정한다.

$$DCL = DOL \times DFL = \frac{\Delta\,EPS/EPS}{\Delta\,Q/Q} = \frac{CM}{EBT} = \frac{CM}{CM-TFC-I}$$

4. CVP분석

- 조업도의 변동에 따른 기업의 이익을 분석

$$손익분기점\ 수량(BEPQ) = \frac{총고정비\,(TFC)}{단위당\ 공헌이익\,(UCM)}$$

$$손익분기점\ 매출(BEPS) = \frac{총고정비\,(TFC)}{공헌이익율}$$

$$EBIT = 판매수량(Q) \times 단위당\ 공헌이익 − 총고정비(TFC)$$
$$= 매출액(S) \times 공헌이익율 − 총고정비(TFC)$$

01 인플레이션율이 높아지는 상황에서 후입선출법(LIFO)에서 선입선출법(FIFO)으로 변경하면 당기순이익이 증가하므로 기업가치 극대화의 목표와 일치한다.

02 효율적 주식시장에서 기대수익률이 균형수익률보다 작다면 향후 주가는 하락이 예상된다.

03 물가가 큰 폭으로 상승할 것으로 예상되는 경우, 채권이나 주식 등 금융자산에 대한 요구수익률도 상승한다.

04 무부채기업이 부채기업이 되며 영업레버리지도(DOL)는 증가한다.

05 고정성장형 영구연금이 적용된 경우 다른 조건이 동일한 경우 연금의 성장률이 증가하면 현재가치는 더 커진다.

06 산술연평균수익률은 기하연평균수익률보다 항상 더 크다.

07 유동비율이 100%보다 큰 경우 재고자산과 매입채무가 각각 100원씩 증가하면 유동비율은 감소한다.

08 재무관리의 목표는 내부수익률(IRR)의 극대화이다.

09 고정성장형 영구연금이 적용되기 위해서는 할인율이 연금의 성장률보다 같거나 낮아야 한다.

10 매출액 변화율에 대한 영업이익 변화율의 민감도를 영업레버리지도(DOL)라고 하며 매출액이 증가할수록 영업레버리지도(DOL)는 더 커진다.

01 X

후입선출법(LIFO)에서 선입선출법(FIFO)으로 변경하면 세전이익이 증가하므로 법인세 현금유출이 증가하여 기업현금흐름이 감소하며, 기업가치는 감소한다.

02 O

기대수익률 < 균형수익률 ⇨ 시장가격 > 균형가격 ⇨ 주가는 과대평가, 향후 주가는 하락

03 O

요구수익률에는 명목 무위험이자율과 위험프리미엄이 반영되어 있기 때문에 물가가 상승하면 명목이자율이 증가하여 요구수익률도 상승한다.

04 X

부채가 증가하면 이자비용의 증가로 재무레버리지도(DFL)는 증가하지만 영업레버지지도(DOL)에는 영향을 주지 않는다.

05 O

고정성장형 영구연금이 적용된 경우

현재가치 = f(1년 후 연금(+), 할인율(−), 연금의 성장률(+))

06 X

산술연평균수익률은 기하연평균수익률보다 더 크거나 같다.

07 O

유동비율이 100%보다 크기 때문에 유동자산과 유동부채가 동일한 크기로 증가하면 유동비율은 감소한다.

08 X

재무관리의 목표는 기업가치의 극대화이며 기업가치를 극대화하기 위해서는 NPV가 극대화되어야 한다.

09 X

고정성장형 영구연금이 적용되기 위해서는 할인율이 연금의 성장률보다 더 커야 한다. (R>g)

10 X

매출액이 증가할수록 영업레버지지도 (DOL)는 감소하여 1에 수렴한다.

실전문제

01 절 재무관리의 의의

문제 1

(2014년)

재무관리의 목표에 관한 설명으로 가장 적절한 것은?

① 배당수익률 극대화   ② 고객가치 극대화   ③ 주당순이익 극대화
④ 내부수익률 극대화   ⑤ 자기자본가치 극대화

풀이

재무관리의 목표 = 기업가치 극대화 = 자기자본가치 극대화

정답 : 5

문제 2

(1997년)

회계적 이익의 극대화는 재무관리의 목표로서 적당하지 않다. 그 이유에 대한 설명 중 옳지 않은 것은?

① 회계적 이익은 적용하는 회계방법에 따라 달라질 수 있다.
② 회계적 이익은 경영자의 이해를 반영하지 않는다.
③ 회계적 이익은 가치 비용을 고려하지 않는다.
④ 회계적 이익은 미래수익의 시간성을 무시한다.
⑤ 회계적 이익은 미래수익의 불확실성을 고려하지 않는다.

풀이

경영자는 회계적 이익 기준으로도 보상을 받기 때문에 회계적 이익은 전문경영자의 이해를 반영한다.

정답 : 2

(주)알파의 기업가치의 극대화를 위한 다음의 행동 중 가장 적절하지 않은 것은?

① 여유현금 9.5억원으로 만기 1년, 액면가 10억원인 국가발행 무이표채를 구입하는 대신 연금리 6%에 반기마다 이자를 지급하는 예금에 1년간 예치했다.
② 물품구입대금 9.5억원을 당장 지급하는 대신 향후 3년간 연간 6%의 이자를 지급하는 예금에 예치하고 1년 후부터 3년간 매년 3.5억원씩 지급하기로 했다.
③ 무상증자를 통해 주식거래의 유동성을 증가시켜 자본비용을 감소시켰다.
④ 인플레이션율이 높아지는 상황에서 재고자산에 대한 회계방식을 선입선출법(FIFO)에서 후입선출법(LIFO)으로 변경했다.
⑤ 알파주식회사의 경영진과 경영권다툼을 하던 감마투자회사의 그린메일 제의를 받아 들여 감마투자회사가 보유하고 있는 주식을 시가보다 20% 높은 가격에 인수했다.

풀이

(1) 국채수익률 = $\dfrac{10}{9.5} - 1 = 5.26\%$

    예금수익률 = $(1 + \dfrac{0.06}{2})^2 - 1 = 6.09\%$

    국채수익률보다 예금수익률이 더 크기 때문에 예금이 더 유리하다.

(2) 장기매입채무의 현재가치 = $\sum_{t=1}^{3} \dfrac{3.5}{(1.06)^t} = 9.36$억 < 9.5억

    ∴ 3년간 지급하는 것의 현재가치가 현금으로 즉시 결제하는 것보다 0.14억 더 작기 때문에 3년간 지급하는 것이 더 유리하다.

(3) 무상증자 → 주식거래 유동성 증가 → 자본비용 감소→ 기업가치의 증가
    ⇨ 무상증자로 주식수가 증가하여 주가는 하락지만, 자기자본가치는 증가한다.

(4) 물가상승시 선입선출법(FIFO)에서 후입선출법(LIFO)으로 변경 → 세전이익 감소 → 법인세 감소 → 기업현금흐름 증가 → 기업가치의 증가

(5) 그린메일 수용을 수용하면 알파기업의 경영권은 보호할 수 있지만 기업가치는 감소한다.
    ⇨ 적대적 M&A 방어 전략은 경영권을 보호하기 위한 전략으로 기업가치는 감소한다.

정답 : 5

02 절 〉 화폐의 시간적 가치

문제 4

(2020년)

A씨는 1월 1일(t=0)에 H은행에서 원리금균등분할상환 조건으로 1,000,000원을 대출받았다. 대출의 이자율과 만기는 각각 연 5%와 3년이고, 원리금은 매년 말 1회 상환된다. 1년 말(t=1)에 상환되는 원리금에서 이자지급액의 원금상환액에 대한 비율(이자지급액/원금상환액)을 계산한 값에 가장 가까운 것은?

단, 연 1회 복리를 가정하고, PVIF(5%,3)=0.8638, PVIFA(5%,3)=2.7232이다.

① 7.32%   ② 9.30%   ③ 10.76%   ④ 13.62%   ⑤ 15.76%

풀 이

(1) 매년 말에 상환되는 원리금 = 1,000,000 ÷ 2.7232 = 367,215
(2) 1년 말 원리금에서 이자지급액 = 1,000,000 × 5% = 50,000
(3) 1년 말 원리금에서 원금상환액 = 367,215 − 50,000 = 317,215
(4) 1년 말 이자지급액/원금상환액 = 50,000 ÷ 317,215 = 15.76%

정 답 : 5

⇨ 2년 말에 상환되는 원리금에서 이자지급액의 원금상환액에 대한 비율
　　1년 말 원금잔액 = 1,000,000 − 317,215 = 682,785
　　2년 말 원리금에서 이자지급액 = 682,785 × 5% = 34,139
　　2년 말 원리금에서 원금상환액 = 367,215 − 34,139 = 333,076
　　2년 말 이자지급액/원금상환액 = 34,139 ÷ 333,076 = 10.25%

문제 5

다음 세 가지 계산결과를 큰 순서대로 가장 적절하게 나열한 것은?

a. 1년 만기 현물이자율이 8%이고 2년 만기 현물이자율이 10.5%일 때 1년 후부터 2년 후까지의 선도이자율 $(_1f_2)$

b. 연간 실질이자율이 10%이고 연간 인플레이션율이 2%일 때 연간 명목이자율

c. 연간 표시이자율(APR)이 12%이고 매 분기 이자를 지급하는 경우(분기복리) 연간 실효이자율(EAR)

① a > b > c   ② a > c > b   ③ b > a > c   ④ c > a > b   ⑤ c > b > a

풀 이

기간구조이론

$$(1 + _1R_2)^2 = (1 + _0R_1)^1 \times (1 + _1f_2)^1$$

$$(1 + 0.105)^2 = (1 + 0.08)^1 \times (1 + f) \rightarrow _1f_2 = 13.05\%$$

피셔효과

$$(1 + R) = (1 + r) \times (1 + inf)$$

$$(1 + R) = (1 + 0.10) \times (1 + 0.02) \rightarrow R = 12.2\%$$

실효이자율

$$(1 + R_e)^1 = (1 + \frac{R_s}{m})^m \rightarrow (1 + EAR)^1 = (1 + \frac{APR}{m})^m$$

$$(1 + EAR)^1 = (1 + \frac{0.12}{4})^4 \rightarrow EAR = 12.55\%$$

정답 : 2

문제 6

김씨는 20X1년 1월 1일에 원리금 균등분할상환 조건으로 100,000원을 차입하였다. 원리금은 매년말 1회 상환하며 만기는 5년이다. 이자율은 연 4%이고, 당해 발생이자는 당해에 지급된다. 다음 중 가장 적절하지 않은 것은?
(단, PVIFA(4%, 5) = 4.4518이며, 모든 금액은 반올림하여 원단위로 표시한다.)

① 매년 원리금상환액은 22,463원이다.
② 20X2년 1월 1일 기준 차입금 잔액은 81,537원이다.
③ 20X2년 원리금상환액 중 원금상환액은 19,202원이다.
④ 20X3년 원리금상환액 중 이자지급액은 1,880원이다.
⑤ 매년 원리금상환액 중 원금상환액이 차지하는 부분은 만기가 다가올수록 커진다.

풀이

(1) 원리금 균등분할상환금액
  $100,000 = C \times 4.4518 \Rightarrow C = 22,463$

(2) 20X2년 1월 1일 기준 차입금 잔액
  $= 100,000 - (22,463 - 100,000 \times 4\%) = 81,537$원

(3) 20X2년 원리금상환액 중 원금상환액
  $= 22,463 - 81,537 \times 4\% = 19,202$원

(4) 20X3년 1월 1일 기준 차입금 잔액 $= 81,537 - 19,202 = 62,335$원
  20X3년 원리금상환액 중 이자지급액 $= 62,335 \times 4\% = 2,493$원

(5) 만기가 다가올수록 매년 원리금상환액 중 이자지급액이 차지하는 부분은 작아지며, 원금상환액이 차지하는 부분은 커진다.

정답 : 4

문제 7

할인율이 연 10%로 일정할 때, 주어진 현가표를 참조하여 계산한 세 가지 금액 a, b, c의 크기 순서로 가장 적절한 것은? (단, 현재시점은 1차년도 1월 1일이다.)

구분	n=3	n=4	n=5	n=6	n=7
PVIF(10%, n)	0.7513	0.6830	0.6209	0.5646	0.5132
PVIFA(10%, n)	2.4869	3.1699	3.7908	4.3553	4.8684

a. 현재 3,200원을 대출받고 1차년도부터 매년말 800원씩 갚아 나가면 상환 마지막 해 말에는 800원보다 적은 금액을 갚게 된다. 상환 마지막 해 말에 갚아야 하는 금액
b. 4차년도부터 8차년도까지 매년말 110원씩 받는 연금의 현재가치
c. 1차년도부터 5차년도까지 매년초 70원씩 받는 연금의 현재가치

① a > b > c ② a > c > b ③ b > a > c ④ b > c > a ⑤ c > b > a

풀이

(1) 3,200원 = PVIFA×800원 → PVIFA = 4.0

⇨ n=5까지는 800원씩 상환하고, n=6에 800원 보다 작은 금액을 상환한다.

$$3200 = \sum_{t=1}^{5} \frac{800}{1.10^t} + \frac{A}{1.10^6}$$

3,200원 = 3.7908×800원 + 0.5645×A → A = 296원

(2) 정상연금의 현재가치

$$B = \sum_{t=4}^{8} \frac{110}{1.10^t} = \sum_{t=1}^{5} \frac{110}{1.10^t} \times \frac{1}{1.10^3}$$

B = 110원×3.7908×0.7513 = 313원

(3) 선불연금의 현재가치

$$C = \sum_{t=0}^{4} \frac{70}{1.10^t} = \sum_{t=1}^{5} \frac{700}{1.10^t} \times 1.10^1$$

C = 70원×3.7908×1.10 = 292원

정답 : 3

문제 8

이자율과 할인율이 연 10%로 일정할 때 아래의 세 가지 금액의 크기 순서로 가장 적절한 것은? (단, PVIFA(10%, 6) = 4.3553, FVIFA(10%, 6) = 7.7156)

A: 5차년도부터 10차년도까지 매년 말 255원씩 받는 연금의 현재가치

B: 5차년도부터 10차년도까지 매년 말 96원씩 받는 연금의 10차년도 말 시점에서의 미래가치

C: 3차년도 말에서 45원을 받고 이후 매년 말마다 전년 대비 5%씩 수령액이 증가하는 성장형 영구연금의 현재가치

① A > B > C   ② A > C > B   ③ B > C > A   ④ C > A > B   ⑤ C > B > A

풀이

(1) 정상연금의 현재가치

$$A = \sum_{t=5}^{10} \frac{255}{1.10^t} = \sum_{t=1}^{6} \frac{255}{1.10^t} \times \frac{1}{1.10^4} = 255 \times 4.3553 \times \frac{1}{1.10^4} = 758.6$$

(2) 정상연금의 미래가치

B = 96×FVIFA(10%,6) = 96×7.7156 = 740.7

(3) 성장형 영구연금의 현재가치

$$C = \frac{\dfrac{45}{R-g}}{(1+R)^2} = \frac{\dfrac{45}{0.10-0.05}}{1.10^2} = 743.8$$

정답 : 2

문제 9

올해로 31세가 된 투자자 A는 32세말(t = 2)부터 매 1년마다 납입하는 4년 만기의 정기적금 가입을 고려하고 있다(즉, t = 2~5 기간에 4회 납입). 투자자 A는 36세말(t = 6)부터 40세말 (t = 10)까지 매년 3,000만원이 필요하다. 이자율과 할인율이 연 10%일 때, 투자자 A가 32세 말부터 4년간 매년 말에 납입해야 할 금액에 가장 가까운 것은?
단, PVFA(10%, 4년) = 3.1699, PVFA(10%, 5년) = 3.7908, PVF(10%, 5년) = 0.6209이다.

① 2,450만원　　② 2,475만원　　③ 2,500만원　　④ 2,525만원　　⑤ 2,550만원

풀이

(1) 현금유입액의 현재가치

　　36세말(t=6)부터 40세말(t=10)까지 매년 3,000만원의 현재가치(31세 초 시점)

　　PV = 3,000만원×3.7908×0.6209 = 7,061만원

(2) 현금유출액의 현재가치

　　매년 말 납액해야 할 금액을 C라고 하면

　　32세말(t=2)부터 매1년마다 납입하는 4년 만기의 정기적금의 현재가치

　　PV = C×3.1699 ÷ 1.10

(3) 현금유입액의 현재가치 = 현금유출액의 현재가치

　　7,061만원 = C×3.1699 ÷ 1.10 → C=2,450만원

정답 : 1

문제 10

동일한 횟수의 연금을 기초에 받는 경우(선불연금 : annuity due)와 기말에 받는 경우(일반연금 : ordinary annuity)에 대한 설명으로 가장 적절한 것은? (단, 이자율은 0보다 크고 일정하며, 복리계산은 연 단위로 이루어진다고 가정한다.)

① 현재가치와 미래가치 모두 선불연금은 일반연금에 (1+이자율)을 곱해서 얻을 수 있다.
② 현재가치와 미래가치 모두 일반연금은 선불연금에 (1+이자율)을 곱해서 얻을 수 있다.
③ 현재가치의 경우 선불연금은 일반연금에 (1+이자율)을 곱해서, 미래가치의 경우 일반연금은 선불연금에 (1+이자율)을 곱해서 얻을 수 있다.
④ 현재가치의 경우 일반연금은 선불연금에 (1+이자율)을 곱해서, 미래가치의 경우 선불연금은 일반연금에 (1+이자율)을 곱해서 얻을 수 있다.
⑤ 현재가치와 미래가치 계산에 있어 선불연금과 일반연금 중 어느 연금이 클 것인가는 이자율에 따라 달라진다.

풀이

선불연금의 현재가치 = 정상연금의 현재가치×(1+이자율)
선불연금의 미래가치 = 정상연금의 미래가치×(1+이자율)

정답 : 1

다음 세 가지 경품의 현재가치를 할인율 10%를 적용하여 계산하였더니 모두 100원으로 동일하게 나타났다.

> 경품 1 : 현재부터 W원을 매년 영구히 받는다.
> 경품 2 : 1년 후에 상금 X원을 받는다.
> 경품 3 : 1년 후에 상금 Y원, 2년 후에 상금 X원을 받는다.

변수 W, X, Y에 관한 다음 관계식 중 옳지 않은 것은?

① $100 < X+Y$ ② $X > Y$ ③ $W < 10$ ④ $Y < 10$ ⑤ $Y > W$

풀이

(1) 경품 1

경품1은 선불연금이므로 현재가치는 영구연금의 현재가치에 W를 더한다.

$$100 = W + \frac{W}{R} \Rightarrow W = 9.09$$

(2) 경품 2

$$100 = \frac{X}{(1.1)^1} \Rightarrow X = 110원$$

(3) 경품 3

$$100 = \frac{Y}{(1.1)^1} + \frac{X}{(1.1)^2} \Rightarrow Y = 10원$$

정답 : 4

(CPA 2차)

문제 12

B채권은 만기가 5년이며 액면이자율이 6.2%이고 분기별로 이자를 지급한다. 현재 이 채권은 액면가와 동일한 가격으로 거래되고 있다. 이 채권에 대한 실효이자율(effective rate of interest)은 얼마인가?

풀이

액면채이므로 채권수익률은 액면이자율과 같다.

실효이자율 $R_e = (1 + \dfrac{R_s}{m})^m - 1 = (1 + \dfrac{0.062}{4})^4 - 1 = 6.34\%$

정답 : 6.34%

문제 13

㈜미래는 20×1년 1월 1일 시장이자율이 연9%일 액면금액이 10,000원이고 이자는 매년 말 후급, 만기가 3년인 회사채를 9,241원에 할인 발행하였다. 이 회사채의 20×2년 1월 1일 장부금액이 9,473원이라면 이 회사채의 표시이자율은 얼마인가?
단, PVIFA (9%, 2년) = 1.7591, PVIF (9%, 2년) = 0.8417 이다.

풀이

유효이자 $= 9,241 \times 9\% = 832$
상각액 $= 9,473 - 9,241 = 232$
액면이자 $= 832 - 232 = 600$
액면이자율 $= 600 \div 10,000원 = 6\%$

$9,473원 =$ 액면이자$\times$PVIFA (9%, 2년) $+ 10,000$원$\times$PVIF (9%, 2년)
$\qquad =$ 액면이자$\times 1.7591 + 10,000 \times 0.8417$
$\Rightarrow$ 액면이자 $= 600원$
$\Rightarrow$ 액면이자율 $= 600/10,000 = 6\%$

정답 : 6%

문제 14 (2017년)

재무비율에 관한 설명으로 가장 적절하지 않은 것은?

① 회계적 이익을 가능한 한 적게 계상하는 회계처리방법을 사용하는 기업의 경우 주가수익비율(PER)은 상대적으로 높게 나타날 수 있다.
② 자산의 시장가치가 그 자산의 대체원가보다 작은 경우 토빈의 q는 1보다 작다.
③ 매출액순이익률이 2%, 총자산회전율이 3.0, 자기자본비율이 50%일 경우 자기자본순이익률(ROE)은 3%이다.
④ 유동비율이 높은 기업은 유동성이 양호한 상태라고 판단될 수 있으나, 과도하게 높은 유동비율은 수익성 측면에서 비효율적일 수 있다.
⑤ 주가장부가치비율(PBR)은 일반적으로 수익전망이 높은 기업일수록 높게 나타난다.

풀 이

$$ROE = \text{매출액순이익률} \times \text{총자산회전율} \times \frac{1}{\text{자기자본비율}} = 2\% \times 3 \times \frac{1}{0.5} = 12\%$$

정 답 : 3

문제 15 (2017년)

A기업의 재무레버리지도(DFL)는 2이고 결합레버리지도(DCL)는 6이다. 현재 A기업의 영업이익(EBIT)이 20억원이라면, 이 기업의 고정영업비용은?

① 20억원   ② 25억원   ③ 30억원   ④ 35억원   ⑤ 40억원

풀 이

$$6 = DOL \times 2 \rightarrow DOL = 3$$

$$DOL = \frac{CM}{EBIT} = \frac{EBIT + TFC}{EBIT} = \frac{20 + TFC}{20} = 3 \rightarrow TFC = 40\text{억원}$$

정 답 : 5

문제 16

영업레버리지도(DOL), 재무레버리지도(DFL), 결합레버리지도(DCL)에 관한 설명으로 가장 적절하지 않은 것은?

① 영업이익(EBIT)이 영(0)보다 작은 경우, 음(−)의 DOL은 매출액 증가에 따라 영업이익이 감소함을 의미한다.
② 고정영업비가 일정해도 DOL은 매출액의 크기에 따라 변화한다.
③ DCL은 DOL과 DFL의 곱으로 나타낼 수 있다.
④ 이자비용이 일정해도 DFL은 영업이익의 크기에 따라 변화한다.
⑤ 영업이익이 이자비용(이자비용>0)보다 큰 경우, 영업이익이 증가함에 따라 DFL은 감소하며 1에 수렴한다.

풀 이

(1) $DOL = \dfrac{CM}{EBIT}$ 에서

    $EBIT < 0, DOL < 0 \rightarrow CM > 0$ → 매출이 증가하면 공헌이익이 증가, 영업이익도 증가

    $EBIT < 0, DOL > 0 \rightarrow CM < 0$ → 매출이 증가하면 공헌이익이 감소, 영업이익도 감소

(2) EBIT > 0인 경우 DOL은 매출액이 증가함에 따라 감소하여 1에 수렴한다.

(4)(5) EBT > 0인 경우 DFL은 EBIT가 증가함에 따라 감소하여 1에 수렴한다.

정 답 : 1

문제 17

재무비율과 경제적 의미를 짝 지운 내용이 가장 적절하지 않은 것은?

① 주가수익비율 – 수익성   ② 매입채무회전율 – 활동성
③ 이자보상비율 – 레버리지   ④ 당좌비율 – 유동성
⑤ 총자본투자효율 – 생산성

풀 이

주가수익비율(PER)은 수익성 비율이 아닌 시장가치비율이다.

정 답 : 1

다음 자료에서 당좌비율(quick ratio; Q)을 계산했을 때 가장 적절한 것은? 단, 1년은 365일 이고 회전율은 매출액에 대하여 계산한다.

매출채권 120억 원	재고자산회전율 10회	
유동부채 140억 원	매출채권회수기간 60일	유동비율 150%

① $Q \leq 50\%$ ② $50\% < Q \leq 75\%$ ③ $75\% < Q \leq 100\%$

④ $100\% < Q \leq 125\%$ ⑤ $Q > 125\%$

풀 이

(1) 유동비율 = $\dfrac{\text{유동자산}}{\text{유동부채}}$

    1.50 = 유동자산 / 140억 → 유동자산 = 210억

(2) 매출채권회전기간 = $\dfrac{365}{\text{매출채권회전율}}$

    60일 = 365 / 매출채권 회전율 → 매출채권 회전율 = 6.08

(3) 매출채권회전율 = $\dfrac{\text{매출}}{\text{매출채권}}$

    6.08 = 매출 / 120억 → 매출 = 730억

(4) 재고자산회전율 = $\dfrac{\text{매출(원가)}}{\text{재고자산}}$

    10회 = 730억 / 재고자산 → 재고자산 = 73억

    ⇨ 재고자산회전율은 매출원가를 재고자산으로 나누어 계산하지만 이 문제에서는 매출원가 자료가 주어지지 않았기 때문에 매출액 기준으로 재고자산회전율을 계산한다.

(5) 당좌비율 = $\dfrac{\text{당좌자산}}{\text{유동부채}}$ = $\dfrac{210 - 73}{140}$ = $0.97(97\%)$

정답 : 3

(2012년)

문제 19

㈜윈드는 풍력 발전에 사용되는 터빈을 생산하는 기업이며 생산된 터빈은 모두 판매되고 있다. ㈜윈드의 손익분기점은 터빈을 2,500개 판매할 때이다. ㈜윈드가 터빈을 3,400개 판매할 때의 영업레버리지도(DOL)로 가장 적절한 것은?

① DOL ≤ 1.5   ② 1.5 〈 DOL ≤ 2.5   ③ 2.5 〈 DOL ≤ 3.5
④ 3.5 〈 DOL ≤ 4.5   ⑤ DOL 〉 4.5

풀이

$$손익분기점(BEP) = \frac{영업고정비\,(TFC)}{단위당공헌이익\,(UCM)}$$

2,500개 = TFC / UCM → TFC = 2,500 UCM

$$DOL = \frac{CM}{EBIT} = \frac{CM}{CM-TFC} = \frac{3400 \times UCM}{3400\,UCM - 2500\,UCM} = \frac{3400}{900} = 3.77$$

정답 : 4

(2004년)

문제 20

A기업의 경우, 매출량이 1% 증가하면 영업이익은 3% 증가한다. 이 기업의 결합레버리지도(DCL)는 6이며, 현재 이 기업의 주가수익비율(PER)은 12이다. 영업이익이 10% 증가하는 경우, 주가가 10% 상승한다면 PER는 얼마가 되는가?

① 10   ② 11   ③ 12   ④ 15   ⑤ 18

풀이

(1) $DCL = DOL \times DFL$

    6 = 3 × DFL → DFL = 2

    ∴ 영업이익이 10%증가하면 당기순이익 (주당이익)은 20%가 증가

(2) $PER^{before} = \dfrac{P_0}{EPS_0} = 12$

    $PER^{after} = \dfrac{1.10 \times P}{1.20 \times EPS} = \dfrac{1.10}{1.20} \times 12 = 11$

정답 : 2

문제 21

순이익에서 배당금으로 지급되는 비율을 나타내는 배당성향을 장기적으로 일정하게 유지하면 다음 중 순운전자본이 증가하는 경우는?

① 다른 상황이 동일한 조건에서, 외상매출금이 증가하고 그 만큼 단기차입금이 증가하였다.
② 다른 상황이 동일한 조건에서, 외상매출금이 증가하고 그 만큼 재고자산도 증가하였다.
③ 다른 상황이 동일한 조건에서, 외상매입금이 감소하고 그 만큼 외상매출금도 감소하였다.
④ 다른 상황이 동일한 조건에서, 외상매입금이 증가하고 그 만큼 지급어음이 감소하였다.
⑤ 다른 상황이 동일한 조건에서, 매출채권이 감소하고 그 만큼 단기차입금이 감소하였다.

풀이

순운전자본 = 유동자산 − 유동부채

(1) 유동자산 증가, 유동부채 증가 → 순운전자본 일정
(2) 유동자산 증가, 유동자산 증가 → 순운전자본 증가
(3) 유동자산 감소, 유동부채 감소 → 순운전자본 일정
(4) 유동부채 증가, 유동부채 감소 → 순운전자본 일정
(5) 유동자산 감소, 유동부채 감소 → 순운전자본 일정

정답 : 2

문제 22

갑을기업의 전년도 자기자본순이익률(ROE)은 6%로 업계 평균 10%에 비해 상대적으로 저조하다. 내부 검토결과, 매출액순이익률은 1%, 총자산회전율은 2.0으로 업계 평균과 비슷한 것으로 나타나 이 부분에서의 개선보다는 자본구조의 변경을 통해 현재 ROE를 업계 평균 수준으로 끌어 올리려고 한다. 이 목표를 달성하기 위한 갑을기업의 적정 부채비율은 얼마인가?

① 200%   ② 300%   ③ 400%   ④ 500%   ⑤ 600%

풀이

$$ROE = \frac{NI}{E} = \frac{순이익}{매출액} \times \frac{매출액}{총자산} \times \frac{총자산(A)}{자기자본(E)}$$

$$10\% = 1\% \times 2 \times \frac{자산}{자기자본} \rightarrow \frac{자산}{자기자본} = 5 \rightarrow \frac{부채}{자기자본} = 4$$

정답 : 3

(1996년)

문제 23

매출채권에 관한 설명으로 부적절한 것은?

① 매출채권이 증가하더라도 추가적인 자금부담은 없다.
② 매출채권회전율이 높을수록 기업은 유리하다.
③ 단기성 매출채권이 항상 기업에게 유리한 것만은 아니다.
④ 비용−효익 분석에 입각하여 적절한 매출채권을 유지한다.
⑤ 매출채권의 회수정책 고려시에는 기업의 이미지에 손상이 없도록 할 필요가 있다.

풀 이

매출채권이 증가하면 매출채권회전기간이 증가하여 현금유동성이 감소한다.

정 답 : 1

(1995년)

문제 24

유동성비율이 120%일 때 이 비율을 감소시키는 상황은?

① 현금으로 단기차입금을 상환할 경우
② 외상매출금을 현금으로 상환할 경우
③ 현금으로 재고자산을 구입할 경우
④ 재고자산을 외상매입 할 경우
⑤ 사채로 고정자산을 구입할 경우

풀 이

유동비율 > 1이므로
동일금액으로 유동자산과 유동부채가 각각 증가하면 유동비율은 감소
동일금액으로 유동자산과 유동부채가 각각 감소하면 유동비율은 증가

(1) 유동자산 감소 + 유동부채 감소 → 유동비율 증가
(2) 유동자산 감소, 유동자산 증가 → 유동비율 일정
(3) 유동자산 감소, 유동자산 증가 → 유동비율 일정
(4) 유동자산 증가 + 유동부채 증가 → 유동비율 감소
(5) 모두 비유동항목이므로 유동비율에 영향이 없다.

정 답 : 4

문제 25

다음의 서술 중 옳지 않은 것은?

① 매출채권 회전율을 알고 있으면 매출채권 평균회수기간을 구할 수 있다
② PER은 일종의 회수기간 개념이다.
③ 당기 순이익이 0보다 클 때 주당순이익의 변화율 위험은 매출액의 변화율 위험보다 작다.
④ ROI는 활동성 비율과 수익성 비율을 결합한 비율이다.
⑤ 유동비율과 당좌비율은 유동성 비율에 속한다.

풀이

결합레버리지도(DCL) = 매출액 변화율에 대한 순이익 변화율의 민감도
NI > 0 ⇨ DCL > 1 ⇨ 민감도가 1보다 크기 때문에 주당순이익의 변화율 위험은 매출액의 변화율
위험보다 크다.

정답 : 3

문제 26

영업레버리지(operating leverage)와 관련된 설명으로 적절하지 않은 것은?

① 영업레버리지는 기업의 영업비용 중에서 고정영업비의 부담 정도를 의미한다.
② 영업레버리지분석은 고정영업비의 존재로 인하여 매출액의 일정한 변화율에 대응하여 영업이익이 보다 크게 변화하는 영업손익의 확대효과를 분석하는 것이다.
③ 영업레버리지의 측정방법으로는 매출액의 변화율에 대한 영업이익의 변화율의 크기를 나타내는 영업레버리지도(DOL)가 사용된다.
④ 영업레버리지도는 매출액 단위 % 변화에 대한 영업이익(EBIT)의 변화정도를 말한다.
⑤ 자본집약적 산업보다 노동집약적 산업의 영업레버리지도(DOL)가 크게 나타난다.

풀이

자본집약적 산업은 노동집약적 산업보다 감가상각비와 같은 고정비 비중이 높기 때문에 영업레버리지도(DOL)가 더 크게 나타난다.

정답 : 5

SMART
객관식
재무관리

Chapter

02

주식의 평가

주식의 평가

핵심이론

01 절 주식의 가치평가

1 주식가치평가방법

DCF방법 (소득접근법)	배당평가모형	* 항상성장모형 * 성장기회평가모형
	잉여현금흐름모형	* 기업잉여현금흐름 접근법 * 주주잉여현금흐름 접근법
주가배수모형 (상대가치평가기법)		* PER(주가수익률) * PBR(주가순자산비율) * PSR(주가매출액비율)

2 배당평가모형

1. 항상성장모형(고정성장모형)

$$P_0 = \frac{D_1}{k_e - g} \quad (k_e > g)$$

D_1 : 내년 초(올해 말) 예상 주당 배당금

k_e : 자기자본비용(주식의 균형수익률, 주주의 요구수익률)

2. 초과성장이 있는 경우

$$P_0 = \sum_{t=1}^{n} \frac{D_t}{(1+k_e)^t} + \frac{P_n}{(1+k_e)^n}$$

D_t : t기에 수령하는 배당금

P_n : 초과성장 종료시점의 주식처분가격

3. 성장기회평가모형

$$P_0 = \frac{EPS_1}{k_e} + NPVGO$$

NPVGO : 성장기회의 현재가치

3 항상성장모형

1. 균형가격(내재가치) 주요 공식

$$P_0 = \frac{D_1}{k_e - g} \quad (k_e > g)$$

① 1년 후 주당배당금 : $D_1 = EPS_1 \times (1-b) = D_0 \times (1+g)$

② 배당성장률 : g = ROE (자기자본이익률) × b (내부유보율)

③ 주식의 균형수익률(SML) : $k_e = R_f + (E(R_m) - R_f) \times \beta_i$

2. 균형가격 결정요인의 변화

다른 조건이 동일한 경우

- 배당성장률(g) 증가 ⇨ 주가 상승

- 자기자본이익률(ROE) 증가 ⇨ 배당성장률(g) 증가 ⇨ 주가 상승

- 주주의 요구수익률(k) 증가 ⇨ 주가 하락

- 주식의 베타 증가 ⇨ 주주의 요구수익률(k) 증가 ⇨ 주가 하락

- 배당 상승에 대한 기대 ⇨ D_1 증가 ⇨ 주가 상승

- 내부유보율(b) 증가 ⇨ D_1 감소 vs. 배당성장률(g) 증가

ROE = k	주가 변동 없음
ROE < k	주가 하락
ROE > k	주가 상승

3. 1년 후 주식가치

$$P_1 = \frac{D_2}{k_e - g} = P_0 \times (1 + g)$$

4. 기대수익률 구성요소

(1) 1기간 보유 : $E(R) = \dfrac{D_1}{P_0} + \dfrac{P_1 - P_0}{P_0}$ = 배당수익률 + 자본이득률

(2) 항상성장모형 : $E(R) = \dfrac{D_1}{P_0} + g$ = 배당수익률 + 배당성장률

5. 불균형상태

(1) **시장가격 ⟨ 균형가격 (기대수익률 ⟩ 균형수익률)**

⇨ 매수(long) ⇨ 시장가격 상승, 기대수익률 하락 ⇨ 균형

(2) **시장가격 ⟩ 균형가격 (기대수익률 ⟨ 균형수익률)**

⇨ 매도(short) ⇨ 시장가격 하락, 기대수익률 상승 ⇨ 균형

☞ 기대수익률은 시장가격을 기준으로 계산한다.

6. 항상성장기회의 현재가치

$$P_0 = \frac{D_1}{k_e - g} = \frac{EPS_1}{k_e} + NPVGO$$

- ROE = k ⇨ NPVGO = 0
- ROE > k ⇨ NPVGO > 0
- ROE < k ⇨ NPVGO < 0

4 상대가치평가모형

1. PER (주가수익률)

(1) 주요 공식

$$PER = \frac{P}{EPS} = \frac{S}{NI}$$

S : 자기자본 시장가치

후행PER : 올해 주당이익(EPS_0) 기준

선행PER : 미래 추정 주당이익(EPS_1) 기준

(2) 불균형상태

실제 PER < 정상 PER → 주가의 과소평가 → 매수(long)

실제 PER > 정상 PER → 주가의 과대평가 → 매도(short)

실제 PER : 주식 시장가격 기준

정상 PER : 주식 균형가격 기준, 산업평균, 과거평균

(3) 주식의 가치평가

$$P = EPS \times PER^{정상}$$

PER가 높은 주식 : 성장주

PER가 낮은 주식 : 가치주

(4) PER의 특징

① 주당이익으로 현재의 주가를 회수하는 회수기간의 의미

② 성장기회가 없는 경우 : PER의 역수 = 주주 요구수익률

③ 주당이익이 음(−)이면 적용하기가 어렵다.

2. PBR (주가순자산비율)

(1) 주요공식

$$PBR = \frac{P}{BPS} = \frac{S}{E} = ROE \times PER$$

BPS : 주당순자산, E: 자기자본 장부가치, S : 자기자본 시장가치

(2) 기업의 NPV와의 관계

NPV > 0 ⇨ 자기자본 장부가치(E) < 자기자본 시장가치(S) ⇨ PBR > 1

(3) 주식의 가치평가

$P = BPS \times PBR^{정상}$

PBR이 높은 주식 : 성장주

PBR이 낮은 주식 : 가치주

(4) PBR의 특징

① 순이익이 음($-$)이어도 PBR은 적용이 가능

② 유형자산이 많은 제조업이나 금융업의 주식을 평가하는데 적합

③ 자본잠식이 되면 주당 장부가치가 음($-$)이 되어 적용이 어려움

④ 서비스기업이나 무형자산이 많은 IT기업에는 부적합

3. PSR (주가매출액비율)

(1) 주요공식

$PSR = \dfrac{P}{SPS} = ROS \times PER$

SPS : 주당 매출액, ROS : 매출액이익률

(2) 주식의 가치평가

$P = SPS \times PSR^{정상}$

(3) PSR의 특징

① 자본잠식 기업이나 순이익이 음($-$)이어도 적용이 가능

② 스타트업 기업이나 재무적 곤경에 처한 기업에도 적용이 가능

③ 기업의 자본구성을 알 수 없기 때문에 부채가 많은 기업에는 부적합

5 잉여현금흐름모형 (free cash flow)

1. 기업잉여현금흐름 (FCFF) 접근법

1단계 기업가치결정 : $V = \sum_{t=1}^{n} \dfrac{FCFF_t}{(1+wacc)^t}$

2단계 자기자본가치 결정 : S = V − B

3단계 주식가치 결정 : $P = \dfrac{S}{주식수}$

2. 주주잉여현금흐름 (FCFE) 접근법

1단계 자기자본가치 결정 : $S = \sum_{t=1}^{n} \dfrac{FCFE_t}{(1+k_e)^t}$

2단계 주식가치 결정 : $P = \dfrac{S}{주식수}$

02 절 효율적 시장가설

1 효율적 시장가설 (EMH)

시장의 효율성 : 정보가 가격에 신속하게 정확하게 반영되는 것

	약 형	준 강 형	강 형
과거주가정보	○	○	○
공개정보	×	○	○
비공개정보(모든 정보)	×	×	○

○ : 정보가 주가에 반영됨

× : 정보가 주가에 반영되지 않음

2 효율적 시장과 초과수익

	약 형	준 강 형	강 형
기술적 분석	×	×	×
기본적 분석	○	×	×
내부자 정보 이용	○	○	×

○ : 초과수익 가능

× : 초과수익 불가능

1. 기술적 분석

- 과거주가정보를 이용하는 방법
- 약형 EMH가 성립하면 기술적 분석으로 초과수익이 발생하지 않는다.
- 약형 EMH가 성립하지 않으면 기술적 분석으로 초과수익이 발생한다.

2. 기본적 분석 (재무분석)

- 공개정보를 이용하는 방법
- 준강형 EMH가 성립하면 기본적 분석으로 초과수익이 발생하지 않는다.
- 준강형 EMH가 성립하지 않으면 기본적 분석으로 초과수익이 발생한다.

3. 내부자 정보이용

- 강형 EMH가 성립하면 내부정보로도 초과수익이 발생하지 않는다.
- 강형 EMH가 성립하지 않으면 내부정보를 이용하여 초과수익이 발생한다.
- 강형 EMH가 성립하여도 사후적인 초과수익은 발생할 수 있다.

3 효율적 시장의 검증기법

1. 시계열 상관계수 분석

- 약형 EMH 검증방법
- 과거 주가와 현재 주가가 상관관계가 있으면 약형 EMH가 성립하지 않는다.

2. 사건연구

- 준강형 EMH 검증방법
- 정보공시 시점에서 주가가 정보를 반영하지 않으면 준강형 EMH가 성립하지 않는다.
- 정보공시 시점에서 주가가 정보를 반영하면 준강형 EMH가 성립한다.

3. 전문가 집단연구

- 강형 EMH 검증방법
- 전문가 집단의 초과수익이 발생하지 않으면 강형 EMH가 성립한다.

4 시장이례현상 (Market anomaly)

- 주식시장에서 특정 성격이나 사건을 갖는 주식에서 초과수익이 발생하는 현상
- 시장이 비효율적인 증거
- 저PER효과, 규모효과, 1월 효과, 주말효과
  ⇨ 파마−프렌치 모형은 가치주 요인과 소형주 요인을 주식가치평가에 추가

※ [1~7] 항상성장배당평가모형이 성립한다고 가정한다.

01 다른 조건이 일정할 때, 배당성장률이 증가하면 주가는 상승한다.

02 다른 조건이 일정할 때, 내부유보율이 증가하면 주가는 상승한다.

03 다른 조건이 일정할 때, 자기자본이익률이 증가하면 주가는 상승한다.

04 다른 조건이 일정할 때, 주주의 요구수익률이 증가하면 주가는 상승한다.

05 다른 조건이 일정할 때, 베타가 증가하면 주가는 하락한다.

06 다른 조건이 일정할 때, 주가는 배당성장률과 동일한 비율로 성장한다.

07 주주의 요구수익률이 자기자본이익률 보다 큰 경우 유보에 의한 성장기회의 현재가치는 0보다 크다.

08 주식의 시장가격이 내재가치보다 작은 경우 주식은 저평가 되어있다.

09 주식의 기대수익률이 주주의 요구수익률보다 작은 경우 주식은 저평가 되어있다.

10 주가수익비율이나 주가순자산비율이 상대적으로 높은 주식은 가치주이다.

11 주가순자산비율로 주식의 가치를 평가하는 방법은 서비스기업이나 무형자산이 많은 기업의 가치평가에 적합하다.

12 과거주가와 현재주가와의 시계열 상관계수의 크면 시장은 약형으로 효율적이다.

13 독점적 정보를 쉽게 얻을 수 있는 투자집단이 초과수익의 투자성과를 보인다면 시장은 강형으로 효율적이다.

14 시장이 약형으로 효율적이어도 준강형으로 효율적이지 않으면 기술적 분석으로 초과수익이 가능하다.

15 시장이 약형으로 효율적이어도 준강형으로 효율적이지 않으면 기본적 분석으로 초과수익이 가능하다.

16 시장이 준강형으로 효율적이어도 강형으로 효율적이지 않으면 내부정보를 이용하여 초과수익이 가능하다.

01 O

배당성장률(g) 증가 ⇨ 주가 상승

02 X

ROE < k 인 경우 내부유보율(b)이 증가하면 주가는 하락한다.

03 O

자기자본이익률(ROE) 증가 ⇨ 배당성장률(g) 증가 ⇨ 주가 상승

04 X

주주의 요구수익률(k) 증가 ⇨ 주가 하락

05 O

베타의 증가 ⇨ 주주의 요구수익률(k) 증가 ⇨ 주가 하락

06 O

$$P_1 = P_o \times (1+g)$$

1년 후의 주가는 현재의 주가보다 배당성장률(g)만큼 증가한다.

07 X

ROE < k 인 경우 NPVGO < 0이다.

08 O

시장가격 < 균형가격 ⇨ 주식의 과소평가 ⇨ 매수

09 X

기대수익률 < 균형수익률 ⇨ 주식의 과대평가 ⇨ 매도

10 X

PER 또는 PBR이 높은 주식 : 성장주
PER 또는 PBR이 높은 주식 : 가치주

11 X

주가순자산비율로 주식의 가치를 평가하는 방법은 유형자산이 많은 제조업이나 금융업의 가치 평가에 적합하다.

12 X

과거 주가와 현재 주가가 상관관계가 있으면 약형 EMH가 성립하지 않는다.

13 X

전문가 집단의 초과수익이 발생하지 않으면 강형 EMH가 성립한다.

14 X

약형 EMH가 성립하면 기술적 분석으로 초과수익이 발생하지 않는다.

15 O

준강형 EMH가 성립하지 않으면 기본적 분석으로 초과수익이 발생한다.

16 O

강형 EMH가 성립하지 않으면 내부정보를 이용하여 초과수익이 발생한다.

01 절 **주식의 가치평가**

문제 1 (2020년)

> S기업 보통주의 현재 내재가치는 20,000원이다. 전기말(t=0) 주당순이익과 내부유보율은 각각 5,000원과 60%이다. 배당금은 연 1회 매년 말 지급되고 연 2%씩 영구히 성장할 것으로 예상된다. 무위험수익률은 2%이고 시장위험프리미엄은 6%일 때, 다음 중 가장 적절하지 않은 것은? 단, CAPM이 성립하고, 내부유보율, 무위험수익률, 시장위험프리미엄은 변하지 않는다고 가정한다.
> ① 당기말(t=1) 기대배당금은 2,040원이다.
> ② 자기자본비용은 12.2%이다.
> ③ 주식의 베타는 1.6이다.
> ④ 만약 베타가 25% 상승한다면, 자기자본비용은 상승한다.
> ⑤ 만약 베타가 25% 상승한다면, 내재가치(t=0)는 16,000원이 된다.

풀이

(1) 주당순이익에 배당성향 40%를 적용하여 주당배당금 산출

$$D_1 = EPS_0 \times (1+g) \times (1-b) = 5,000 \times 1.02 \times (1-0.6) = 2,040$$

(2) 내재가치로 균형수익률(자기자본비용) 산출

$$k_e = \frac{D_1}{P_0} + g = \frac{2,040}{20,000} + 0.02 = 0.122$$

(3) SML에 자기자본비용을 대입하여 베타를 산출

$$k_e = R_f + (E(R_m) - R_f) \times \beta_i \Rightarrow 12.2 = 2 + 6 \times \beta_i \Rightarrow \beta_i = 1.7$$

(4) 변경 후 베타를 SML에 대입하여 베타를 산출

$$k_e = 2 + 6 \times 1.7 \times 1.25 = 14.75\%$$

(5) 변경 후 자기자본비용으로 균형가격(내재가치)를 계산

$$P_0 = \frac{D_1}{k_e - g} = \frac{2,040}{0.1475 - 0.02} = 16,000$$

정답 : 3

(2019년)

문제 2

㈜기해의 올해 말(t=1) 주당순이익은 1,500원으로 예상된다. 이 기업은 40%의 배당성향을 유지할 예정이며, 자기자본순이익률(ROE)은 20%로 매년 일정하다. 주주들의 요구수익률이 연 15%라면, 현재 시점(t=0)에서 이론적 주가에 기초한 주당 성장기회의 순현가(NPVGO)는 얼마인가? 단, 배당은 매년 말 연 1회 지급한다.

① 10,000원   ② 16,000원   ③ 20,000원   ④ 24,000원   ⑤ 28,000원

풀이

$D_1 = EPS_1 \times (1-b) = 1,500 \times 0.4 = 600$

$g = ROE \times b = 20\% \times 0.6 = 12\%$

$P_0 = \dfrac{D_1}{k_e - g} = \dfrac{EPS_1}{k_e} + NPVGO$

$\dfrac{600}{0.15 - 0.12} = \dfrac{1,500}{0.15} + NPVGO \Rightarrow NPVGO = 10,000$

정답 : 1

(2017년)

문제 3

A기업의 내부유보율은 40%이고, 내부유보된 자금의 재투자수익률(ROE)은 20%이다. 내부유보율과 재투자수익률은 영원히 지속될 것으로 기대된다. A기업에 대한 주주들의 요구수익률은 14%이고 현재 주가가 10,000원이라면, A기업의 배당수익률은? 단, 일정성장배당평가모형이 성립하고, 현재 주가는 이론적 가격과 같다.

① 2%   ② 4%   ③ 6%   ④ 8%   ⑤ 10%

풀이

$g = ROE \times b = 20\% \times 0.4 = 8\%$

주가=이론적 가격 ⇨ 기대수익률 = 주주의 요구수익률 = 14%

$E(R) = \dfrac{D_1}{P_0} + g \Rightarrow 14\% = 배당수익률 + 8\% \Rightarrow 배당수익률 = 6\%$

정답 : 3

문제 4

고정성장배당평가모형에 관한 설명으로 가장 적절하지 않은 것은?

① 계속기업(going concern)을 가정하고 있다.

② 고정성장배당평가모형이 성립하면, 주가는 배당성장률과 동일한 비율로 성장한다.

③ 고정성장배당평가모형이 성립하면, 주식의 투자수익률은 배당수익률과 배당성장률의 합과 같다.

④ 다른 조건은 일정하고 재투자수익률(ROE)이 요구수익률보다 낮을 때, 내부유보율을 증가시키면 주가는 상승한다.

⑤ 다른 조건이 일정할 때, 요구수익률이 하락하면 주가는 상승한다.

풀이

ROE > k : 내부유보율을 증가시키면 주가는 상승

ROE = k : 내부유보율을 증가시키면 주가는 불변

ROE < k : 내부유보율을 증가시키면 주가는 하락

정답 : 4

문제 5

S사의 1년도 말(t=1)에 기대되는 주당순이익(EPS)은 2,000원이다. 이 기업의 내부유보율은 40%이고 내부유보된 자금은 재투자수익률(ROE) 20%로 재투자된다. 이러한 내부유보율과 재투자수익률은 지속적으로 일정하게 유지된다. S사의 자기자본비용이 14%라고 할 경우 S사 주식의 이론적 가격에 가장 가까운 것은?

① 13,333원   ② 16,333원   ③ 20,000원
④ 21,600원   ⑤ 33,333원

풀이

$D_1 = EPS_1 \times (1-b) = 2,000 \times 0.6 = 1,200$

$g = ROE \times b = 20\% \times 0.4 = 8\%$

$P_0 = \dfrac{D_1}{k_e - g} = \dfrac{1,200}{0.14 - 0.08} = 20,000$

정답 : 3

문제 6   (2015년)

㈜ XYZ는 금년도(t=0)에 1,000원의 주당순이익 가운데 60%를 배당으로 지급하였고, 내부유보된 자금의 재투자수익률(ROE)은 10%이다. 내부유보율과 재투자수익률은 영원히 지속될 것으로 기대된다. ㈜ XYZ에 대한 주주들의 요구수익률은 9%이다. 다음 중 가장 적절하지 않은 것은? 단, 일정성장배당평가모형이 성립하고, 주가는 이론적 가격과 동일하며, 또한 이론적 가격과 동일하게 변동한다고 가정한다.

① 다른 조건이 일정할 때, 재투자수익률이 상승하면 ㈜ XYZ의 현재주가는 하락할 것이다.
② 다른 조건이 일정할 때, ㈜ XYZ가 내부유보율을 증가시키면 배당성장률은 상승한다.
③ 1년 후(t=1) ㈜ XYZ의 주당 배당은 624원이다.
④ ㈜ XYZ의 현재(t=0) 주가는 12,480원이다.
⑤ ㈜ XYZ의 주가수익비율(주가순이익비율, PER)은 매년 동일하다.

풀 이

(1) ROE 증가 ⇨ 배당성장률 증가 ⇨ 주가 상승

(2) 내부 유보율(b) 증가 ⇨ 배당성장률 증가

(3) $g = ROE \times b = 10\% \times 0.4 = 4\%$
$D_1 = EPS_0 \times (1+g) \times (1-b) = 1,000 \times 1.04 \times 0.6 = 624$

(4) $P_0 = \dfrac{D_1}{k_e - g} = \dfrac{624}{0.09 - 0.04} = 12,480$

(5) 후행$PER = \dfrac{P}{EPS_1} = \dfrac{\dfrac{D_1}{k_e - g}}{EPS_1} = \dfrac{1-b}{k_e - g} = \dfrac{0.6}{0.09 - 0.04} = 12$로 매년 동일

☞ 이 문제에서는 자기자본이익률(10%)이 주주의 요구수익률(9%)보다 크기 때문에 내부 유보율(b)이 증가하면 주가는 상승한다.

정답 : 1

문제 7

투자자 갑은 기업 A와 B에 대해 다음 표와 같은 정보를 수집하였다. 시장위험프리미엄과 무위험자산수익률은 각각 10%와 5%이다. 주가가 이론적 가치에 따라 변동한다고 가정한다. 일정성장배당평가모형을 적용하여 현재 주가를 평가할 때, 다음 설명 중 적절한 항목만을 모두 고르면? (단, 배당금은 연말에 한 번 지급하는 것으로 가정한다.)

	기업 A	기업 B
ROE	15%	9%
내부유보율	12%	20%
내년도 예상 주당순이익	100원	100원
베타	0.5	0.4

(가) 기업 A의 주가는 기업 B의 주가보다 낮다.

(나) 다른 조건은 변하지 않는 상태에서, 두 기업이 내부유보율을 모두 증가시킨다면 두 기업의 주가는 상승할 것이다.

(다) 다른 조건은 변하지 않는 상태에서, 두 기업의 베타가 모두 하락한다면 두 기업의 주가는 상승할 것이다.

(라) 다른 조건은 변하지 않는 상태에서, 두 기업이 ROE를 모두 증가시키는 새로운 프로젝트를 시작한다면 두 기업의 주가는 상승할 것이다.

① (가), (나)　　　　② (가), (나), (다)　　　　③ (가), (다), (라)

④ (나), (다), (라)　　　⑤ (가), (나), (다), (라)

풀 이

(1) A의 주가(1,073원) < B의 주가 (1,111원)

기업 A	기업 B
$k_e = 5 + 10 \times 0.5 = 10\%$	$k_e = 5 + 10 \times 0.4 = 9\%$
$g = ROE \times b = 15\% \times 0.12 = 1.8\%$	$g = ROE \times b = 9\% \times 0.20 = 1.8\%$
$D_1 = EPS_1 \times (1-b) = 100 \times (1-0.12) = 88$	$D_1 = 100 \times (1-0.2) = 80$
$P_0 = \dfrac{D_1}{k_e - g} = \dfrac{88}{0.10 - 0.018} = 1,073$	$P_0 = \dfrac{D_1}{k_e - g} = \dfrac{80}{0.09 - 0.018} = 1,111$

(2) 기업A : ROE(15%) > k(10%) : 내부유보율을 증가시키면 주가는 상승

　　기업B : ROE(9%) = k (9%) : 내부유보율을 증가시키면 주가는 불변

(3) 베타의 하락 ⇨ 주주의 요구수익률(k) 감소 ⇨ 주가 상승

(4) ROE 증가 ⇨ 배당성장률 증가 ⇨ 주가 상승

정답 : 3

문제 8

다음에 주어진 자료에 근거하여 A, B 두 기업의 현재 주당 주식가치를 평가했을 때, 두 기업의 주당 주식가치의 차이와 가장 가까운 것은? (단, 배당금은 연 1회 연말에 지급한다.)

〈기업 A〉

내년(t=1)에 주당 2,500원의 배당금을 지급하고 이후 2년간(t=2~3)은 배당금이 매년 25%로 고성장 하지만, 4년째(t=4)부터는 5%로 일정하게 영구히 성장할 것으로 예상된다. 주주의 요구수익률은 고성장기간 동안 연 15%, 이후 일정성장기간 동안 연 10%이다.

〈기업 B〉

올해 주당순이익은 3,200원이며, 순이익의 80%를 배당금으로 지급하였다. 순이익과 배당금은 각각 매년 5%씩 성장할 것으로 예상되고, 주식의 베타(ß)는 1.20이다. 무위험자산수익률은 2.5%, 시장위험프리미엄은 6.0%이다.

① 3,477원　　② 3,854원　　③ 4,114원　　④ 4,390원　　⑤ 4,677원

풀이

(1) 기업 A의 주식가치

　　3년 동안 초과성장이 있기 때문에 4년부터 항상성장모형을 적용한다.

　　① 매년 주당 배당금 결정

　　　　$D_1 = 2,500,$　　　　　　　　　　$D_2 = 2,500 \times 1.25 = 3,125,$

　　　　$D_3 = 3,125 \times 1.25 = 3,906,$　　　　$D_4 = 3,906 \times 1.05 = 4,101,$

　　② 고정성장모형을 이용하여 3년 후 주식가치를 구한다. (할인율 10%)

$$P_3 = \frac{D_4}{k_e - g} = \frac{4,101}{0.10 - 0.05} = 82,020$$

　　③ 초과성장 배당금의 현재가치와 3년 후 주식가치의 현재가치를 더한다. (할인율 15%)

$$P_0 = \frac{D_1}{(1+k_e)^1} + \frac{D_2}{(1+k_e)^2} + \frac{D_3 + P_3}{(1+k_e)^3} = \frac{2,500}{1.15^1} + \frac{3,125}{1.15^2} + \frac{3,906 + 82,020}{1.15^3} = 61,035$$

(2) 기업B의 주식가치

$$k_e = R_f + (E(R_m) - R_f) \times \beta_i = 2.5 + 6 \times 1.20 = 9.7\%$$

$$D_1 = EPS_0 \times (1+g) \times (1-b) = 3,200 \times 1.05 \times 0.8 = 2,688$$

$$P_0 = \frac{D_1}{k_e - g} = \frac{2,688}{0.097 - 0.05} = 57,191$$

∴ 주식가치의 차이 = 61,035 - 57,191 = 3,844

정답 : 2

다음은 A, B, C 세 기업의 주식가치 평가를 위한 자료이다. 이들 자료를 이용하여 산출한 각 기업의 현재 주식가치 중 최고값과 최저값의 차이는 얼마인가? 단, 세 기업의 발행주식수는 100만주로 동일하고, 주가순자산비율과 주가수익비율은 동종 산업의 평균을 따른다.

〈기업A〉
직전 회계년도의 영업이익은 35억원이고, 순투자금액(순운전자본 및 순고정자산 투자금액)은 3억원이다. 이러한 모든 현금흐름은 매년 말 시점으로 발생하고, 영구적으로 매년 5%씩 성장할 것으로 기대된다. 부채가치는 100억원이고, 가중평균자본비용은 12%로 향후에도 일정하다. 법인세율은 30%이다.

〈기업B〉
현재 자기자본의 장부가치는 145억원이고, 동종 산업의 평균 주가순자산비율은 1.5이다.

〈기업C〉
올해 말 기대되는 주당이익은 1,500원이고, 동종 산업의 평균 주가수익비율(P0/E1)은 14이다.

① 500원 ② 750원 ③ 1,035원 ④ 1,250원 ⑤ 1,375원

풀 이

(1) 기업A의 주가는 기업잉여현금흐름 접근법으로 산출한다.
   ① 기업잉여현금흐름 :
   $$FCFF = EBIT \times (1-t) - \Delta\, FA - \Delta\, NWC = 35 \times 0.7 - 3 = 21.5억$$
   ② 기업가치(고정성장 영구연금모형) 및 자기자본가치
   $$V_0 = \frac{FCFF_1}{wacc - g} = \frac{21.5 \times 1.05^1}{0.12 - 0.05} = 322.5억 \Rightarrow S = V - B = 322.5 - 100 = 222.5억$$
   ③ 주가 : $P_0 = \dfrac{S}{주식수} = \dfrac{222.5억원}{100만주} = 22,250원$

(2) 기업B의 주가는 주가순자산비율(PBR)모형으로 산출한다.
   ① 주당 장부가치 : BPS = 145억원/100만주 = 14,500원
   ② 주가 : P = BPS × PBR = 14,500 × 1.5 = 21,750원

(3) 기업C의 주가는 주가수익비율(PER)모형으로 산출한다. (후행PER)
   $P_0 = EPS \times PER = 1,500원 \times 14 = 21,000원$
   ∴ 최고주가 − 최저주가 = 22,250 − 21,000 = 1,250

정 답 : 4

(2012년)

㈜대한의 발행주식수는 20만주이고 배당성향은 20%이며 자기자본이익률은 10%이다. 한편 ㈜대한 주식의 베타값은 1.4로 추정되었고 현재시점의 주당배당금은 4,000원이며 무위험이 자율이 4%, 시장포트폴리오의 기대수익률은 14%이다. 이러한 현상이 지속된다고 가정하고 배당평가모형을 적용하였을 때 가장 적절한 것은?

① ㈜대한의 성장률은 10%이다.
② ㈜대한의 성장률은 9%이다.
③ ㈜대한의 요구수익률은 19%이다.
④ ㈜대한의 1년 후 시점의 주가(P_1)는 46,656원이다.
⑤ ㈜대한의 2년 후 시점의 주가(P_2)는 55,388.48원이다.

풀이

(1) (2) $g = ROE \times b = 10\% \times (1-0.2) = 8\%$

(3) $k_e = R_f + (E(R_m) - R_f) \times \beta_i = 4 + (14-4) \times 1.4 = 18\%$

(4) $P_0 = \dfrac{D_1}{k_e - g} = \dfrac{4,000 \times 1.08}{0.18 - 0.08} = 43,200 \Rightarrow P_1 = P_0 \times (1+g) = 43,200 \times 1.08 = 46,656$

(5) $P_2 = P_1 \times (1+g) = 46,656 \times 1.08 = 50,388$

정답 : 4

문제 11

현재(t=0) 주당 배당금 2,000원을 지급한 A기업의 배당 후 현재 주가는 30,000원이며, 향후 매년말 배당금은 매년 5%의 성장률로 증가할 것으로 예상된다. 또한 매년말 700원을 영구적으로 지급하는 채권은 현재 10,000원에 거래되고 있다. A기업 주식 4주와 채권 4주로 구성된 포트폴리오의 기대수익률은?

① 8.75%   ② 9.25%   ③ 10.75%
④ 11.25%   ⑤ 12.75%

풀이

주식의 기대수익률 : $E(R) = \dfrac{D_1}{P_0} + g = \dfrac{2,000 \times 1.05}{30,000} + 0.05 = 12\%$

영구채권의 기대수익률 : $E(R) = \dfrac{C}{B_0} = \dfrac{700}{10,000} = 7\%$

주식의 시장가치 $= 30,000 \times 4주 = 120,000$

채권의 시장가치 $= 10,000 \times 4주 = 40,000$

포트폴리오의 기대수익률 : $E(R_p) = 12\% \times \dfrac{120,000}{160,000} + 7\% \times \dfrac{40,000}{160,000} = 10.75\%$

정답 : 3

문제 12

(주)고구려의 자기자본비용은 14%이며 방금 배당을 지급하였다. 이 주식의 배당은 앞으로 계속 8%의 성장률을 보일 것으로 예측되고 있으며, (주)고구려의 현재 주가는 50,000원이다. 다음 중 옳은 것은?

① 배당수익률이 8%이다.
② 배당수익률이 7%이다.
③ 방금 지급된 주당 배당금은 3,000원이다.
④ 1년 후 예상되는 주가는 54,000원이다.
⑤ 1년 후 예상되는 주가는 57,000원이다.

풀이

(1)(2) 주식의 기대수익률 = 배당수익률 + 배당성장률

14% = 배당수익률 + 8% ⇨ 배당수익률 = 6%

(3) $D_1 = P_0 \times$ 배당수익률 = $50,000 \times 0.06 = 3,000$

$$D_0 = \frac{D_1}{1+g} = \frac{3,000}{1.08} = 2,778$$

(4) $P_1 = P_0 \times (1+g) = 50,000 \times 1.08 = 54,000$

(5) $P_2 = P_1 \times (1+g) = 54,000 \times 1.08 = 58,320$

정답 : 4

(주)한국의 발행주식수는 100,000주이고 배당성향이 30%이며 자기자본이익률이 10%이다. (주)한국의 주식 베타 값은 1.2이고 올해 초 주당 배당금으로 2,000원을 지불하였다. 또한 무위험이자율이 5%이고 시장포트폴리오의 기대수익률이 15%라고 한다. 이러한 현상이 지속된다고 가정할 때, (주)한국의 2년 말 시점의 주가는 얼마가 되는가?

① 20,000원   ② 21,400원   ③ 22,898원
④ 24,500원   ⑤ 26,216원

풀 이

$g = ROE \times b = 10\% \times (1-0.3) = 7\%$

$k_e = R_f + (E(R_m) - R_f) \times \beta_i = 5 + (15-5) \times 1.2 = 17\%$

$P_0 = \dfrac{D_1}{k_e - g} = \dfrac{2,000 \times 1.07}{0.17 - 0.07} = 21,400$

$P_2 = P_0 \times (1+g)^2 = 21,400 \times (1.07)^2 = 24,500$

정답 : 4

(2006년)

문제 14

한국기업은 1년 후부터 매년 20,000원씩의 주당순이익을 예상하며 주당순이익 전부를 배당으로 지급하고 있다. 한국기업은 매년 순이익의 40%를 투자할 것으로 고려하고 있으며 이때 자기자본 순이익률이 13%가 될 것으로 예상한다. 한국기업이 순이익 전부를 배당으로 지급하는 대신에 40%를 투자 한다면 주가가 얼마나 변화하겠는가? 한국기업 주식의 적정 수익률은 13%이다. △P는 가격변화이다.

① △P ≤ −2,000원   ② −2,000원 〈 △P 〈 0원   ③ △P = 0원

④ 0원 〈 △P 〈 2,000원   ⑤ △P ≥ 2,000원

풀 이

ROE(13%) = k (13%) : 내부유보율을 증가시키면 주가는 불변 ⇨ △P = 0원

정답 : 3

(2004년)

문제 15

고정성장배당모형에 관한 다음 설명 중 옳은 것은?
① 고정성장배당모형이 적용되기 위해서는 주식의 요구수익률이 배당의 성장률보다 같거나 낮아야 한다.
② 다른 모든 조건이 동일한 경우, 기본적으로 배당 상승에 대한 기대와 주식 가치의 변동은 관계가 없다.
③ 고정성장배당모형에 의해 주식가치를 평가하는 경우, 할인율로 무위험 이자율을 이용한다.
④ 다른 모든 조건이 동일한 경우, 배당성장률의 상승은 주식가치를 상승시킨다.
⑤ 고정성장배당모형에서 주식의 위험은 기대 배당에 반영되어 있다.

풀 이

(1) 주식의 요구수익률(k) 〉 배당성장률(g) ⇨ 고정성장배당모형 적용가능

(2) 배당 상승에 대한 기대 ⇨ 주가 상승

(3) $k_e = R_f + (E(R_m) - R_f) \times \beta_i$ ⇨ 자기자본비용은 위험조정할인율

(4) 배당성장률 증가 ⇨ 주가 상승

(5) $k_e = R_f + (E(R_m) - R_f) \times \beta_i$ ⇨ 주식의 체계적 위험은 할인율에 반영

정답 : 4

문제 16

매출액 = 200억원, 매출순이익율 = 5%, 주가/이익비율 (PER) = 10, 유보율 = 60%,
발행주식수 = 100만주라면 배당수익률은 얼마인가?
(단, PER = 회계연도 초 주가 ÷ 회계연도 말 주당순이익)

① 4%　　　　② 5%　　　　③ 6%　　　　④ 7%　　　　⑤ 8%

풀 이

올해 말 당기순이익 = 200억 × 5% = 10억원

올해 말 주당순이익 = 10억원/100만주 = 1,000원

$D_1 = EPS_1 \times (1-b) = 1000 \times (1-0.6) = 400$

$PER = \dfrac{P}{EPS_1} = \dfrac{P}{1,000} = 10 \Rightarrow$ 주가 = 10,000원

배당수익률 $= \dfrac{D_1}{P_0} = \dfrac{400}{10,000} = 4\%$

정답 : 1

문제 17

현재주가 = 18,000원, 올해 초 배당금 = 1,100원, 배당성장률 = 10%, 무위험이자율 = 10%,
시장포트폴리오의 기대수익률 = 15%라면 이 기업의 베타는 얼마인가? 단, CAPM이 성립한
다고 가정한다.

① 1.34　　　　② 0.95　　　　③ 2.15　　　　④ 0.86　　　　⑤ 1.38

풀 이

$D_1 = D_0 \times (1+g) = 1,100 \times 1.10 = 1,210$

CAPM이 성립하므로 기대수익률과 균형수익률이 동일하므로

$k_e = \dfrac{D_1}{P_0} + g = \dfrac{1,210}{18,000} + 0.10 = 16.72\%$

SML에 자기자본비용을 대입하여 베타를 산출

$k_e = R_f + (E(R_m) - R_f) \times \beta_i \Rightarrow 16.72 = 10 + (15-10) \times \beta_i \Rightarrow \beta_i = 1.34$

정답 : 1

02 절 》 효율적 시장가설

문제 18

(2007년)

다음 중 가장 옳지 않은 것은?

① 날씨가 맑은 날에는 주가지수가 상승하고, 그렇지 않은 날에는 주가지수가 하락하는 경향이 전 세계적으로 관찰되고 있음을 보인 연구결과가 있다. 만일 이 연구결과가 사실이라면 이는 시장이 약형으로 효율적이지 않다는 증거이다. (매일 다음 날의 일기예보가 발표되며 일기예보는 50%보다 높은 정확도를 갖는다고 가정하시오)

② 시장이 약형으로 효율적이라면 기술적 분석을 이용해서 초과수익률을 얻을 수 없다.

③ 국내 주식시장에서 개인투자자들의 투자성과가 외국인투자자들이나 국내 기관투자자들에 비해 지속적으로 나쁘다는 연구결과가 있다. 모든 투자자들이 공개된 정보만을 이용하여 투자한다는 가정하에, 이는 시장이 준강형으로 효율적이지 않다는 증거로 볼 수 있다.

④ 시장이 효율적이고 CAPM이 맞다고 해도 베타가 같은 두 주식의 실현수익률이 다를 수 있다.

⑤ 시장이 약형으로 효율적일 때, 과거 6개월간 매달 주가가 오른 주식이 다음 달에도 주가가 또 오를 수 있다.

풀이

(1) 날씨 정보는 공개적인 정보이므로 연구결과가 사실이면 공개정보를 이용하여 초과이익이 발생하므로 시장은 준강형으로 효율적이지 않다.

⇨ 준강형으로 효율적이지는 않지만 약형 효율적 여부는 알 수 없다.

(2) 약형 EMH에서는 기술적 분석으로는 초과수익을 얻을 수 없다.

(3) 공개정보를 이용하여 외국인투자자들이나 국내 기관투자자들이 초과수익을 얻는다면 시장은 준강형으로 효율적이지 않다.

(4) CAPM이 성립하면 베타가 같은 두 주식의 기대수익률은 같지만. 사후적인 실현수익률은 다를 수 있다.

(5) 약형 EMH에서는 과거주가와 현재주가는 상관관계가 없다.

정답 : 1

효율적 시장가설에 관한 다음의 설명 중 가장 옳지 않은 것은?

① 시장의 준강형 효율성 가설을 검증하는 한 방법으로 사건연구를 활용할 수 있다.
② 미국 증권시장의 일일 주가 수익률을 분석해 보면 소형주의 수익률은 전날 대형주 수익률을 추종하나, 대형주의 수익률은 전날 소형주 수익률을 추종하지 않는 것으로 나타난다. 이는 시장이 약형으로 효율적이지 않다는 증거로 볼 수 있다.
③ 시장이 강형으로 효율적이라면 베타계수가 작은 주식에 투자한 경우 베타계수가 큰 주식에 투자했을 때보다 더 높은 수익률을 올릴 수 없다.
④ 미국 주식을 가치주와 성장주로 나누어 그 수익률을 분석해 보면 양 그룹간에 확연한 차이가 발견된다. 이는 시장이 준강형으로 효율적이지 않다는 증거로 볼 수 있다.
⑤ 기업의 인수·합병 발표 직후 피인수·합병 기업의 주가가 상승하는 것으로 나타난다. 이는 강형으로 효율적이지 않다는 증거이다.

풀이

(1) 사건연구는 준강형 효율적 가설 검증방법이다.

(2) 약형 EMH에서는 과거주가와 현재주가는 상관관계가 없다. 소형주의 수익률은 전날 대형주 수익률을 추종하면, 과거주가와 현재주가가 상관관계가 있기 때문에 시장이 약형으로 효율적이지 않다는 증거로 볼 수 있다.

(3) CAPM이 성립하면 베타가 큰 주식의 기대수익률은 베타가 작은 주식보다 더 크지만 사후적인 실현수익률은 더 작을 수 있다.

(4) 가치주와 성장주의 공개정보를 이용하여 초과수익을 얻는다면 시장은 준강형으로 효율적이지 않다.

(5) 시장이 강형으로 효율적이라면 발표 이전에 이미 주가는 상승하여야 한다.

정답 : 3

문제 20   (2004년)

최소한 준강형의 효율적 시장이 성립할 때 다음 중 가장 적절하지 못한 주장은?

① 내부정보가 없는 상태에서 증권에 투자해 몇 년 사이 1000%의 수익을 올린 투자자가 있을 수 있다.
② 최근 몇 년간 경영상의 어려움을 겪어 적자누적으로 주당 장부가치가 액면가를 밑도는데도 불구하고 주가는 액면가보다 높게 형성될 수 있다.
③ 펀드매니저가 증권분석을 통해 구성한 포트폴리오가 침팬지가 무작위로 구성한 포트폴리오보다 위험 대비 수익률이 더 높을 것으로 예상된다.
④ A 회사는 환경단체와의 재판에서 패소해 추가로 부담해야 할 비용이 확정되었으므로 A 회사의 주식은 당분간 매입하지 말아야 한다.
⑤ 은행장이 그 동안 불법대출을 주선하여 은행에 막대한 손실을 입혀왔다는 사실이 일주일 전 밝혀져 해당 은행의 주가가 급락했다. 그리고 오늘 아침 그 은행장이 사표를 제출했다는 사실이 알려지면서 해당 은행의 주가는 상승했다.

풀이

(1) 내부정보를 이용한 수익률의 분석은 강형 효율적 가설 검증방법이므로, 가설 검증여부와 관계없이 준강형 효율적 가설은 성립할 수 있다.
(2) 시장이 준강형으로 효율적이라면 적자누적이라는 공개적인 정보는 과거에 적자를 발표하는 시점에 이미 주가에 반영이 되어있다.
(3) 전문투자집단이 초과수익은 강형 효율적 가설 검증방법이므로, 가설 검증여부와 관계없이 준강형 효율적 가설은 성립할 수 있다.
(4) 시장이 준강형으로 효율적이라면 패소라는 공개적인 정보는 이미 주가에 반영되어 있기 때문에 패소라는 정보는 주식 매입 의사결정에 영향을 주지 않는다.
(5) 시장이 준강형으로 효율적이라면 은행장 사표라는 공개적인 정보는 즉시 주가에 반영된다.

정답 : 4

문제 21

주가분석과 관련된 서술 중 옳지 않은 것은?

① 기술적 분석은 주가의 움직임에 어떤 패턴이 있고, 그 패턴은 반복되는 경향이 있다고 가정한다.
② 기본적 분석은 주가 이외의 다른 요인과 주가와의 관계를 통해 주가를 예측하는 것이다.
③ 약형 효율적 시장가설 하에서는 증권가격이 random walk 모형을 따른다.
④ 기본적 분석은 약형 EMH에 의해, 기술적 분석은 준강형 EMH에 의해 부정된다.
⑤ 강형 효율적 시장가설에서는 일반적으로 알려지지 않은 내부정보조차 주가에 이미 반영되어 있다고 주장한다.

풀이

(1)(4) 기술적 분석 과거주가정보를 이용하는 방법으로 약형 EMH가 성립하면 기술적 분석으로 초과수익이 발생하지 않는다. 따라서 기술적 분석은 약형 EMH에 의해 부정된다.

(2)(4) 기본적 분석은 공개정보를 이용하는 방법으로 준강형 EMH가 성립하면 기본적 분석으로 초과수익이 발생하지 않는다. 따라서 기본적 분석은 준강형 EMH에 의해 부정된다.

(3) 약형 EMH에서는 과거주가와 현재주가는 상관관계가 없다.

(5) 강형 EMH가 성립하면 내부정보도 주가에 이미 반영되어 있기 때문에 내부정보를 이용하여도 초과수익이 발생하지 않는다.

정답 : 4

SMART
객관식
재무관리

Chapter

03

자본예산

자본예산

핵심이론

01 절 **기업현금흐름**

1 기업현금흐름

1. 재무상태표의 재구성

(1) 회계기준(GAAP)의 재무상태표

자산(Asset) = 부채(Liability) + 자본(Equity)

자산 = 영업자산(유동자산 + 고정자산) + 비영업자산

부채 = 영업부채(유동부채) + 타인자본(Debt)

(2) 재무관리의 재무상태표

총자본(Capital) = 자산 − 영업부채

= 타인자본(Debt) + 자기자본(Equity)

= 유동자산 + 고정자산 + 비영업자산 − 유동부채

= 순운전자본(NWC) + 고정자산(FA) + 비영업자산

= 투하자본(IC) + 비영업자산

2. 손익계산서의 재구성

(1) EBITDA (세전영업현금흐름)

EBITDA = 매출액 − 현금영업비용 = 매출액 − 변동원가 − 현금고정원가

(2) EBIT (영업이익)

EBIT = EBITDA − 감가상각비(Dep)

(3) NI (당기순이익)

NI =(EBIT−I) × (1−t)   t = 세율, I = 이자비용

(4) NOPAT (세후영업이익)

NOPAT = EBIT × (1−t) = NI + I × (1−t)

※ 시험문제에서 "영업이익"은 세전영업이익을, "영업현금"은 세후영업현금을 의미한다.

3. 기업잉여현금흐름

(1) FCFF (기업잉여현금흐름)

FCFF는 실물투자에서 유입된 세후영업현금(OCF)에서 실물투자로 유출된 자본적지출과 순운전자본지출을 차감한다.

$$FCFF = OCF - 자본적지출 - 순운전자본지출$$
$$= NOPAT - (\Delta FA + \Delta NWC)$$

(2) OCF (세후영업현금흐름)

실물투자에서 유입된 세후현금으로 세후영업이익(NOPAT)에 감가상각비를 더한다.

$$OCF = NOPAT + Dep$$
$$= EBITDA \times (1-t) + Dep \times t$$

(3) 자본적 지출

실물투자 고정자산지출로 고정자산의 증가금액(ΔFA)에 감가상각비를 더한다.

$$자본적\ 지출 = \Delta FA + Dep$$

고정자산 처분 현금유입액은 처분금액에서 처분손익에 대한 세금을 가감한다.

$$\text{세후처분금액 = 처분가액 − (처분가액 − 장부금액) × 세율}$$

(4) 순운전자본 지출

실물투자 운전자본지출로 순운전자본의 증가금액(ΔNWC)이다.

$$\text{순운전자본 지출} = \Delta NWC$$

⇨ 이자비용의 절세효과를 할인율에 포함하지 않고 현금흐름에 포함하는 가치평가방법도 있지만 공인회계사 1차 시험의 출제되지 않기 때문에 설명을 생략한다.

4. 주주잉여현금흐름(FCFE)

FCFE는 자기자본 가치평가의 현금흐름으로 당기순이익에서 자기자본 장부 증가금액(ΔE)을 차감한다.

$$\text{FCFE} = \text{NI} - \Delta E$$

2 투자안의 현금흐름

1. 현금흐름의 원칙

(1) 증분현금흐름 (Incremental approach)

① 부수효과(시너지 효과 또는 잠식효과)를 반영한다.
② 실물투자의 기회비용을 반영한다.
③ 시장조사비용과 같은 매몰원가는 고려하지 않는다.
④ 이자비용과 배당금은 현금흐름이 아닌 할인율에 반영한다.

(2) 인플레이션을 반영한 명목현금흐름

명목현금흐름은 명목이자율로 할인하고, 실질현금흐름은 실질이자율로 할인한다.
⇨ 일반적으로는 명목현금흐름은 명목이자율로 할인한다.

2. 투자안 증분현금흐름의 구성요소

(1) 투자시점

신규자산의 취득, 순운전자본의 지출, 기존자산의 처분을 고려한다.

$$\Delta FCFF_0 = -순운전자본지출 - 자본적지출 + 기존자산\ 세후\ 처분가액$$

(2) 투자기간

증분영업현금흐름(OCF)을 고려한다.

$$\Delta FCFF_t = \Delta OCF_t = \Delta EBIT \times (1-t) + \Delta Dep$$

(3) 투자종료시점

영업현금흐름, 순운전자본의 회수, 신규자산의 처분을 고려한다.

$$\Delta FCFF_n = 영업현금흐름 + 순운전자본지출 + 신규자산\ 세후\ 처분가액$$

⇨ 특별한 언급이 없으면 투자시점에 투자한 순운전자본은 투자종료시점에서 전액 회수

3. 손익분기점분석

(1) 회계 손익분기점

영업이익(EBIT)을 0로 하는 손익분기점

$$회계\ 손익분기점 = \frac{총고정비\,(TFC)}{단위당\ 공헌이익\,(UCM)}$$

(2) 현금 손익분기점

영업현금흐름(OCF)을 0로 하는 손익분기점

$$현금\ 손익분기점 = \frac{TFC - Dep}{UCM}$$

(3) 재무 손익분기점

순현가(NPV)를 0로 하는 손익분기점

$$C_0 = \sum_{t=1}^{n} \frac{FCFF_t}{(1+wacc)^t}$$

02 절 ▶ 투자안의 평가기법

1 투자안의 평가기법

- 화폐의 시간적 가치를 고려하지 않는 방법(비할인모형)
  : 회수기간법, 회계적 이익률법(ARR)
- 화폐의 시간적 가치를 고려하는 방법(할인모형)
  : 순현가법(NPV), 내부수익률법(IRR), 수익성지수법(PI)

1. 회수기간법

$$회수기간 = \frac{투자액}{연간\ 순현금유입액}$$

(1) 의사결정기준

① 독립적 투자안 : 회수기간 < 목표회수기간이면 투자안을 채택
② 상호배타적 투자안 : 회수기간이 가장 짧은 투자안을 선택

(2) 장점

① 이해가 쉽고 계산과정이 간단하다.
② 투자안의 위험지표로 이용된다.
③ 수익성보다 안정성을 중요시하는 기업에 유용하다.

(3) 단점

① 목표회수기간이 자의적이다.
② 회수기간 이후의 현금흐름을 반영하지 못한다.

③ 화폐의 시간적 가치를 고려하지 못한다.

(4) 할인 회수기간

① 할인회수기간은 회수기간보다 길다.

② 회수기간 이후의 현금흐름을 반영하지 못하며 목표회수기간이 자의적이다.

③ 화폐의 시간적 가치를 고려한다.

2. 회계적 이익률법

$$회계적이익률(ARR) = \frac{연평균순이익}{연평균투자액}$$

$$연평균투자액 = \frac{최초투자액 + 잔존가치}{2}$$

(1) 의사결정기준

① 독립적 투자안 : 회계적이익률 > 목표이익률이면 투자안을 채택

② 상호배타적 투자안 : 회계적이익률이 가장 큰 투자안을 선택

(2) 장점

① 이해가 쉽고 계산과정이 간단하다.

② 자료를 쉽게 확보하여 이용할 수 있다.

(3) 단점

① 목표이익률이 자의적이다.

② 현금흐름을 반영하지 못한다.

③ 화폐의 시간적 가치를 고려하지 못한다.

3. 순현가법

순현재가치(NPV: net present value)란 투자안에서 예상되는 미래현금유입을 적절한 할인율로 할인하여 산출한 현재가치에서 투자금액을 차감한 값이다.

$$NPV = \sum_{t=1}^{n} \frac{FCFF_t}{(1+wacc)^t} - C_0 = \sum_{t=0}^{n} \frac{FCFF_t}{(1+wacc)^t}$$

(1) 의사결정기준

① 독립적 투자안 : NPV > 0 이면 투자안 채택

② 상호배타적 투자안 : NPV가 가장 큰 투자안을 선택

(2) 장점

① 화폐의 시간가치를 고려하고 있다.

② 투자안의 모든 현금흐름을 고려한다.

③ 가치가산의 원칙이 성립된다. ⇨ NPV(A+B) = NPV(A) + NPV(B)

④ 투자안의 절대적 평가지표

(3) NPV > 0

① IRR > wacc

② P > 1

③ IRR > MIRR

④ 자기자본의 시장가치가 장부가치보다 크다. ⇨ PBR > 1

(4) 순현가곡선

투자안의 NPV와 자본비용 사이의 관계를 보여주는 그래프

⇨ 순현가곡선의 기울기가 가파를수록 할인율 변화에 대해 NPV의 민감도가 크다.

4. 내부수익률법

• 투자안의 현금유입의 현재가치와 현금유출의 현재가치를 같게 만드는 할인율

• 투자안의 NPV를 0으로 만들어 주는 할인율

• 시행착오법을 이용하여 계산

$$\sum_{t=1}^{n} \frac{FCFF_t}{(1+IRR)^t} = C_0$$

(1) 의사결정기준

① 독립적 투자안 : $IRR > k$(자본이용)이면 투자안 채택

② 상호배타적 투자안 : IRR이 가장 큰 투자안을 선택

(2) 장점

① 화폐의 시간가치를 고려하고 있다.

② 투자안의 모든 현금흐름을 고려한다.

③ 투자안의 상대적 평가지표

5. 수익성지수법

- 투자안의 현금유입의 현재가치를 현금유출의 현재가치로 나누어 계산한 값

$$PI = \frac{\text{현금유입액의 현재가치}}{\text{투자금액}} = 1 + \frac{NPV}{\text{투자금액}}$$

(1) 의사결정기준

① 독립적 투자안 : $PI > 1$이면 투자안 채택

② 상호배타적 투자안 : PI가 가장 큰 투자안을 선택

(2) 장점

① 화폐의 시간가치를 고려하고 있다.

② 투자안의 모든 현금흐름을 고려한다.

③ 투자안의 상대적 평가지표

2 순현가법과 내부수익률법의 비교

1. 독립적인 투자안을 분석하는 경우

순현가곡선에서 NPV > 0인 영역과 IRR > k인 영역은 동일하므로,
NPV법과 IRR법은 평가결과는 동일함

2. 상호배타적인 투자안을 분석하는 경우

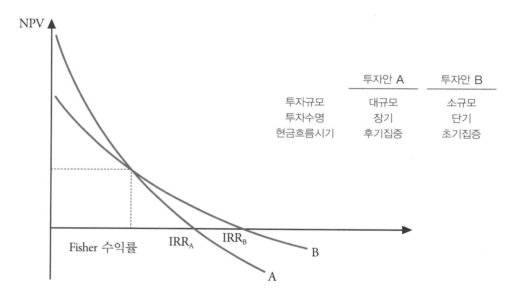

	투자안 A	투자안 B
투자규모	대규모	소규모
투자수명	장기	단기
현금흐름시기	후기집중	초기집중

- 피셔수익률 : 투자안의 순현가곡선이 교차하는 경우 교차하는 점에 해당하는 할인율

	NPV	IRR
자본비용 > 피셔수익률	B	B
자본비용 < 피셔수익률	A	B

※ 자본비용이 피셔수익률보다 작으면 NPV와 IRR의 평가결과는 다르다.

※ 피셔수익률 = 증분IRR

3. 순현가법의 우위

NPV는 다음의 사항에서 IRR 방법에 우위에 있다.

① 가치가산의 원리가 성립된다.

② 재투자수익률을 자본비용으로 가정하기 때문에 내부수익률로 가정하는 IRR보다 재투자 수익률의 가정이 보다 현실적이다.

③ IRR은 현금흐름의 양상에 따라 복수의 값이 존재한다.

④ 기업가치의 극대화라는 기업의 목표와 일치한다.

4. 수정IRR

① 재투자수익률을 자본비용으로 가정한 내부수익률

② IRR $>$ k $\Rightarrow$ IRR $>$ MIRR

IRR $<$ k $\Rightarrow$ IRR $<$ MIRR

③ 투자수명 또는 현금흐름의 시기가 다른 투자안의 평가결과는 NPV와 평가결과가 일치

→ 투자규모가 상이한 투자안의 평가결과는 NPV와 불일치

④ 현금흐름의 방향이 여러 번 바뀌어도 복수의 IRR 문제는 발생하지 않는다.

⑤ 가치의 가산원칙은 성립하지 않는다.

5. 증분IRR

① 투자규모가 큰 투자안에서 현금흐름에서 투자규모가 작은 투자안의 현금흐름을 차감한 현금흐름의 IRR

② IIRR $>$ k $\Rightarrow$ 투자규모가 큰 투자안 선택

IIRR $<$ k $\Rightarrow$ 투자규모가 작은 투자안 선택

③ 피셔수익률과 동일한 값

④ 증분 IRR으로 평가한 결과는 항상 NPV법에 의한 평가결과와 일치

3 투자안의 내용연수가 다른 경우

1. 반복투자가 불가능한 경우

NPV가 큰 투자안을 선택하는 것이 합리적이다.

2. 반복투자를 가정하는 경우

① 최소공배수법

투자안의 내용연수가 동일하게 되는 최소공배수를 구하고, 이 기간 동안 투자안의 반복투자

의 NPV가 큰 투자안을 선택한다.

② 무한반복NPV

각 투자안이 무한히 반복투자하는 경우의 NPV가 큰 투자안을 선택한다.

$$NPV(n,\infty) = NPV + \frac{NPV}{(1+wacc)^n - 1}$$

③ 연간균등가치(AEV)

투자안의 NPV와 투자안의 내용연수동안 할인율에 맞는 연금인 AEV가 큰 투자안 선택

$$AEV = NPV(n,\infty) \times wacc$$

3. 연간균등비용(EAC)

연간균등비용(EAC: equivalent annual cost)은 투자안을 취득하여 운영하는데서 발생하는 총비용의 현재가치와 동일한 현가를 갖는 연간비용을 말한다.

(1) 성능이 동일한 기계의 선택 : EAC가 작은 기계를 선택한다.

(2) 최적 교체시점의 결정

4 투자규모가 다른 경우

1. 중복투자가 가능한 경우

수익성 지수법(PI)과 NPV법과 같은 평가결과를 보인다.

2. 중복투자가 불가능한 경우

수익성 지수법(PI)과 NPV법과 다른 결과를 보이며, NPV가 큰 투자안을 선택한다.

5 자본할당

투자금액에 제약이 있는 경우 제약조건 하에서 가능한 투자조합을 구성

1. 분할투자가 가능한 경우

수익성지수(PI)가 높은 순서대로 투자안을 선택

2. 분할투자가 불가능한 경우

투자금액으로 가능한 투자조합을 구성하여 NPV 또는 WAPI(가중평균수익성지수)를 이용하여 최적 투자조합을 선택

03절 위험을 고려한 자본예산

1 가중평균자본비용법(wacc법)

목표자본구조를 알 수 있는 경우에는 가중평균자본비용법(WACC법)을 사용한다.

〈1단계〉 대용기업의 주식베타를 하마다모형에 대입하여 투자안의 영업베타를 결정한다.

$$무위험부채인 경우 : \beta_S^L = \beta_S^U \left[1 + (1-t)\frac{B}{S} \right]$$

$$위험부채인 경우 : \beta_S^L = \beta_S^U + (\beta_S^U - \beta_B)(1-t)\frac{B}{S}$$

〈2단계〉 투자안의 영업베타를 하마다모형에 대입하여 투자안의 주식베타를 결정한다.

$$무위험부채인 경우 : \beta_S^L = \beta_S^U \left[1 + (1-t)\frac{B}{S} \right]$$

$$위험부채인 경우 : \beta_S^L = \beta_S^U + (\beta_S^U - \beta_B)(1-t)\frac{B}{S}$$

〈3단계〉 투자안의 주식베타를 SML에 대입하여 투자안의 자기자본비용을 결정한다.

$$k_e = R_f + (E(R_m) - R_f) \times \beta^L$$

〈4단계〉 투자안의 각 자본비용을 목표자본구조로 가중평균하여 가중평균자본비용을 결정한다.

$$wacc = k_d \times (1-t) \times \frac{B}{V} + k_e \times \frac{S}{V}$$

〈5단계〉 투자안의 증분기업잉여현금흐름을 가중평균자본비용으로 할인하여 NPV를 결정한다.

$$NPV = \sum_{t=1}^{n} \frac{\Delta FCFF_t}{(1+wacc)^t} - C_0$$

2 APV법(조정현가법)

목표자본구조를 모르는 경우에는 조달레버리지를 이용한 조정현가법(APV법)을 사용한다.

〈1단계〉 대용기업의 주식베타를 하마다모형에 대입하여 투자안의 영업베타를 결정한다.

$$\text{무위험부채인 경우}: \beta_S^L = \beta_S^U \left[1 + (1-t)\frac{B}{S} \right]$$
$$\text{위험부채인 경우}: \beta_S^L = \beta_S^U + (\beta_S^U - \beta_B)(1-t)\frac{B}{S}$$

〈2단계〉 투자안의 영업베타를 SML에 대입하여 투자안의 무부채 자기자본비용을 결정한다.

$$\rho = R_f + (E(R_m) - R_f) \times \beta^U$$

〈3단계〉 투자안의 증분기업잉여현금흐름을 무부채 자본비용으로 할인하여 기본 NPV를 결정한다.

$$\text{기본}NPV = \sum_{t=1}^{n} \frac{\Delta FCFF_t}{(1+\rho)^t} - C_0$$

〈4단계〉 기본NPV에 부채사용에 따른 효과를 더하여 투자안의 APV를 결정한다.

$$APV = 기본\ NPV + 부채사용효과\ NPV$$

⇨ 부채가 영구부채인 경우 이자비용의 감세효과 = B × t

3 확실성등가법 (CEQ)

투자안의 위험과 부채사용의 자본조달효과를 모두 현금흐름에 반영하는 방법으로 확실성등가 (CEQ)를 무위험이자율로 할인한다.

〈1단계〉 기대현금흐름을 이용하여 확실성등가(CEQ)를 결정한다.

확실성등가계수(α_t)를 이용한 확실성 등가의 결정

$$CEQ_t = FCFF_t \times \alpha_t \leftarrow \alpha_t = [\frac{1+R_f}{1+wacc}]^t \qquad 0 < \alpha_t < 1$$

〈2단계〉 확실성등가를 무위험이자율로 할인하여 NPV를 결정한다.

$$NPV = \sum_{t=1}^{n} \frac{CEQ_t}{(1+R_f)^t} - C_0$$

04 절 기타사항

1 EVA (경제적 부가가치)

1. 의의

경제적 부가가치 (EVA)는 회계적이익에서 투자의 기회비용인 자본비용을 차감한 경제적 이익으로 주식평가 또는 투자안의 가치평가의 지표로 이용된다.

2. EVA (경제적 부가가치)

기업의 경제적 이익으로 세후영업이익(NOPAT)에서 투하자본(IC)에 가중평균자본비용(wacc)을 곱한 기회비용을 차감하여 계산한다.

$$EVA_t = NOPAT_t - (IC_{t-1} \times wacc) = (ROIC - wacc) \times IC_{t-1}$$

- $NOPAT_t$ (세후 영업이익) $= EBIT_t \times (1 - t)$
- IC_{t-1} (투하자본) $=$ 순운전자본(NWC_{t-1}) $+$ 고정자산(FA_{t-1})
- ROIC (투하자본수익률) $= \dfrac{NOPAT_t}{IC_{t-1}}$

3. MVA (시장부가가치)

MVA는 EVA를 가중평균자본비용으로 할인한 현재가치로 영구연금을 가정하면 MVA는 NPV와 일치한다.

$$MVA = \sum_{t=1}^{n} \frac{EVA_t}{(1+wacc)^t} \rightarrow \text{V (기업가치)} = \text{IC} + \text{MVA}$$

2 리스

⇨ 2019년부터 K-IFRS 리스회계기준이 개정이 되어 아래의 내용은 일반기업회계기준의 운용리스를 전제로 설명한다.

리스의 경제성 평가는 리스이용자(기업)이 리스자산을 리스 할 경우의 가치와 직접 구입할 경우의 가치를 비교하여 리스와 직접구입 중 어느 것이 유리한지를 결정하는 것이다. 리스 경제성 평가는 리스와 차입금으로 리스자산을 직접 구입하는 경우를 비교하는 것이므로 리스의 기회비용은 차입금에 대한 타인자본비용이다. 따라서 리스 경제성 평가의 할인율인 리스이용자의 가중평균자본비용이 아닌 세후타인자본비용(k_i)을 사용하여야 한다.

리스 경제성 평가의 NPV는 리스 경제성 평가의 증분현금흐름을 리스이용자의 세후타인자본비용으로 할인하여 다음과 같이 측정한다.

$$NPV^{\text{리스}} = + C_0 - \sum_{t=1}^{n} \frac{\text{리스료} \times (1-\text{세율})}{(1+k_i)^t} - \sum_{t=1}^{n} \frac{Dep \times \text{세율}}{(1+k_i)^t}$$

C_0 = 리스자산의 취득원가

$k_i = k_d \times (1-\text{세율})$

- NPV > 0 ⇨ 리스가 직접구입보다 더 유리
- NPV < 0 ⇨ 직접구입이 리스보다 더 유리

3 피셔의 분리정리

투자결정과 소비결정과정이 두 단계로 분리되어 이루어지는 것을 Fisher의 분리정리라고 한다. 실물투자에 대한 결정은 개인의 주관적 선호(무차별곡선)에 관계없이 객관적인 시장기준(NPV 극대화)에 의해 결정된다는 것이다.

금융시장과 투자기회선이 같이 존재할 경우, 소비투자결정은 분리되어 다음과 같이 2단계로 이루어진다.

(1) 1단계 : 최적투자결정

실물투자로부터 현금흐름의 현재가치가 가장 크도록 실물투자에 대한 결정을 한다.
최적실물투자금액은 투자기회선 접선의 기울기와 시장기회선 기울기가 일치하는 점이다.

$$MRT = (1+R)$$

(2) 2단계 : 최적소비결정

개인의 시점 간 소비배분의 대한 선호에 따라 최적의 소비조합을 결정한다.
최적소비금액은 무차별곡선의 접선의 기울기와 실물투자 후 시장기회선의 기울기가 일치하는 점이다.

$$MRS = (1+R)$$

⇨ 피셔의 분리정리는 지난 25년 동안 공인회계사 시험에서 출제되지 않아 향후 출제 가능성은 매우 희박하다.

01 다른 조건이 일정하다면 자본비용이 증가하면 순현가(NPV)는 감소한다.

02 다른 조건이 일정하다면 자본비용이 증가하면 내부수익률(IRR)이 감소한다.

03 다른 조건이 일정하다면 자본비용이 증가하면 수정 내부수익률(MIRR)은 증가한다.

04 복수의 배타적 투자안의 의사결정인 경우 두 투자안의 내용연수가 서로 다르면 NPV와 IRR은 항상 상반된 결과를 가져다준다.

05 복수의 배타적 투자안의 의사결정인 경우 두 투자안의 내용연수가 서로 다르면 NPV와 MIRR은 항상 상반된 결과를 가져다준다.

06 수익성지수 (PI)가 1보다 크면 MIRR은 IRR보다 항상 크다.

07 MIRR은 항상 단일 값이 나오므로 복수의 정답의 문제점이 없다.

08 투자안의 자본조달 방법을 자기자본에서 타인자본으로 변경하면 이자비용이 증가하여 기업잉여현금흐름은 감소한다.

09 투자안의 위험을 반영한 자본비용 대신에 기존 기업의 자본비용을 투자안의 할인율로 사용한다면 투자안의 순현가(NPV)는 과대평가된다.

10 Fisher의 분리정리에 의하면 자본시장과 실물생산기회가 동시에 존재할 경우 최적투자는 효용곡선과는 관계없이 시장에서의 이자율과 생산기회에 의해서만 결정된다.

01 O

자본비용은 NPV의 할인율이므로 자본비용이 증가하면 순현가(NPV)는 감소한다.

02 X

내부수익률은 자본비용과 관계없이 결정되므로 자본비용이 변동에 영향받지 않는다.

03 O

자본비용은 MIRR의 재투자수익률이므로 자본비용이 증가하면 MIRR은 증가한다.

04 X

두 투자안의 내용연수가 서로 다르다하더라도 자본비용이 피셔수익률보다 작으면 NPV와 IRR 는 동일한 결과를 가져다준다.

05 X

두 투자안의 규모가 서로 다르면 NPV와 MIRR은 항상 상반된 결과를 가져오지만 내용연수가 다르다 하더라도 NPV와 MIRR는 동일한 결과를 가져다준다.

06 X

IRR > 자본비용 ⇨ NPV > 0, PI > 1, IRR > MIRR

07 O

IRR은 복수의 정답의 문제점이 있지만 MIRR은 복수의 정답의 문제점이 없다.

08 X

자본조달 방법은 기업잉여현금흐름에는 영향을 주지 않는다.

09 X

기존 기업의 자본비용을 투자안의 할인율로 사용한다면 기존기업과 투자안의 위험의 크기의 차 이에 따라 순현가(NPV)는 과대평가 또는 과소평가된다.

10 O

자본시장과 실물생산기회가 동시에 존재할 경우 최적투자는 효용곡선과는 관계없이 결정되며 최적소비는 효용곡선과에 의해 결정된다.

실전문제

01 절 기업현금흐름

문제 1

(2020년)

K기업은 새로운 투자안을 발굴하기 위해서 컨설팅비용으로 50만원을 지출하였다. 이 기업은 내용연수가 3년인 기계설비를 도입하는 투자안을 순현가(NPV)법으로 평가하고자 한다. 3,000만원인 기계설비의 구입비용은 투자시작 시점(t=0)에서 전액 지출되며, 이 기계설비는 내용연수 동안 정액법으로 전액 감가상각되고, 투자안의 종료시점(t=3)에서 500만원에 처분될 것으로 예상된다. 이 기계설비를 도입하면 매년(t=1~t=3) 매출과 영업비용(감가상각비 제외)이 각각 2,000만원과 500만원 발생한다. 순운전자본은 투자시작 시점에 300만원 투하되고, 투자안이 종료되는 시점에서 전액 회수된다. 법인세율은 30%이고 투자안의 할인율은 10%이다. 이 투자안의 순현가에 가장 가까운 것은? 단, 연 1회 복리를 가정하고, PVIF(10%, 3) = 0.7513, PVIFA(10%, 3) = 2.4868이다.

① 4,955,250원 ② 5,455,250원 ③ 5,582,200원 ④ 6,082,200원 ⑤ 6,582,200원

풀이

(1) 현재시점의 투자금액 = 3,000 + 300 = 3,300만원

⇨ 컨설팅비용은 매몰원가이므로 증분현금흐름에 포함하지 않는다.

(2) 영업현금흐름(OCF)

감가상각비 = 3,000/3년 = 1,000만원

증분 영업이익(EBIT) = 2,000 − 500 − 1,000 = 500만원

OCF = EBIT(1−t) + Dep = 500 × (1−0.3) + 1,000 = 1,350만원

(3) 투자종료시점의 현금흐름(OCF제외)

① 고정자산 처분가액 = 500 − (500−0) × (1−0.3) = 350만원

② 순운전자본의 회수 = +300만원

투자종료시점의 현금흐름 = ① + ② = 650만원

(4) 투자안의 순현가

NPV = −3,300만원 + 1,350만원 × 2.4868 + 650만원 × 0.7513 = 545.525만원

정답 : 2

문제 2

㈜버젯은 내용연수가 3년인 기계를 구입하려고 한다. 이 기계는 정액법으로 상각되며, 3년 후 잔존가치는 없지만 처분가치는 1,000만원으로 예상된다. 이 기계를 도입할 경우(t=0), 향후 3년 동안(t=1~t=3) 매년 6,000만원의 매출액과 3,000만원의 영업비용(감가상각비제외)이 발생한다. 자본비용은 10%이고 법인세율은 30%이다. 순현가(NPV)법으로 투자안을 평가할 경우, ㈜버젯이 기계 구입비용으로 지불할 수 있는 최대금액과 가장 가까운 것은? (단, PVIFA(10%,3) = 2.4869, PVIF(10%,3) = 0.7513)

① 7,536만원   ② 7,651만원   ③ 7,749만원   ④ 7,899만원   ⑤ 7,920만원

풀 이

기계 구입비용 = C

$OCF = (6,000 - 3,000) \times (1-0.3) + \dfrac{C}{3} \times 0.3 = 2,100 + 0.1 \times C$

$NPV = -C + (2,100 + 0.1 \times C) \times 2.4869 + 1,000 \times (1-0.3) \times 0.7513 \geq 0$

$\rightarrow C \leq 7,651$

정답 : 2

문제 3

A 기업은 20X2년에 비유동자산을 처분(장부가액 10,000원, 처분손익은 발생하지 않음)하였으며 8,000원의 장기부채를 신규로 차입하였다. 다음은 A 기업의 20X1년과 20X2년 재무제표 정보이며 법인세율은 30%이다. 다음 설명 중 가장 적절한 것은?

재무상태표의 일부

(단위: 원)

자산	20X1년말	20X2년말	부채와자본	20X1년말	20X2년말
유동자산	5,000	5,500	유동부채	2,000	2,200
비유동자산	25,000	30,000	비유동부채	20,000	26,000

20X2년도 포괄손익계산서의 일부

(단위: 원)

매출액	150,000
매출원가	80,000
감가상각비	10,000
이자비용	2,000

① 20X2년 비유동자산 취득액은 24,000원이다.
② 20X2년 영업현금흐름은 53,000원이다.
③ 20X2년 채권자의 현금흐름은 −5,000원이다.
④ 20X2년 비유동부채 상환액은 2,000원이다.
⑤ 20X2년 순운전자본은 500원 증가하였다.

풀이

(1) 고정자산지출 : ΔFA = 취득 − 처분 − 감가상각비
   $30,000 - 25,000$ = 취득 − $10,000 - 10,000$ → 취득 = $25,000$

(2) 영업현금흐름 : $OCF = EBIT \times (1-t) + Dep$
   EBIT = $150,000 - 80,000 - 10,000 = 60,000$
   OCF = $60,000 \times (1-0.3) + 10,000 = 52,000$

(3) 채권자 현금흐름 : $I \times (1-t) - \Delta Debt$
   $= 2,000 \times (1-0.3) - (26,000 - 20,000) = -4,600$

(4) 타인자본 상환 : $\Delta Debt$ = 차입 − 상환
   $26,000 - 20,000 = 8,000$ − 상환 → 상환 = $2,000$

(5) 순운전자본의 증가 = 기말순운전자본 − 기초순운전자본
   $= (5,500 - 2,200) - (5,000 - 2,000) = +300$

정답 : 4

문제 4

B 출판사는 현재 사용하고 있는 구형 윤전기를 대체할 3년 수명의 신형 윤전기 구입을 고려하고 있다. 구형 윤전기는 완전상각되어 있으며 잔존 시장가치도 없다. 72억원인 신형 윤전기를 구입함으로 인해 3년 동안 연간 매출액이 구형 윤전기에 비해 28억원 증가하고, 매출원가는 변동이 없을 것으로 추정한다. 신형 윤전기는 정액법으로 3년 동안 100% 감가상각할 예정이나 3년 후(t=3) 처분가치는 6억원일 것으로 추정하고 있다. 윤전기를 도입하면 초기 (t=0)에 3억원의 순운전자본이 소요되며, 이 순운전자본은 3년 후 시점에서 전액 회수된다. 법인세율이 30%라면 3년 후 시점에서의 증분현금흐름은 얼마인가?

① 26.3억원   ② 34.0억원   ③ 35.8억원   ④ 50.8억원   ⑤ 52.6억원

풀이

(1) 증분 영업현금흐름

증분 감가상각비(ΔDep) = 72억원/3년 = 24억원

증분 영업이익($\Delta EBIT$) = 28억원 − 24억원 = 4억원

증분 영업현금흐름(ΔOCF) = $\Delta EBIT \times (1-t) + \Delta Dep$ = 4억원 × (1−0.3) + 24억원

= 26.8억원

(2) 신형 윤전기 구입시점의 증분현금흐름

$\Delta FCFF_0 = -\Delta NWC - \Delta CE$ = − (3억원) −72억원 = −75억원

(2) 3년 후 시점의 증분현금흐름

$\Delta FCFF_3 = \Delta OCF_3 - \Delta NWC - \Delta CE$ = 26.8억원 − (−3억원) + 6억원 × (1−0.3) = 34억원

정답 : 2

문제 5

(2015년)

C기업은 기존의 기계설비를 새로운 기계설비로 교체할 것을 고려하고 있다. 기존의 기계설비는 3년 전 2,400만원에 취득했으며 구입 시 내용연수는 8년, 잔존가치는 없는 것으로 추정하였다. 기존의 기계는 현재 시장에서 1,000만원에 처분할 수 있다. 내용연수가 5년인 새로운 기계설비는 2,500만원이며 투자종료시점에서의 잔존가치 및 매각가치는 없다. 기존의 기계설비를 사용하는 경우에 매출액은 1,500만원, 영업비용은 700만원이고, 새로운 기계설비를 사용하는 경우 매출액은 1,800만원, 영업비용은 600만원이다. C기업의 감가상각방법은 정액법, 법인세율은 30%로 가정하였을 때, 새로운 기계설비를 도입할 경우 5년 후 시점(t=5)에서 발생하는 증분현금흐름은 얼마인가?

① 310만원 ② 340만원 ③ 370만원 ④ 400만원 ⑤ 430만원

풀이

EBIT = 매출액 − 현금영업비용 − Dep $\Rightarrow$ OCF = EBIT $\times$ (1 − t) + Dep

신기계의 영업현금흐름(OCF) = (1800 − 600 − 500) $\times$ 0.7 + 500 = 990만원

구기계의 영업현금흐름(OCF) = (1500 − 700 − 300) $\times$ 0.7 + 300 = 650만원

증분현금흐름 = 990 − 650 = 340만원

정답 : 2

문제 6

탄산음료를 생산하는 H사는 현재 신개념의 이온음료 사업을 고려하고 있다. 이 투자안의 사업연한은 5년이며, 이온음료 생산에 필요한 설비자산의 구입가격은 1,000만원이다. 설비자산은 잔존가치가 0원이며 5년에 걸쳐 정액법으로 상각된다. 5년 후 설비자산의 처분가치는 없을 것으로 예상된다. 이온음료는 매년 500개씩 판매되고, 이 제품의 단위당 판매가격은 5만원, 단위당 변동비용은 3만원이며, 감가상각비를 제외한 연간 총고정비용은 300만원으로 추정된다. 한편 이온음료가 판매될 경우 기존 탄산음료에 대한 수요가 위축되어 탄산음료의 판매량이 매년 100개씩 감소할 것으로 예상된다. 탄산음료의 단위당 판매가격은 2만원, 단위당 변동비는 1만원이다. H사의 법인세율은 40%이고 투자안의 자본비용은 10%이다. 설비자산의 투자는 현 시점(t = 0)에서 일시에 이뤄지고, 매출 및 제조비용과 관련된 현금흐름은 매년 말(t = 1~5)에 발생한다. 이 투자안의 순현재가치(NPV)에 가장 가까운 것은? 단, 연 10%의 할인율에서 5년 연금의 현가요소(PVIFA)는 3.7908이다.

① 820만원　　② 668만원　　③ 516만원　　④ 365만원　　⑤ 213만원

풀이

(1) 이온음료 사업의 증분 세전현금흐름

탄산음료 판매량의 감소는 이온음료 사업으로 인한 잠식효과이므로 이온음료 사업의 증분 현금흐름에 반영한다.

EBITDA = 500개 × (5만원 − 3만원) − 300만원 − 100개 × (2만원 − 1만원) = 600만원

(2) 이온음료 사업의 증분 영업현금흐름

OCF = EBIT × (1 − t) + Dep

= (600만원 − 200만원) × (1 − 0.4) + 200만원 = 440만원

(3) 이온음료 사업의 순현재가치

NPV = −1,000만원 + 440만원 × 3.7908 = 668만원

정답 : 2

문제 7

기업이 자산에서 창출하는 현금흐름을 잉여현금흐름(free cash flow)이라고 한다. 이는 주주와 채권자에게 자유롭게 배분해 줄 수 있는 현금이라는 의미이다. 다음 재무제표에서 잉여현금흐름(FCF)을 계산했을 때 가장 적절한 것은? 단, 모든 자산과 유동부채는 영업용이고 법인세율은 25%이며 금액 단위는 억원이다.

<table>
<tr><td colspan="3" align="center">재무상태표</td><td colspan="2" align="center">손익계산서</td></tr>
<tr><td></td><td>당기</td><td>전기</td><td></td><td></td></tr>
<tr><td>유동자산</td><td>100</td><td>85</td><td>매출액</td><td>500</td></tr>
<tr><td>비유동자산</td><td>200</td><td>165</td><td>변동영업비</td><td>220</td></tr>
<tr><td>자산총계</td><td>300</td><td>250</td><td>고정영업비</td><td>180</td></tr>
<tr><td></td><td></td><td></td><td>감가상각비</td><td>24</td></tr>
<tr><td>유동부채</td><td>50</td><td>40</td><td>순영업이익</td><td>76</td></tr>
<tr><td>비유동부채</td><td>120</td><td>110</td><td>이자</td><td>12</td></tr>
<tr><td>자본</td><td>130</td><td>100</td><td>세전이익</td><td>64</td></tr>
<tr><td>부채 및
자본총계</td><td>300</td><td>250</td><td>법인세</td><td>16</td></tr>
<tr><td></td><td></td><td></td><td>당기순이익</td><td>48</td></tr>
</table>

① FCF ≤ 20   ② 20 < FCF ≤ 40   ③ 40 < FCF ≤ 60
④ 60 < FCF ≤ 80   ⑤ FCF > 80

풀 이

Capital = 자산 − 영업부채 (유동부채)

당기 capital = 300 − 50 = 250

전기 capital = 250 − 40 = 210

△Capital = 기말 − 기초 = 250 − 210 = +40

NOPAT = EBIT × (1−t) = 76 × (1 − 0.25) = 57

FCFF = NOPAT − △Capital = 57 − 40 = 17억원

정답 : 1

문제 8

(주)대한은 초기자금이 663,000원 소요되는 3년 연한의 시설장비 투자안을 고려중이다. 이 투자안은 투자기간 동안 매년 매출을 285,000원 증가시킨다. 시설장비는 잔존가치를 0원으로 하여 투자기간 동안 정액법으로 감가상각된다. 한편 시설장비는 투자기간 종료시점에서 장부가치와 상이하게 50,000원에 처분될 것으로 추정된다. 이 투자안은 초기자금지출과 함께 25,000원의 순운전자본을 소요한다. 순운전자본은 투자기간 종료 후 전액 회수된다. 법인세는 30%, 요구수익률은 10%이다. 이 투자안의 순현가(NPV)와 가장 가까운 것은? (단, 감가상각비를 제외한 영업비용은 변동이 없다.)

① 18,084원　　② 19,414원　　③ 20,455원　　④ 21,695원　　⑤ 22,754원

풀이

(1) 투자안의 증분 영업현금흐름

　　OCF = EBIT × (1 − t) + 감가상각비

　　= (285,000 − 221,000) × (1 − 0.3) + 221,000 = 265,800

(2) 시설 투자시점의 증분현금흐름

　　$\Delta FCFF_0 = -\Delta NWC - \Delta CE = -663,000 - 25,000 = -688,000$

(3) 3년 후 시점의 증분현금흐름

　　$\Delta FCFF_3 = \Delta OCF_3 - \Delta NWC - \Delta CE$

　　　　　　$= 265,800 - (-25,000) + 50,000 \times 0.7 = 325,800$

(4) 투자안의 순현가

　　$NPV = -688,000 + \dfrac{265,800}{1.10^1} + \dfrac{265,800}{1.10^2} + \dfrac{325,800}{1.10^3} = 18,084$원

정답 : 1

문제 9

(주)대한은 새로운 투자안을 순현재가치법으로 평가하여 사업의 시행여부를 결정하고자 한다. 상각대상 고정자산에 대한 총투자액은 15,000백만원으로 사업시작 시점에서 모두 투자되며 사업기간은 10년이다. 고정자산은 10년에 걸쳐서 정액법으로 감가상각되며 투자종료시점에서의 잔존가치 및 매각가치는 없다. (주)대한은 매년 동일한 수량을 판매한다. 제품의 단위당 판매가격은 100백만원, 제품 단위당 변동비는 40백만원, 감가상각비를 제외한 연간 총고정비용은 2,500백만원이다. 법인세율은 35%이며 할인율은 8%이다. 연간 예상제품판매수가 150개일 경우 이 투자안의 순현재가치(NPV)에 가장 가까운 것은 다음 중 어느 것인가? (단, 연 8%의 할인율에서 10년 만기 일반연금의 현가요소는 6.71이다.)

① 15,669백만원   ② 16,873백만원   ③ 17,267백만원

④ 18,447백만원   ⑤ 19,524백만원

풀이

(1) 투자안의 증분 영업현금흐름

$\quad$ OCF = EBIT × (1 − t) + 감가상각비

$\quad\quad$ = [(100 − 40) × 150개 − 2,500 − 1,500] × (1 − 0.35) + 1,500 = 4,750만원

(2) 투자안의 순현가

$\quad$ NPV = −15,000 + 4,750 × 6.71 = 16,873 백만원

정답 : 2

(2006년)

하나기업은 5년 전에 기계를 4,000만원에 구입하였다. 구입했을 시 하나기업은 이 기계를 8년 동안 사용하며 8년 후 잔존가치는 없을 것으로 예상하였다. 하나기업은 이 기계를 현재 2,000만원에 매각할 예정이다. 자산처분 시점에서의 현금흐름으로 적절한 금액은 얼마인가? 감가상각비는 정액법이며 법인세율은 30%이다.

① 2,000만원   ② 2,150만원   ③ 1,500만원
④ 1,850만원   ⑤ 1,650만원

풀이

매각시점의 유형자산 장부금액 = 4,000 × 3년/8년 = 1,500만원

유형자산 세후 처분금액 = 처분가액 − (처분가액 − 장부가액) × 세율
= 2,000 − (2000 − 1,500) × 30% = 1,850만원

정답 : 4

문제 11 (2005년)

(주)한국은 기존의 생산라인 제어시스템을 교체하는 경우 (주)한국은 연간 약 50억원의 비용을 절감할 수 있을 것으로 예상된다. 신규 시스템의 구입비용은 총 200억원이며 내용연수는 5년이다. 이 시스템은 정액법으로 감가상각되며 5년 사용 후 잔존 가치는 없을 것으로 예상된다. 현재의 시스템도 전액 감가상각되었고 시장가치는 없다. 한편, 신규 시스템을 가동하기 위하여 순운전자본이 약 10억원 가량 추가로 필요하다. (주)한국의 법인세율은 20%이고 투자안의 할인율이 15%라면 이 투자안의 순현가는 약 얼마인가?

(n = 5)	현재가치계수	연금의 현재가치계수
15%	0.4972	3.3522
20%	0.4019	2.9906

① 66억원　　② 49억원　　③ −44억원　　④ −49억원　　⑤ −66억원

풀 이

(1) 투자안의 증분 영업현금흐름

OCF = EBIT × (1 − t) + 감가상각비 = (50억원 − 40억원) × (1 − 0.2) + 40억원 = 48억원

(2) 투자시점의 증분현금흐름

$\triangle FCFF_0 = - \triangle NWC - \triangle CE = -10 - 200 = -210$억원

(3) 5년 후 시점의 증분현금흐름 (OCF제외)

$\triangle FCFF_3 = - \triangle NWC - \triangle CE = -(-10) + 0 = +10$억원

(4) 투자안의 순현가

NPV = −210억원 + 48억원 × 3.3522 + 10억원 × 0.4972 = −44억원

정 답 : 3

증분현금흐름(incremental cash flow)을 고려해 투자의사결정을 해야 하는 다음의 상황에서 가장 적절하지 못한 주장은?

① 은행이 부실기업에 대한 추가 자금지원 여부를 검토할 때, 추가로 지원할 자금과 함께 이미 부도 처리된 대출금에 대해서도 원금과 이자를 회수할 수 있는지 고려해야 한다.

② 100억원에 구입한 토지에 30억원을 들인 주차장 시설을 철거하고 상가건물을 신축할지 여부를 검토할 때, 장부가치인 120억원이 아니라 토지와 주차장시설을 매각하면 받을 수 있는 150억원(세후기준)을 비용으로 고려해야 한다.

③ 제주도의 한 호텔이 인근 골프장 인수여부를 검토할 때, 골프장 예약이 수월해짐에 따라 증가하는 투숙객으로부터 예상되는 수입과 호텔 예약이 수월해짐에 따라 증가하는 골프장 이용객으로부터 예상되는 수입도 고려해야 한다.

④ 신제품발매 여부를 검토할 때, 원자재 추가구입에 따른 외상매입금의 증가와 재고자산 및 보관창고 비용의 증가 그리고 현금보유액의 증가도 고려해야 한다.

⑤ 공장직원을 해외로 교육연수 보낼지 여부를 검토할 때, 항공료와 등록금은 물론 해당 직원의 업무를 맡은 신규채용 임시직원에게 지급할 급여도 함께 고려해야 한다.

풀이

(1) 이미 부도 처리된 대출금은 매몰원가이므로 의사결정에 고려하지 말아야 한다.

정답 : 1

문제 13

가나기업은 기존의 기계설비를 새로운 기계설비로 교체할 것을 고려하고 있다. 기존의 기계설비는 3년 전 3,000만원에 취득했으며 구입 시 내용연수는 5년이고, 내용연수 종료 시점에서의 잔존가치와 매각가치는 없으며 현재 매각 시 1,000만원을 받을 수 있는 것으로 추정된다. 내용연수가 2년인 새 기계설비의 구입비용은 2,000만원이며 내용연수 종료시점에서의 잔존가치는 없는 것으로 가정하고 감가상각을 할 예정이나 실제로는 내용연수 종료시점에서 500만원의 매각가치를 가질 것으로 예상하고 있다. 기존의 기계설비를 사용하는 경우에 기계설비 관련 연간 매출액은 1,500만원, 현금 영업비용은 700만원이고, 새로운 기계설비를 사용하는 경우 향후 2년간 기계설비 관련 연간 매출액은 1,900만원, 현금 영업비용은 600만원일 것으로 추정된다. 새 기계설비를 사용하게 될 경우 교체 시점에서 1,000만원의 순운전자본이 추가되며 내용연수 종료시점에서 전액 회수된다. 가나기업은 감가상각방법으로 정액법을 사용하고 있으며 법인세율은 30%이다. 새로운 기계설비를 도입할 경우 매년의 증분잉여현금흐름은 얼마인가?

풀 이

(1) 영업현금흐름

    1) 증분 세전 영업현금흐름 (EBITDA)

      = 신기계의 EBITDA − 구기계의 EBITDA

      = $(1,900 − 600) − (1,500 − 700)$ = 500만원

    2) 증분 감가상각비 = 2,000/2년 − 3,000/5년 = 400만원

    3) 증분 영업현금흐름

      $\Delta OCF = \Delta EBIT(1-t) + \Delta Dep = (500 − 400) \times 0.7 + 400$ = 470만원

(2) 기존 기계설비 매각금액

    = 처분가액 − (처분가액 − 장부가액) × 세율

    = $1,000 − (1,000 − 1,200) \times 0.3$ = 1,060만원

(3) 새 기계설비 매각금액

    = 처분가액 − (처분가액 − 장부가액) × 세율

    = $500 − (500 − 0) \times 0.3$ = 350만원

(4) 투자시점(t=0)의 기업현금흐름

    = −신기계 취득원가 + 구기계 매각금액 − 순운전자본지출

    = $−2,000$만원 $+ 1,060$만원 $− 1,000$만원 = $−1,940$만원

(5) 1차년도(t = 1)의 기업현금흐름

    = 증분 영업현금흐름 = 470만원

(6) 2차년도(t = 2)의 기업현금흐름

    = 증분 영업현금흐름 + 신기계 매각금액 − 순운전자본지출

    = 470만원 + 350만원 + 1,000만원 = 1,820만원

정답 : −1,940만원, 470만원, 1,820만원

문제 14

(1995년)

이미 구입하여 임대하고 있던 토지를 그대로 매각 할 것인가, 아니면 공장건물을 신축할 것인가에 관한 의사결정에 대한 현금흐름을 가장 적절히 표현 한 것은?

- 토지의 취득원가는 5억원이다.
- 토지를 현재 처분하여 받을 수 있는 금액은 7억원이다.
- 현재 토지를 임대하여 수취하는 임대료는 매년 8,000만원이다.

① 토지의 취득원가 5억원은 과거에 구입한 것으로 매몰원가이므로 고려의 대상이 아니다.

② 토지의 임대료 8,000만원은 기회비용이므로 고려하여야 한다.

③ 매각하여 받을 수 있는 7억원은 관련현금흐름이 아니다.

④ 공장건물의 신축비용은 고려의 대상이 아니다.

⑤ 매각가액 7억원과 장부가액 5억원의 차액인 2억에 대한 예상이자수익은 현금흐름에 포함한다.

풀이

(1) 토지의 취득원가 5억원은 과거에 구입한 것으로 매몰원가이다.

(2) 매각과 신축의 의사결정에서 토지의 임대료는 증분현금흐름이 아니다.

(3)(4) 매각대금 7억원과 공장건물의 신축비용 증분현금흐름이다.

(5) 금융수익은 현금흐름에 반영하지 않고 할인율에 반영한다.

정답 : 1

문제 15

㈜한국건설은 주택을 건설한 후 임대할 예정이다. 주택건설에 소요되는 초기 투자비용은 600억원이며, 잔존가치 없이 향후 3년간 정액법으로 감가상각된다. 주택임대수요가 향후 3년간 높을 확률은 60%이며, 낮을 확률은 40%로 예상된다. 임대수요가 높을 경우 향후 3년간 매년 임대소득 500억원, 매년 현금지출비용 120억원이 발생한다. 임대수요가 낮을 경우 매년 임대소득 350억원, 매년 현금지출비용 100억원이 발생한다. ㈜한국건설의 자본비용은 10%이며 법인세율은 40%이다. 현재 평균시장이자율은 연10%이다. 기간 3년, 할인율 10%인 연금의 현가이자요소는 2.4869이다. 현재시점에서 투자안의 기대 NPV를 계산하라.

풀이

$OCF = EBIT(1-t) + Dep$

주택임대수요가 높을 경우의 영업현금흐름 = (500−120−200) × 0.6 + 200 = 308억원

주택임대수요가 낮을 경우의 영업현금흐름 = (350−100−200) × 0.6 + 200 = 230억원

기대 영업현금흐름 = 308 × 0.6 + 230 × 0.4 = 276.8

$NPV = -600 + 276.8 \times 2.4869 = 88.37$억원

정답 : 88.37억원

문제 16

다음 중 자본예산에 관한 설명으로 가장 적절하지 않은 것은?

① 상호배타적인 두 투자안의 투자규모가 서로 다른 경우 순현가(NPV)법과 내부수익률(IRR)법에 의한 평가결과가 다를 수 있다.
② 순현가법은 자본비용으로 재투자한다고 가정하며, 가치의 가산원리가 적용된다.
③ IRR이 자본비용보다 큰 경우 수정내부수익률(MIRR)은 IRR보다 작은 값을 갖는다.
④ 수익성지수(PI)는 투자안의 부분적 선택이 가능한 자본할당(capital rationing)의 경우에 유용하게 사용된다.
⑤ PI법을 사용할 경우 PI가 0보다 크면 투자안을 채택하고, 0보다 작으면 투자안을 기각한다.

풀이

(3) $IRR > k \ \Rightarrow \ NPV > 0, \ PI > 1, \ IRR > MIRR$

(5) $PI > 1 \ \Rightarrow$ 투자안 채택, $PI < 1 \ \Rightarrow$ 투자안 기각
$\quad NPV > 0 \ \Rightarrow$ 투자안 채택, $NPV < 0 \ \Rightarrow$ 투자안 기각

정답 : 5

문제 17   (2017년)

상호배타적인 투자안 A, B가 있다. 두 투자안의 투자규모 및 투자수명은 같으며, 투자안 A
의 내부수익률(IRR)은 16%, 투자안 B의 내부수익률은 20%이다. 자본비용이 7%일 때 투자안
A의 순현가(NPV)가 투자안 B의 순현가보다 높다. 다음 설명 중 가장 적절한 것은? 단, 현재
(0시점)에 현금유출이 발생하고, 이후 현금유입이 발생하는 현금흐름을 가정한다.

① 자본비용이 7%보다 클 때 투자안 A의 순현가는 투자안 B의 순현가보다 항상 높다.
② 두 투자안의 순현가를 같게 하는 할인율은 7%보다 높다.
③ 자본비용이 5%일 때 투자안 B의 순현가는 투자안 A의 순현가보다 높다.
④ 투자안 B는 투자안 A에 비하여 투자기간 후기에 현금유입이 상대적으로 더 많다.
⑤ 자본비용이 16%일 때 투자안 B의 순현가는 0이다.

풀이

(2) NPV와 IRR 의사결정 불일치 ⇨ 자본비용 < 피셔수익률
    자본비용이 7%이므로 피셔수익률은 7%보다 크다.

(1) 자본비용이 7%보다 커지면 자본비용은 피셔수익률보다 클 수도 있고 작을 수도 있다.
    자본비용 < 피셔수익률 → $NPV_A > NPV_B$
    자본비용 > 피셔수익률 → $NPV_A < NPV_B$

(3) 자본비용이 7%보다 작아지면 자본비용은 피셔수익률보다 작다.
    자본비용 < 피셔수익률 → $NPV_A > NPV_B$

(4) 두 투자안은 투자규모 및 투자수명이 동일하므로 순현가곡선의 교차원인은 두 투자안의 현금흐
    름의 양상이 다르기 때문이다. 투자안A의 순현가곡선의 기울기가 더 크기 때문에 투자안 A는
    투자안 B에 비하여 투자기간 후기에 현금유입이 상대적으로 더 많다.

(5) $IRR_A = 16\%$ 이므로 자본비용 = 16%이면 $NPV_A = 0$ 이다.
    $IRR_B = 20\%$ 이므로 자본비용 = 16%이면 $NPV_B > 0$ 이다.

정답 : 2

투자규모와 내용연수가 동일한 상호배타적인 투자안 A와 투자안 B를 대상으로 투자안의 경제성을 평가한다. 순현재가치(NPV)법에 의하면 투자안 A가 선택되나, 내부수익률(IRR)법에 의하면 투자안 B가 선택된다. 투자안 A에서 투자안 B를 차감한 현금흐름(투자안 간의 증분현금흐름)의 내부수익률은 10%이다. 투자안들의 내부수익률은 모두 자본비용보다 높고 두 투자안의 자본비용은 동일하다. 다음 설명 중 가장 적절하지 <u>않은</u> 것은?

① 순현재가치법과 내부수익률법의 결과가 다른 이유는 내용연수 내 현금흐름에 대한 재투자수익률의 가정을 달리하기 때문이다.
② 투자안 A의 순현재가치와 투자안 B의 순현재가치는 모두 0원 보다 크다.
③ 두 투자안의 순현재가치를 동일하게 만드는 할인율은 10%이다.
④ 내부수익률법이 아닌 순현재가치법에 따라 투자안 A를 선택하는 것이 합리적이다.
⑤ 투자안의 자본비용은 10%보다 높고 투자안 A의 내부수익률보다 낮은 수준이다.

풀이

(2) 투자안들의 내부수익률이 모두 자본비용보다 높기 때문에 NPV는 모두 0보다 크다.

(3) 두 투자안의 순현재가치를 동일하게 만드는 할인율 = 피셔수익률
투자안 A에서 투자안 B를 차감한 현금흐름의 내부수익률 = 증분IRR
증분IRR = 피셔수익률 = 10%

(5) NPV와 IRR 의사결정 불일치 ⇨ 자본비용 < 피셔수익률
피셔수익률이 10%이므로 자본비용은 10%보다 작다.

정답 : 5

문제 19

기계설비 투자안에 대한 자료가 다음과 같다. 자본비용은 10%이고 세금은 고려하지 않으며 연간 판매수량은 동일하다. 감가상각은 정액법을 따르며 투자종료시점에서 잔존가치와 매각가치는 없다고 가정한다.

- 기계 구입가격 3,000만원
- 기계 내용연수 3년
- 감가상각비를 제외한 연간 고정비 1,000만원
- 단위당 판매가격 10만원
- 단위당 변동비 5만원

다음 설명 중 가장 적절하지 않은 것은? (단, 회계손익분기점, 현금손익분기점, 재무손익분기점은 각각 영업이익, 영업현금흐름, 순현가를 0으로 하는 연간 판매수량을 의미한다. 3년 연금의 현가요소는 이자율이 10%일 때 2.4869이다.)

① 회계손익분기점에서 회수기간은 투자안의 내용연수와 동일하다.
② 재무손익분기점에서 내부수익률은 자본비용과 같다.
③ 현금손익분기점에서 내부수익률은 0%이다.
④ 순현가를 양(+)으로 하는 최소한의 연간 판매수량은 442개이다.
⑤ 세 가지 손익분기점을 큰 순서대로 나열하면 재무손익분기점, 회계손익분기점, 현금손익분기점이다.

풀이

(1) 단위당 공헌이익 = 10만원 − 5만원 = 5만원

감가상각비 = 3,000만원 / 3년 =1,000만원

영업이익(EBIT) = 5만원 × Q − 2,000만원 ⇨ 회계손익분기점 Q = 400개

회계손익분기점의 영업현금흐름 = 5만원 × 400개 − 1,000만원 = 1,000만원

회계손익분기점의 회수기간 = 3,000만원 / 1,000만원 = 3년

(2) 재무손익분기점 : NPV = 0 ⇨ IRR = k

(3) 현금손익분기점의 영업현금흐름은 0이므로 내부수익률은 −100%이다.

0 = 5만원 × Q − 1,000만원 = 0 ⇨ 현금손익분기점 Q = 200개

(4) 재무손익분기점 : NPV = 0

연간 영업현금흐름 = 3,000만원 / 2.4869 = 1,206만원

1,206만원 = 5만원 × Q − 1,000만원 ⇨ Q = 441.3개

(5) 재무손익분기점 (441.3개) > 회계손익분기점(400개) > 현금손익분기점 (200개)

정답 : 3

(주)민국은 신형기계를 도입하기로 하고 A형 기계와 B형 기계 두 기종을 검토 중이다. A형 기계의 구입원가는 10억원이고 매년 1억원의 유지비가 소요되며 수명은 2년이다. 한편 B형 기계는 구입원가가 14억원이고 매년 7천만원의 유지비가 소요되며 수명은 3년이다. 매년 두 기계로부터 얻는 미래 현금유입이 동일하며 일단 특정기계를 선택하면 그 기계로 영구히 교체해서 사용해야 한다. 현금흐름이 실질현금흐름이고 실질 할인율이 12%일 때 가장 적절하지 않은 것은?

① A형 기계의 총비용의 현가는 근사치로 11.69억원이다.
② B형 기계의 총비용의 현가는 근사치로 15.68억원이다.
③ A형 기계의 등가연금비용(equivalent annual cost)은 근사치로 6.92억원이다.
④ B형 기계의 등가연금비용(equivalent annual cost)은 근사치로 5.53억원이다.
⑤ A형 기계의 등가연금비용은 B형 기계의 등가연금비용보다 크다.

풀이

(1) A형 기계

총비용의 현가 : $10억 + \dfrac{1억}{1.12} + \dfrac{1억}{1.12^2} = 11.69억$

등가연금비용 : $11.69억 = \dfrac{EAC}{1.12} + \dfrac{EAC}{1.12^2} \Rightarrow EAC = 6.92억$

(2) B형 기계

총비용의 현가 : $14억 + \dfrac{0.7억}{1.12} + \dfrac{0.7억}{1.12^2} + \dfrac{0.7억}{1.12^3} = 15.68억$

등가연금비용 : $15.68억 = \dfrac{EAC}{1.12} + \dfrac{EAC}{1.12^2} + \dfrac{EAC}{1.12^3} \Rightarrow EAC = 6.53억$

정답 : 4

문제 21

(주)감마는 네 개의 투자안을 검토하고 있다. 투자기간은 모두 1기간이며, 각 투자안에 적용되는 가중평균자본비용은 10%로 동일하다. 다음 설명 중 적절하지 않은 것은?

투자안	투자액(t=0)	수익성지수(PI)
A	1억	1.2
B	1억	1.5
C	2억	1.5
D	3억	1.4

① 순현재가치(NPV)가 가장 큰 투자안은 D이다.

② 투자안 B와 투자안 C의 내부수익률(IRR)은 동일하다.

③ 투자안이 모두 상호배타적일 경우, NPV법과 IRR법으로 평가한 결과는 상이하다.

④ 투자안이 모두 독립적이며 투자할 수 있는 총금액이 2억원으로 제약될 경우, 투자안 A와 투자안 B에 투자하는 것이 기업가치를 극대화시킬 수 있다.

⑤ 투자안이 모두 독립적이며 투자할 수 있는 총금액이 3억원으로 제약될 경우, 투자안 B와 투자안 C에 투자하는 것이 기업가치를 극대화시킬 수 있다.

풀 이

$$PI = 1 + \frac{NPV}{CF_0} \Rightarrow NPV = 투자액 \times (PI - 1)$$

투자기간이 1기간이므로 $CF_0 = \dfrac{CF_1}{(1 + IRR)^1} \Rightarrow PI = \dfrac{\dfrac{CF_1}{(1 + k)^1}}{CF_0} \Rightarrow IRR = PI \times (1 + k) - 1$

투자안	투자액(t=0)	PI	NPV	IRR
A	1억	1.2	0.2	32%
B	1억	1.5	0.5	65%
C	2억	1.5	1.0	65%
D	3억	1.4	1.2	54%

순현재가치(NPV)가 가장 큰 투자안 = D

내부수익률(IRR)이 가장 큰 투자안 = B와 C

수익성지수(PI)가 가장 큰 투자안 = B와 C

(4) 투자할 수 있는 총금액이 2억원 제약될 경우,

투자안 C에 투자하는 것의 NPV = 1억원

투자안 A와 B에 투자하는 것의 NPV = 0.2 + 0.5 = 0.7억원

(5) 투자할 수 있는 총금액이 3억원 제약될 경우,

투자안 D에 투자하는 것의 NPV = 1.2억원

투자안 B와 C에 투자하는 것의 NPV = 1 + 0.5 = 1.5억원

투자안 A와 C에 투자하는 것의 NPV = 1 + 0.2 = 1.2억원

정답 : 4

문제 22 (2012년)

자본예산에 관한 설명으로 가장 적절하지 않은 것은?

① 상호배타적인 투자안의 경우 투자규모 또는 현금흐름의 형태가 크게 다를 때 순현재가치법과 내부수익률법이 서로 다른 결론을 제시할 수 있다.

② 투자규모, 투자수명, 현금흐름양상이 서로 다른 상호배타적인 투자안을 내부수익률법으로 평가하는 경우 반드시 두 투자안의 NPV 곡선이 상호 교차하는지 여부를 검토해야한다.

③ 두 개의 NPV 곡선이 교차하는 지점의 할인율을 Fisher 수익률이라고 한다.

④ 투자안의 경제성을 분석할 때 감가상각의 방법에 따라서 투자안의 현금흐름이 달라져서 투자안 평가에 영향을 미칠 수 있다.

⑤ 투자에 필요한 자금조달에 제약이 있는 경우 이 제약조건하에서 최적의 투자조합을 선택하는 의사결정을 자본할당(credit rationing)이라 하는데 이 경우 수익성지수법을 사용하면 항상 최적의 투자안 조합을 결정할 수 있다.

풀이

투자에 필요한 자금조달에 제약이 있는 경우

(1) 분할투자가 가능한 경우 : 수익성지수(PI)가 높은 순서대로 선택

(2) 분할투자가 불가능한 경우 : 투자금액으로 가능한 투자조합의 NPV 또는 WAPI를 이용하여 최적투자조합을 선택한다.

정답 : 5

문제 23

(주)한국은 100억원을 투자하여 전자사업부를 신설하려고 하는데 향후 순현금흐름은 다음과 같이 예상된다. 순현금흐름의 성장률은 t = 1~4 시점까지는 높게 형성되다가, t = 5 시점 이후부터는 4%로 일정할 것으로 예상된다. 할인율은 고성장기간 동안 20%, 일정성장기간 동안 10%라고 할 때, 이 투자안의 순현재가치(NPV)와 가장 가까운 것은?

t	1	2	3	4	5
순현금흐름(단위: 억원)	10	16	20	30	16

① −6.30억원   ② 26.13억원   ③ 74.09억원
④ 80.41억원   ⑤ 84.13억원

풀 이

초과성장이 있는 경우이므로 4년 동안 투자안 현금흐름의 현재가치의 합과 항상성장모형으로 4년 후의 투자안처분가격을 구하여 이들의 합을 구한다.

$$V_4 = \frac{FCFF_5}{wacc - g} = \frac{16}{0.10 - 0.04} = 266.67$$

$$NPV = -100 + \frac{10}{1.20^1} + \frac{16}{1.20^2} + \frac{20}{1.20^3} + \frac{30 + 266.67}{1.20^4} = 74.09억원$$

정 답 : 3

문제 24

(주)성우의 CFO는 현재 100억원을 투자해야 하는 3년 수명의 상호배타적인 투자안 A와 투자안 B를 고려하고 있다. 두 투자안은 잔존가치 없이 3년간 정액법으로 감가상각되며 3년간 당기순이익은 투자안의 현금흐름과 같다. 두 개의 투자안 모두 자본비용은 20%이다. 투자의사결정과 관련된 다음의 내용 중 가장 옳지 않은 것은?

투자안	현금흐름			IRR	NPV
	1년 후	2년 후	3년 후		
A	+40억원	+60억원	+90억원	34.4%	27.1억원
B	+60억원	+60억원	+60억원	36.3%	26.4억원

① 회수기간법에 의하면 A의 회수기간이 2년으로 B의 회수기간 1.67년보다 더 길므로 B를 선택한다.
② 평균회계이익률(AAR)법에 의하면 A의 AAR이 26.67%로 B의 AAR 20%보다 더 크므로 A를 선택한다.
③ IRR법에 의하면 A의 IRR이 B의 IRR보다 더 작으므로 B를 선택한다.
④ 증분내부수익률(IIRR)법에 의하면 A의 현금흐름에서 B의 현금흐름을 차감한 현금흐름의 IRR인 1.9%가 영(zero)보다 크므로 A를 선택한다.
⑤ 수익률지수법에 의하면 A의 PI인 1.27이 B의 PI인 1.26보다 크므로 A를 선택한다.

풀 이

투자안 A에서 투자안 B를 차감한 증분현금흐름으로 증분 IRR을 구하면

$$0 = -\frac{20}{(1+IIRR)^1} + \frac{0}{(1+IIRR)^1} + \frac{30}{(1+IIRR)^3} \rightarrow IIIRR = 22.47\%$$

∴ 증분IRR(22.46%) > 자본비용 (20%) → 투자안 A를 선택

▶ different solution

NPV와 IRR 의사결정 불일치 ⇨ 자본비용 < 피셔수익률(= 증분IRR)
자본비용은 20%이므로 피셔수익률(증분IRR)은 20%보다 크다.

정답 : 4

(2005년)

투자안 경제성 평가방법에 대한 다음의 설명 중 가장 옳지 않은 것은?

① 할인회수기간은 회수기간보다 길다.

② 내부수익률(IRR)법의 재투자수익률에 대한 가정을 자본비용으로 수정한 수정내부수익률(MIRR)법에서는 2개 이상의 IRR이 나오지 않는다.

③ IRR 이 자본비용보다 큰 경우, IRR값은 MIRR값보다 큰 값을 가진다.

④ 현금유입의 양상이 다르거나 투자수명이 다른 상호배타적인 두 개의 투자안은 투자규모가 동일하다면, MIRR법과 수익성지수(PI)법의 평가결과는 NPV법의 평가결과와 같다.

⑤ 순현재가치(NPV)법은 재투자수익률로 자본비용을 가정하고, 가치의 가산원리가 성립하며, 투자액의 효율성을 고려한 방법이다.

풀 이

(1) 할인회수기간 > 회수기간

(2) 내부수익률(IRR)법 : 복수의 해 존재
수정내부수익률(MIRR)법 : 1개의 해만 존재

(3) IRR > 자본비용 → IRR > MIRR, NPV > 0, PI > 1

(4) 현금유입의 양상이 다르거나 투자수명이 다른 경우 ⇨ MIRR과 PI는 NPV와 동일한 평가결과
투자규모가 상이한 경우 ⇨ MIRR과 PI는 NPV와 상반된 평가결과 가능

(5) 투자액의 효율성을 고려한 방법은 IRR과 PI이며, NPV는 투자액의 효율성을 고려한 방법이 아니다.

정답 : 5

자본예산에서 NPV와 IRR법의 평가결과가 다른 경우, NPV를 따르는 것이 바람직하다고 한다. 다음 중 순현가법의 우위를 설명하는 이유로 옳지 않은 것은?

① 순현가법에서는 할인율로 재투자한다고 가정하고 있으나, 내부수익률법에서는 내부수익률로 재투자한다고 가정하고 있다.
② 내부수익률법은 내부수익률이 존재하지 않거나 복수로 존재하는 경우가 있을 수 있다.
③ 할인율이 매기 변동하는 경우, 내부수익률법에 이를 반영하는 것은 곤란하지만, 순현가법에서는 비교적 용이하게 이를 반영할 수 있다.
④ 여러 개의 투자안을 결합하는 분석을 실시하는 경우, 순현가법은 개별투자안의 순현가를 독립적으로 구하여 합산하면 되지만, 내부수익률법은 개별투자안의 내부수익률을 독립적으로 구하여 합산하는 방법을 사용할 수 없다.
⑤ 투자규모가 다른 투자안을 비교하는 경우, 순현가는 각 투자안의 투자규모에 대비한 상대적 성과에 대한 정보를 제공하지만, 내부수익률은 절대적 성과에 대한 정보만 제공한다.

풀 이

(5) NPV : 투자안의 투자규모에 대비한 절대적 성과평가
   IRR 및 PI : 투자안의 투자규모에 대비한 상대적 성과평가

정 답 : 5

문제 27

M사는 임대건물의 신축과 주차장의 신축이라는 두 가지의 투자 안을 고려하고 있다. 임대건물의 신축안은 초기투자액이 18억원이며, 1년 후에 24억원으로 매각할 수 있다고 한다. 주차장의 신축안은 단위 당 1백만원을 초기투자하면 1년 후부터 매년 1백만원의 현금유입이 영구히 발생된다고 한다. 주차장의 신축 단위에는 제한이 없고, 신축규모에 대하여 수익률이 일정하다고 가정한다. 할인율을 동일하게 연 20%로 적용할 경우, 양 투자안의 순현가 (NPV)가 같아지기 위해서는 주차장을 몇 단위 신축해야 하는가?

① 10   ② 20   ③ 30   ④ 40   ⑤ 50

풀 이

$$NPV^{임대} = -18억 + \frac{24억}{(1.20)^1} = 2억$$

$$NPV^{주차} = -100만 + \frac{100만}{0.2} = 400만원$$

$$\therefore 2억 = 400만원 \times Q \Rightarrow Q = 50단위$$

정 답 : 5

(주)대한은 다음 7개의 서로 독립적인 투자안을 고려하고 있다. 각 투자안에 대한 부분적인 투자는 불가능하다. 현재 이 회사의 투자가능한 금액은 12억원으로 제한되어 있다. 다음 중 (주)대한의 기업가치를 극대화 할 수 있는 투자조합은 어느 것인가?

투자안	최초투자비용(억원)	수익성지수
A	4	1.40
B	5	1.20
C	3	1.40
D	6	1.15
E	4	1.23
F	6	1.19

① A, F   ② B, F   ③ D, F   ④ A, B, C   ⑤ A, C, E

풀 이

$$PI = 1 + \frac{NPV}{CF_0} \Rightarrow NPV = 투자액 \times (PI - 1)$$

NPV(A) = 4 × (1.40−1) = 1.6억원   NPV(B) = 5 × (1.20−1) = 1.0억원

NPV(C) = 3 × (1.40−1) = 1.2억원   NPV(D) = 6 × (1.15−1) = 0.9억원

NPV(E) = 4 × (1.23−1) = 0.92억원   NPV(F) = 6 × (1.19−1) = 1.14억원

투자가능한 금액은 12억원으로 제한되며 분할투자는 불가능한 경우의 투자조합

NPV (A+F) = 1.6 + 1.14 = 2.74억원

NPV (A+B+C) = 1.6 + 1.0 + 1.2 = 3.8억원

NPV (A+C+E) = 1.6 + 1.2 + 0.92 =3.72억원

정답 : 4

문제 29 (1998년)

NPV와 IRR에 관한 설명 중 옳지 않은 것은?

① NPV는 투자로부터 발생되는 현금흐름을 시장이자율로 재투자할 수 있다고 가정한다.
② IRR은 투자로부터 발생되는 현금흐름을 내부수익률로 재투자할 수 있다고 가정한다.
③ 두 투자기법 모두 가치의 가산원칙을 만족시킨다.
④ 두 투자기법 모두 화폐의 시간가치를 반영한다.
⑤ 두 투자기법이 경우에 따라서는 서로 다른 투자결정을 내린다.

풀이

NPV는 가치의 가산원칙이 성립하지만, IRR은 가치의 가산원칙이 성립하지 않는다.

정답 : 3

문제 30 (1997년)

투자안의 결정과 관련된 다음 설명 중 주주부의 극대화와 상충되는 것은?

① 투자자본의 회수기간이 길더라도 순현가가 양(+)이면 투자안을 채택한다.
② 현기업의 파산위험이 현저할 경우에는 순현가가 양(+)인 투자안을 기각할 수 있다.
③ 현기업의 파산위험이 현저할 경우에는 순현가가 음(−)인 투자안을 채택할 수 있다.
④ 순현가가 양(+)이라도 상황이 더 유리하게 될 때까지 투자집행을 기다린다.
⑤ 순현가가 음(−)이라도 기업확장을 위하여 투자안을 채택하여야 한다.

풀이

(2) (3) 파산위험이 현저한 경우라면 NPV가 아닌 회수기간법으로 의사결정을 한다.
(4) 연기옵션의 가치가 0보다 크면 순현가 양(+)이라도 투자집행을 기다린다.
(5) 기업 확장이 목표라면 순현가가 양(+)안 투자안 만을 선택하여야 한다.

정답 : 5

문제 31

두 투자안 A, B의 최초투자액은 5억원으로 동일하다. 할인하기 이전의 현금흐름을 합계한 값은 A가 12억원, B가 10억원이다. 두 투자안의 현금흐름을 12%로 할인율로 할인한 결과 두 투자안의 순현가가 동일하였다. 할인율이 달라지면 어떤 투자안의 순현가가 할인율의 변화에 대하여 더 민감하게 변하겠는가? 그 이유는 무엇인가?

① A 투자안으로 현금흐름이 더 불확실하기 때문에

② B 투자안으로 현금흐름이 더 불확실하기 때문에

③ A 투자안으로 순현가 스케줄의 기울기가 가파르기 때문에

④ B 투자안으로 순현가 스케줄의 기울기가 가파르기 때문에

⑤ 투자기간을 모르기 때문에 알 수 없다.

풀이

두 투자안의 순현재가치를 동일하게 만드는 할인율 = 피셔수익률 = 12%

총현금흐름이 A가 더 크기 때문에 A투자안의 순현가곡선의 기울기가 더 가파르다.

정답 : 3

문제 32

순현가법과 내부수익률법에 관한 설명으로 바르지 못한 것은?

① 두 방법 모두 현금흐름 할인모형이다.

② 순현가법에서는 자본비용으로 재투자됨을 가정하고, 내부수익률법에서는 내부수익률로 재투자됨을 가정한다.

③ 단일투자안일 경우 항상 동일한 결론을 가져다준다.

④ 순현가법이 내부수익률법보다 우수한 방법이다.

⑤ 복수의 배타적 투자안일 경우 항상 상반된 결과를 가져다준다.

풀이

피셔수익률이 존재하지 않으면 순현가법과 내부수익률법의 평가결과는 동일하다. 상호 배타적인 투자안에 대한 NPV와 IRR의 의사결정이 달라지는 경우는 다음과 같다.

(1) 투자규모의 차이　　(2) 투자수명의 차이　　(3) 현금흐름의 양상의 차이

정답 : 5

문제 33   (1989년)

투자안의 경제성을 분석하는 방법에 대한 설명으로 옳지 않은 것은?

① 순현가법은 투자의 한계수익률을 고려한 분석기법이고 내부수익률법은 투자의 평균수익률을 고려한 분석기법이다.

② 순현가법은 주주들의 부를 극대화시키려는 기업의 목표와 일치하는 기법인데 내부수익률법은 그렇지 못하다.

③ 순현가법은 가치가산원리를 충족시키는데 반하여 내부수익률법은 그렇지 못하다.

④ 복수투자안일지라도 상호독립적인 경우에는 순현가법과 내부수익률법에 의한 채택/기각 결정이 언제나 일치한다.

⑤ 내용연수가 상이한 두 투자안 A, B가 상호배타적이며 반복적인 성격을 갖는 투자안일 경우 A투자안의 순현가가 B투자안 보다 크면 언제나 A투자안이 채택되어야 한다.

풀이

투자안의 내용연수가 다른 경우

(1) 반복투자가 불가능한 경우 : NPV가 큰 투자안 선택

(2) 반복투자를 가능한 경우 : 최소공배수법, 무한반복NPV법, 연간균등가치법(AEV)으로 투자안을 평가하여 의사결정을 한다.

정답 : 5

(2018년)

㈜남산은 초기투자액이 3,000억원이며, 매년 360억원의 영업이익이 영구히 발생하는 신규 사업을 고려하고 있다. 신규 사업에 대한 목표부채비율(B/S)은 150%이다. 한편 대용기업으로 선정된 ㈜충무의 부채비율(B/S)은 100%이고 주식베타는 1.44이다. ㈜남산과 ㈜충무의 부채비용은 무위험이자율이다. 시장기대수익률은 10%, 무위험이자율은 2%, 법인세율은 40%이다. 신규 사업의 순현가와 가장 가까운 것은?
(단, 자본비용은 %기준으로 소수점 넷째자리에서 반올림한다.)

① 89억원 　　② 97억원 　　③ 108억원 　　④ 111억원 　　⑤ 119억원

풀 이

(1) 신규투자안의 대용기업의 주식베타를 하마다 모형에 대입하여 투자안의 영업베타의 도출

$$\beta^L = \beta^U \times [1 + (1-t)\frac{B}{S}]$$

$$1.44 = \beta^U \times [1 + (1-0.4) \times 1] \rightarrow \beta^U = 0.9$$

(2) 투자안의 영업베타를 하마다 모형에 대입하여 투자안의 주식베타 도출

$$\beta^L = \beta^U \times [1 + (1-t)\frac{B}{S}]$$

$$\beta^L = 0.9 \times [1 + (1-0.4) \times 1.5] = 1.71$$

(3) CAPM을 이용하여 투자안의 자기자본비용 결정

$$k_e = R_f + (E(R_m) - R_f) \times \beta_i$$
$$= 2 + (10-2) \times 1.71 = 15.68\%$$

(4) 투자안의 가중평균자본비용

$$wacc = k_d(1-t) \times \frac{B}{V} + k_e \times \frac{S}{V}$$
$$= 2\% \times (1-0.4) \times 0.6 + 15.68\% \times 0.4 = 6.992\%$$

(5) 투자안의 순현가(영구연금모형)

$$NPV = -C_0 + \frac{EBIT \times (1-t)}{wacc} = -3,000 + \frac{360 \times (1-0.4)}{0.6992} = 89.24억$$

정답 : 1

문제 35

A기업은 자동차부품 사업에 진출하는 신규투자안을 검토하고 있다. 신규투자안과 동일한 사업을 하고 있는 B기업은 주식 베타가 1.5이며 타인자본을 사용하지 않는다. A기업은 신규 투자안에 대해서 목표부채비율(B/S)을 100%로 설정하였다. 필요한 차입금은 10%인 무위험이자율로 조달할 수 있으며 법인세율은 40%, 시장포트폴리오의 기대수익률은 15%이다. A기업이 신규투자안의 순현가를 구하기 위해 사용해야 할 할인율은 얼마인가?

① 10%　　　② 12%　　　③ 14%　　　④ 18%　　　⑤ 22%

풀이

(1) 신규투자안의 대용기업의 주식베타를 투자안의 영업베타로 사용

$\beta^U = 1.5$

(2) 투자안의 영업베타를 하마다 모형에 대입하여 투자안의 주식베타 도출

$\beta^L = \beta^U \times [1 + (1-t)\dfrac{B}{S}]$

$\beta^L = 1.5 \times (1 + (1-0.4) \times 1) = 2.4$

(3) CAPM을 이용하여 투자안의 자기자본비용 결정

$k_e = R_f + (E(R_m) - R_f) \times \beta_i$

$\quad = 10 + (15 - 10) \times 2.4 = 22\%$

(4) 투자안의 가중평균자본비용

$wacc = k_d(1-t) \times \dfrac{B}{V} + k_e \times \dfrac{S}{V}$

$\quad = 10 \times (1 - 0.4) \times 0.5 + 22 \times 0.5 = 14\%$

정답 : 3

(주)대한과 (주)민국은 새로운 투자안에 대해 고려하고 있다. (주) 대한과 (주)민국이 선택해야 할 투자안을 올바르게 구성한 것은? (단, CAPM이 성립)

- (주)대한의 주식 베타는 1이고 기업의 평균자본비용은 6%이다.
- (주)대한에는 2개의 사업부서 AM과 PM이 있으며 AM은 기업 평균보다 위험도가 높은 투자안을, PM은 낮은 투자안을 수행한다.
- (주)민국의 주식 베타는 2이고 기업의 평균자본비용은 10%이다.
- (주)민국에는 2개의 사업부서 하계와 동계가 있으며 하계는 기업평균보다 위험도가 높은 투자안을, 동계는 낮은 투자안을 수행한다.
- (주)대한과 (주)민국은 베타가 1.5로 측정된 신규사업 A와 B에 대한 시행여부를 고려하고 있다.
- (주)대한은 AM사업부가, (주)민국은 동계사업부가 이 투자안을 수행할 계획이다.
- (주)대한과 (주)민국은 모두 완전 자기자본조달 기업이며 신규사업에 대한 자본조달은 기존 자본구조를 따른다.
- 신규사업 A의 내부수익률은 9%이고 B의 내부수익률은 7%이다.

	(주) 대한	(주) 민국
①	A, B	A
②	A, B	없음
③	A	A
④	A	없음
⑤	없음	없음

풀이

(1) 두 기업의 자본비용을 통하여 $E(R_m)$와 R_f 도출

㈜대한의 베타가 1이므로 $E(R_m) = 6\%$

㈜민국 : $10 = R_f + (6 - R_f) \times 2$ 에서 $R_f = 2\%$

(2) 신규투자안의 자본비용도출

$WACC = 2 + (6 - 2) \times 1.5 = 8\%$

(3) 투자안의 의사결정

투자안 A: IRR(9%) > wacc(8%) 채택

투자안 B: IRR(7%) < wacc(8%) 기각

정답 : 3

(CPA 2차)

문제 37

이동통신사업을 무부채로 경영해오고 있던 ABC기업은 새로운 이동통신 콘텐츠사업을 담당할 자회사 설립을 고려하고 있다. 해당 자회사의 설립에는 90억원이 소요되고, 설립 첫해에는 20억원의 세전영업이익이 발생한 후 매년 2%씩 영속적으로 늘어나며, 감가상각비는 없을 것으로 예상된다. 동종 콘텐츠회사인 XYZ기업의 경우 주식베타가 1.92이며, 부채비율(타인자본/자기자본)은 200%이다. 무위험이자율은 10%, 시장위험프리미엄은 10%, 그리고 법인세율은 30%이다. ABC기업이 100% 주식발행만으로 자회사 설립을 고려할 경우, 순현가(NPV)를 구하시오.

풀이

(1) 신규투자안의 대용기업의 주식베타를 하마다 모형에 대입하여 투자안의 영업베타의 도출

$$\beta^L = \beta^U \times [1 + (1-t)\frac{B}{S}]$$

$$1.92 = \beta^U \times [1 + (1-0.3) \times 2] \rightarrow \beta^U = 0.8$$

(2) 투자안의 영업베타를 하마다 모형에 대입하여 투자안의 주식베타 도출

$$\beta^L = \beta^U \times [1 + (1-t)\frac{B}{S}]$$

$$\beta^L = 0.8 \times [1 + (1-0.3) \times 0] = 0.8$$

(3) CAPM을 이용하여 투자안의 자기자본비용 및 가중평균자본비용 결정

$$k_e = wacc = R_f + (E(R_m) - R_f) \times \beta^U$$

$$= 10 + 10 \times 0.8 = 18\%$$

(4) 투자안의 순현가 (항상성장모형)

$$NPV = -C_0 + \frac{EBIT \times (1-t)}{wacc - g} = -90 + \frac{20 \times (1-0.3)}{0.18 - 0.02} = (-)2.5억원(기각)$$

정답 : (−)2.5억원

문제 38

명도기업은 특정 자동차부품을 보다 저렴하게 생산할 수 있는 기계설비의 도입에 리스를 이용할 것인지, 차입 구매할 것인지를 검토하고 있다. 이 기계설비의 구입가격은 1,200억원이고 내용연수는 10년이다. 10년 후 잔존가치와 매각가치는 없으며, 명도기업은 설비의 도입으로 매년 250억원의 비용이 절약될 것으로 기대한다. 리스료는 10년 동안 매년 연말에 지불하며 법인세율은 35%이고 감가상각은 정액법을 따르며 시장에서의 차입이자율은 9%이다. 명도기업 입장에서, 차입 구매 대비 리스의 증분현금흐름의 순현가가 0이 되는 리스료에 가장 가까운 것은? (단, 10년 연금의 현가요소는 이자율 9%의 경우 6.4177이고 5.85%의 경우 7.4127이다.)

① 183.67억원　　　② 184.44억원　　　③ 185.23억원

④ 185.95억원　　　⑤ 186.98억원

풀 이

⇨ 2019년부터 K-IFRS 리스회계기준이 개정이 되어 이 문제는 더 이상 유효하지 않음
　아래의 풀이는 일반기업회계기준의 운용리스를 가정함

$$NPV^{리스} = + CF_0 - \sum_{t=1}^{n} \frac{L \times (1-t)}{(1+k_i)^t} - \sum_{t=1}^{n} \frac{Dep \times t}{(1+k_i)^t}$$

CF_0 = 리스자산의 취득원가, L=리스료, $k_i = k_d \times (1-t)$

(1) 리스의 연간증분현금흐름
　　= 리스료 × (1−세율) + 감가상각비 × 세율 = L × 0.65 + 120 × 0.35
(2) 리스 의사결정의 할인율
　　= 9% × (1 − 0.35) = 5.85%
(3) 차입 구매 대비 리스의 증분현금흐름의 순현가가 0이 되는 리스료
　　NPV= 0 = −1,200억 + (0.65 × L + 42억) × 7.4127 ⇨ L = 184.44억원

정답 : 2

(2005년)

(주)한국은 미국에 새로운 공장을 설립하고자 한다. 공장 설립 비용은 총 \$10,000,000이며 이 공장 설비는 10년 후 폐기처분될 예정이다. (주)한국은 다음과 같은 두 가지의 자금 조달 방안을 고려하고 있다. 첫째는 전액을 연 8%의 이자로 차입하는 것이며 둘째는 공장 설비 회사로부터 10년간 설비를 리스하는 것이다. 차입금이나 리스료는 모두 공장설비 설치 후 1년말 시점부터 매년 1회씩 10회에 걸쳐 지불되고, (주)한국의 가중평균자본비용이 15%일 때 리스가 차입 방안보다 더 선호되게 하여주는 최대의 리스료는 약 얼마인가? (단, 세금이나 기타 비용은 무시할 수 있다고 가정하자)

(n=10)	미래가치계수	연금의 현재가치계수
8%	2.1589	6.7101
15%	4.0456	5.0188

① 149만불   ② 169만불   ③ 199만불   ④ 247만불   ⑤ 463만불

풀 이

⇨ 2019년부터 K-IFRS 리스회계기준이 개정이 되어 이 문제는 더 이상 유효하지 않음
아래의 풀이는 일반기업회계기준의 운용리스를 가정함

$$NPV^{리스} = +CF_0 - \sum_{t=1}^{n} \frac{L \times (1-t)}{(1+k_i)^t} - \sum_{t=1}^{n} \frac{Dep \times t}{(1+k_i)^t}$$

CF_0 = 리스자산의 취득원가, L=리스료, $k_i = k_d \times (1-t)$

(1) 리스의 연간증분현금흐름
   = 리스료 × (1−세율) + 감가상각비 × 세율 = L × 1 + 1,000,000 × 0 = L
(2) 리스 의사결정의 할인율
   = 8% × (1 − 0) = 8%
(3) 구매 대비 리스의 증분현금흐름의 순현가가 0이 되는 리스료
   NPV = 0 = −10,000,000 + L × 6.7101 ⇨ L = \$1,490,291

정답 : 1

(2015년)

문제 40

다음의 주식가치평가 방법 중 가중평균자본비용(WACC)을 사용하는 방법만을 <u>모두</u> 고르면?

a. 주주잉여현금흐름모형(FCFE)
b. 기업잉여현금흐름모형(FCFF)
c. 경제적 부가가치 모형(EVA)

① a   ② b   ③ c   ④ a, b   ⑤ b, c

풀이

주주잉여현금흐름모형(FCFE)의 할인율 : 자기자본비용

기업잉여현금흐름모형(FCFF)의 할인율 : 가중평균자본비용(WACC)

경제적 부가가치 모형(EVA)의 할인율 : 가중평균자본비용(WACC)

정답 : 5

문제 41

㈜창조의 기초 자본구조는 부채 1,200억원, 자기자본 800억원으로 구성되어 있었다. 기말 결산을 해보니 영업이익은 244억원이고 이자비용은 84억원이다. 주주의 기대수익률이 15%이고 법인세율이 25%일 때, 경제적 부가가치(EVA)를 계산하면 얼마인가? 단, 장부가치와 시장가치는 동일하며, 아래 선택지의 단위는 억원이다.

① EVA ≤ −20   ② −20 < EVA ≤ 40   ③ 40 < EVA ≤ 100

④ 100 < EVA ≤ 160   ⑤ EVA > 160

풀이

$$k_d = \frac{I}{B} = \frac{84}{1,200} = 7\%$$

$$wacc = k_d \times (1-t) \times \frac{B}{V} + k_e \times \frac{S}{V} = 7 \times (1-0.25) \times \frac{1200}{2000} + 15 \times \frac{800}{1200} = 9.15\%$$

$$EVA = NOPAT - IC \times wacc$$

$$= 244 \times (1 - 0.25) - 2,000 \times 0.0915 = 0억원$$

▶ different solution

　장부가치 = 시장가치 ⇨ NPV=0, EVA=0

정답 : 2

문제 42

영업용 투하자본 2,500백만원, 세전 영업이익 600백만원, 법인세 50백만원, 배당성향 60%, 가중평균자본비용(WACC) 10%, 납입자본금 1,000백만원(발행주식총수: 20만주), 자기자본비용 20%이다. 경제적 부가가치(EVA)는?

① 50백만원   ② 250백만원   ③ 300백만원

④ 330백만원   ⑤ 350백만원

풀이

$$EVA = NOPAT - (IC \times WACC)$$

$$= (600 - 50) - (2,500 \times 10\%) = 300백만원$$

정답 : 3

(주)미래는 100억원을 모두 자기자본으로 조달하여 건물임대업을 시작하였다. 이를 위해 이 기업은 70억원 상당의 건물을 구입하였으며, 건물임대로 인한 순수입은 매년 21억원으로 예상된다. (주)미래의 CEO가 판단해본 결과 건물임대로 인한 수익률의 분산은 종합주가지수 수익률 분산의 4배이며, 두 수익률간의 상관계수는 0.5이다. 한편 이 기업은 나머지 30억원 중 10억원은 5년 만기 국채에 투자하였고 20억원은 종합주가지수연동형 펀드에 투자하였다. 국채의 만기수익률은 10%이며 펀드의 수익률은 향후 20%로 계속 유지될 것으로 예상된다. 시장의 상황이 유지되며, 기업의 자산구조가 일정하다는 가정 하에 이 기업의 경제적 부가가치(EVA)를 구하라. 세금은 없다.

풀이

(1) 건물임대업의 영업베타 및 주식베타(β_i)의 산출

(주)미래는 무부채기업이므로 영업베타와 주식베타가 동일하다

$$\sigma_i^2 = 4\sigma_m^2 \ \rightarrow \ \sigma_i = 2\sigma_m$$

$$\beta_i = \frac{\sigma_{im}}{\sigma_m^2} = \frac{\rho_{im}\sigma_i}{\sigma_m} = \frac{0.5 \times 2\sigma_m}{\sigma_m} = 1$$

(2) 건물임대업 자본비용의 산출

(주)미래는 무부채기업이므로 자기자본비용과 가중평균자본비용이 동일하다

$$k_e = wacc = E(R_i) = R_f + (E(R_m) - R_f) \times \beta_i = 10 + (20-10) \times 1 = 20\%$$

(3) EVA의 산출

세후 영업이익 : NOPAT = 21억원

투자자본 : IC = 70억원 (30억원은 비영업자산)

경제적 부가가치 : EVA = NOPAT − IC × wacc = 21 − 70 × 20% = 7억원

정답 : 7억원

SMART
객관식
재무관리

Chapter

04

자본구조

Chapter 04 자본구조

핵심이론

01 절 **MM의 자본구조이론**

1 자본구조이론

자본비용을 최소로 하여 기업가치를 극대화하는 자본구조를 최적자본구조라고 한다. 자본구조 이론은 최적자본구조 존재여부와 이를 달성할 수 있는 부채수준을 찾는 것이다.

MM 이전의 자본구조이론	MM의 자본구조이론	MM 이후의 자본구조이론
• 순이익(NI) 접근법 • 순영업이익 (NOI)접근법 • 전통적인 접근법	• 1958 MM • 1963 MM	• Miller의 균형부채이론 • 대체효과가설 • 파산비용이론 • 대리인이론 • 신호이론(자본조달순위이론)

1. 무관련 이론

부채사용의 유리한 점이 불리한 점을 상쇄하여 부채사용이 가중평균자본비용에 영향을 주지 않아 자본구조와 기업가치는 아무런 관계가 없다.

- 순영업이익 (NOI)접근법
- 1958 MM
- Miller의 균형부채이론

2. 레버리지 이득

부채사용의 유리한 점이 불리한 점보다 더 커서 부채사용을 많이 사용할수록 가중평균자본비용은 낮아져서 기업가치는 증가한다.

- 순이익 (NI)접근법
- 1963 MM

3. 최적자본구조이론

가중평균자본비용을 최소로 하여 기업가치를 극대화하는 최적자본구조가 존재한다.

- 전통적인 접근법
- 대체효과가설
- 파산비용이론
- 대리인이론

⇨ 자본조달순위이론은 최적자본구조이론이 아니다.

2 MM이전의 자본구조이론

MM 이전의 자본구조이론은 순이익접근법, 순영업이익접근법, 전통적인 접근법으로 구분되며 부채비율을 증가시킬 때 각 자본비용 및 기업가치의 효과를 요약하면 아래와 같다.

	자기자본비용	타인자본비용	가중평균자본비용	기업가치
순이익(NI) 접근법	일정	일정	감소	증가
순영업이익(NOI) 접근법	증가	일정	일정	일정
전통적인 접근법	증가	증가	감소 후 증가	증가 후 감소

- 순이익(NI)접근법 : 자기자본가치를 먼저 결정한 후 기업가치를 결정
- 순영업이익(NOI)접근법/전통적인 접근법: 기업가치를 먼저 결정한 후 자기자본가치를 결정

3 MM의 자본구조이론

1. MM 이론의 가정

- 완전자본시장 : 1958 MM에서는 세금이나 거래비용이 없는 완전자본시장을 가정

- 동질적 위험집단 : 모든 기업은 영업위험이 동일한 동질적 위험집단으로 구분이 가능

- 자가 레버리지 : 개인이 부채를 사용할 때 기업과 동일한 조건으로 사용 가능

- 무위험부채 : 기업이 사용하는 부채는 무위험 영구부채이다.

2. 영구연금모형

- 기업가치 : $V = \dfrac{NOPAT}{wacc} = \dfrac{EBIT \times (1-t)}{wacc}$

- 자기자본가치 : $S = V - B = \dfrac{NI}{k_e} = \dfrac{(EBIT - I) \times (1-t)}{k_e}$

- 부채가치 : $B = \dfrac{I}{k_d}$

3. 무부채기업의 가치평가

- 기업가치 = 자기자본가치 : $V_U = \dfrac{EBIT \times (1-t)}{\rho} = S_U$
- 가중평균자본비용 = 자기자본비용 : $\rho = k_e^U = k_o^U = R_f + (E(R_m) - R_f) \times \beta^U$

4. 부채기업의 가치평가

- 기업가치 : $V_L = \dfrac{EBIT \times (1-t)}{k_o^L}$

- 자기자본가치 : $S_L = \dfrac{(EBIT - I) \times (1-t)}{k_e^L}$

- 가중평균자본비용 : $k_o^L = k_d \times (1-t) \times \dfrac{B}{V} + k_e^L \times \dfrac{S}{V}$

- 자기자본비용 : $k_e^L = R_f + (E(R_m) - R_f) \times \beta^L$

- 주식베타(하마다 모형) : $\beta^L = \beta^U \times [1 + (1-t) \times \dfrac{B}{S}]$

5. MM의 명제

	1958 MM	1963 MM
제1명제	$V_L = V_U$	$V_L = V_U + B \times t$
제2명제	$k_e^L = \rho + (\rho - k_d)\dfrac{B}{S}$	$k_e^L = \rho + (\rho - k_d)(1-t)\dfrac{B}{S}$
제3명제	$k_o^L = \rho$	$k_0^L = \rho \times \left(1 - t \times \dfrac{B}{V}\right)$

무부채기업이 부채기업으로 자본구조를 변경하면?

	1958 MM	1963 MM
제1명제	기업가치 불변	기업가치는 증가
제2명제	자기자본비용 증가*	자기자본비용 증가
제3명제	가중평균자본비용 불변*	가중평균자본비용 감소***

* 주주가 부담하는 재무위험 증가하여 자기자본비용의 증가

** 부채사용의 저렴효과와 재무위험효과가 상쇄

*** 부채사용의 저렴효과 및 이자비용 감세효과가 재무위험효과보다 더 크기 때문

6. 차익거래

- L기업 주식 매입 = U기업 주식 매입 + 차입(= B × (1−t))
- $V_L > V_U + B \times t$ → L기업의 주식매도, U기업의 주식매수, 차입
- $V_L < V_U + B \times t$ → L기업의 주식매수, U기업의 주식 매도, 대출

7. 법인세율의 변화

	법인세율의 증가	법인세율의 감소
제1명제	기업가치 감소	기업가치 증가
제2명제	자기자본비용 불변	자기자본비용 불변
제3명제	가중평균자본비용 감소	가중평균자본비용 증가

02 절 자본구조의 현실

1 파산비용이론

$$V_L = V_U + B \times t - 기대파산비용의 PV$$

- 최적자본구조 이론
- 시장의 불완전요인 중 법인세와 파산비용을 고려
- 상충관계 : 이자비용의 감세효과와 기대파산비용의 증가
- 어느 수준까지는 부채사용의 유리한 효과가 불리한 효과보다 크지만 이 수준을 넘어서부터는 파산비용 때문에 부채사용의 불리한 효과가 더 커지게 된다.

2 Miller의 균형부채이론

- 무관련 이론
- 시장의 불완전요인 중 법인세와 개인소득세를 고려
- 부채의 수요와 공급이 일치하는 균형상태가 되면 부채를 사용하는 레버리지이득이 0이 되어 부채사용은 기업가치에 영향을 주지 않는다.

1. 레버리지이득과 기업가치

$$V_L = V_U + B \times \left[1 - \frac{(1-t)(1-t_s)}{(1-t_b)} \right]$$

t = 법인세율, t_s = 개인 주식소득세율, t_b = 개인 이자소득세율

$$레버리지이득 = B \times \left[1 - \frac{(1-t)(1-t_s)}{(1-t_b)} \right]$$

- $(1-t)(1-t_s) < (1-t_b)$

→ 레버리지 이득이 (+)가 되어 부채 기업가치가 무부채 기업가치보다 크다.

- $(1-t)(1-t_s) > (1-t_b)$

  → 레버리지 이득이 (−)가 되어 부채 기업가치가 무부채 기업가치보다 작다.

- $(1-t)(1-t_s) = (1-t_b)$

  → 레버리지 이득이 0이 되어 부채 기업가치가 무부채 기업가치보다 같다.

2. 세율과 레버리지

- 법인세율과 레버리지 이득 : (+)관계

- 주식소득세율과 레버리지 이득 : (+)관계

- 이자소득세율과 레버리지 이득 : (−)관계

3. 균형상태과 무관련이론

부채의 수요와 공급이 일치하는 균형상태

$(1-t)(1-t_s) = (1-t_b)$ → 레버리지 이득 = 0 → $V_L = V_U$

3 대체효과가설

- 최적자본구조 이론

- 시장의 불완전요인 중 법인세, 개인소득세 및 비부채성 세금효과를 고려

- 비부채성 세금효과 : 감가상각비, 투자세액공제 등

- 비부채성 감세수단에 따라 이자비용 감세효과가 달라진다.

- 비부채성 감세수단과 개인소득세율은 관련이 없다.

4 대리이론

1. 대리비용의 개념

- 대리인 문제 : 위임자와 대리인 사이에게 발생하는 문제

- 발생원인 : 목표불일치와 정보비대칭성

- 도덕적 위험 (moral hazard) : 위임계약 체결이후의 정보의 비대칭성
- 역선택 (Adverse selection) : 위임계약 체결단계의 정보의 비대칭성

2. 발생유형에 따른 대리비용

(1) 감시비용

대리인의 행위가 위임자의 목적으로부터 이탈하지 않도록 감시하기 위한 비용
㉔ 보상유인정책

(2) 확증비용

대리인의 행동이 위임자의 목적에 해가 되지 않는다는 것을 알리기 위한 비용
㉔ 회계감사비용

(3) 잔여손실

감시비용과 확증비용 이외의 부의 손실

3. 발생원천에 따른 대리비용

	자기자본의 대리비용	부채의 대리비용
위임자	외부주주	채권자
대리인	소유경영자	주주 또는 소유경영자
대리비용	• 특권적 소비 • 경영자의 태만	• 과대위험요인 • 과소투자요인 • 재산도피

※ 과대위험유인

부채비율이 높은 기업의 소유경영자일수록 위험한 큰 투자안을 선택하려는 유인

※ 과소투자유인

부채비율이 높은 기업의 소유경영자일수록 수익성이 있는 투자안도 포기하려는 유인

4. 대리비용과 자본구조

- 최적자본구조 이론
- 부채비율이 높을수록 → 자기자본의 대리비용 감소, 부채의 대리비용 증가

- 부채비율이 낮을수록 → 자기자본의 대리비용 증가, 부채의 대리비용 감소
- 총대리비용을 최소가 되는 최적자본구조 존재

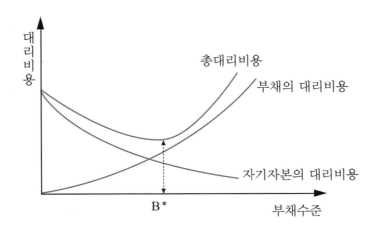

5. 대리문제의 감소방안

- **기업지배구조** : 이사회, 감사위원회, 소액주주권보호제도
- **경영자 보상** : 고정급으로 지급하지 않고 기업성과에 연계한 보상계약
- **노동시장** : 경쟁적인 경영자의 노동시장은 대리비용을 감소시킴
- **자본시장** : 효율적인 자본시장은 경영자의 대리문제가 주가에 반영
- **M&A** : 적대적 M&A 활성화를 통한 비능률적 경영자 제거
- **부채계약** : 행동을 규제하는 사채 약정서나 전환사채(C/B)의 발행

5 신호이론

정보의 비대칭성이 존재하는 시장에서는 자본조달 수단으로 투자안의 신호를 평가

1. Ross(1977)

- 영업이익률이 높은 기업의 부채비율 증가는 좋은 신호로 해석

2. 자본조달순위이론(1983)

- 정보의 비대칭성을 가정하여 자본조달 행위를 설명
- 최적자본구조이론이 아님
- 자본조달순서(pecking order)

> 내부유보이익 > 부채 > 신주발행

3. 유보이익과 신주발행의 자본비용

(1) 유보이익 자기자본비용

유보이익은 내부주주의 자금을 이용하는 것이며 자기자본비용은 SML 또는 DDM의 공식을 이용하여 산출한다.

$$k_e = R_f + (E(R_m) - R_f) \times \beta_i = \frac{D_1}{P_0} + g$$

(2) 신주발행 자기자본비용

신주발행은 외부주주의 자금을 이용하는 것이며 자기자본비용은 DDM의 공식에 조달경비를 반영하여 산출한다.

$$k_e = \frac{D_1}{P_0 - F} + g \text{ (F : 신주발행비)}$$

(3) 완전자본시장

조달경비가 발생하지 않기 때문에 유보이익 자본비용 = 신주발행 자본비용

(4) 불완전자본시장

조달경비가 발생하기 때문에 유보이익 자본비용 < 신주발행 자본비용

1 배당관련지표

- 배당성향 $= \dfrac{배당액}{순이익} = \dfrac{주당배당액}{주당순이익}$

- 유보율 $= 1 -$ 배당성향

- 배당수익률 $= \dfrac{D_1}{P_0} \rightarrow$ 주식 수익률 $=$ 배당수익률 $+$ 자본이득률

- 배당률 $= \dfrac{주당배당액}{주당액면금액}$

2 배당정책이론

1. 배당정책이론

- 배당정책 : 순이익을 현금배당과 유보이익으로 배분하는 의사결정

- 배당정책이 기업가치와 주주의 부에 어떤 영향을 주는가?

무관련이론	주주의 부에 (−)효과	주주의 부에 (+)효과
MM(1961) Miller & Scholes 고객효과	배당소득세 신주발행비용	주식거래수수료 대리인비용 배당신호이론 불확실성제거

2. MM의 무관련이론

- 세금 및 거래비용이 없는 완전자본시장을 가정

- 무관련이론 : 배당정책은 주주의 부에 영향을 주지 않는다.

- 자가배당 (Homemade dividends)
  배당지급액 $<$ 투자자의 목표 수준 ⇨ 주식을 매각하여 목표수준을 유지
  배당지급액 $>$ 투자자의 목표 수준 ⇨ 주식을 매수하여 목표수준을 유지

3. 배당소득세

(1) 배당기피요인

- 배당소득세율 > 자본이득세율

- 배당 증가 → 주주의 세금부담 증가 → 주주의 부 감소

(2) Miller & Scholes의 무관련이론

부채의 이자비용으로 배당소득세를 회피할 수 있다면 배당소득세가 존재하더라고 배당정책은 주주의 부에 영향을 주지 않는다.

(3) 고객효과

- 고소득 주주는 저배당주를 선호하고, 저소득 주주는 고배당주를 선호한다.

- 기업의 배당정책에 따라 투자자 집단별로 고객이 형성

- 배당정책의 변경은 주주의 부를 증가시키지 않는다.

4. 거래비용 요인

(1) 신주발행비

배당증가 → 신주발행비 증가 → 주주의 부 감소

(2) 주식거래비용

배당증가 → 주식거래비용의 감소 → 주주의 부 증가

5. 기타불완전 요인

(1) 대리비용

배당증가 → 유보이익 감소 → 특권적 소비 감소 → 주주의 부 증가

(2) 신호효과

배당증가 → 지속적 수익에 대한 신호 → 주주의 부 증가

3 배당정책의 유형

1. 안정적 배당정책

- 기업의 이익이 변동하더라고 일정한 수준에서 안정적인 배당수준을 유지하는 정책
- 주가의 급격한 변동을 피할 수 있다.

2. 잔여배당정책

- 배당금이 투자의사결정과 자본조달 의사결정에 따라 결정되는 정책
- 수익성이 있는 투자안이 있는 경우 최적자본구조로 자금을 조달하고 유보되지 않고 남은 이익을 배당으로 지급
- 투자기회에 따라 배당지급액의 변동성이 심하다.

3. 수명주기이론

- 기업 초기단계 : 투자기회가 많기 때문에 배당을 적게 한다.
- 기업 성숙단계 : 투자기회가 적기 때문에 배당을 많이 한다.

4 특수한 배당정책

1. 현금배당 및 특수배당의 재무비율 효과

	주식배당	주식분할	주식병합	자사주매입	현금배당
유통주식수	증가	증가	감소	감소	일정
주당이익(EPS)	감소	감소	증가	증가	일정
주가 (P)	감소	감소	증가	일정*	감소
주가이익비율(PER)	일정	일정	일정	감소	감소
자기자본	일정	일정	일정	감소	감소
주당액면가	일정	감소	증가	일정	일정
주주의 부	일정	일정	일정	일정	일정

* 자사주 매입 전 주가 = 자사주 매입가격을 가정

⇨ 무상증자

자본잉여금 등을 자본금에 전입하는 것으로 그 효과는 주식배당과 동일

2. 자사주매입

$$\text{자사 주 매입 후 주가} = \frac{S - C \times m}{n - m}$$

S : 자사주 매입 전 자기자본시장가치   n : 자사주 매입 전 주식수

C : 자사주 매입가격   m : 자사주 매입 주식수

- 자사주 매입 전 주가 < 자사주 매입가격 : 주가 하락 → 주주의 부 감소
- 자사주 매입 전 주가 > 자사주 매입가격 : 주가 상승 → 주주의 부 증가
- 자사주 매입 전 주가 = 자사주 매입가격 : 주가 불변 → 주주의 부 변동 없음

5   신주인수권

- 권리부 주가 : 신주인수권이 부여되기 전 주가
- 권리락 주가 : 신주인수권이 부여된 후 주가
- 신주인수권의 가치 = 권리부 주가 − 권리락 주가

$$\text{권리락 주가} = \frac{S + C \times m}{n + m}$$

S : 신주인수권 부여 전 자기자본시장가치   n : 신주인수권 부여 전 주식수

C : 신주인수권 주당 행사가격   m : 신주인수권 행사 주식수

- 신주인수권이 기존주주에게 배정되는 경우 → 주주의 부 변동 없음
- 신주인수권이 제3자에게 배정되는 경우 → 주주의 부 감소

01 수정 MM모형에서 부채가 증가하면 주가는 증가한다.

02 수정 MM모형에서 부채가 증가하면 영업이익은 증가한다.

03 수정 MM모형에서 부채가 증가하면 당기순이익은 증가한다.

04 수정 MM모형에서 부채가 증가하면 자기자본비용은 증가한다.

05 수정 MM모형에서 부채가 증가하면 타인자본비용은 증가한다.

06 수정 MM모형에서 부채가 증가하면 가중평균자본비용은 일정하다.

07 수정 MM모형에서 부채가 증가하면 주식의 베타는 증가한다.

08 수정 MM모형에서 법인세율이 증가하면 기업가치는 증가한다.

09 수정 MM모형에서 법인세율이 증가하면 자기자본비용은 감소한다.

10 수정 MM모형에서 법인세율이 증가하면 베타는 감소한다.

11 개인소득세를 고려한 밀러모형은 최적자본구조이론이다.

12 밀러모형에서 이자소득세율이 증가하면 부채의 레버리지 이득은 증가한다.

13 밀러모형에서 주식소득세율이 증가하면 부채의 레버리지 이득은 증가한다.

14 자본조달 순위이론은 최적 자본구조 이론이다.

15 파산비용이론은 최적 자본구조 이론이다.

16 대리비용이론은 최적 자본구조 이론이다.

17 자사주를 매입하면 주가는 감소, EPS는 증가, PER는 감소한다.

18 현금배당을 주가는 감소, EPS는 증가, PER는 감소한다.

19 대리비용을 고려하면 배당의 증가는 주주의 부에 유리하다.

20 신주발행비용을 고려하면 배당의 증가는 주주의 부에 부정적이다.

21 주식매매수수료를 고려하면 배당의 증가는 주주의 부에 부정적이다.

22 주가보다 낮은 행사가격을 갖는 신주인수권을 기존주주에게 배정하게 되면 기존주주의 부에 부정적이다.

23 유보이익은 부채조달보다 자본비용이 더 싸다.

24 유보이익은 부채조달보다 긍정적 신호이다.

정답 및 해설

01 O

부채의 증가 → 절세효과 → 기업가치 증가 → 주가 증가

02 X

부채의 증가 → 영업이익 일정

03 X

부채의 증가 → 영업이익 일정, 이자비용 증가 → 당기순이익 감소

04 O

부채의 증가 → 재무위험 증가 → 자기자본비용 증가

05 X

MM모형은 무위험 부채를 가정하므로 타인자본비용은 일정.

06 X

MM모형 3명제에 의하여 부채가 증가하면 가중평균자본비용은 감소한다.

07 O

부채의 증가 → 재무위험 증가 → 주식의 베타 증가

08 X

법인세율의 증가 → 기업가치의 감소, 자기자본비용 불변, 가중평균자본비용 감소

09 X

법인세율의 증가 → 기업가치의 감소, 자기자본비용 불변, 가중평균자본비용 감소

10 X

법인세율의 증가 → 자기자본비용 불변 → 베타 불변

11 X

밀러모형은 최적자본구조이론이 아닌 균형상태의 무관련이론이다.

12 X

이자소득세율과 레버리지 이득은 (−) 관계, 법인세율과 주식소득세율과 레버리지 이득은 (+) 관계

13 O

이자소득세율과 레버리지 이득은 (−) 관계, 법인세율과 주식소득세율과 레버리지 이득은 (+) 관계

14 X

자본조달 순위이론은 신호이론이로서 최적 자본구조를 결정하지는 않는다.

15 O

최적자본구조이론 : 전통접근법, 파산비용이론, 대리인 이론

16 O

최적자본구조이론 : 전통접근법, 파산비용이론, 대리인 이론

17 X

자사주 매입 → 주가 불변, EPS 증가 → PER 감소

18 X

현금배당 → 주가 감소, EPS 불변 → PER 감소

19 O

배당의 증가 → 특권적 소비의 감소 → 주주의 부의 증가

20 O

배당의 증가 → 신주발행비용 증가 → 주주의 부의 감소

21 X

배당의 증가 → 주식매매수수료 감소 → 주주의 부의 증가

22 X

신주인수권을 기존주주에게 배정하게 되면 기존주주의 부에는 영향을 주지 않는다.

23 X

유보이익은 자기자본비용이므로 타인자본비용보다 더 크다.

24 O

신호이론에 의하면 유보이익은 부채조달보다 긍정적 신호이다.

실전문제

01 절 ▶ MM의 자본구조이론

문제 1 (2020년)

D기업의 자본구조는 부채 20%와 자기자본 80%로 구성되어 있다. 이 기업의 최고경영진은 부채를 추가로 조달하여 자사주매입 후 소각을 통해 부채비율(부채/자기자본)을 100%로 조정하고자 한다. 현재 무위험수익률은 3%이고, D기업 보통주의 베타는 2.3이며 법인세율은 40%이다. 부채를 추가로 조달한 후의 베타에 가장 가까운 것은? 단, CAPM 및 MM의 수정이론(1963)이 성립하고, 부채비용은 무위험수익률과 동일하다고 가정한다.

① 3.05　　② 3.10　　③ 3.15　　④ 3.20　　⑤ 3.25

풀이

(1) 기존자본구조의 주식베타를 하마다 모형에 대입하여 영업베타 도출

$$\beta^L = \beta^U \times [1 + (1-t)\frac{B}{S}]$$

$$2.3 = \beta^U \times [1 + (1-0.4) \times \frac{2}{8}] \rightarrow \beta^U = 2$$

(2) 영업베타를 하마다 모형에 대입하여 변경 후 자본구조의 주식베타 도출

$$\beta^L = \beta^U \times [1 + (1-t)\frac{B}{S}]$$

$$\beta^L = 2 \times [1 + (1-0.4) \times 1] = 3.2$$

정답 : 4

문제 2

N기업은 전기말(t=0)에 주당 1,000원의 배당금을 지급하였고, 배당은 연 2%씩 영구히 성장할 것으로 예상된다. 현재 보통주의 시장가격과 내재가치는 동일하게 10,000원이고, 법인세율은 40%이며, 무위험수익률은 3%이다. N기업의 부채는 채권만으로 구성되어 있다고 가정하고, 채권의 이표이자율은 5%, 시장가격은 채권의 액면가와 동일하다. 만약 이 기업의 가중평균자본비용(WACC)이 8.98%라면, 다음 중 부채비율(부채/자기자본)에 가장 가까운 것은? 단, 내부유보율은 일정하다고 가정한다.

① 47.06%   ② 53.85%   ③ 66.67%   ④ 72.41%   ⑤ 81.82%

풀이

(1) 고정성장모형을 이용하여 자기자본비용 산출

$$k_e = \frac{D_1}{P_0} + g = \frac{1,000 \times 1.02}{10,000} + 0.02 = 12.2\%$$

⇨ 시장가격과 내재가치는 동일하므로 기대수익률과 균형수익률이 같다.

(2) 타인자본비용 산출

$k_d = 5\%$

⇨ 채권 시장가격과 액면가와 동일하므로 채권수익률과 이표이자율은 같다.

(3) 부채비율의 산출

$$wacc = k_d(1-t) \times \frac{B}{V} + k_e \times \frac{S}{V}$$

$$8.98 = 5 \times (1-0.4) \times \frac{B}{V} + 12.2 \times (1 - \frac{B}{V}) \Rightarrow B/V = 0.35 \Rightarrow B/S = 35/65 = 53.85\%$$

정답 : 2

문제 3

다음 정보를 이용하여 계산된 ㈜명동의 가중평균자본비용과 가장 가까운 것은?

> ㈜명동 주식의 베타는 1.2이고 부채비율(= $\dfrac{\text{부채}}{\text{자기자본}}$)은 150%이다. ㈜명동이 발행한 회사채는 만기 2년, 액면가 1,000,000원인 무이표채이다. 현재 만기가 1년 남은 이 회사채의 시장가격은 892,857원이고, 이 회사의 다른 부채는 없다. 시장포트폴리오의 기대수익률은 연 10%이고 무위험수익률은 연 2%이며 법인세율은 30%이다.

① 9.68% ② 10.24% ③ 11.84% ④ 12.56% ⑤ 14.02%

풀이

(1) SML에 베타를 대입하여 자기자본비용 산출

$$k_e = R_f + (E(R_m) - R_f) \times \beta_i = 2 + (10-2) \times 1.2 = 11.6\%$$

(2) 채권수익률을 이용하여 타인자본비용 산출

$$k_d = \frac{1,000,000}{892,857} - 1 = 12\%$$

(3) 개별 자본비용을 가중 평균하여 가중평균자본비용 산출

$$\frac{B}{S} = 1.5 \rightarrow \frac{B}{V} = \frac{1.5}{2.5} = 0.6$$

$$wacc = k_d(1-t) \times \frac{B}{V} + k_e \times \frac{S}{V} = 12 \times (1-0.3) \times 0.6 + 11.6 \times 0.4 = 9.68\%$$

➪ 출제오류

타인자본비용(12%)이 자기자본비용(11.6%)보다 더 크기 때문에 위험상충관계에 부합하지 않은 자료로 출제하였다.

정답 : 1

문제 4

무부채기업인 ㈜백제의 발행주식수는 10,000주이며 자기자본가치는 5억원이다. 이 기업은 이자율 10%로 영구사채 3억원을 발행하여 전액 자기주식을 매입소각하는 방법으로 자본구조를 변경하고자 한다. ㈜백제의 기대영업이익은 매년 1억원으로 영구히 지속되며, 법인세율은 40%이다. 시장은 준강형 효율적이고 MM의 수정이론(1963)이 성립한다고 가정할 때 다음 중 가장 적절하지 않은 것은? (단, 자본비용은 % 기준으로 소수점 셋째 자리에서 반올림한다.)

① 자본구조 변경 전 자기자본비용은 12%이다.
② 채권발행에 대한 공시 직후 부채의 법인세효과로 인하여 주가는 24% 상승할 것이다.
③ 채권발행 공시 직후의 주가로 자사주를 매입한다면, 채권발행에 따라 매입할 수 있는 자기주식 수는 근사치로 4,839주이다.
④ 자본구조 변경 후 자기자본비용은 13.13%이다.
⑤ 자본구조 변경 후 가중평균자본비용은 8.33%이다.

풀이

(1) 영구연금 모형을 이용하여 무부채기업의 자본비용 산출

$$V_u = \frac{EBIT \times (1-t)}{\rho} \Rightarrow 50,000 = \frac{10,000 \times (1-0.4)}{\rho} \rightarrow \rho = 12\%$$

(2) MM(1963) 제1명제를 이용하여 부채기업의 기업가치 및 공시시점의 주가 산출

$$V_L = V_U + B \times t = 50,000 + 30,000 \times 0.4 = 62,000$$

자본구조 변경 공시 전 주가 = 50,000만원 / 1만주 = 50,000원

자본구조 변경 공시시점의 주가 = 62,000만원 / 1만주 = 62,000원

주가상승률 = $\frac{62,000}{50,000} - 1 = 24\%$

(3) 효율적 시장가설을 가정하여 공시시점의 주가를 이용한 자사주 매입 주식수 산출

자본구조 변경 공시시점의 주가 = 62,000만원 / 1만주 = 60,000원

자사주 매입 주식수 = $\frac{30,000만원}{62,000원} = 0.4839만주 = 4,839주$

(4) MM(1963) 제2명제를 이용하여 부채기업의 자기자본비용 산출

$$k_e^L = \rho + (\rho - k_d)(1-t)\frac{B}{S} = 12 + (12 - 10) \times (1 - 0.4) \times \frac{30,000}{32,000} = 13.125\%$$

(5) MM(1963) 제3명제를 이용하여 부채기업의 가중평균자본비용 산출

$$k_o^L = \rho(1 - t \times \frac{B}{V}) = 12 \times (1 - 0.4 \times \frac{30,000}{62,000}) = 9.68\%$$

정답 : 5

문제 5

법인세를 고려한 MM의 수정이론(1963)이 성립한다고 가정하자. C 기업은 1년 후부터 영원히 매년 10억원의 영업이익을 예상하고 있다. C 기업은 현재 부채가 없으나 차입하여 자사주를 매입·소각하는 방식으로 자본재구성을 하려고 한다. C 기업의 자기자본비용은 10%이며, 법인세율은 30%일 때 가장 적절하지 <u>않은</u> 것은?

① C기업의 무부채 기업가치(V_U)는 70억원이다.

② C기업이 무부채 기업가치(V_U)의 50%만큼을 차입한다면 기업가치(V_L)는 80.5억원이 된다.

③ C 기업이 무부채 기업가치의 100%만큼을 차입한다면 기업가치(V_L)는 91억원이 된다.

④ 부채비율(B/S)이 100%인 자본구조를 갖는 기업가치(V_L)는 85억원이다.

⑤ 부채 대 자산비율(B/V)이 100%인 자본구조를 갖는 기업가치(V_L)는 100억원이다.

풀이

(1) 영구연금 모형을 이용하여 무부채기업의 기업가치 산출

$$V_u = \frac{EBIT \times (1-t)}{\rho} = \frac{10 \times (1-0.3)}{0.10} = 70억원$$

(2) MM(1963) 제1명제를 이용하여 부채기업의 기업가치 산출

$B = 70억 \times 50\% = 35억원$

$V_L = V_U + B \times t = 70 + 35 \times 0.3 = 80.5억원$

(3) MM(1963) 제1명제를 이용하여 부채기업의 기업가치 산출

$B = 70억 \times 100\% = 70억원$

$V_L = V_U + B \times t = 70 + 70 \times 0.3 = 91억원$

(4) MM(1963) 제1명제를 이용하여 부채기업의 기업가치 산출

부채비율 : B/S = 100% ⇨ B/V = 50%

$V_L = V_U + B \times t = 70억 + V_L \times 0.5 \times 0.3 \to V_L = 82.35억$

(5) MM(1963) 제1명제를 이용하여 부채기업의 기업가치 산출

부채비율 : B/V = 100%

$V_L = V_U + B \times t = 70억 + V_L \times 1 \times 0.3 \to V_L = 100억$

정답 : 4

문제 6

A기업은 기대영업이익이 매년 2,000만원으로 영구히 일정할 것으로 예상되며 영구채를 발행하여 조달한 부채 2,000만원을 가지고 있다. B기업은 영구채 발행을 통해 조달한 부채 6,000만원을 가지고 있다는 점을 제외하고는 모든 점(기대영업이익과 영업위험)에서 A기업과 동일하다. 모든 기업과 개인은 10%인 무위험이자율로 차입과 대출이 가능하다. A기업과 B기업의 자기자본비용은 각각 20%와 25%이며 자본시장은 거래비용이나 세금이 없는 완전시장으로 가정한다. 다음 중 가장 적절한 것은?

① B기업이 A기업에 비해 과소평가되어 있다.
② A기업의 자기자본가치는 1.0억원이다.
③ B기업의 자기자본가치는 1.2억원이다.
④ 차익거래 기회가 존재하지 않기 위해서는 A기업과 B기업의 자기자본비용이 같아야 한다.
⑤ B기업의 주식을 1% 소유한 투자자는 자가부채(homemade leverage)를 통하여 현재가치 기준으로 6만원의 차익거래 이익을 얻을 수 있다.

풀 이

(1) A기업의 자기자본가치 및 기업가치

$$S_A = \frac{(EBIT - I)(1-t)}{k_e} = \frac{2000 - 2000 \times 10\%}{0.2} = 9,000$$

$$V_A = B + S = 2,000 + 9,000 = 11,000만원$$

(2) B기업의 자기자본가치 및 기업가치

$$S_B = \frac{(EBIT - I)(1-t)}{k_e} = \frac{2000 - 6000 \times 10\%}{0.25} = 5,600$$

$$V_B = B + S = 6,000 + 5,600 = 11,600만원$$

(3) 차익거래

B기업의 기업가치가 A기업의 기업가치보다 600만원 과대평가 되어 있다.

B기업의 주식을 1% 소유한 투자자는 다음과 같은 차익거래로 현재가치 기준 차익 6만원을 얻을 수 있다.

1) B주식 1% 매도
2) A주식 1% 매입
3) 400만원 차입

정답 : 5

문제 7   (2014년)

무부채기업인 K사의 영업이익(EBIT)은 매년 12억원으로 기대된다. 현재 K사의 자기자본비용은 14%이고 법인세율은 30%이다. K사는 이자율 8%로 부채를 조달하여 자사주 일부를 매입소각할 예정이다. K사는 시장가치 기준으로 자기자본이 부채의 2배가 되는 자본구조를 목표로 삼고 있다. 법인세가 있는 MM이론이 성립된다고 가정한다. 다음 설명 중 적절한 항목만으로 구성된 것은? 단, 아래의 계산값에서 금액은 억원 기준으로 소수 둘째자리까지(예를 들면, 10.567억원 → 10.56억원), 자본비용은 %기준으로 소수 둘째자리까지 제시된 것이다.

> a. 자본구조 변경에 필요한 부채(시장가치)는 30.88억원이다.
> b. 자본구조 변경 후 자기자본비용은 16.10%이다.
> c. 자본구조 변경 후 가중평균자본비용(WACC)은 11.22%이다.
> d. 자본구조 변경에 의한 기업가치의 증가액은 6.66억원이다.

① a   ② a, b   ③ a, c   ④ b, c   ⑤ b, d

풀이

(a) MM(1963) 제1명제를 이용하여 부채기업의 부채금액 산출

$$V_u = \frac{EBIT(1-t)}{\rho} = \frac{12 \times (1-0.3)}{0.14} = 60억원$$

$$V_L = V_u + B \times t \Rightarrow 3 \times B = 60 + B \times 0.3 \Rightarrow B = 22.22억원$$

(b) MM(1963) 제2명제를 이용하여 부채기업의 자기자본비용 산출

$$k_e^L = \rho + (\rho - k_d)(1-t)\frac{B}{S} = 14 + (14 - 8) \times (1 - 0.3) \times 1/2 = 16.1\%$$

(c) MM(1963) 제3명제를 이용하여 부채기업의 가중평균자본비용 산출

$$k_o^L = \rho(1 - t \times \frac{B}{V}) = 14 \times (1 - 0.3 \times 1/3) = 12.6\%$$

(d) 자본구조 변경에 의한 기업가치의 증가액

$$V_L = 3 \times B = 3 \times 2.22 = 66.66억원$$

$$\Delta V = V_L - V_U = 66.66 - 60 = 6.66억원$$

정답 : 5

문제 8

㈜평창은 매년 150억원의 기대영업이익을 창출하는데 200억원의 부채를 이자율 10%로 차입하여 운용하고 있다. 한편 ㈜평창과 자본구조를 제외한 모든 면에서 동일한 무부채기업 ㈜한강의 자기자본비용은 20%이다. 다음 설명 중 가장 적절하지 않은 것은? (단, 법인세율은 40%이고, MM의 수정 명제가 성립하는 것으로 가정하며, 자본비용은 퍼센트 기준으로 소수 둘째 자리에서 반올림하여 계산한다.)

① 무부채기업인 ㈜한강의 기업가치는 450억원이다.
② 부채기업인 ㈜평창의 경우 부채를 사용함에 따라 발생하는 법인세감세액의 현재가치는 80억원이다.
③ 부채기업인 ㈜평창의 자기자본비용은 23.6%이다.
④ 부채기업인 ㈜평창의 가중평균자본비용(WACC)은 17.0%이다.
⑤ 만약 부채비율(부채/자기자본)이 무한히 증가한다면 가중평균자본비용은 14.1%가 된다.

풀이

(1) 영구연금 모형을 이용하여 무부채기업의 기업가치 산출

$$V_u = \frac{EBIT(1-t)}{\rho} = \frac{150 \times (1-0.4)}{0.2} = 450억원$$

(2) MM(1963) 제1명제를 이용하여 부채기업의 기업가치 산출

$$V_L = V_u + B \times t = 450 + 200 \times 0.4 = 530억원$$

(3) MM(1963) 제2명제를 이용하여 부채기업의 자기자본비용 산출

$$k_e^L = \rho + (\rho - k_d) \times (1-t) \times \frac{B}{S} = 20 + (20-10)(1-0.4)\frac{200}{330} = 23.64\%$$

(4) MM(1963) 제3명제를 이용하여 부채기업의 가중평균자본비용 산출

$$k_o^L = \rho \times (1 - t \times \frac{B}{V}) = 20 \times (1 - 0.4 \times \frac{200}{530}) = 16.98\%$$

(5) MM(1963) 제3명제를 이용하여 부채기업의 가중평균자본비용 산출
부채비율이 무한히 증가하면 B/V=1에 수렴하므로

$$k_o^L = \rho \times (1 - t \times \frac{B}{V}) = 20 \times (1 - 0.4 \times 1) = 12\%$$

정답 : 5

문제 9   (2012년)

무부채기업인 ㈜한라의 자기자본비용은 20%이다. ㈜한라의 순영업이익(EBIT)은 매년 100억원으로 예상되고 있으며 법인세율은 40%이다. ㈜한라는 이자율 10%로 차입금을 조달하여 자기주식을 매입소각하는 방법으로 자본구조 변경을 계획하고 있으며 목표자본구조는 부채의 시장가치가 기업가치의 30%가 되도록 하는 것이다. 법인세가 있는 MM이론이 성립된다는 가정 하에서 가장 적절하지 않은 것은?

① 자본구조 변경 전에 가중평균자본비용은 20%이다.
② 자본구조 변경 후에 가중평균자본비용은 17.6%이다.
③ 조달해야할 부채의 시장가치는 근사치로 238.63억원이다.
④ 자본구조 변경 전에 기업가치는 300억원이다.
⑤ 자본구조 변경 후에 자기자본비용은 근사치로 22.57%이다.

풀이

(4) 영구연금 모형을 이용하여 무부채기업의 기업가치 산출

$$V_u = \frac{EBIT(1-t)}{\rho} = \frac{100 \times 0.6}{0.2} = 300억$$

(2) MM(1963) 제3명제를 이용하여 부채기업의 가중평균자본비용 산출

$$k_o^L = \rho \times (1 - t \times \frac{B}{V}) = 20 \times (1 - 0.4 \times 0.3) = 17.6\%$$

(3) MM(1963) 제1명제를 이용하여 부채기업의 기업가치 및 부채금액 산출

$$V_L = V_U + B \times t$$
$$V_L = 300 + 0.3 \times V_L \times 0.4 \Rightarrow V_L = 340.91억$$
$$B = 340.91억 \times 0.3 = 102.27억원$$

(5) MM(1963) 제2명제를 이용하여 부채기업의 자기자본비용 산출

$$k_e^L = \rho + (\rho - k_d)(1-t)\frac{B}{S} = 20 + (20 - 10) \times (1 - 0.4) \times 3/7 = 22.57\%$$

정답 : 3

문제 10

부채를 사용하지 않고 자기자본만 사용하고 있는 기업인 ㈜거창은 베타계수가 1.4이고 자산의 시장가치는 300억원이다. 현재 무위험이자율은 4%이고 ㈜거창의 자기자본비용은 12.4%이다. 이제 ㈜거창은 100억원을 무위험이자율로 차입하여 자본구조를 변경하려 한다. 이때 차입한 금액은 자기주식을 매입소각 하는데 사용될 예정이다. 부채의 베타가 0이고 법인세율이 40%이며 CAPM과 법인세가 있는 MM이론이 성립된다는 가정 하에서 Hamada 모형을 이용했을 때 가장 적절하지 않은 것은?

① 자본구조 변경 전 가중평균자본비용은 12.4%이지만 자본구조 변경 후 가중평균자본비용은 8.94%로 감소한다.
② 자본구조 변경 전 자기자본비용은 12.4%이지만 자본구조 변경 후 자기자본비용은 14.5%로 증가한다.
③ 자본구조 변경 전 주식베타는 1.4이지만 자본구조 변경 후 주식베타는 1.75로 증가한다.
④ 자본구조 변경 전 자산베타는 1.4이지만 자본구조 변경 후 자산베타는 1.24로 감소한다.
⑤ 자본구조 변경 전 자산의 시장가치는 300억원이지만 자본구조 변경 후 자산의 시장가치는 340억원으로 증가한다.

풀이

(1) MM(1963) 제3명제를 이용하여 부채기업의 가중평균자본비용 산출

$$k_o^L = \rho \times (1 - t \times \frac{B}{V}) = 12.4 \times (1 - 0.4 \times 100/340) = 10.94\%$$

(2) MM(1963) 제2명제를 이용하여 부채기업의 자기자본비용 산출

$$k_e^L = \rho + (\rho - k_d)(1 - t)\frac{B}{S} = 12.4 + (12.4 - 4) \times (1 - 0.4) \times 100/240 = 14.5\%$$

(3) 하마다모형을 부채기업의 주식베타 산출

$$\beta^L = \beta^U \times [1 + (1 - t)\frac{B}{S}] = 1.4 \times [1 + (1 - 0.4) \times 100/240] = 1.75$$

(4) 베타의 가산원리를 이용하여 자산베타 산출

$$\beta_{asset} = \beta_B \times \frac{B}{V} + \beta_S \times \frac{S}{V} = 0 \times 100/340 + 1.75 \times 240/340 = 1.24$$

(5) MM(1963) 제1명제를 이용하여 부채기업의 기업가치 산출

$$V_L = V_U + B \times t = 300 + 100 \times 0.4 = 340억원$$

정답 : 1

문제 11

제조업체인 ㈜테크는 부채를 운용하는 기업으로 주식베타는 1.56이다. 반면 ㈜감마는 ㈜테크와 자본구조 이외에 모든 것이 동일한 무부채기업이고 주식베타는 1.2이며 기업가치는 260억원이다. ㈜테크가 운용하고 있는 부채의 가치는 얼마인가? (단, 법인세율은 40%이고, MM의 수정 명제와 CAPM이 성립한다고 가정한다.)

① 100억원   ② 110억원   ③ 120억원   ④ 130억원   ⑤ 140억원

풀이

(1) 하마다모형을 이용하여 부채비율 산출

$$\beta_L = \beta_U \times [1 + (1-t) \times \frac{B}{S}] \rightarrow 1.56 = 1.2 \times [1 + (1-0.4) \times \frac{B}{S}] \rightarrow \frac{B}{S} = 0.5 \rightarrow V_L = 3 \times B$$

(2) MM(1963) 제1명제를 이용하여 부채비율 산출

$$V_L = V_u + B \times t \rightarrow V_L = 260 + B \times 0.4$$

(3) 두 식의 부채비율 관계식을 연립으로 풀면

$$3 \times B = 260 + B \times 0.4 \rightarrow B = 100억원$$

정답 : 1

문제 12

부채가 없는 기업이 8%의 금리로 200억원을 영구히 차입하여 자기자본을 대체했다. 법인세율은 30%, 주주의 요구수익률은 10%이다. 법인세를 고려한 MM의 수정명제에 따른 기업가치 변화 중 가장 적절한 것은?

① 80억 증가   ② 60억 증가   ③ 60억 감소   ④ 40억 증가   ⑤ 40억 감소

풀이

MM(1963) 제1명제를 이용하여 부채기업의 기업가치와 무부채기업의 기업가치 차이 산출

$$V_L = V_U + B \times t$$
$$V_L - V_U = B \times t = 200억 \times 0.3 = +60억$$

정답 : 2

문제 13

무부채 기업인 (주)대한의 연간 기대영업이익은 3억원이며 자본비용은 15%이다. (주)대한은 10%의 이자율로 10억원의 부채를 조달하여 자본구조를 변경할 계획이다. MM의 기본명제(무관련이론)와 수정명제(법인세 고려) 하에서 각각 추정된 (주)대한의 가중평균자본비용(WACC)들 간의 차이는 얼마인가? (단, 법인세율 = 40%)

① 0%   ② 1.25%   ③ 2.50%   ④ 3.75%   ⑤ 4.25%

풀이

⇨ 부채비율을 모르기 때문에 제1명제를 이용하여 부채비율을 산출한 후 제3명제를 이용한다.

(1) 영구연금 모형을 이용하여 무부채기업의 기업가치 산출

$$V_u = \frac{EBIT(1-t)}{\rho} = \frac{3 \times 0.6}{0.15} = 12억$$

(2) MM(1963) 제1명제를 이용하여 부채기업의 기업가치 산출

$$V_L = V_U + B \times t = 12억 + 10억 \times 0.4 = 16억$$

(3) MM(1963) 제3명제를 이용하여 부채기업의 가중평균자본비용 산출

$$k_o^L = \rho \times (1 - t \times \frac{B}{V}) \rightarrow \rho - k_0^L = \rho \times t \times \frac{B}{V} = 15\% \times 0.4 \times 10/16 = 3.75\%$$

정답 : 4

문제 14

(주)알파는 현재 자본 80%와 부채 20%로 구성되어 있으며 CAPM(자본자산가격결정모형)에 의해 계산된 (주)알파의 자기자본비용은 14%이다. 무위험이자율은 5%, 시장위험프리미엄은 6%, 이 회사에 대한 법인세율은 20%이다. (주)알파가 무위험이자율로 차입을 하여 자사주 매입을 함으로써 현재의 자본구조를 자본 50%와 부채 50%로 변경한다면 자기자본비용은 얼마가 되겠는가?

① 16.5%　　② 17.0%　　③ 17.5%　　④ 18.0%　　⑤ 18.5%

풀이

(1) SML에 자기자본비용을 대입하여 베타를 산출

$$k_e = R_f + (E(R_m) - R_f) \times \beta_i$$

$14 = 5 + 6 \times \beta_i = 22\% \Rightarrow \beta_i = 1.5$

(2) 자본구조 변경전 베타를 하마다모형에 대입하여 자본구조 변경후 베타 산출

$$\beta^L = \beta^U \times [1 + (1-t)\frac{B}{S}]$$

$1.5 = \beta^U \times [1 + (1 - 0.2) \times 0.2/0.8] \rightarrow \beta^U = 1.25$

$\beta^L_{after} = 1.25 \times [1 + (1 - 0.2) \times 0.5/0.5] = 2.25$

(3) SML에 자본구조 변경후 베타를 대입하여 자본구조 변경 후 베타 산출

$$k_e = R_f + (E(R_m) - R_f) \times \beta_i = 5 + 6 \times 2.25 = 18.5\%$$

정답 : 5

문제 15

현재 부채와 자기자본 비율이 50 : 50인 (주)한국의 주식베타는 1.5이다. 무위험이자율이 10%이고, 시장포트폴리오의 기대수익률은 18%이다. 이 기업의 재무담당자는 신주발행을 통해 조달한 자금으로 부채를 상환하여 부채와 자기자본 비율을 30 : 70으로 변경하였다. 다음 설명 중 옳지 않은 것은? 단, 법인세가 없고 무위험부채 사용을 가정한다.

① 자본구조 변경 전의 자기자본비용은 22.0%이다.
② 자본구조 변경 전의 자산베타는 0.75이다.
③ 자본구조 변경 후의 주식베타는 1.07로 낮아진다.
④ 자본구조 변경 후의 자기자본비용은 20.56%로 낮아진다.
⑤ 자본구조 변경 후의 가중평균자본비용은 16%로 변경 전과 같다.

풀이

(1) SML에 베타를 대입하여 자기자본비용 산출

$$k_e = R_f + (E(R_m) - R_f) \times \beta_i = 10 + (18 - 10) \times 1.5 = 22\%$$

(2) 베타의 가산원리를 이용하여 자산베타 산출

$$\beta_{asset} = \beta_B \times \frac{B}{V} + \beta_S \times \frac{S}{V} = 0 \times 1/2 + 1.5 \times 1/2 = 0.75$$

(3) 하마다모형을 자본구조 변경 후의 주식베타 산출

$$\beta^L = \beta^U \times [1 + (1-t)\frac{B}{S}] \rightarrow 1.5 = \beta^U \times [1 + 1 \times 0.5/0.5] \rightarrow \beta^U = 0.75$$

$$\beta_{after}^L = 0.75 \times [1 + 1 \times 0.3/0.7] = 1.07$$

(4) SML에 베타를 대입하여 자기자본비용 산출

$$k_e = R_f + (E(R_m) - R_f) \times \beta_i = 10 + (18 - 10) \times 1.07 = 18.56\%$$

(5) 개별 자본비용을 가중 평균하여 가중평균자본비용 산출

$$wacc = k_d(1-t) \times \frac{B}{V} + k_e \times \frac{S}{V} = 10 \times 0.3 + 18.56 \times 0.7 = 16\%$$

정답 : 4

문제 16

완전자본시장에서의 MM 자본구조이론(1958)이 성립한다는 가정하에서 자본구조에 대한 다음 설명 중 가장 옳은 것은?

① 부채비율이 증가하게 되면 자기자본비용과 타인자본비용이 증가하기 때문에 가중평균자본비용(WACC)이 증가한다.

② 법인세 절세효과가 없기 때문에 순이익의 크기는 자본구조와 무관하게 결정된다.

③ 부채비율이 증가함에 따라 영업위험이 커지기 때문에 자기자본비용이 커진다.

④ 부채비율이 증가함에 따라 자기자본비용과 타인자본비용은 증가하나 가중평균자본비용(WACC)은 일정하다.

⑤ 부채비율이 증가함에 따라 EPS(주당순이익)의 변동성이 커진다.

풀 이

(1)(4) 부채비율이 증가하여도 타인자본비용과 가중평균자본비용은 일정하다.

(2) 부채비율이 증가하면 이자비용 증가하므로 당기순이익은 감소한다.

(3) 부채비율이 증가하여도 영업위험은 일정하다.

(5) 부채비율이 증가하면 재무레버리지가 증가하므로 EPS의 변동성은 커진다.

정답 : 5

문제 17

A기업의 주식베타는 2.05이고 법인세율은 30%이다. A기업과 부채비율 이외의 모든 것이 동일한 B기업은 부채 없이 자기자본만으로 자본을 구성하고 있는데 주식베타는 1.0이고 기업가치는 100억원이다. CAPM과 MM이론이 성립된다고 할 때 A기업의 가치는 근사치로 얼마인가? (하마다 모형을 이용한다)

① 114억원　　② 125억원　　③ 118억원　　④ 167억원　　⑤ 122억원

풀이

(1) 하마다모형을 부채기업의 부채비율 산출

$$\beta^L = \beta^U \times [1 + (1-t)\frac{B}{S}]$$

$2.05 = 1.0 \times [1 + (1 - 0.3) \times \frac{B}{S}] \rightarrow \frac{B}{S} = 1.5 \rightarrow \frac{B}{V} = 0.6$

(2) MM(1963) 제1명제를 이용하여 부채기업의 기업가치 산출

$$V_L = V_U + B \times t$$

$V_L = 100억 + 0.6 \times V_L \times 0.3 \rightarrow V_L = 121.95억$

정답 : 5

문제 18

무부채 기업 A의 자기자본비용은 7%인데 신규사업을 위해 (무위험)부채를 조달한 후 부채비율(B/S)이 100%가 되었다. 무위험이자율은 5%이고 시장포트폴리오의 기대수익률은 9%이다. 법인세율이 40%일 때, A의 자기자본비용은 얼마로 변화하겠는가?

① 7%　　② 7.4%　　③ 7.8%　　④ 8.2%　　⑤ 12.2%

풀이

MM(1963) 제2명제를 이용하여 부채기업의 자기자본비용 산출한다.

$k_e^L = \rho + (\rho - k_d)(1-t)\frac{B}{S} = 7 + (7 - 5) \times (1 - 0.4) \times 1/1 = 8.2\%$

정답 : 4

(2006년)

문제 19

자기자본만으로 운영하는 기업이 있다. 이 기업의 자기자본비용은 15%이며 매년 3억원씩의 기대영업이익이 예상된다. 이 회사는 자본구조를 변경하기 위하여 5억원의 부채를 이자율 10%로 조달하여 주식의 일부를 매입하고자 한다. 법인세율은 30%이며 법인세 있는 MM의 모형을 이용하여 자본구조 변경 후 자기자본의 가치를 구하면 얼마인가?

① 9억원 ② 10.5억원 ③ 14억원 ④ 15억원 ⑤ 16.5억원

풀이

(1) MM(1963) 제1명제를 이용하여 부채기업의 기업가치 산출

$$V_L = V_U + B \times t = \frac{3 \times (1 - 0.3)}{0.15} + 5 \times 0.3 = 15.5억$$

(2) 기업가치에서 부채가치를 차감하여 자기자본가치 산출

S = V − B = 15.5억 − 5억 = 10.5억원

정답 : 2

(2002년)

문제 20

자본구조와 기업가치의 무관련성을 주장한 Miller와 Modigliani는 시장 불완전요인 중 법인세를 고려할 경우 기업가치는 레버리지(leverage)에 따라 변화한다고 수정하였다. 만일 부채를 사용하고 있지 않은 어떤 기업이 위험의 변화 없이 8%의 금리로 100억원을 영구히 차입하여 자기자본을 대체한다면 Miller와 Modigliani의 수정 명제에 따라 이 기업의 가치는 얼마나 변화하게 될까? 단, 법인세율은 40%, 주주의 요구수익률은 10%이다.

① 40억원 증가 ② 10억원 증가 ③ 80억원 증가
④ 30억원 감소 ⑤ 70억원 감소

풀이

MM(1963) 제1명제를 이용하여 부채기업과 무부채기업의 기업가치 차이 산출

$$V_L = V_U + B \times t \rightarrow V_L - V_U = B \times t = 100억원 \times 0.4 = 40억원$$

정답 : 1

법인세가 있는 MM이론이 성립된다고 가정하자. 현재 어느 기업의 발행주식수는 100만주로 부채는 전혀 없으나 10%에 차입할 수 있고 가중평균자본비용(WACC)은 16%이다. 순영업이 익(EBIT)은 매년 100억원일 것으로 예상되고 법인세율은 30%로 고정되어 있다. 이 기업이 부채로 자금을 조달하여 자사주를 매입함으로써 부채의 시장가치가 기업가치의 40%가 되도록 하려고 한다. 다음의 내용 중 옳지 않은 것은?

① 부채로 자금을 조달하기 전 자기자본비용은 16%이다.
② 부채조달 후 자본구조를 재구성한 후에는 자기자본비용이 18.8%로 증가한다.
③ 부채로 자금을 조달해 자본구조를 재구성한 후의 WACC은 14.08%로 감소한다.
④ 조달해야 할 부채의 시장가치는 근사치로 198.86억원이다.
⑤ 자사주를 매입한 이후의 발행주식수는 근사치로 545,463주이다.

풀이

(1) 무부채기업의 가중평균자본비용 = 자기자본비용 = 16%

(2) MM(1963) 제2명제를 이용하여 부채기업의 자기자본비용 산출

$$k_e^L = \rho + (\rho - k_d)(1-t)\frac{B}{S} = 16 + (16 - 10) \times (1 - 0.3) \times 4/6 = 18.8\%$$

(3) MM(1963) 제3명제를 이용하여 부채기업의 가중평균자본비용 산출

$$k_o^L = \rho \times (1 - t \times \frac{B}{V}) = 16 \times (1 - 0.3 \times 0.4) = 14.08\%$$

(4) MM(1963) 제1명제를 이용하여 부채기업의 기업가치 및 부채금액 산출

$$V_u = \frac{EBIT(1-t)}{\rho} = \frac{100 \times (1-0.3)}{0.16} = 437.5억$$

$$V_L = V_U + B \times t = 437.5억 + V_L \times 0.4 \times 0.3 \rightarrow V_L = 497.16억$$

$$B = 0.4 \times 497.16 = 198.86억$$

(5) 효율적 시장가설을 가정하여 공시시점의 주가를 이용하여 자사주매입 주식수 산출

부채조달 공시시점의 주가 = 497.16억 ÷ 100만주 = 49.716원

자사주 매입 주식수 = 198.86억원 ÷ 49.716원 = 40만주

자사주 매입 이후의 주식수 = 100만주 − 40만주 = 60만주

정답 : 5

02 절 ▷ 자본구조이론의 현실

문제 22 (2020년)

자본구조이론에서 고려하는 기업의 대리인문제와 가장 관련이 없는 것은?

① 잠식비용(erosion cost) ② 감시비용(monitoring cost)
③ 과소투자유인(under−investment incentive) ④ 확증비용(bonding cost)
⑤ 위험선호유인(risk incentive)

풀 이

- 발생유형에 따른 대리비용 : 감시비용, 확증비용, 잔여손실
- 자기자본의 대리비용 : 특권적 소비, 경영자의 태만
- 부채의 대리비용 : 과대위험요인(위험선호유인), 과소투자요인, 재산도피

정 답 : 1

문제 23

다음은 자본구조이론에 대한 설명이다. 가장 적절하지 않은 것은?

① MM(1963)에 의하면 법인세가 존재할 경우 최적자본구조는 부채를 최대한 많이 사용하는 것이다.

② 대리비용이론에 따르면 부채의 대리비용과 자기자본의 대리비용의 합인 총 대리비용이 최소가 되는 점에서 최적자본구조가 존재한다.

③ 상충이론(또는 파산비용이론)에 따르면 부채사용으로 인한 법인세 절감효과와 기대파산비용을 고려할 경우 최적자본구조가 존재한다.

④ Miller(1977)에 의하면 법인세율과 개인소득세율이 같은 점에서 경제전체의 균형부채량이 존재하며 이에 따라 개별기업의 최적자본구조도 결정된다.

⑤ DeAngelo와 Masulis(1980)에 의하면 투자세액공제 등 비부채성 세금절감효과를 고려할 경우 기업별 유효법인세율의 차이로 인해 최적자본구조가 존재할 수 있다.

풀 이

Miller(1977)의 균형부채이론은 법인세율과 개인소득세율이 같은 점에서 경제전체의 균형부채량이 존재하며 이에 따라 개별 기업의 최적 재무구조는 존재하지 않고 자본시장의 균형 부채비율만 존재한다고 주장한다. 즉, 자본구조와 기업가치는 무관함을 주장한 것이다.

정 답 : 4

문제 24

무부채기업인 ㈜도봉과 1,000억원의 부채를 사용하고 있는 ㈜관악은 자본구조를 제외한 모든 면에서 동일하다. 법인세율은 25%이고, 투자자의 개인소득세율은 채권투자 시 X%, 주식투자 시 Y%일 때 다음 설명 중 옳은 항목만을 모두 선택한 것은? (단, 법인세 및 개인소득세가 존재하는 것 이외에 자본시장은 완전하다고 가정한다.)

> a. X와 Y가 같다면, 기업가치는 ㈜관악이 ㈜도봉보다 더 크다.
> b. X가 25이고 Y가 0일 때, 기업가치는 ㈜도봉이 ㈜관악보다 더 크다.
> c. X가 15이고 Y가 0일 때, 두 기업의 기업가치 차이는 250억원 보다 작다.

① a   ② a, b   ③ a, c   ④ b, c   ⑤ a, b, c

풀이

Miller(1977) 균형부채이론에서 레버리지이득(G)을 측정하면 다음과 같다.

$$G = B \times \left[1 - \frac{(1-t_s)(1-t)}{1-t_b} \right]$$

(a) $G = B \times \left[1 - \frac{(1-t)(1-t_s)}{(1-t_b)} \right] = 1000 \times \left[1 - \frac{(1-0.25)(1-X)}{(1-X)} \right] = +250$

∴ 부채기업의 가치가 250억 더 크다. → 옳다.

(b) $G = B \times \left[1 - \frac{(1-t)(1-t_s)}{(1-t_b)} \right] = 1000 \times \left[1 - \frac{(1-0.25)(1-0)}{(1-0.25)} \right] = 0$

∴ 부채기업의 가치와 무부채기업의 가치는 동일하다. → 옳지 않다.

(c) $G = B \times \left[1 - \frac{(1-t)(1-t_s)}{(1-t_b)} \right] = 1000 \times \left[1 - \frac{(1-0.25)(1-0)}{(1-0.15)} \right] = +117$

∴ 부채기업의 가치가 117억 더 크다. → 옳다.

정답 : 3

자본구조와 기업가치에 관련된 설명으로 가장 적절하지 않은 것은?

① 파산비용이론(trade-off theory)에 의하면 부채 사용 시 법인세 절감효과에 따른 기업가치 증가와 기대파산비용의 증가에 따른 기업가치 감소 간에 상충관계가 존재한다.

② 자본조달순위이론에 따르면 경영자는 수익성이 높은 투자안이 있을 경우 외부금융(external financing)보다는 내부금융(internal financing)을 선호한다.

③ 부채를 사용하는 기업의 주주들이 위험이 높은 투자안에 투자함으로써 채권자의 부를 감소시키고 자신들의 부를 증가시키려는 유인을 위험선호유인(risk incentive)이라 한다.

④ 과소투자유인(under-investment incentive)이란 부채를 과다하게 사용하여 파산가능성이 있는 기업의 주주들이 투자안의 순현가가 0보다 크다고 하더라도 투자를 회피하려는 유인을 말한다.

⑤ 소유경영자의 지분율이 100%일 때 지분의 대리인비용(agency cost of equity)이 가장 크게 나타나며, 소유경영자 지분율이 낮아지고 외부주주 지분율이 높아질수록 지분의 대리인 비용은 감소한다.

풀 이

소유경영자의 지분율이 100%일 때 지분의 대리인비용이 가장 작게 나타나며, 외부주주 지분율이 높아질수록 지분의 대리인 비용은 증가한다.

정답 : 5

(2015년)

자본조달순위이론(pecking order theory)에 관한 설명으로 가장 적절하지 않은 것은?

① 경영자는 외부투자자에 비해 더 많은 기업정보를 알고 있다고 가정한다.
② 자본조달시 고평가된 기업이라고 하더라도 신주발행보다 부채발행을 선호한다.
③ 최적자본구조에 대해서는 설명하지 못한다.
④ 수익성이 높은 기업은 파산비용 등 재무적 곤경비용의 부담이 작기 때문에 수익성이 낮은 기업보다 높은 부채비율을 가질 것으로 예측한다.
⑤ 기업들이 여유자금(financial slack)을 보유하려는 동기를 설명한다.

풀이

Ross(1977)는 수익성이 높은 기업은 수익성이 낮은 기업보다 높은 부채비율을 가질 것으로 예측한다.

정답 : 4

(2012년)

기업의 소유자와 경영자 사이에서 발생하는 대리인 비용(agency problem)과 관련이 가장 없는 것은?

① 감시비용(monitoring cost)　　② 지배원리(dominance principle)
③ 스톡옵션(stock option)　　④ 정보의 비대칭성(information asymmetry)
⑤ 기업지배권(corporate governance)

풀이

(1) 발생유형에 따른 대리비용 : 감시비용, 확증비용, 잔여손실
(2) 지배원리는 위험회피형 투자자의 의사결정 원리이며, 대리인비용과는 관련이 없다.
(3)(5) 경영자보상 및 기업지배구조는 대리문제의 감소방안이다.
(4) 대리인 비용의 원인 : 목표불일치, 정보비대칭성

정답 : 2

문제 28

다음은 시장가치로 측정한 A기업과 B기업의 자본구조와 경영자의 지분율이다. 이에 대한 설명 중 가장 적절하지 않은 것은?

	A기업	B기업
자 본	20억	80억
부 채	80억	20억
경영자(내부주주)의 지분율	80%	20%

① B기업은 A기업에 비해 기업 외부주주와 경영자(내부주주)간에 발생하는 대리비용이 높을 수 있다.
② A기업은 B기업에 비해 채권자가 부담하는 대리비용이 낮을 수 있다.
③ B기업은 A기업에 비해 위험이 높은 투자안에 대한 선호유인이 낮을 수 있다.
④ A기업은 B기업에 비해 경영자의 과소투자유인이 높을 수 있다.
⑤ B기업은 A기업에 비해 주주의 재산도피현상이 낮을 수 있다.

풀 이

A기업은 B기업보다 부채비율이 높기 부채의 대리비용은 더 높고 자기자본의 대리비용은 더 낮다.

- 자기자본의 대리비용 : 특권적 소비, 경영자의 태만
- 부채의 대리비용 : 과대위험요인(위험선호유인), 과소투자요인, 재산도피

정답 : 2

문제 29

회계기업의 부채는 현재 2,000억원이다. 미래 상황은 호황과 불황이 동일 확률로 가능하며 이 기업은 상호배타적인 두 투자안을 고려하고 있다. 두 투자안이 시행되면 호황과 불황에서의 기업가치는 다음과 같이 예상된다.

상황	A투자안이 시행되는 경우	B투자안이 시행되는 경우
호황	4,300억원	3,800억원
불황	1,100억원	2,000억원

다음 중 적절한 설명을 모두 모은 것은?

a. A투자안 시행시의 기대 기업가치는 B투자안 시행시의 기대 기업가치보다 200억원 만큼 작다.

b. A투자안 시행시의 기업가치 변동성(표준편차)은 B투자안 시행시의 기업가치 변동성보다 700억원 만큼 크다.

c. 주주가치를 극대화하는 기업은 B투자안을 선택한다.

① a, b, c   ② a, c   ③ b, c   ④ a   ⑤ a, b

풀 이

(1) 투자안의 기대기업가치

$$E(V_A) = 4,300 \times \frac{1}{2} + 1,100 \times \frac{1}{2} = 2,700억원$$

$$E(V_B) = 3,800 \times \frac{1}{2} + 2,000 \times \frac{1}{2} = 2,900억원$$

∴ 기업가치로 의사결정을 하면 B투자안을 선택한다.

(2) 투자안의 표준편차

$$Var(V_A) = (4,300-2,700)^2 \times 0.5 + (1,100-2,700)^2 \times 0.5 \Rightarrow \sigma_A = 1,600억원$$
$$Var(V_B) = (3,800-2,900)^2 \times 0.5 + (2,000-2,900)^2 \times 0.5 \Rightarrow \sigma_B = 900억원$$

(3) 투자안의 기대자기자본가치

$$E(S_A) = 2,300 \times \frac{1}{2} + 0 \times \frac{1}{2} \ 억원 = 1,150억원$$

$$E(S_A) = 1,800 \times \frac{1}{2} + 0 \times \frac{1}{2} = 900억원$$

∴ 자기자본의 가치로 의사결정을 하면 A투자안을 선택한다.

정 답 : 5

문제 30

자본구조와 관련된 다음의 서술 중에서 적절한 것을 모두 모은 것은?

> a. 이익을 많이 내는 성공적인 기업들이 거의 부채를 사용하지 않는 현상은 파산비용과 절세효과를 동시에 고려하는 균형이론에 의해 설명된다.
> b. 자본조달순위이론(pecking order theory)이 제시하는 자본조달의 우선순위는 내부자금, 신주발행, 부채의 순서이다.
> c. 자본조달순위이론은 최적자본구조에 대한 예측을 하지 않는다.

① a, b   ② a, b, c   ③ c   ④ b, c   ⑤ a, c

풀 이

a. 파산비용이론은 균형이론이 아닌 최적자본구조이론이다.
b. 자본조달 우선순위 : 유보이익 > 부채 > 신주발행

정 답 : 3

문제 31

다음의 설명 중 가장 옳지 않은 것은?

① 약 1,000 종목에 적절히 분산투자한 투자자가 새로운 주식을 포트폴리오에 편입할 때 요구하는 수익률은 비체계적 위험보다는 체계적 위험에 의하여 더 큰 영향을 받는다.
② 경제가 불경기에 처하여 수익성이 높은 투자기회가 축소되면 자금의 수요가 줄어들면서 전반적으로 시장이자율이 하락한다.
③ 물가가 큰 폭으로 상승할 것으로 예상되는 경우, 채권이나 주식 등 금융자산에 대한 요구수익률도 상승한다.
④ 총자산의 약 80%가 자신이 창업한 회사의 주식으로 구성된 경우 비체계적 위험도 총자산의 수익률에 큰 영향을 미칠 수 있다.
⑤ 어떤 무부채기업이 투자안에 대하여 자금을 조달하고자 할 때, 회사내부의 현금을 사용하는 경우의 자본비용은 외부로부터 자금을 차입할 때의 자본비용보다 대체적으로 낮다.

풀 이

내부유보는 주주의 요구수익률인 자기자본비용이 존재하므로 부채의 타인자본비용보다 더 크다. (금융시장의 제3법칙) 단, 신주발행시의 자기자본비용은 내부유보 자기지본비용보다 더 크다.

정 답 : 5

자본구조이론에 대한 다음의 설명 중 가장 옳지 않은 것은?

① Modigliani & Miller(1958)에 의하면 레버리지와 기업가치는 무관하고, 자기자본가치를 먼저 구한 후 이것과 부채가치를 합쳐 기업가치를 구한다.

② Modigliani & Miller(1963)에서는 레버리지가 많을수록 기업가치는 상승하는데, 이는 순이익접근법의 결과와 동일하다.

③ Modigliani & Miller(1963)에서는 다른 조건이 일정하다면, 법인세율이 상승할수록 기업가치와 가중평균자본비용은 하락하지만 자기자본비용은 변함이 없다.

④ Miller(1977)는 개인수준의 이자소득세 때문에 레버리지 이득이 감소된다고 하였다.

⑤ 전통적접근법과 파산비용이론 및 대리인이론의 결과는 레버리지를 적절하게 이용해야 기업가치가 상승한다는 공통점이 있다.

풀이

(1) MM모형은 기업가치를 먼저 구한 후 이것에서 부채가치를 차감하여 자기자본의 가치를 구한다.

(2) MM(1963) 및 순이익접근법은 레버리지가 증가하면 기업가치가 증가한다고 주장한다.

(3) 법인세율의 증가 → 기업가치의 감소, 자기자본비용 불변, 가중평균자본비용 감소

(4) $V_L = V_U + B\left[1 - \dfrac{(1-t_c)(1-t_s)}{(1-t_b)}\right]$ 에서 t_b와 레버리지 이득은 (−) 관계가 있다.

(5) 최적자본구조이론 : 전통접근법, 파산비용이론, 대리인 이론

정답 : 1

대리비용과 관련된 다음 서술 중 옳은 것은?

① 위험유인이란 소유경영자와 외부주주 간에 발생하는 이해 상충에서 파생하는 대리비용이다.

② 위험유인은 소유경영자의 지분율이 높을수록 위험한 투자안을 선택하려는 유인이다.

③ 과소투자유인은 부채의 대리비용으로, 수익성 투자 포기 유인이라고도 한다.

④ 특권적 소비(perquisite consumption)는 주주와 채권자간에 발생하는 대리비용으로, 타인자본의존도에 비례하여 증가하는 경향이 있다.

⑤ 감시비용(monitoring costs)이란 대리인이 자신의 의사결정이 위임자의 이해와 일치한다는 것을 입증하기 위해 지불하는 비용이다.

풀 이

(1)(3) 부채의 대리비용 : 과대위험요인(위험선호유인), 과소투자요인, 재산도피

(2) 부채의 대리비용 부채비율이 높을수록 커진다.

(4) 자기자본의 대리비용 : 특권적 소비, 경영자의 태만

(5) 대리인이 자신의 의사결정이 위임자의 이해와 일치한다는 것을 입증하기 위해 지불하는 비용은 확증비용이다.

정답 : 3

문제 34

자본비용과 관련된 다음 서술 중 가장 옳은 것은?

① 자기자본비용은 부채의존도와는 무관하다.
② 타인자본비용이 자기자본비용보다 더 크다.
③ 신규투자안 평가시 기존의 WACC을 사용한다.
④ WACC이 최소가 되는 자본구성이 최적 자본구조이다.
⑤ 사내유보이익을 투자재원으로 사용하는 경우 자본비용은 없다.

풀이

① 부채비율 증가 → 재무위험 증가 → 자기자본비용은 증가
② 자기자본비용 > 타인자본비용 (금융시장의 제3법칙)
③ 신규투자의 평가 시 신규투자안의 영업위험과 재무위험을 반영하는 새로운 WACC을 사용하여야
　한다.
④ 최적자본구조는 WACC을 최소화하여 기업가치를 극대화하는 자본구조이다.
⑤ 내부유보는 주주의 요구수익률인 자기자본비용이 존재하므로 부채의 타인자본비용보다 더 큰 자
　본비용이 존재한. (금융시장의 제3법칙)

정답 : 4

문제 35

자본구조와 기업가치에 대한 다음의 설명 중 가장 타당하지 않은 것은?

① Modigliani&Miller(1963)는 법인세절약효과 때문에 레버리지와 기업가치 사이에는 정(+)의 관계가 있다고 주장하였다.
② Jensen&Meckling(1976)은 총대리(인)비용이 최소가 되는 레버리지 수준에서 최적자본구조가 실현된다고 주장하였다.
③ Miller(1977)는 법인세와 (개인)소득세를 모두 고려할 경우 자본구조와 기업가치는 무관하다고 주장하였다.
④ DeAngelo&Masulis(1980)는 법인세와 (개인)소득세를 모두 고려하더라도 비부채성 세금효과 때문에 최적자본구조가 존재할 수 있다고 주장하였다.
⑤ Myers&Majluf(1984)는 내부자금 사용 후 외부자금을 사용하는 자본조달 우선순위가 있기 때문에 레버리지와 기업가치 사이에는 부(−)의 관계가 있다고 주장하였다.

풀이

(5) 자본조달 우선순위 : 유보이익 > 부채 > 신주발행
내부자금 사용 후 외부자금을 사용하는 경우 신주발행보다는 부채를 선호하기 때문에 레버리지와 기업가치는 (+)의 관계가 있다.

정답 : 5

(1999년)

다음 중 기업경영자의 전횡을 방지하는 것이 아닌 것은?

① 사외이사제도
② 주식소유의 분산 및 대중화
③ 적대적 M&A
④ 기관투자자와 대주주
⑤ 백지위임장 투쟁(proxy fight)

풀이

①,③,④,⑤ 는 주주와 경영자 간의 대리인 문제를 해결하기 위한 방법들이다.
② 소유와 경영의 분리는 대리인 문제의 원인이다.

정답 : 2

문제 37 (1997년)

부채를 증가시켜서 자본구조를 변경할 때 발생하는 경제적 효과 중 옳지 않은 것은?

① 세금과 파산비용 등이 없는 완전자본시장하에서 주주의 부는 변하지 않는다.
② 법인세 산정시 이자가 손비처리 되므로 법인세 절감효과가 양(+)이 된다.
③ 절세효과는 주식관련 개인소득세율의 크기와 관계없이 항상 양(+)이다.
④ 파산비용 때문에 부채의 증가가 반드시 주주의 부를 극대화하지는 않는다.
⑤ 주주가 채권자 이익에 상충되는 의사결정을 할 수 있다.

풀이

(3) Miller의 균형부채이론

$$V_L = V_U + B\left[1 - \frac{(1-t_c)(1-t_s)}{(1-t_b)}\right]$$

이자소득세율과 레버리지 이득의 관계 : (−)
법인세율과 주식소득세율과 레버리지 이득의 관계 : (+)
∴ 세율의 크기에 따라 레버리지 이득은 양(+), 0, 음(−) 모두 가능하다.

정답 : 3

문제 38

주주와 경영자간에 발생하는 대리인문제에 대한 설명과 관련이 없는 것은?

① 소유와 경영이 분리되어 있을 때 발생한다.
② 경영자가 파산가능성이 있을 때 위험이 높은 투자사업을 수행한다.
③ 소유가 분산될수록 주주와 경영자간의 이해상충은 심화되는 경향이 있다.
④ 적대적 기업인수가 가능하면 대리인문제가 줄어든다.
⑤ 대주주인 경영자가 자신의 이익을 위해서 소주주의 이해와 상충된 의사결정을 할 수 있다.

풀이

(2) 부채의 대리비용 : 과대위험요인(위험선호유인), 과소투자요인, 재산도피

정답 : 2

문제 39

어느 재무관리 담당자는 투자성과가 좋은 투자안을 놓고 생각하기를 "자사의 현주가가 적절히 평가되어 있지 않고 있다."라고 생각하고 있다. 이 투자안의 자금조달 순서로 바람직 한 것은? 단, 자본시장은 법인세가 없는 완전자본시장이라고 가정한다.

① 필요자금을 우선 유보이익으로 조달하고, 부족분은 사채를 발행한다.
② 필요자금을 우선 유보이익으로 조달하고 부족분은 주식을 발행한다.
③ 필요자금을 우선 주식으로 조달하고 부족분은 사채를 발행한다.
④ 필요자금을 우선 주식으로 조달하고 부족분은 유보이익을 이용한다.
⑤ 위의 아무것이나 무차별하다.

풀이

자본조달 순서이론(Pecking Order Theory)은 필요자금을 내부유보자금 ⇨ 부채 ⇨ 신주발행의 순서로 조달하며 최적 자본구조는 의미가 없는 것으로 보았다.

정답 : 1

문제 40 (1993년)

불완전자본시장하에서 유보이익의 자본비용에 대한 설명으로 옳은 것은?

① 신주발행에 의한 자기자본비용보다 작다.
② 신주발행에 의한 자기자본비용과 같다.
③ 신주발행에 의한 자기자본비용보다 크다.
④ 신주발행에 의한 자기자본비용과는 관계가 없다.
⑤ 자본비용이 없다.

풀이

불완전자본시장에서는 신주발행비용 때문에 신주발행에 의한 자기자본비용이 유보이익의 자기자본
비용보다 더 크다.

정답 : 1

문제 41 (CPA 2차)

㈜서울은 자기자본만으로 자금을 조달한 기업으로 자본비용은 20%이며, 연간 10억원의 영업이익이 영구히 발생할 것으로 기대된다. ㈜경기는 총 액면가 15억원, 액면이자율 10%, 만기수익률 10%의 영구채와 총 10,000주의 주식으로 구성되어 있으며, 영업이익과 영업위험은 ㈜서울과 동일하다. 법인세율은 40%이다. 현재 시장에서는 부채가치의 수준에 따라

부채 가치	파산 확률
3억원	10%
6억원	13%
9억원	18%
12억원	25%
15억원	40%

파산할 확률이 아래와 같이 예상되고 있으며 파산시 발생하게 되는 비용의 현재가치가 20억원으로 추산된다. 기대파산비용을 고려할 때 ㈜경기의 기업가치는 얼마인가?

풀이

(1) 무부채기업의 기업가치

$$V_U = \frac{EBIT(1-t)}{\rho} = \frac{10 \times (1-0.4)}{0.20} = 30억원$$

(2) 부채기업의 기업가치

현재 부채수준이 15억이므로 파산확률은 40%이다.

$V_L = V_u + B \times t -$ 기대파산비용의 현재가치

$= 30억 + 15억 \times 0.4 - 20억 \times 0.4(파산확률) = 28억원$

정답 : 28억원

문제 42   (2020년)

배당 이론 및 정책에 관한 설명으로 적절한 항목만을 모두 선택한 것은?

a. 배당의 고객효과이론에 의하면 소득세율이 높은 고소득자는 저배당주를 선호하며, 소득세율이 낮은 저소득자는 고배당주를 선호한다.

b. 안정배당이론에 의하면 기업의 순이익이 급증할 때 배당성향이 단기적으로 감소하는 경향이 있다.

c. MM의 배당이론(1961)에 의하면 배당정책이 주주의 부에 영향을 미치지 않으며 주주들은 배당소득과 자본이득을 무차별하게 생각한다.

d. 잔여배당이론에 의하면 수익성이 높은 투자기회를 다수 보유하는 기업의 배당성향이 낮은 경향이 있다.

e. 현금배당 시 주당순이익(EPS) 및 부채비율은 변동하지 않으며 자사주매입 시 주당순이익 및 부채비율은 증가한다.

① a, e   ② c, d   ③ a, b, c   ④ b, d, e   ⑤ a, b, c, d

풀이

(a) 고객효과 : 소득세율에 따라 투자자의 배당선호가 달라진다.

(b) 배당성향 = 배당금 ÷ 순이익

     안정배당이론은 배당금을 안정적으로 유지하므로 순이익이 증가하면 배당성향은 감소한다.

(c) MM이론 : 배당정책은 주주의 부에 영향을 주지 않음

(d) 잔여배당이론은 투자의사결정을 하고 남은 금액을 배당으로 지급하기 때문에 투자기회가 많은 기업은 배당금이 감소하여 배당성향이 낮아진다.

(e) 현금배당 ⇨ EPS 변동 없음, 자본의 감소로 인한 부채비율 증가

     자사주매입 ⇨ EPS 증가, 자본의 감소로 인한 부채비율 증가

정답 : 5

문제 43

완전자본시장을 가정했을 때 배당정책의 효과에 관한 설명으로 가장 적절하지 않은 것은?
(단, 자사주는 시장가격으로 매입한다고 가정한다.)

① 주식배당 시, 발행주식수는 증가하며 주가는 하락한다.
② 자사주 매입 시, 발행주식수는 감소하며 주가는 변하지 않는다.
③ 현금배당 시, 발행주식수의 변화는 없으며 주가는 하락한다.
④ 현금배당 또는 자사주 매입 시, 주가이익비율(PER)은 증가한다.
⑤ 현금배당 또는 자사주 매입 시, 기존주주의 부는 변하지 않는다.

풀이

현금배당 → 주가 하락, 주당이익 불변 → PER 감소
자사주매입 → 주가 불변, 주당이익 증가 → PER 감소

정답 : 4

문제 44

기업 배당정책에 관련된 설명 중 가장 적절하지 않은 것은?

① 일반적으로 기업들은 주당배당금을 일정하게 유지하려는 경향이 있다.
② 배당을 많이 지급함으로써, 외부주주와 경영자간 발생할 수 있는 대리인 비용을 줄일 수 있다.
③ 배당의 고객효과(clientele effect)에 따르면 높은 한계세율을 적용받는 투자자들은 저배당기업을 선호하며, 낮은 한계세율을 적용받는 투자자들은 고배당기업을 선호한다.
④ 수익성 있는 투자기회를 많이 가지고 있는 기업일수록 고배당정책을 선호한다.
⑤ 정보의 비대칭성이 존재하는 경우 경영자는 시장에 기업정보를 전달하는 수단으로 배당을 사용할 수 있다.

풀이

수익성 있는 투자기회를 많이 가지고 있는 기업일수록 투자자금을 내부유보로 확보하여야 하기 때문에 배당수준은 감소한다.

정답 : 4

문제 45

(주)대한의 현재 주가가 1,000원이고, 자기자본은 다음과 같다. 주가는 이론적 주가로 변한다고 가정할 때, 각각의 재무정책 효과에 관한 설명 중 가장 적절하지 않은 것은? (단, 거래비용, 세금과 정보효과는 무시한다.)

보통주자본금 (액면금액 500원)	400,000원
자본잉여금	255,000원
이익잉여금	145,000원
자기자본	800,000원

① 10%의 주식배당을 1,000원에 실시하면 자본잉여금은 295,000원, 이익잉여금은 65,000원이 된다.
② 액면금액을 주당 100원으로 분할하면 발행주식수는 4,000주가 된다.
③ 주당 150원의 현금배당을 실시하면 배당락주가는 850원이고, 자기자본은 620,000원이 된다.
④ 주당 1,000원에 100주의 자사주를 매입하면 주가는 변함이 없지만 주당순이익은 증가한다.
⑤ 주당 1,000원에 80,000원만큼의 자사주매입을 실시하면 자사주매입후 유통주식수는 720주가 된다.

풀이

현재 주식수 = 400,000원 ÷ 500원 = 800주

(1) 주식배당금액 = 800주 × 10% × 1,000 = 80,000원
　　주식배당후 이익잉여금 = 145,000원 − 80,000원 = 65,000원
　　주식배당후 자본금 = 400,000원 + 40,000원 = 440,000원
　　주식배당후 자본잉여금 = 255,000원 + 40,000원 = 295,000원

(2) 주식분할 후 주식수 = 800주 × 500원 ÷ 100원 = 4,000주

(3) 현금배당금액 = 800주 × 150원 = 120,000원
　　현금 배당 후 자기자본 = 800,000원 − 120,000원 = 680,000원

(4) 자사주 매입후 주가 = $\dfrac{1,000 \times 800주 - 1,000 \times 100주}{800주 - 100주}$ = 1,000원
　　자사주 매입후 주식수가 800주에서 700주로 감소하므로 주당이익은 증가

(5) 자사주 매입 주식수 = 80,000원 ÷ 1,000원 = 80주
　　자사주 매입후 주식수 = 800주 − 80주 = 720주

정답 : 3

문제 46

(주)대한은 새로운 투자안에 소요되는 자금 3.21억원을 조달하기 위해 주당 8,560원에 주주배정유상증자를 실시하려고 한다. 기발행주식수는 300,000주이며, 주주배정유상증자 직전 주가는 주당 10,000원이다. 기존주주는 보유주식 1주당 한 개의 신주인수권을 갖고 있다. 다음 설명 중 가장 적절하지 않은 것은?

① 신주 1주를 구입하기 위해 필요한 신주인수권의 수는 8개이다.
② 기존주주가 보유한 신주인수권의 가치는 160원이다.
③ 신주발행 후 이론주가는 9,840원이다.
④ 구주 160주를 가진 주주가 신주인수권 행사를 위해 필요한 금액은 153,120원이다.
⑤ 구주 160주를 가진 주주의 신주인수권 행사 후 보유주식의 가치는 1,771,200원이다.

풀이

신주발행 전 자기자본 시장가치 = 300,000 주 × 10,000 = 30억원
유상증자 주식수 = 321,000,000원 ÷ 8,560원 = 37,500주

(1) 37,500주 / 300,000주 = 1/8 ⇨ 기존의 주식 8주당 신주인수권 1개를 부여

(3) 신주발행 후 주가 (권리락 주가) = $\dfrac{30억 + 3.21억}{300,000주 + 37,500주}$ = 9,840원

(2) 신주인수권의 가치 = 권리부주가 − 권리락 주가 = 10,000 − 8,560 = 160원

(4) 160주 × 1/8 × 8,560원 = 171,200원

(5) (160주 + 160주 ÷ 8개) × 9,840 = 1,771,200원

정답 : 4

문제 47

(주)한강은 올해 5억원의 당기순이익을 발생시켰다. (주)한강은 50%의 배당성향을 갖고 있으며 올해에도 이를 유지할 계획이다. 현재 순이익이 반영된 주가는 주당 20,000원이며 발행주식수는 20만주이다. 이 기업의 배당락주가는 18,000원이 되었다. 만약 (주)한강이 배당을 하지 않고 그 금액으로 자사의 주식을 현재 주가인 주당 20,000원으로 구입하여 소각한다면 주가는 얼마가 되겠는가? (단, 정보효과와 거래비용은 없다)

① 16,500원   ② 18,000원   ③ 20,000원   ④ 22,000원   ⑤ 23,500원

풀이

자사주 매입 전 자기자본의 시장가치 = 20,000원 × 200,000주 = 40억원

자사주 매입 금액 = 5억원 × 50% = 2.5억원

자사주 매입 주식수 = 2.5억원 ÷ 20,000 = 12,500주

자사주 매입후 주가 = $\dfrac{40억 - 2.5억}{200,000주 - 12,500주}$ = 20,000원

⇨ different solution

자사주 매입 가격 = 자사주 매입 전 주가 ⇨ 자사주 매입 후에도 주가는 변동 없음

정답 : 3

문제 48

A기업의 현재 발행주식수는 20,000주, 당기순이익은 5,000만원, 주가는 10,000원이다. 주가가 이론적 주가로 변한다고 가정할 때 A기업이 고려하고 있는 다음의 재무정책들 중에서 현재보다 주가이익비율(PER)이 감소하는 정책들을 모두 모은 것은? 단, 재무정책 실시에 따른 정보효과가 없다고 가정한다.

a. 순이익의 20%를 현금으로 배당한다.
b. 발행주식수의 20%를 주식으로 배당한다.
c. 2 : 1로 주식을 분할한다.
d. 2 : 1로 주식을 병합한다.
e. 순이익의 20%에 해당하는 금액의 자사주를 10,000원에 재매입한다.

① b, c, d   ② c, d, e   ③ a, b   ④ a, e   ⑤ d

풀이

(a) 현금배당 → 주가 감소, 주당이익 불변 → PER 감소

(b) 주식배당 → 주가 감소, 주당이익 감소 → PER 불변

(c) 주식분할 → 주가 감소, 주당이익 감소 → PER 불변

(d) 주식병합 → 주가 증가, 주당이익 증가 → PER 불변

(e) 자사주 매입 → 주가 불변, 주당이익 증가 → PER 감소

정답 : 4

시장의 불완전성이 배당정책에 미치는 영향에 대한 다음의 설명 중 가장 적절하지 않은 것은?

① 배당을 늘리면 경영자의 특권적 소비를 줄이는 효과가 있기 때문에 기업가치에 긍정적 영향을 줄 수 있다.
② Miller와 Scholes는 배당소득세가 존재하더라도 기업가치는 배당정책의 영향을 받지 않는다고 주장하였다.
③ 배당의 증가는 미래에 양호한 투자처가 없어서 재투자를 하지 않고 배당을 증가시킨다는 부정적인 정보를 제공하므로 주가에 부정적인 영향을 주며 이를 신호효과라고 한다.
④ 배당을 늘리면 미래에 신주발행을 통해 투자자금을 확보해야 하는 가능성이 높아지며 신주발행에 관련된 비용도 증가할 수 있으므로 기업가치에 부정적인 영향을 줄 수 있다.
⑤ 최적자본구조를 유지하는 수준에서 재투자를 한 다음, 순이익의 나머지를 배당하는 배당정책을 사용하면 연도별 배당금의 변동이 심해진다.

풀이

(3) 배당의 신호효과는 현금흐름이 양호할 것이라는 긍정적인 신호와 재투자가 불확실하다는 부정적인 신호가 혼합되어 있다.

정답 : 3

(주)유림은 내부수익률법을 이용하여 서로 독립적인 다음의 다섯 개 투자안들을 고려하고 있다. 이들 투자안들은 모두 (주)유림의 영업위험과 동일한 위험도를 갖고 있다.

투자안	투자금액	내부수익률
A	10억원	12.0%
B	12억원	11.5%
C	12억원	11.0%
D	12억원	10.5%
E	10억원	10.0%

올해의 순이익은 25억원으로 예상되는데 다음의 조건하에 투자하고 남은 돈을 배당으로 지급한다면 올해의 배당성향은 얼마가 되겠는가?

a. 현재 이 회사는 50%의 부채와 50%의 자기자본으로 이루어진 자본구조를 가지고 있다.

b. 신규투자 후에도 기존의 자본구조가 그대로 유지되어야 한다.

c. 세후 부채비용(after-tax cost of debt)은 8%이며 자기자본비용은 14.5%이다.

① 0%   ② 12%   ③ 32%   ④ 56%   ⑤ 100%

풀이

(1) 투자안의 가중평균자본비용 결정

$$wacc = k_d(1-t) \times \frac{B}{V} + k_e \times \frac{S}{V} = 8 \times \frac{1}{2} + 14.5 \times \frac{1}{2} = 11.25\%$$

(2) 투자안의 의사결정($IRR > wacc$)

투자안 A와 B의 내부수익률이 11.25%보다 크기 때문에 채택 → 투자금액 = 22억

(3) 투자안을 위한 유보금액 결정

투자금액의 1/2인 11억을 유보하고 나머지 1/2은 차입으로 조달

(4) 배당 및 배당성향

배당금 = 25억 − 11억 = 14억

배당성향 = 14억/25억 = 0.56

정답 : 4

문제 51

당기순이익에서 배당금으로 지급되는 비율을 나타내는 배당성향을 장기적으로 일정하게 유지하면서 안정된 배당금을 지급하는 배당정책을 채택하고 있는 무차입 기업에서 단기적으로 배당성향을 가장 많이 증가시킬 것으로 예상되는 경우는? (배당정책이론의 관점에서 답하시오.)

① 자본이득에 대한 세율에 비해 상대적으로 개인소득세율이 높아졌다.
② 자금수급의 불균형으로 인해 시장금리가 상승했다.
③ 예상치 못한 이상기후로 매출이 급감해 기업이익이 감소했다.
④ 칠레와 자유무역협정이 체결됨에 따라 투자기회가 증가했다.
⑤ 기업지배구조의 개선으로 여유자금에 대한 사용이 투명해졌다.

풀이

(1) 일반적으로 개인소득세율이 증가하면 배당을 감소하므로 배당성향은 감소한다. 그러나 해당 기업은 장기적으로 안정된 배당정책을 사용하고 있기 때문에 개인소득세율이 증가하여도 급격하게 배당을 감소하지 않기 때문에 배당성향은 큰 변화가 없다.

(2) 일반적으로 시장금리가 상승하면 외부 자금조달이 용이하지 않기 때문에 유보이익의 필요성 증가하므로 배당성향이 감소한다. 그러나 해당 기업은 장기적으로 안정된 배당정책을 사용하고 있기 때문에 시장금리가 증가하여도 급격하게 배당을 감소하지 않기 때문에 배당성향은 큰 변화가 없다.

(3) 일반적으로 이익이 감소하면 배당을 감소하므로 배당성향은 크게 변하지 않는다. 그러나 해당 기업은 장기적으로 안정된 배당정책을 사용하고 있기 때문에 이익이 감소하여도 급격하게 배당을 감소하지 않기 때문에 배당성향은 증가할 것이다.

(4) 일반적으로 투자기회의 증가하면 내부 유보의 필요성 증가하므로 배당이 감소하여 배당성향 감소한다. 그러나 해당 기업은 장기적으로 안정된 배당정책을 사용하고 있기 때문에 투자기회가 증가하여도 급격하게 배당을 감소하지 않기 때문에 배당성향은 큰 변화가 없다.

(5) 여유자금에 대한 사용의 투명성이 작을수록 대리비용이 증가하기 때문에 배당을 증가하며, 여유자금에 대한 사용의 투명성이 클수록 대리비용이 감소하기 때문에 배당을 감소한다.

정답 : 3

문제 52

자본금이 액면가 500원인 보통주 10,000주로 구성되어 있고, 주가가 주당 2,500원인 (주)도고는 기존의 사업을 확장하는데 필요한 500만원을 유상증자를 통해 조달하려고 한다. 우리사주조합에서는 신주발행 물량의 일부를 할인된 가격에 배정해줄 것을 회사에 요청했지만 신주인수권은 모두 기존 주주에게 소유지분 비례대로 배정될 것이다. 신주인수권은 주식과 분리되어 시장에서 별도로 거래된다. 신주의 발행가격이 주당 2,000원으로 결정되고, 신주인수권의 가격이 100원인 경우 다음의 설명 중 옳은 것은? (단, 유상증자와 관련된 모든 비용은 무시하고, 기존 주주들이 신주 인수에 필요한 자금을 조달 하는 데는 아무런 제약이 없다고 가정한다.)

① 기존 주주의 기업지배권을 보호하기 위해 제도적으로 기존 주주가 아닌 제3자에게는 신주인수권을 배정할 수 없다.
② 신주의 발행가격이 주가(시장가격)보다 낮게 책정되었으므로 주주들은 배정된 신주인수권을 행사하여 발행 주식을 모두 인수하는 것이 유리하다.
③ 기업지배권을 고려하지 않고 투자수익만을 생각한다면 주주들은 발행주식을 인수하는 대신 신주인수권을 직접 매각하는 것이 유리하다.
④ 기존 주주들이 배정된 신주발행 물량을 모두 인수한다면 발행가격은 주주들의 부에 아무런 영향을 미치지 않는다.
⑤ 기존 주주들이 신주를 모두 인수하더라도 유상증자 후 EPS의 감소와 주가하락으로 주주의 부는 감소한다.

풀이

신주발행 전 자기자본의 시장가치 = 10,000주 × 2,500원 = 2,500만원
신주발행주식수 = 500만원 ÷ 2,000원 = 2,500주

신주발행 후 주가 = $\dfrac{2,500만원 + 500만원}{10,000주 + 2,500주}$ = 2,400원

(1) 제3자 신주인수권을 배정방식은 제도적으로 허용이 된다.
(2) 신주인수권이 기존주주에게 배정되는 경우 신주인수권의 행사여부는 주주의 부에는 무차별하다.
(3) 신주인수권이 기존주주에게 배정되는 경우 신주인수권의 매각여부는 주주의 부에는 무차별하다.
(4) 신주인수권이 기존주주에게 배정되는 경우 주주의 부는 일정하다.
(5) 신주인수권이 기존주주에게 배정되는 경우 주당이익과 주가는 하락하지만 주주의 부는 일정하다.

정답 : 4

문제 53

다음은 10:1 주식분할(stock split)에 대한 설명이다. 이 중 가장 옳지 않은 것은?(단, 주식분할과 관련된 모든 비용은 무시한다.)

① 주식의 액면가는 1/10로 하락한다.
② 장부상 자본잉여금이 자본금으로 전입될 뿐 자기자본 총액에는 변동이 없다.
③ 주주의 지분권(기업지배권)에는 변동이 없다.
④ 발행주식수가 10배 증가한다.
⑤ 주당순이익(EPS)이 1/10로 하락하고, 이론적인 주가는 1/10수준으로 하락한다.

풀이

자본잉여금을 자본금으로 전입하는 것은 무상증자이며 주식분할은 자본잉여금 및 자본금에 영향주지 않는다.

정답 : 2

문제 54

현금배당과 자사주 매입을 비교한 다음의 서술 중 옳지 않은 것은?

① 현금배당 직후에는 주당순이익(EPS)의 변화가 없으나, 자사주 매입 직후에는 EPS가 증가한다.
② 시장의 불완전성(imperfections)이 없다면 투자자나 기업 모두 두 방식에 대해 무차별하다.
③ 현금배당 직후와 자사주 매입 직후 모두 주가이익비율(PER)이 감소한다.
④ 세금을 고려하는 경우 자사주 매입이 현금배당보다 투자자에게 유리하다.
⑤ 향후 자사의 이익이 많이 증가할 것으로 예상할 때, 기업은 현금배당을 선호한다.

풀이

(2) 완전자본 시장에서는 현금배당과 자사주 매입 모두 주주의 부에는 영향을 주지 않는다.
(1)(3) 현금배당 → 주가 하락, EPS 불변 → PER 감소
　　자사주 매입 → 주가 불변, EPS 증가 → PER 감소.
(4) 배당소득세율 > 자본이득세율 → 주주는 자사주매입을 현금배당 보다 더 선호한다.
(5) 수익성 있는 투자기회를 많이 가지고 있는 기업일수록 투자자금을 내부유보로 확보하여야 하기 때문에 배당수준은 감소한다.

정답 : 5

문제 55

기업이 자사주를 매입하고자 하는 동기에 대한 설명 중 가장 타당성이 낮은 것은?

① 채권자를 보호하는 수단이다.
② 성과급 주식옵션의 실행을 위한 수단이다.
③ 현금배당에 대한 주주의 소득세를 절감할 수 있는 수단이다.
④ 적대적 M&A에 대한 방어수단이다.
⑤ 주가가 저평가 되었을 때 이 사실을 투자자에게 전달하는 수단이다.

풀 이

기업이 자사주를 매입하면

부채비율 증가 → 채권 위험프리미엄 증가 → 채권가격 하락 → 채권자에게는 부정적

정 답 : 1

문제 56

MM의 배당이론에 대한 설명으로 옳지 않은 것은?

① 기업의 배당정책은 기업가치에 영향을 미치지 않는다.
② 주식의 배당락 가격은 배당부 가격으로부터 주당배당액 만큼 감소한다.
③ 배당으로 인해 신주를 추가로 발행하여야 하는 경우, 신주를 인수하는 주주의 손익은 발생하지 않는다.
④ 기업이 주주들보다 더 나은 투자수익을 올릴 수 있는 투자기회를 가진 경우 배당하지 않는 것이 기업가치에 유리하다.
⑤ 주주들의 기회비용보다 높은 투자수익을 올릴 수 있는 실물투자기회를 갖지 못한 기업의 경우에도 반드시 배당을 지급할 필요는 없다.

풀 이

MM배당이론에 의하면 배당정책과 주주의 부는 무관하다.

정 답 : 4

문제 57

주식배당의 효과로 옳은 것은?

① 주당이익이 증가한다.
② 기업의 대차대조표에는 아무런 영향이 없다.
③ 현금배당과 효과가 동일하다.
④ 기존주주의 부에는 아무런 영향이 없다.
⑤ 기업의 위험이 감소한다.

풀이

(4) 주식배당, 주식분할, 무상증자 등은 기존주주의 부에는 아무런 영향이 없다.

정답 : 4

문제 58

자사주매입과 관련된 설명으로 잘못된 것은?

① 시장에서 자사주의 가격이 낮게 형성되어 있을 경우에 매입한다.
② 현금배당과 같은 효과를 나타낸다.
③ 주식가격은 상승하고 주당이익은 증가한다.
④ 주식재매입 전후의 주주부에는 변동이 없다.
⑤ 부채비율이 상대적으로 높아져 자본구조가 악화된다.

풀이

자사주매입으로 주당이익은 증가하지만 주가는 자사주의 매입가격에 따라 다르다.
자사주 매입가격 < 주가 → 자사주 매입 후 주가 상승
자사주 매입가격 > 주가 → 자사주 매입 후 주가 하락
자사주 매입가격 = 주가 → 자사주 매입 후 주가 불변

정답 : 3

SMART
객관식
재무관리

Chapter

05

합병

Chapter 05

합병

핵심이론

01 절 〉 M&A의 기초

1 M&A의 분류

1. 거래형태에 따른 분류

(1) 합병(Merger)

- 흡수합병 : 합병기업 존속, 피합병기업(목표기업) 해산
- 신설합병 : 합병 당사 회사 모두 해산

(2) 인수(Acquisition)

- 인수기업과 피인수기업 존속
- 주식인수, 자산인수, 영업인수

2. 결합형태에 따른 분류

(1) 수평적 M&A : 동일한 업종간의 합병
(2) 수직적 M&A : 가치사슬 전후방 관련 기업 간의 합병
(3) 다각적 M&A : 서로 다른 업종간의 합병

3. 거래성격에 따른 분류

(1) 우호적 M&A : 쌍방 합의에 의하여 매수조던 결정
(2) 적대적 M&A : 매수대상기업의 의사에 반하여 강제적으로 경영권 취득

4. 결합주체의 성격에 따른 분류

(1) 전략적 투자자에 의한 M&A : 영업적 시너지효과의 창출을 기대

(2) 재무적 투자자에 의한 M&A : 자본이득의 실현을 추구

2 M&A의 동기

1. 가치극대화 동기

기업가치 극대화를 위하여 합병이 이루어진다는 이론

(1) 시너지효과

경영전략시너지, 영업시너지, 재무시너지

(2) 기업저평가이론

피합병표기업의 가치가 과소평가받을 때 합병이 발생

$$토빈의\ q\ 비율 = \frac{기업의\ 시장가치}{기업자산의\ 재취득원가}$$

→ q < 1 : 저평가되어 있는 기업

(3) 대리인문제이론

피합병기업(B) 주주의 입장에서 합병은 대리비용을 감소시키는 수단으로 이용

(4) 시장지배력이론

수평적결합으로 시장점유율을 높여 효율성을 증대

2. 성장극대화 동기

주주의 부를 위한 것이 아닌 경영자의 이익을 위하여 합병이 이루어진다는 이론

(1) 경영자주의 이론

합병기업(A) 경영자는 기업규모를 증가하여 보상을 높이려고 한다.

(2) 휴브리스 이론

합병기업(A) 경영자는 자신의 능력을 과대평가 하여 합병을 추진

3 적대적 M&A

1. 적대적 M&A 추진전략

(1) 위임장 대결 (proxy fight)

목표기업의 주주로부터 주식의 의결권을 위임받아 주주총회에서 이를 행사

(2) 공개매수(TBO)

목표기업의 주주를 상대로 장외에서 일정한 가격으로 매도하라고 권유

(3) 시장매집

목표기업의 주식을 주식시장에서 비공개적으로 지속적으로 매수

(4) 지분감추기

제3자를 통하여 지분을 확보한 주주총회에서 우세한 의결권을 기습적으로 행사

(5) 곰의 포옹

목표기업 경영자에게 방어행위를 중지하도록 권유

(6) 차입매수(LBO)

차입금으로 인수대금의 대부분을 조달하는 방법

(7) 그린메일

대주주를 협박하여 장외에서 비싼 값으로 되파는 행위

2. 적대적 M&A 방어전략

(1) 초다수결조항

더 가중된 결의요건으로 이사해임이나 정관변경을 불가능하게 함

(2) 시차임기제

이사들의 임기를 분산하여 이사 모두를 일시에 교체할 수 없게 함

(3) 황금낙하산 (golden parachute)

합병 시 경영진에게 거액의 퇴직금을 주는 계약을 규정하여 인수비용을 높이는 것

(4) 독약조항 (poison pill)

기존 주주들에게 시가보다 싼 가격에 지분을 매입할 수 있도록 미리 권리를 부여

(5) 백기사 (white knight)

목표기업을 도와 목표기업의 주식을 매입하여 주는 제3의 기업

(6) 왕관보석 (crown jewel)

목표회사의 가장 가치 있는 자산을 매각하여 목표회사의 매력을 감소

(7) 정지협약 (standstill agreement)

그린메일의 대가로 상대방에게 합병을 미루거나 포기하도록 협약을 맺는 것

(8) 개인기업화 (going private)

상장된 목표기업의 주식을 매입하여 비공개 기업으로 전환

⇨ 적대적 M&A에서 목표기업의 주주는 이익을 볼 수 있다. 따라서 적대적 M&A 방어전략은 목표기업 경영진의 경영권을 보호하기 위한 전략이며, 목표기업 주주의 부의 증가를 위한 전략이 아니다.

02 절 M&A의 가치평가

1 합병 NPV

1. 용어의 정의

계산의 난이도 때문에 특별한 언급이 없는 한 합병 당사자인 두 기업은 자기자본으로만 구성되어 있는 무부채기업을 가정한다.

V_A : 합병기업의 기업가치 V_B : 피합병기업(목표기업)의 기업가치

V_{AB} : 합병 후 기업의 기업가치   C : 인수대가(합병대가)

n_A : 합병기업의 주식수 n_B : 피합병기업(목표기업)의 주식수

$n_A + n_B \times ER$: 합병 후 기업의 주식수   ER : 주식교환비율

2. 시너지(synergy)

$$synergy = V_{AB} - (V_A + V_B)$$

3. 인수프리미엄(premium)

$$premium = C - V_B$$

4. 합병NPV

$$NPV = synergy - premium$$

5. 효율적 시장가설

효율적 시장에서는 합병공시시점에서 합병기업의 주가에 합병NPV가 반영된다.

합병공시시점의 합병기업의 주가 $= \dfrac{V_A + NPV}{n_A}$

2 인수대가의 지급방법

1. 현금으로 지급하는 경우

C = 확정된 현금지급액 ⇨ 인수프리미엄과 합병NPV 공식에 대입

2. 주식으로 교부하는 경우

$C = V_{AB} \times \dfrac{n_B \times ER}{n_A + n_B \times ER}$ ⇨ 인수프리미엄과 합병NPV 공식에 대입

03 절 주식교환비율

1 합병 NPV합병의 시너지가 없는 경우 주식교환비율

1. 교환비율

피합병기업(B)의 1주에 대해서 교부하는 합병기업(A)의 주식 수의 비율

2. 주당이익 기준 교환비율

$ER = \dfrac{EPS_B}{EPS_A}$

3. 주가 기준 교환비율

(1) 인수프리미엄이 없는 경우 : $ER = \dfrac{P_B}{P_A}$

(2) 인수프리미엄이 있는 경우 : $ER = \dfrac{P_B + premium}{P_A}$

2 합병의 시너지가 있는 경우 주당이익기준 주식교환비율

1. 합병 후 기업의 주당이익

시너지 효과를 고려한 합병 후 기업의 주당이익은 다음과 같다.

$$EPS_{AB} = \frac{NI_A + NI_B + \text{시너지}}{n_A + n_B \times ER}$$

2. 합병기업 (A)의 주주입장

합병기업의 주주는 다음과 같은 조건이여야 합병에 동의할 것이다.

$$EPS_{AB} \geq EPS_A$$

⇨ A기업 입장에서 교환비율은 교부할 수 있는 최대 주식수를 의미한다.

3. 피합병기업 (B)의 주주입장

피합병기업의 주주는 다음과 같은 조건이여야 합병에 동의할 것이다.

$$EPS_{AB} \times ER \geq EPS_B$$

⇨ B기업 입장에서 교환비율은 교부받아야 하는 최소 주식수를 의미한다.

3 합병의 시너지가 있는 경우 주가기준 주식교환비율

1. 합병 후 기업의 주가

(1) 잉여현금흐름접근법

$$P_{AB} = \frac{S_A + S_B + \text{시너지}}{n_A + n_B \times ER}$$

(2) 주가배수모형

$$P_{AB} = EPS_{AB} \times PER_{AB}$$

(3) 배당평가모형

$$P_{AB} = \frac{D_1^{AB}}{k_e^{AB} - g^{AB}}$$

2. 합병기업 (A)의 주주입장

합병기업의 주주는 다음과 같은 조건이여야 합병에 동의할 것이다.

$$P_{AB} \geq P_A$$

⇨ A기업 입장에서 교환비율은 교부할 수 있는 최대 주식수를 의미한다.

3. 피합병기업 (B)의 주주입장

피합병기업의 주주는 다음과 같은 조건이여야 합병에 동의할 것이다.

$$P_{AB} \times ER \geq P_B$$

⇨ B기업 입장에서 교환비율은 교부받아야 하는 최소 주식수를 의미한다.

4 합병NPV와 인수프리미엄을 이용하는 방법

1. 합병기업 (A)의 주주입장

합병기업의 주주는 합병NPV > 0인 경우에만 합병에 동의한다. (무부채기업 가정)

$$NPV = V_{AB} \times \frac{n_A}{n_A + n_B \times ER} - V_A \geq 0$$

⇨ A기업 입장에서 교환비율은 교부할 수 있는 최대 주식수를 의미한다.

2. 피합병기업 (B)의 주주입장

피합병기업의 주주는 인수프리미엄 > 0인 경우에 합병에 동의할 것이다. (무부채기업 가정)

$$premium = V_{AB} \times \frac{n_B \times ER}{n_A + n_B \times ER} - V_B \geq 0$$

⇨ B기업 입장에서 교환비율은 교부받아야 하는 최소 주식수를 의미한다.

01 독약조항은 합병 시 기존 경영진에게 거액의 퇴직금을 주도록 고용계약을 하는 것이다.

02 그린메일(green mail)은 합병을 염두에 두고 주식을 매입한 상대방에게 그들의 보유주식을 시장 가격보다 높은 가격으로 재매입해 주는 것으로 목표기업의 주주는 손실을 본다.

03 적대적 M&A가 증가하면 목표기업의 대리 비용이 증가한다.

04 최대 주식교환비율은 목표기업의 주주 입장에서 결정한다.

05 주식교환비율을 주가기준으로 결정하는 경우 목표기업의 주주는 합병 후 합병기업의 주가가 합병 전 목표기업의 주가보다 크면 이익을 본다.

06 주식교환비율을 주가기준으로 결정하는 경우 합병기업의 주주는 합병 후 합병기업의 주가가 합병 전 합병기업의 주가보다 크면 이익을 본다.

01 X

합병 시 기존 경영진에게 거액의 퇴직금을 주는 고용계약은 황금낙하산이다.

02 O

그린메일이 성공하면 목표기업의 경영자는 경영권을 방어한 것이지만 목표기업의 가치가 감소하여 목표기업의 주주는 손실을 본다.

03 X

적대적 M&A가 증가하면 목표기업의 경영자는 방만한 경영을 하지 않게 되므로 대리 비용이 감소한다.

04 X

최대 주식교환비율은 합병기업의 주주 입장에서 결정하며 최소 주식교환비율은 목표기업의 주주 입장에서 결정한다.

05 X

목표기업 (B)의 주주입장: $P_{AB} \times ER \geq P_B$

06 O

합병기업 (A)의 주주입장 : $P_{AB} \geq P_A$

실전문제

01 절 **M&A의 기초**

문제 1 (2016년)

적대적 M&A 위협에 대한 방어 전략에 포함될 수 있는 적절한 항목은 모두 몇 개인가?

a. 독약 조항(poison pill)	b. 이사진의 임기분산
c. 황금 낙하산(golden parachute)	d. 초다수결조항
e. 백기사(white knight)	

① 1개   ② 2개   ③ 3개   ④ 4개   ⑤ 5개

풀이

《**적대적 M&A 추진전략**》
위임장대결, 공개매수, 시장매집, 지분감추기, 곰의포옹, 차입매수, 그린메일

《**적대적 M&A 방어전략**》
초다수결조항, 시차임기제, 황금낙하산, 독약조항, 백기사, 왕관보석, 그린메일, 개인기업화

정답 : 5

문제 2

적대적 M&A에 대응하기 위하여 기존 보통주 1주에 대해 저렴한 가격으로 한 개 또는 다수의 신주를 매입하거나 전환할 수 있는 권리를 부여하는 방어적 수단은?

① 독약조항(poison pill) ② 역매수전략
③ 황금주 ④ 그린메일(green mail)
⑤ 백지주 옵션

풀이

독약 조항(poison pill)은 기존 주주들에게 시가보다 싼 가격에 지분을 매입할 수 있도록 미리 권리를 부여하는 제도이며 기업의 경영권을 방어하는 수단의 하나이다.

정답 : 1

문제 3

기업 매수 및 합병(M&A)에 관한 다음 서술 중 가장 타당하지 않은 것은?

① 적대적 M&A의 경우 피인수기업 주주는 손실을 본다.
② 보유지분이 불충분하더라도 백지위임장투쟁(proxy fight)을 통해 경영권을 획득할 수 있다.
③ 공개매수제의(tender offer)시 피인수기업 주주들의 무임승차현상은 기업매수를 어렵게 한다.
④ M&A 시장의 활성화는 주주와 경영자간 대리문제를 완화시키는 역할을 한다.
⑤ 우리사주조합의 지분율을 높이는 것은 M&A 방어를 위한 수단이 된다.

풀이

적대적 M&A에서 인수가격에서 인수프리미엄이 발생하면 피인수기업의 주주들은 이익을 본다. 적대적 M&A 방어 전략의 목적은 피인수기업 주주의 이익보다는 경영자의 경영권을 방어하는 것이다.

정답 : 1

문제 4

다음 설명 중 틀린 것은?

① 가중평균자본비용이 신규 투자안의 경제성을 평가하는 할인율로 사용되기 위해서는 투자안의 경영위험이 기존 기업의 경영위험과 동일해야 할뿐만 아니라 신규 투자안의 수행을 위해 조달한 자금의 구성이 기존 기업의 재무위험과도 동일해야 한다.

② CAPM(capital asset pricing model)은 Markowitz의 포트폴리오 이론에 필요한 가정뿐만 아니라 세금과 거래비용 등이 없는 완전한 시장의 존재라는 가정과 무위험이자율로 무제한 차입과 대출이 가능하다는 가정을 전제로 한다.

③ 자본시장과 실물생산기회가 동시에 존재할 경우 최적투자는 효용곡선과는 관계없이 시장에서의 이자율과 생산기회에 의해서만 결정되고, 최적소비는 효용곡선과 최적투자에 의해 결정된 자본시장선과의 관계에 의해 결정된다는 것이 Fisher의 분리정리이다.

④ Tobin의 q비율은 자산의 대체원가(replacement costs)를 주식시장에서 평가된 기업의 시장가치로 나누어 준 값으로, q가 1보다 작으면 저평가된 기업이라고 할 수 있다.

⑤ 매출액이 1% 변화할 때의 영업이익의 변화율을 영업레버리지도(degree of operating leverage)라고 하고, 영업이익이 1% 변화할 때의 순이익의 변화율을 재무레버리지도(degree of financial leverage)라고 한다.

풀 이

$$\text{Tobin의 q비율} = \frac{\text{자산의 시장가치}}{\text{자산의 대체원가}}$$

정답 : 4

문제 5

(2020년)

무부채기업인 A기업과 B기업의 시장가치는 각각 200억원, 300억원이고, 주식베타는 각각 1.5, 1.1이다. 두 기업은 합병하며 시너지는 발생하지 않는다. 합병기업은 위험부채를 발행하고 자사주를 매입하여 부채비율(부채/자기자본)이 150%가 되도록 자본구조를 변경할 계획이다. 위험부채의 베타는 0.3, 무위험이자율은 5%, 시장포트폴리오의 기대수익률은 10%, 법인세율은 30%이다. 합병기업의 자기자본비용에 가장 가까운 것은? 단, CAPM 및 MM의 수정이론(1963)이 성립한다고 가정한다. 소수점 아래 넷째 자리에서 반올림하여 계산하시오.

① 10.3%　　② 12.5%　　③ 14.2%　　④ 16.3%　　⑤ 18.4%

풀이

(1) 베타의 가산원리를 이용하여 합병 후 기업의 영업베타 산출

$$\beta_{AB}^{U} = \beta_A^U \times \frac{V_A}{V_{AB}} + \beta_B^U \times \frac{V_B}{V_{AB}} = 1.5 \times 200/500 + 1.1 \times 300/500 = 1.26$$

(2) 위험부채 하마다 모형을 이용하여 합병 후 기업의 주식베타산출

$$\beta_S^L = \beta_S^U + (\beta_S^U - \beta_B)(1-t)\frac{B}{S} = 1.26 + (1.26 - 0.3) \times (1 - 0.3) \times 1.5 = 2.268$$

(3) SML에 베타를 대입하여 합병 후 기업의 자기자본비용 산출

$$k_e = R_f + (E(R_m) - R_f) \times \beta_i = 5 + (10 - 5) \times 2.26 = 16.34\%$$

정답 : 4

문제 6 (2013년)

동해기업이 남해기업을 흡수합병하려고 한다. 두 기업은 모두 100% 자기자본으로만 구성되어 있는 기업이며 합병 전 재무자료는 다음과 같다.

	동해기업	남해기업
1주당 주가	10,000원	8,000원
발행주식수	50만주	35만주

합병 후의 기업가치는 100억원으로 예상된다. 만약 동해기업이 남해기업 주주에게 45억원의 현금을 지불하고 합병한다면, 동해기업 입장에서 합병의 순현가(NPV)는 얼마인가?

① 5.0억원   ② 7.0억원   ③ 9.2억원   ④ 12.1억원   ⑤ 13.2억원

풀이

동해기업＝A, 남해기업＝B

무부채기업의 기업가치 = 자기자본의 가치 = 주가 × 주식수

(1) 합병기업의 가치

$V_A = 10,000$원 × 50만주＝50억원

(2) 피합병기업의 가치

$V_B = 8,000$원 × 35만주＝28억원

(3) 시너지 및 인수프리미엄 산출

$synergy = V_{AB} - (V_A + V_B) = 100$억원$-(50$억원$+28$억원$)=22$억원

$premium = C - V_B = 45$억원-28억원$=17$억원

(4) 합병 NPV

$NPV = synergy - premium = 22$억원$-17$억원$=5$억원

정답 : 1

A사는 B사와의 인수합병을 추진 중이며, 두 회사의 현재 재무자료는 다음의 표와 같다. 피인수기업인 B사의 현재 이익성장률 및 배당성장률은 매년 5%로 일정하나, 합병의 효과로 인해 추가적인 자본투자 없이 합병 후 배당성장률은 매년 7%로 높아질 것으로 기대된다. A사가 B사의 주식에 대해 주당 1,350원을 지급한다면 A사가 합병으로부터 얻을 수 있는 순현가(NPV)와 가장 가까운 것은?

	A사	B사
발행주식수	1,000주	650주
순이익	150,000원	58,500원
배당금	50,000원	29,250원
주가	1,500원	900원

① 85,475원   ② 87,922원   ③ 90,659원   ④ 92,022원   ⑤ 94,659원

풀 이

(1) 항상성장 배당평가모형을 이용하여 기업 B의 자본비용 산출

$$S_B^{before} = 585,000원(=650주 \times 900원) = \frac{29,250원 \times 1.05}{k_e - 0.05} \rightarrow k_e = 0.1025\ (10.25\%)$$

(2) 배당성장률 7%를 항상성장 배당평가모형에 대입하여 합병 후 B의 자기자본가치 산출

$$S_B^{after} = \frac{29,250원 \times 1.07}{0.1025 - 0.07} = 963,000$$

(3) 시너지 및 인수프리미엄 산출

Synergy = (2) − (1) = 963,000 − 585,000 = 378,000원

$premium = C - V_B = (1,350원 - 900원) \times 650주 = 292,500원$

(4) 합병NPV

$NPV = synergy - premium = 378,000 - 292,500 = 85,500원$

⇨ 자본비용의 소수점 절사로 인한 단수차이 발생

정답 : 1

문제 8 (2009년)

기업 A의 재무담당자는 합병에 따른 시너지효과를 얻기 위해 기업 B를 인수하여 합병하려한다. 무부채 상태인 두 기업의 합병 전 재무자료는 다음과 같다.

	기업 A	기업 B
주당이익	450원	150원
1년 후 주당배당금	250원	80원
총 발행주식수	10,000주	5,700주
1주당 주가	8,000원	2,000원

B기업의 현재 이익 및 배당의 성장률은 연 5%로 일정하다. 그러나 인수합병 후 새로운 경영체제 하에서 B기업의 이익 및 배당의 성장률은 추가적인 자본투자 없이 연 7%로 일정하게 증가할 것으로 예상된다. A기업의 가치는 인수합병 이전과 달라지지 않는다. 다음 내용 중 옳지 않은 것은? 단, 주가 계산시 원단위 미만은 절사한다.

① 인수합병 전 B기업의 가치는 11,400,000원이다.
② 인수합병 직후 합병기업의 가치는 102,800,000원으로 산출된다.
③ 인수합병 직후 합병기업의 가치는 합병 이전 개별 기업가치의 합계보다 11,400,000원 만큼 증가한다.
④ B기업 주식을 1주당 2,500원에 현금인수하는 경우 인수프리미엄은 2,850,000원이다.
⑤ A기업 주식 1주당 B기업 주식 3주의 비율로 주식교부를 통해 인수한 경우 인수프리미엄은 4,030,100원이다.

풀이

(1) 합병 전 B기업의 가치

무부채기업의 기업가치 = 자기자본의 가치 = 주가 × 주식수

$V_B = 2,000원 \times 5,700주 = 11,400,000$

(2) 합병 후 기업의 기업가치

1) 항상성장 배당평가모형을 이용하여 기업 B의 자본비용 산출

$11,400,000 = \dfrac{80원}{k_e - 0.05} \times 5,700주 \rightarrow k_e = 9\%$

2) 배당성장률 7%를 항상성장 배당평가모형에 대입하여 합병 후 B의 기업가치 산출

$$V_B = \frac{80원 \times 1.07}{0.09 - 0.07} \times 5,700주 = 22,800,000$$

3) 합병 후 기업의 기업가치

$$V_{AB} = V_A + V_B + synergy = 8,000원 \times 10,000주 + 22,800,000 = 102,800,000$$

(3) Synergy = $22,800,000 - 11,400,000 = 11,400,000$

(4) $premium = C - V_B = 2,500원 \times 5,700주 - 11,400,000 = 2,850,000$

(5) 발행주식수 = $5700주 \times 1/3 = 1900주$

$$premium = C - V_B = 102,800,000 \times \frac{1,900주}{10,000주 + 1,900주} - 11,400,000 = 5,013,445원$$

정답 : 5

문제 9

(2008년)

시장가치가 27억원인 A기업은 시장가치가 8억원인 B기업을 인수하려 한다. A기업의 현재 주가는 9,000원이며 B기업의 현재 주가는 4,000원이다. A기업이 추정하는 합병의 시너지 효과는 5억원이며, 인수프리미엄은 2억원이다. A기업이 신주를 발행해서 B기업의 주식과 교환하는 방식으로 B기업을 인수하고자 할 경우, 몇 주를 발행해야 하는가?

① 100,000주   ② 200,000주   ③ 300,000주   ④ 400,000주   ⑤ 500,000주

풀이

(1) 합병 후 기업의 기업가치

$$V_{AB} = V_A + V_B + synergy = 27억 + 8억 + 5억 = 40억원$$

(2) 합병대가

$premium = C - V_B$

$2억 = C - 8억 \Rightarrow C = 10억$

(3) 발행주식수

발행주식수를 m이라고 하면

$$C = 10억 = 40억 \times \frac{m주}{300,000주 + m주} \rightarrow m = 10만주$$

정답 : 1

문제 10

인수기업의 가치는 800억원이고 피인수기업의 가치는 100억원이다. 두 기업 모두 자기자본만을 사용하고 있다. 인수기업의 발행주식수는 100만주이고 피인수기업의 발행주식수는 10만주이다. 합병이 성사되면 합병기업의 가치가 1,200억원으로 추산된다. 만약 인수기업이 150억원의 현금으로 피인수기업을 인수하면 합병을 공시하는 시점에서 인수기업의 주가가 몇 퍼센트 상승할 것으로 예상되는가?

① 25%　　　② 28%　　　③ 31%　　　④ 35%　　　⑤ 37%

풀 이

무부채기업의 기업가치 = 자기자본의 가치 = 주가 × 주식수

$synergy = V_{AB} - (V_A + V_B)$ = 1,200억 − (800억 + 100억) = 300억

$premium = C - V_B$ = 150억 − 100억 = 50억

$NPV = synergy - premium$ = 300억 − 50억 = 250억

합병을 공시하는 시점에서 인수기업(A)의 기업가치는 250억원 상승하므로

인수기업의 주가상승률 = 250억 / 800억 = 31.25%

정답 : 3

문제 11

수년간 적자를 보아 온 제약회사 ㈜다나는 최근 암치료에 획기적인 성과가 있는 신약을 개발해 국제특허를 획득했다. ㈜다나가 신약을 대량으로 생산하기 위해서는 거액의 시설투자를 해야 한다. ㈜다나의 지분 60%를 보유하고 있는 전자회사 ㈜파라는 업종전문화 차원에서 ㈜다나를 매각하려고 한다. 이에 의료기기를 생산하는 ㈜사라가 레버리지를 통해 ㈜다나를 차입매수(LBO)하려는 계획을 세웠다. 인수 후 ㈜다나는 향후 몇 년간 배당을 지급하지 않을 것이고 부채비율은 심하게 변동할 것으로 예상된다. 주당순자산이 미미한 ㈜다나의 인수가격을 결정하기 위해 사용할 기업가치평가모형 중 가장 적절한 것은?

① 안정성장 주주잉여현금흐름모형(FCFE)
② 3단계성장 주주잉여현금흐름모형(FCFE)
③ 안정성장 기업잉여현금흐름모형(FCFF)
④ 3단계성장 기업잉여현금흐름모형(FCFF)
⑤ PER 또는 PBR을 이용한 상대가치평가모형

풀이

'향후 몇 년간 배당을 지급하지 않을 것이고'
→ 안정성장 모형이 아닌 3단계 성장모형을 사용

'부채비율은 심하게 변동할 것으로 예상'
→ 이자비용의 변동성이 크기 때문에 주주잉여현금흐름모형보다는 기업잉여현금흐름모형을 사용

정답 : 4

문제 12

다음은 합병논의가 있기 전 개별기업 ㈜산라와 ㈜가야에 대한 정보이다.

	㈜산라	㈜가야
시장가치	80,000원	20,000원
발행주식수	40주	20주
주가	2,000원	1,000원

㈜산라와 ㈜가야는 모두 부채가 없이 자기자본만으로 구성되어 있다. ㈜산라가 ㈜가야를 합병하면 20,000원의 시너지가 발생하여 합병 후 기업의 시장가치는 120,000원이 될 것이다. ㈜산라가 ㈜가야에게 합병 논의 전 ㈜산라의 주가인 2,000원을 적용해 ㈜가야의 주식20주와 새로 발행한 ㈜산라의 주식 15주를 교환한다면 ㈜산라의 주주 입장에서 합병의 NPV는 얼마인가?

풀 이

㈜산라 = A, ㈜가야 = B

무부채기업의 기업가치 = 자기자본의 가치 = 주가 × 주식수

$synergy = V_{AB} - (V_A + V_B) = 120,000 - (80,000 + 20,000) = 20,000$

$premium = C - V_B = 120,000원 \times \dfrac{15주}{40주 + 15주} - 20,000원 = 12,727$

$NPV = synergy - premium = 20,000 - 12,727 = 7,273원$

정답 : 7,273원

(2019년)

X기업은 신주를 발행하여 Y기업의 주식과 교환하는 방식으로 Y기업을 흡수합병하고자 한다. 두 기업의 합병 전 재무자료는 다음 표와 같다. 주식교환비율이 합병 전 주가를 기준으로 정해질 경우, 합병 후 주당순이익(EPS)과 가장 가까운 것은? 단, 합병에 의한 시너지 효과는 없다.

	X기업	Y기업
주가	20,000원	8,000원
EPS	2,000원	1,000원
발행주식수	3,000,000주	1,200,000주

① 2,000원   ② 2,027원   ③ 2,042원   ④ 2,069원   ⑤ 2,082원

풀이

X기업=A, Y기업=B라고 하면

(1) 주가기준의 주식교환비율 (시너지가 없는 경우)

$$ER = \frac{P_A}{P_B} = \frac{8,000}{20,000} = 0.4$$

(2) 합병 후 주당순이익(EPS)

$$EPS_{AB} = \frac{2,000 \times 3,000,000 + 1,000 \times 1,200,000}{3,000,000 + 1,200,000 \times 0.4} = 2,069$$

정답 : ④

문제 14

㈜설악의 주식베타는 1.4, 주당순이익은 1,500원, 발행주식수는 100주, 주가수익비율(PER)은 12배이다. ㈜태백의 주식베타는 1.2, 주당순이익은 1,000원, 발행주식수는 50주, 주가수익비율(PER)은 8배이다. 한편 ㈜설악과 ㈜태백이 합병한다면 시너지효과로 인하여 당기순이익이 40,000원 증가하고 합병 후 주가수익비율은 10이 될 것으로 예상한다. 이제 ㈜설악의 주주들은 주가기준으로 주식교환비율을 계산하려 한다. ㈜설악이 ㈜태백을 흡수합병하기 위하여 ㈜태백에게 제시할 수 있는 최대 주식교환비율과 가장 가까운 것은?

① 0.222　　② 0.337　　③ 0.557　　④ 0.622　　⑤ 0.667

풀이

㈜설악＝A, ㈜태백＝B

최대 주식교환비율은 합병기업(A)의 주주 입장에서 결정한다.

(1) 합병기업(A)의 주가 : P_A = EPS × PER = 1,500원 × 12 = 18,000원

(2) 시너지를 반영한 합병 후 기업(AB)의 이익

　　NI_{AB} = 1,500원 × 100주 + 1,000원 × 50주 + 40,000원 = 240,000원

(3) 합병 후 기업(AB)의 자기자본가치

　　S_{AB} = NI_{AB} × PER_{AB} = 240,000원 × 10 = 2,400,000원

(4) 주가기준 최대주식교환비율

　　주가에 근거한 합병기업(A)의 주주입장

　　$P_{AB} \geq P_A$

　　$\dfrac{2,400,000}{100+50 \times ER} \geq 18,000 \Rightarrow ER \leq 0.667$

정답 : 5

⇨ 최소 주식교환비율 (주가기준)

　　최소 주식교환비율은 피합병기업(B)의 주주 입장에서 결정한다.

　　피합병기업(B)의 주가 : P_B = EPS × PER = 1,000원 × 8 = 8,000원

　　주가에 근거한 피합병기업(B)의 주주입장

　　$P_{AB} \times ER \geq P_B$

　　$\dfrac{2,400,000}{100+50 \times ER} \times ER \geq 8,000 \Rightarrow ER \geq 0.4$

문제 15

기업A는 기업B를 주식교환방식으로 흡수합병하고자 하며 주주는 주당순이익(EPS)에 근거하여 의사결정을 행한다. 다음 자료에 근거하여 물음에 답하시오.

	기업A	기업B
당기순이익	30억원	5억원
주식수	1,000,000주	500,000주

규모의 경제로 인한 시너지효과로 합병 후 당기순이익이 합병 전 두 기업의 당기순이익의 합보다 10억원이 증가할 때, 기업A 주주 입장에서 최대교환비율은 얼마인가? (단, 교환비율은 기업B 주식 1주당 교환되는 기업A의 주식수이다.)

① 0.8   ② 1   ③ 1.2   ④ 1.4   ⑤ 1.6

풀이

최대 주식교환비율은 합병기업(A)의 주주 입장에서 결정한다.
주당이익에 근거한 합병기업(A)의 주주입장

$$EPS_{AB} \geq EPS_A$$

$$\frac{450,000}{100+50 \times ER} \geq 3,000 \rightarrow ER \leq 1$$

정답 : 2

(주)온조와 (주)비류의 재무자료는 다음과 같다.

항목	(주)온조	(주)비류
주당순이익(EPS)	500원	300원
발행주식수	70주	50주
주가수익비율(PER)	14	10

두 회사의 합병에 의한 시너지 효과로 당기순이익이 10,000원 증가한다면 (주)온조가 (주)비류를 흡수합병하기 위해 (주)비류에게 제시할 수 있는 최대 주식교환비율은 근사치로 얼마인가? 합병 후 주가수익비율(PER)은 12가 될 것으로 예상된다.

① 0.314　　② 0.510　　③ 0.657　　④ 0.755　　⑤ 1.00

풀 이

최대 주식교환비율은 합병기업(A)의 주주 입장에서 결정한다.

주가에 근거한 합병기업(A)의 주주입장

$P_{AB} \geq P_A$

$EPS_{AB} \times PER_{AB} \geq P_B$

$$\frac{(500원 \times 70주) + (300원 \times 50주) + 10,000원}{70주 + 50주 \times ER} \times 12 \geq 7,000 \rightarrow ER \leq 0.657$$

정답 : 3

SMART
객관식
재무관리

Chapter

06

포트폴리오

포트폴리오

01 절 ▶ 마코위츠 포트폴리오 이론

1 기대효용이론

1. 기대효용의 극대화

투자자의 효용수준을 결정하는 요인에는 기대수익뿐만 아니라 위험도 고려되기 때문에 기대효용의 극대화 기준은 기대수익과 위험을 고려하는 의사결정 기준이다.

2. 위험회피형의 효용함수

합리적 투자자(이성적인 투자자)는 동일한 기대수익이라면 위험이 적은 투자 자산을 선호하므로 이들의 효용함수는 위험회피형 투자자의 효용함수를 나타낸다.

① $U'(w) > 0$

불포화성 : 투자자들은 소득이 적은 것보다는 소득이 더 많은 것을 선호한다.

② $U''(w) < 0$

한계효용 체감 : 소득이 증가할 때 효용은 체감적으로 증가한다.

⇨ 2가지 조건을 만족하는 함수 : 무리함수 또는 로그함수

3. 무차별곡선

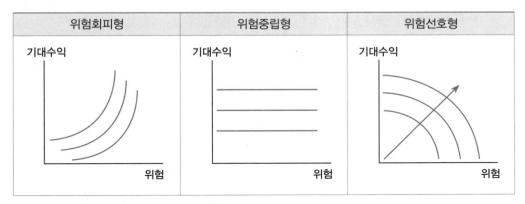

무차별곡선이 위쪽으로 이동하면 효용수준 증가, 아래쪽으로 이동하면 효용수준 감소

4. 지배원리

	A	B	C	D
기대수익률	10%	10%	15%	15%
표준편차	10%	15%	10%	15%

① 위험회피형 투자자 → 주식 C를 선택

- 기대수익률이 같으면 위험이 작은 주식을 선택

- 위험이 같으면 기대수익률이 큰 주식을 선택

② 위험중립형 투자자 → 주식 C 또는 D를 선택

- 위험과 관계없이 기대수익률이 큰 주식을 선택

③ 위험선호형 투자자 → 주식 D를 선택

- 기대수익률이 같으면 위험이 큰 주식을 선택

- 위험이 같으면 기대수익률이 큰 주식을 선택

5. 위험태도에 대한 지표

(1) 위험 프리미엄 (risk premium : RP)

- 확실성등가부(CEW: certainty equivalent wealth)
  기대효용과 동일한 수준의 효용을 주는 확실한 부의 크기 : $E(U) = U(CEW)$

- 위험프리미엄 = 기대수익 − 확실성등가부 = E(W) − CEW
- 위험회피형 투자자 : $E(W) > CEW$ ⇨ 위험 프리미엄 > 0
- 위험중립형 투자자 : $E(W) = CEW$ ⇨ 위험 프리미엄 $= 0$
- 위험선호형 투자자 : $E(W) < CEW$ ⇨ 위험 프리미엄 < 0

(2) 일반적 위험회피척도 (GRM)

- 일반적 위험회피척도(GRM: measure of general risk aversion)
  기대수익의 효용에서 기대효용을 차감한 값 : GRM=U[E(W)]−E[U(W)]
- 위험회피형 투자자 : $U[E(W)] > E[U(W)]$ ⇨ $GRM > 0$
- 위험중립형 투자자 : $U[E(W)] = E[U(W)]$ ⇨ $GRM = 0$
- 위험선호형 투자자 : $U[E(W)] < E[U(W)]$ ⇨ $GRM < 0$

(3) 최대한의 보험료(갬블코스트)

- 최대한의 보험료
  손실 전액을 보상해주는 보험에 대해서 투자자들이 지불할 용의가 있는 최대한의 보험료
  최대한의 보험료(gamble cost) = 현재의 부 − CEW
- 최대한의 보험료(gamble cost) > 0 ⇨ 게임에 참여하지 않는다.
- 최대한의 보험료(gamble cost) < 0 ⇨ 게임에 참여한다.

2 마코위츠 포트폴리오 이론

1. 가정

- 합리적 투자자는 위험 회피적이고 기대효용극대화를 목표로 한다.
- 모든 투자자들은 투자대상에 대하여 동질적 예측을 한다.
- 투자자는 평균분산기준에 의하여 투자결정을 한다.
- 투자기간은 1기간이다.

2. 2개 주식으로 구성된 포트폴리오

(1) 포트폴리오의 구성

주식1과 주식2에 각각 w_1과 w_2의 비율로 투자한 포트폴리오

$$R_p = w_1 R_1 + w_2 R_2 \ (w_1 + w_2 = 1)$$

$E(R_1) < E(R_2), \sigma_1 < \sigma_2$

(2) 포트폴리오의 기대수익률

개별주식의 기대수익률에 대하여 투자비율을 곱하여 더한 가중평균값

$$E(R_p) = w_1 E(R_1) + w_2 E(R_2)$$

- 공매가 가능하면 포트폴리오의 기대수익률은 주식 2보다 크거나 주식1보다 작을 수 있다.
- 공매가 불가능하면 포트폴리오의 기대수익률은 주식 2보다 작고 주식1보다 크다.

(3) 포트폴리오의 위험

포트폴리오의 분산은 투자비율 및 공분산의 크기에 의해 영향을 받는다.

$$Var(R_p) = \sigma_p^2 = w_1^2 \sigma_1^2 + w_2^2 \sigma_2^2 + 2w_1 w_2 \sigma_{12} = w_1 \sigma_{p1} + w_2 \sigma_{p2}$$

(4) 공분산

① 개별 주식간의 공분산

공분산은 두 주식의 편차를 곱하여 수익률 확률분포의 확률로 평균한 값이다.

$$\sigma_{12} = \rho_{12} \sigma_1 \sigma_2 = E[\{R_1 - E(R_1)\}\{R_2 - E(R_2)\}]$$

② 포트폴리오와 개별 주식의 공분산

$$\sigma_{p1} = Cov(R_p, R_1) = Cov(w_1 R_1 + w_2 R_2, R_1) = w_1 \sigma_1^2 + w_2 \sigma_{12}$$
$$\sigma_{p2} = Cov(R_p, R_2) = Cov(w_1 R_1 + w_2 R_2, R_2) = w_1 \sigma_{12} + w_2 \sigma_2^2$$

③ 포트폴리오와 포트폴리오의 공분산

주식1과 주식2로 구성된 포트폴리오 A : $R_A = w_A R_1 + (1 - w_A) R_2$

주식1과 주식2로 구성된 포트폴리오 B : $R_B = w_B R_1 + (1 - w_B) R_2$

포트폴리오A와 포트폴리오B의 공분산

$$\sigma_{AB} = Cov(R_A, R_B) = w_A w_B \sigma_1^2 + w_A (1 - w_B) \sigma_{12} + (1 - w_A) w_B \sigma_{12} + (1 - w_A)(1 - w_B) \sigma_2^2$$

3. 상관계수와 포트폴리오 효과

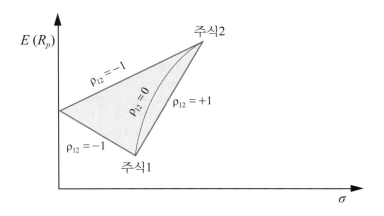

(1) 두 주식 수익률의 상관계수 = 1

- 포트폴리오의 위험(표준편차)이 각 주식의 위험을 가중 평균한 값이 된다.

$$\rho = +1 \ \rightarrow \ \sigma_p = w_1 \times \sigma_1 + w_2 \times \sigma_2$$

- 포트폴리오 효과 (= 분산효과, 위험감소효과)

  = 포트폴리오의 표준편차 − 두 주식의 표준편차를 가중 평균한 값

- 상관계수가 1이면 분산효과는 없다.

- 공매가 가능하면 포트폴리오 위험은 0이 가능하다.

(2) 두 주식 수익률의 상관계수 = 0

$$\rho = 0 \ \rightarrow \ \sigma_p = \sqrt{w_1^2 \times \sigma_1^2 + w_2^{2 \times} \sigma_2^2} > 0$$

- 포트폴리오의 위험은 항상 0보다 크다.

(3) 두 주식 수익률의 상관계수 = –1

$$\rho = -1 \;\; \rightarrow \;\; \sigma_p = |w_1 \times \sigma_1 - w_2 \times \sigma_2|$$

- 공매가 불가능하여도 포트폴리오 위험은 0이 가능하다.

3 효율적 포트폴리오

1. 최소분산 포트폴리오(MVP)

포트폴리오 중에서 분산이 가장 작은 포트폴리오로서 주식1의 투자비율은 다음과 같다.

$$w_1^{MVP} = \frac{\sigma_2^2 - \sigma_{12}}{\sigma_1^2 + \sigma_2^2 - 2\sigma_{12}}$$

⇨ 위의 식을 분석해보면 최소분산포트폴리오에서 주식1의 투자비율은 0.5보다 크다.

2. 효율적 포트폴리오

(1) 효율적 포트폴리오가 되기 위한 조건

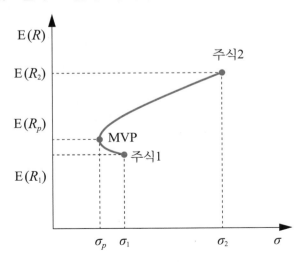

MVP부터 주식 1 사이에 존재하는 포트폴리오는 비효율적 포트폴리오

MVP부터 주식 2 사이에 존재하는 포트폴리오는 효율적 포트폴리오

효율적 포트폴리오의 투자비율은 MVP보다 주식 1의 투자비율이 작거나 같아야 한다.

$$w_1 \leq w_1^{MVP}$$

⇨ 최소분산포트폴리오에서 주식1의 투자비율은 0.5보다 크기 때문에 두 개 주식에 동일한 비율로 투자한 포트폴리오는 항상 효율적 포트폴리오이다.

(2) 포트폴리오 위험이 주식 1의 위험보다 작아지기 위한 조건

최소분산 포트폴리오에서 주식1의 투자비율이 1보다 작아야 한다.

$$w_1^{MVP} = \frac{\sigma_2^2 - \sigma_{12}}{\sigma_1^2 + \sigma_2^2 - 2\sigma_{12}} < 1$$

(3) 효율적 포트폴리오와 효율적 포트폴리오의 포트폴리오

효율적 포트폴리오와 효율적 포트폴리오의 포트폴리오는 항상 효율적이다.

3. 포트폴리오 분산효과

(1) 비체계적 위험(non-systematic risk)

- 분산투자를 통하여 제거할 수 있는 위험
- 고유위험(firm-specific risk) 또는 분산가능위험(diversifiable risk)
- 개별회사의 소송사건이나 파업 등

(2) 체계적 위험(systematic risk)

- 분산투자를 통하여 제거할 수 없는 위험
- 시장위험(market risk) 또는 분산불가능위험(non-diversifiable risk)
- GDP, 금리, 환율 등

(3) 완전분산 포트폴리오

- 비체계적 위험이 완전히 제거된 포트폴리오
- 시장포트폴리오
- 시장포트폴리오와 무위험자산의 투자기회선인 자본시장선(CML)

4 포트폴리오의 분리정리

1. 1단계 : 효율적 투자선

① 지배원리를 충족시키는 포트폴리오

② 투자자의 효용함수와는 무관한 객관적인 포트폴리오

2. 2단계 : 최적포트폴리오

① 무차별곡선과 효율적 투자선이 접하는 점의 포트폴리오

② 투자자의 효용을 가장 크게 하는 주관적인 포트폴리오

※ 효율적 포트폴리오와 최적포트폴리오와의 관계

효율적 ⊃ 최적

- 최적포트폴리오는 항상 효율적 포트폴리오이다. (O)
- 효율적 포트폴리오는 항상 최적포트폴리오이다. (X)
- 최적포트폴리오가 아니면 효율적 포트폴리오가 아니다. (X)
- 효율적 포트폴리오가 아니면 최적포트폴리오가 아니다. (O)

02 절 > 자본시장선(CML)

1 CAPM의 가정

- 마코위츠 포트폴리오이론의 4가지 가정에 다음 2가지 가정을 추가 (4+2)
- 언제든지 차입 또는 대출이 가능한 무위험자산이 존재
- 세금과 거래비용이 없는 완전자본시장

2 자본시장선(CML)

1. 자본배분선(CAL: Capital Allocation Line)

마코위츠 효율적 투자선의 위험자산과 무위험자산으로 구성한 포트폴리오의 투자기회선

① **자본배분선상의 포트폴리오**

마코위츠 효율적 투자선상의 포트폴리오A와 무위험자산에 각각 w와 $(1-w)$를 투자

$$R_p = wR_A + (1-w)R_f$$

② **포트폴리오의 기대수익률**

$$E(R_p) = wE(R_A) + (1-w)R_f$$

③ **포트폴리오의 위험**

$$\sigma_p^2 = w^2\sigma_A^2 \rightarrow \sigma_p = w\sigma_A$$

④ **자본배분선**

$$E(R_p) = R_f + \frac{E(R_A) - R_f}{\sigma_A} \cdot \sigma_p$$

2. 자본시장선(CML : Capital Market Line)

- 자본배분선(CAL) 중에서 가장 효율적인 자본배분선
- 마코위츠 효율적 투자선과 무위험자산과의 접선이며 접점은 시장포트폴리오이다.

① **자본시장선상의 포트폴리오**

마코위츠 효율적 투자선상의 시장포트폴리오(M)와 무위험자산에 각각 w와 $(1-w)$를 투자

$$R_p = wR_m + (1-w)R_f$$

② 포트폴리오의 기대수익률

$$E(R_p) = wE(R_m) + (1-w)R_f$$

③ 포트폴리오의 표준편차 및 베타

$$\sigma_p^2 = w^2\sigma_m^2 \rightarrow \sigma_p = w\sigma_m$$

$$\beta_p = w \times 1 + (1-w) \times 0 = w$$

④ 자본시장선

$$E(R_p) = R_f + \frac{[E(R_m) - R_f]}{\sigma_m} \times \sigma_p$$

3. 시장포트폴리오

- 무위험 자산이 존재할 때, 마코위츠 효율적 투자선에서 가장 우월한 포트폴리오

- 주식시장에 존재하는 모든 주식들을 각 주식의 시장가치 비율대로 포함하는 포트폴리오

- 개별 주식 i 가 시장포트폴리오에서 차지하는 구성 비율

$$w_i = \frac{\text{개별주식 } i \text{ 의 시장가치}}{\text{주식시장 전체의 총시장가치}}$$

- 비체계적 위험이 제거된 완전 분산된 위험자산

4. 대출포트폴리오와 차입포트폴리오

(1) 대출포트폴리오

- 보유자금의 일부를 무위험자산에 투자하고 나머지는 시장포트폴리오에 투자
- 시장포트폴리오 M에 대한 투자비율 < 1, 무위험자산의 투자비율 > 0
- 대출포트폴리오의 기대수익률과 표준편차는 시장포트폴리오보다 작다.

(2) 차입포트폴리오

- 무위험자산을 차입하여 보유자금과 합친 총금액을 모두 시장포트폴리오에 투자
- 시장포트폴리오 M에 대한 투자비율 > 1, 무위험자산의 투자비율 < 0
- 차입포트폴리오의 기대수익률과 표준편차는 시장포트폴리오보다 크다.

3 **자산배분과 최적포트폴리오의 선택**

무위험자산이 존재할 때 최적포트폴리오의 선택은 다음과 같이 두 단계를 거쳐 이루어지는 이를 포트폴리오분리정리 또는 토빈의 분리정리라고 한다.

1. 1단계 : 효율적 투자선

① 지배원리를 충족시키는 포트폴리오 : 자본시장선(CML)
② 투자자의 효용함수와는 무관한 객관적인 포트폴리오
  ⇨ 시장포트폴리오의 구성비율을 누구나 동일하다.

2. 2단계 : 최적포트폴리오

① 무차별곡선과 자본시장선이 접하는 점의 포트폴리오
  ⇨ 최적포트폴리오는 항상 자본시장선상에 있다.

② 투자자의 효용을 가장 크게 하는 주관적인 포트폴리오
  ⇨ 무위험자산과 시장포트폴리오에 대한 투자비율(w)은 투자자마다 다르다.
    위험회피성향이 높아질수록 w는 감소, 위험회피성향이 낮아질수록 w는 증가

4 **자본시장선의 의의**

시장포트폴리오와 무위험자산의 투자기회선인 자본시장선은 다음과 같은 특징을 갖는다.

① 무위험자산이 존재하는 경우 가장 효율적인 포트폴리오
② 샤프비율(변동보상률, 위험보상비율)이 가장 큰 포트폴리오

$$\text{샤프비율(Sharpe ratio)} = \frac{E(R_m) - R_f}{\sigma_m} = \text{CML의 기울기}$$

③ 비체계적 위험이 제거된 완전분산된 포트폴리오
  ⇨ 자본시장선의 포트폴리오와 시장포트폴리오와의 상관계수 = 1
④ 수동적(passive) 포트폴리오
⑤ 개별주식의 기대수익률은 자본시장선보다 위에 존재할 수 없다.
    단, 개별주식의 사후수익률은 자본시장선보다 위에 존재할 수 있다.

⑤ 상관계수

- 시장포트폴리오와 무위험자산의 상관계수＝0
- 시장포트폴리오와 자본시장선 포트폴리오 간의 상관계수＝1
- 자본시장선상의 포트폴리오간의 상관계수＝1
- 자본시장선상의 포트폴리오와 무위험자산의 상관계수＝0

⑥ 자본시장선 아래쪽에 있는 개별주식 또는 포트폴리오

- 비효율적이며 완전분산 되지 않아서 비체계적위험이 존재
- 시장포트폴리오와의 상관계수 ＜ 1

03 절 증권시장선(SML)

1 베타

1. 베타의 측정

베타는 개별 주식의 체계적 위험을 나타내는 지표로 다음과 같이 측정된다.

$$\beta_i = \frac{\sigma_{im}}{\sigma_m^2} = \frac{\sigma_i \times \rho_{im}}{\sigma_m}$$

2. 베타의 의미

① 시장포트폴리오 위험에 대한 절대적 기여도를 측정한 것

② 시장포트폴리오의 수익률의 변동에 대해 개별 주식의 수익률이 얼마나 변동하는가를 나타내는 민감도(sensitivity)

③ **시장포트폴리오의 베타 = 1**

베타 ＞ 1인 주식(공격적 주식) : 시장의 평균보다 더 큰 폭으로 변동하는 주식

베타 ＜ 1인 주식(방어적 주식) : 시장의 평균보다 더 작은 폭으로 변동하는 주식

④ 무위험자산의 베타 = 0

⑤ 음의 베타

- 개별주식과 시장포트폴리오와의 상관계수가 (−)이면 가능
- 시가총액이 낮은 일부주식에서만 가능하다.
- 음의 베타가 성립하면 위험자산의 수익률이 무위험 자산의 수익률보다 작다.

3. 베타의 추정

베타는 시장모형 회귀선의 기울기로 추정한다.

$$R_i = \alpha_i + \beta_i \times R_m + e_i$$

4. 베타의 가산원리

주식 1에 w, 주식 2에 1−w를 투자한 포트폴리오의 베타

$$\beta_p = w \times \beta_1 + (1-w) \times \beta_2$$

n개 주식에 분산투자한 포트폴리오의 베타

$$\beta_p = \sum_{i=1}^{n} w_i \times \beta_i$$

2 증권시장선(SML)

1. 증권시장선(SML: security market line)

주식시장의 균형상태에서 기대수익률과 위험 사이에 관계를 보여주는 모형

$$E(R_i) = k_e = R_f + [E(R_m) - R_f] \times \beta_i$$

2. 증권시장선의 의미

① 균형상태에서 기대수익률과 베타는 선형관계를 가진다.

⇨ high beta high return

② 증권시장선의 기울기

- 시장위험프리미엄 : $[E(R_m) - R_f]$
- 모든 투자자가 위험회피형이므로 시장위험프리미엄은 항상 (+)의 값을 갖는다.

③ 개별주식의 위험프리미엄

- 주식 i에 대한 위험프리미엄 : $[E(R_m) - R_f] \cdot \beta_i$
- 비체계적 위험은 개별주식의 위험프리미엄에 영향을 주지 않는다.
- 베타가 (−)이면 개별주식의 위험프리미엄도 (−)의 값이 가능하다.

④ 베타 1단위당 위험프리미엄

$$[E(R_m) - R_f] = \frac{E(R_i) - R_f}{\beta_i}$$

베타 1단위에 대한 위험보상이 모든 주식에 대해서 일정하다

⑤ CAPM이 성립

주식시장이 균형상태로 개별주식의 기대수익률이 SML의 수익률과 일치한다.

⑥ 음(−)의 베타

개별주식과 시장포트폴리오와의 상관계수가 (−)이면 개별주식의 베타가 음(−)의 값을 가질 수 있다. 음의 베타를 갖는 위험자산의 수익률은 무위험 자산의 수익률보다 작다.

⑦ 투자론 : 주식균형가격의 할인율

⑧ 기업재무 : 자기자본비용

3. 주식의 가격조정

주식의 기대수익률 : $E(R_i) = \dfrac{D_1 + P_1}{P_0} - 1$

$E(R_i) > R_f + [E(R_m) - R_f] \times \beta_i$	$E(R_i) < R_f + [E(R_m) - R_f] \times \beta_i$
기대수익률 > 균형수익률 시장가격 < 균형가격 주식의 시장가격이 과소평가	기대수익률 < 균형수익률 시장가격 > 균형가격 주식의 시장가격이 과대평가
주식매수 → 주가 상승 → 기대수익률 하락	주식매도 → 주가 하락 → 기대수익률 상승

4. 증권시장선(SML)의 이동

	함수	균형수익률	증권시장선(SML)
인플레이션	y축 절편	증가	위쪽으로 평행 이동
투자자들의 위험회피도 증가	기울기	증가	기울기 증가
체계적 위험의 증가	x축 값	증가	변동 없음
비체계적 위험의 증가	n/a	변동 없음	변동 없음

▷ 비체계적위험(잔차분산)의 증감은 주식의 균형수익률에 영향을 주지 않는다.

3 자본시장선(CML)과 증권시장선(SML)의 관계

CML과 SML은 모두 기대수익률과 위험의 선형적 관계를 보여주는 식이지만 다음과 같은 차이점이 있다.

	CML	SML
위험	총위험(표준편차)	체계적 위험(베타)
대상	효율적 포트폴리오	모든 주식

① CML은 효율적인 포트폴리오의 기대수익률과 총위험의 관계식이다.

② SML은 개별주식 또는 포트폴리오의 기대수익률과 체계적 위험의 관계식이다.

③ 자본시장선(CML)은 증권시장선(SML)의 부분집합이므로 다음의 관계가 성립한다.

- CML상의 포트폴리오는 항상 SML상에 있다.

- SML상의 주식은 항상 CML상에 있는 것은 아니다.

- CML상에 없는 주식이라도 SML상에 있을 수 있다.

- SML상에 없는 주식은 항상 CML상에도 없다.

④ SML상에 존재하고 CML상에도 존재하는 투자집합

균형상태이며, 시장포트폴리오와의 상관계수가 1이고 비체계적 위험은 없다.

⑤ SML상에는 존재하지만 CML상에는 존재하지 않는 투자집합

균형상태이지만 시장포트폴리오와의 상관계수가 1보다 작고 비체계적 위험이 존재한다.

⑥ SML상에 존재하지 않는 투자집합

불균형상태이며, 시장포트폴리오와의 상관계수가 1보다 작고 비체계적 위험이 존재한다.

4 CAPM 가정의 현실화

1. 무위험자산이 존재하지 않는 경우

(1) 제로–베타 CAPM

Black은 무위험자산이 없는 경우에도 기대수익률과 베타가 선형관계식이 성립함을 보였다.

(2) 제로베타 포트폴리오

위험자산 중에서 시장포트폴리오와 상관계수가 0인 포트폴리오

시장포트폴리오 : $R_m = wR_1 + (1-w)R_2$

제로베타포트폴리오 : $R_z = zR_1 + (1-z)R_2$

$Cov(R_m, R_z) = 0 = wz\sigma_1^2 + w(1-z)\sigma_{12} + (1-w)z\sigma_{12} + (1-w)(1-z)\sigma_2^2$

⇨ 제로–베타 포트폴리오는 마코위츠 효율적 투자선에 없기 때문에 비효율적이다.

2. 대출이자율과 차입이자율이 다른 경우

자본시장선의 절편인 무위험이자율이 2개가 존재하므로 마코위츠 효율적 투자선과의 접점도 2개가 존재하게 된다. → CAPM은 성립하지 않는다.

3. 이질적 예측을 하는 경우

마코위츠 효율적 투자선도 투자자마다 서로 다르게 형성될 것이고, 시장포트폴리오도 저마다 다르게 형성된다. → CAPM은 성립하지 않는다.

4. 개인소득세가 존재하는 경우

각 투자자들의 소득의 차이에 따라 부담하는 세율이 서로 다르게 되므로 개인소득세를 차감한 후의 수익률은 투자자마다 다르게 된다. → CAPM은 성립하지 않는다.

5. 거래비용이 존재하는 경우

차익거래가 발생할 수 없는 수익률의 범위가 생기며 이 범위가 균형수익률이 된다.

6. Roll의 비판

진정한 시장포트폴리오가 아닌 임의의 효율적 포트폴리오를 시장포트폴리오로 정하게 되면 기대수익률과 베타가 선형관계에 있기 때문에 CAPM의 실증은 현실적으로 불가능하다.

04 절 ▶ 시장모형

1 펀드의 성과지표

1. 샤프지수(Sharp)

$$\frac{R_p - R_f}{\sigma_p}$$

- 총위험 한 단위를 부담하는 대가로 얼마의 초과수익률을 얻는가를 나타내는 지표
- 위험보상비율 또는 변동보상율
- CML의 기울기와 같은 개념

2. 트레이너지수(Treynor)

$$\frac{R_p - R_f}{\beta_p}$$

- 체계적 위험 한 단위를 부담하는 대가로 얼마의 초과수익률을 얻는가의 지표
- 수익률−체계적 위험비율
- SML의 기울기와 같은 개념

3. 젠센지수(Jensen)

$$R_p - (R_f + (R_m - R_f) \times \beta_p)$$

- 펀드의 실제수익률이 균형수익률보다 얼마나 높은 수익률을 올렸는지의 지표
- 비정상수익률(AR: abnormal return)
- 시장모형 초과수익률 회귀선의 절편 = 젠센알파

2 시장모형(단일지수모형)

1. 의의

시장포트폴리오(주가지수)의 수익률이 모든 주식들에 영향을 주는 유일한 공통요인이라는 가정 하에 시장포트폴리오(주가지수)의 수익률을 독립변수로 하고, 개별주식의 수익률을 종속변수로 한 단순회귀선을 시장모형(market model) 또는 단일지수모형이라고 한다.

2. 단순회귀선(증권특성선(SCL))

$$R_i = \alpha_i + \beta_i R_m + e_i$$

α_i : 회귀선의 상수계수
β_i : 회귀선의 시장포트폴리오 수익률 계수 ⇨ 개별주식의 베타 (체계적 위험)
e_i : 회귀선의 잔차 ⇨ 개별주식의 고유의 위험(비체계적 위험)

시장모형은 다음과 같은 가정 하에 이루어진다.

① $E(e_i) = 0$: 잔차(오차)는 평균이 0인 무작위변수이다.

② $Cov(R_m, e_i) = 0$: 개별주식의 고유의 위험과 시장포트폴리오의 수익률은 독립적이다.

③ $Cov(e_i, e_j) = 0$: 서로 다른 개별주식의 고유의 위험은 서로 독립적이다.

3. 시장모형의 위험공식

(1) 개별주식의 기대수익률

$$E(R_i) = \alpha_i + \beta_i E(R_m)$$

(2) 개별주식의 위험

$$Var(R_i) = \sigma_i^2 = \beta_i^2 \times \sigma_m^2 + Var(e_i)$$

$\beta_i^2 \sigma_m^2$: 시장요인과 관련된 체계적 위험의 크기

$Var(e_i)$: 기업특성요인과 관련된 비체계적 위험의 크기(잔차분산)

(3) 결정계수

증권특성선의 결정계수는 시장포트폴리오의 수익률을 가지고 개별주식의 수익률의 변화를 얼마나 설명할 수 있는지를 측정한 것이다.

$$R^2 = \frac{\beta_i^2 \times \sigma_m^2}{\sigma_i^2} = \rho_{im}^2$$

- 결정계수 : 개별주식 수익률의 총위험에서 체계적 위험이 차지하는 비율
- 1−결정계수 : 개별주식 수익률의 총위험에서 비체계적 위험이 차지하는 비율

(4) 개별주식간의 공분산

서로 다른 두 주식 i, j의 공분산

$$cov(R_i, R_j) = \beta_i \times \beta_j \times \sigma_m^2$$

(5) 개별주식간의 상관계수

서로 다른 두 주식 i, j의 상관계수

$$\rho_{ij} = \rho_{im} \times \rho_{jm}$$

(6) 시장모형에 의한 포트폴리오의 위험측정

2개 주식으로 구성된 포트폴리오 : $R_p = w_1 \times R_1 + w_2 \times R_2$

$$Var(R_p) = \beta_p^2 \times Var(R_m) + Var(e_p)$$
$$\beta_p = w_1 \times \beta_1 + w_2 \times \beta_2$$
$$Var(e_p) = w_1^2 \times Var(e_1) + w_2^2 \times Var(e_2)$$

4. 초과수익률 시장모형

- 시장모형의 설명력을 높이기 위하여 초과수익률로 증권특성선을 나타낼 수 있다.
- 초과수익률 = 위험자산의 수익률 − 무위험자산의 수익률

$$R_i - R_f = \alpha_i + \beta_i \times (R_m - R_f) + e_i$$

α_i : 초과수익률 회귀선의 상수계수 ⇨ 젠센지수(젠센알파)
β_i : 회귀선의 시장포트폴리오 초과수익률 계수 ⇨ 개별주식의 베타 (체계적 위험)
e_i : 초과수익률 회귀선의 잔차 ⇨ 개별주식의 고유의 위험(비체계적 위험)

- 초과수익률 시장모형의 위험공식은 시장모형의 위험공식과 동일하다.

3 다요인모형

1. 의의

여러 가지 공통요인들을 독립변수로 하고, 개별주식의 수익률을 종속변수로 한 다중회귀선을 다요인 모형(multi−factor model)이라고 한다.

2. 2요인모형 회귀선

$$R_i = \alpha_i + \beta_{i1} \times F_1 + \beta_{i2} \times F_2 + e_i$$

β_{i1} : 개별주식의 요인 1에 대한 민감도

β_{i2} : 개별주식의 요인 2에 대한 민감도

e_i : 개별주식의 고유의 위험(비체계적 위험)

다요인모형은 다음과 같은 가정 하에 이루어진다.

① $E(e_i) = 0$: 잔차(오차)는 평균이 0인 무작위변수이다.

② $Cov(F_1, e_i) = 0$: 개별주식의 고유의 위험과 요인 1은 독립적이다.

③ $Cov(F_2, e_i) = 0$: 개별주식의 고유의 위험과 요인 2는 독립적이다.

④ $Cov(e_i, e_j) = 0$: 서로 다른 개별주식의 고유의 위험은 서로 독립적이다.

3. 개별주식의 위험

$$Var(R_i) = \sigma_i^2 = \beta_{i1}^2 \times Var(F_1) + \beta_{i2}^2 \times Var(F_2) + Var(e_i)$$

$$\beta_{i1} = \frac{Cov(F_1, R_i)}{Var(F_1)} \qquad\qquad \beta_{i2} = \frac{Cov(F_2, R_i)}{Var(F_2)}$$

$Var(e_i)$: 기업특성요인과 관련된 비체계적 위험의 크기(잔차분산)

1 차익거래가격결정모형(APT)

1. 의의

CAPM이 시장포트폴리오라는 단일요인으로 개별주식의 균형수익률을 도출하였지만 시장포트폴리오의 검증이 불가능한 단점이 있다. APT는 차익거래모형으로 시장공통 다요인으로 개별주식의 균형수익률을 도출하며 시장포트폴리오의 검증이 필요 없다.

2. 가정

① 합리적 투자자는 위험회피적이다.
② 투자자들은 차익거래이익의 극대화를 추구한다.
③ 자본시장은 거래비용, 세금 등이 전혀 없는 완전한 시장(perfect market)이다.
④ 개별주식의 수익률은 여러 가지 공통요인에 의해 결정된다.

3. 차익포트폴리오

추가적인 자금부담 없이, 추가적인 위험부담 없이 구성한 포트폴리오

① No cost : $\sum_{i=1}^{n} w_i = 0$

② No Risk : $\sum_{i=1}^{n} w_i b_{ik} = 0$ (k = 1, 2,....k)

4. APT 모형

주식시장의 균형상태에서 기대수익률과 위험 사이에 관계를 보여주는 모형

$$E(R_i) = \lambda_0 + \lambda_1 \times b_{i1} + \lambda_2 \times b_{i2} \cdots \lambda_k b_{ik}$$

b_{ik} : 요인민감도 λ_k : 요인 위험프리미엄

5. APT의 의미

(1) 균형수익률

CAPM과 마찬가지로 시장이 균형상태일 때의 기대수익률(균형수익률)이 각 요인에 대한 민감도(체계적 위험)와 선형관계를 갖고 결정된다는 모형이다.

- 시장가격을 산출된 기대수익률 > APT 기대수익률

  ⇨ 주식의 시장가격 저평가 ⇨ 매수

- 시장가격을 산출된 기대수익률 < APT 기대수익률

  ⇨ 주식의 시장가격 고평가 ⇨ 매도

(2) 요인 민감도

b_{ik}는 k요인에 대한 주식 i의 민감도로 다중회귀선을 통해 산출된다.

(3) 요인 위험프리미엄

- 요인포트폴리오(factor portfolio)

  특정 요인에 대한 민감도만 1이고 나머지 요인에 대한 민감도는 모두 0인 포트폴리오

  $$E(R_k) = R_f + \lambda_k \Rightarrow \lambda_k = E(R_k) - R_f$$

- λ_k : k요인 포트폴리오의 위험프리미엄 = 요인 k에 대한 위험프리미엄

  ☞ APT모형은 시장포트폴리오가 없기 때문에 균형상태의 개별주식 기대수익률을 APT모형에 대입하여 요인프리미엄을 연립방정식으로 계산한다.

6. CAPM과의 차이점

	CAPM	APT
결정요인	단일요인(시장포트폴리오)	다요인
시장포트폴리오의 검증	필요	불필요
단일기간 가정	필요	불필요
평균-분산기준 가정	필요	불필요
무위험자산의 가정	필요	불필요
공통점	체계적 위험을 이용한 균형수익률의 결정 위험회피적 투자자의 가정	

1 파머-프렌치 모형

3요인(factor)모형 : 시장포트폴리오, 기업규모(size), 장부가치 대 시장가치 비율

$$E(R_i) = R_f + (E(R_m) - R_f) \times \beta_{im} + E(SMB) \times \beta_{iSMB} + E(HML) \times \beta_{iHML}$$

(1) $R_m - R_f$

- 시장요인
- 시장포트폴리오 수익률과 무위험수익률의 차이
- 시장포트폴리오의 위험프리미엄

(2) SMB

- 기업규모요인
- 소형포트폴리오 수익률과 대형포트폴리오 수익률의 차이
- 소형주기업이 대형주기업에 대해 갖는 시장의 위험프리미엄

(3) HML

- 가치주요인
- 장부가치-시장가치 비율이 높은 포트폴리오의 수익률과 낮은 포트폴리오의 수익률의 차이로, 이 비율이 높은 주식은 가치주이며, 이 비율이 낮은 주식은 성장주이다.
- 가치주 기업이 성장주 기업에 대해 갖는 시장의 위험프리미엄

2 행동재무학

시장 참여자들의 비합리성으로 인하여 금융시장은 비효율적일 수 있기 때문에 투자자의 비이성적 행태를 잘 파악하면 소위 알파(alpha)라 불리는 초과수익을 얻을 수 있다.

1. 보수주의(conservative bias)

투자자가 새로운 증거가 주어져도 자신의 신념을 새롭게 바꾸는 데 상당한 시간을 필요로 하는 현상을 의미한다. 주식시장 수익률이 지속적으로 상승하거나 하락하는 관성현상은 보수주의에 기인한다.

2. 과신(over-confidence)

자신의 믿음이나 예측의 부정확성을 과소평가하고 자신의 능력을 과대평가하는 경향을 말한다. 매매회전율이 높은 계좌가 낮은 계좌에 비해 수익률이 낮은 현상이 대표적 예이다.

3. 대표성(representativeness) 오류

적은 표본으로부터 발생한 패턴을 너무 빨리 추론해 내고, 이렇게 도출된 추세를 장기로 확대 적용하는 경향을 말한다. 성과가 좋을 것으로 예측된 주식의 가격이 급등하다가 해당 주식의 이익발표 기점을 기준으로 주가가 하락하는 현상이 대표적인 예이다.

4. 전망이론(prospect theory)

합리적인 투자자를 가정하는 전통적인 기대효용이론과는 달리 투자의사결정에 투자자 개개인의 주관적인 전망이 개입된다고 주장한다. 전통적인 기대효용이론에서는 부가 많을수록 위험회피도가 감소한다고 보는 반면 전망이론에서는 이익을 볼수록 위험회피적 성향, 손실을 볼수록 위험선호적 성향을 보인다고 파악한다.

- **손실회피**(loss aversion) **현상**
  동일한 크기의 이익으로 인한 만족보다 손실로 인한 고통이 훨씬 크다.

- **처분효과**(disposition effect)
  이익이 발생한 투자자산은 매도하고 손실이 발생한 투자자산은 보유하려 한다.

5. 군중심리(herd behavior)

다수의 의견이 맞을 것이라는 믿음 하에 대중적인 정보를 신뢰하고 개별적으로 수집한 정보는 무시하는 행동을 의미한다.

6. 심리회계(mental accounting)

동일한 투자자가 높은 위험을 감수하는 계좌와 보수적으로 운용하는 계좌로 분리하여 계좌를 운용할 수 있다는 것이다. 카지노에서 자신이 돈을 따고 있는 경우 더 위험한 내기를 하는 것이 대표적인 예이다.

7. 프레임(frame)

동일한 투자안에 대해 이익을 얻을 가능성을 강조하는 경우와 손실을 볼 가능성을 강조하는 경우 의사결정이 상이해지는 것을 말한다.

8. 후회기피(regret avoidance)

좋지 않은 결과가 발생했을 때 그 결정이 관행을 벗어나지 않은 것일수록 덜 후회한다.

[문1~문7]

※ 주식 A의 수익률의 평균과 표준편차는 각각 5%와 10%이고, 주식 B의 수익률의 평균과 표준편차는 각각 9%와 20%이다. 이 두 주식에 분산투자하는 포트폴리오를 C라고 한다.

01 두 주식의 상관계수가 1보다 작으면 포트폴리오 C의 표준편차는 주식 A의 표준편차보다 항상 작을 수 있다.

02 두 주식의 상관계수가 1보다 작으면 포트폴리오 C는 항상 위험분산효과가 있다.

03 두 주식의 상관계수가 0이면 포트폴리오 C는 무위험자산이 될 수 있다.

04 두 주식에 균등하게 투자한 포트폴리오는 항상 효율적 포트폴리오이다.

05 공매도가 가능하면 포트폴리오 C의 기대수익률은 주식B의 기대수익률보다 클 수 있다.

06 공매도가 가능하면 포트폴리오 C의 베타는 주식B의 베타보다 클 수 있다.

07 공매도 가능하면 두 주식의 상관계수가 1이여도 포트폴리오 C는 위험분산효과가 있다.

[문8~문30]

※ CAPM이 성립한다고 가정한다.

08 CML상에 있는 포트폴리오의 베타는 항상 1이다.

09 CML상에 있는 포트폴리오와 시장포트폴리오의 상관계수는 항상 1이다.

10 CML상에 있는 포트폴리오와 무위험자산과의 상관계수는 항상 1이다.

11 CML상에 있는 포트폴리오와 CML상에 있는 포트폴리오와의 상관계수는 항상 1이다.

12 시장포트폴리오와 제로베타 포트폴리오와의 상관계수는 항상 0이다.

13 비체계적 위험을 가진 포트폴리오는 CML상에 놓이지 않는다.

14 비체계적 위험을 가진 포트폴리오는 SML상에 놓이지 않는다.

15 CML상에 있는 포트폴리오는 항상 SML상에도 있다.

16 SML상에 있는 포트폴리오는 항상 CML상에도 있다.

17 CML상에 없는 포트폴리오는 항상 SML상에도 없다.

18 SML상에 없는 포트폴리오는 항상 CML상에도 없다.

19 시장위험프리미엄은 음의 값을 가질 수 있다.

20 개별주식의 베타는 음의 값을 가질 수 있다.

21 개별주식의 잔차분산이 감소하면 주식의 균형수익률은 감소한다.

22 법인세율이 증가하면 주식의 균형수익률은 감소한다.

23 인플레이션이 증가하면 주식의 균형수익률은 증가한다.

24 무위험이자율보다 낮은 기대수익률을 제공하는 위험자산이 존재한다.

25 시장포트폴리오는 어떤 비효율적 포트폴리오보다 큰 변동 보상률을 갖는다.

26 SML 위쪽에 있는 주식은 향후 주가하락이 예상된다.

27 총위험이 큰 주식의 기대수익률은 총위험이 낮은 주식의 기대수익률보다 항상 크다.

28 CML에서 무위험자산과 시장포트폴리오에 대한 투자가중치는 효용함수와 무관하다.

29 APT에서는 자산의 수익률 분포에 대한 제약이 필요하다.

30 APT는 자산의 기대수익률과 관련 위험요인이 선형관계를 보여 준다.

01 X

두 주식의 상관계수가 1보다 작아도 상관계수의 값에 따라서 C의 표준편차가 주식 A의 표준편차보다 항상 클 수 있다.

02 O

위험분산효과는 상관계수가 1인 경우의 표준편차와 비교한 효과이기 때문에 상관계수가 1보다 작으면 항상 위험분산효과가 있다.

03 X

두 주식의 상관계수가 −1인 경우에만 무위험자산이 될 수 있다.

04 O

두 주식에 균등하게 투자한 포트폴리오는 최소분산포트폴리오 우측에 있기 때문에 항상 효율적 포트폴리오이다.

05 O

공매도가 가능하면 포트폴리오 C의 기대수익률은 주식B의 기대수익률보다 클 수 있고, 주식A의 기대수익률보다 작을 수 있다.

06 O

공매도가 가능하면 베타의 가법성의 원리에 의해서 포트폴리오 C의 베타는 주식B의 베타보다 클 수 있고, 주식A의 베타보다 작을 수 있다.

07 X

위험분산효과는 상관계수가 1인 경우의 표준편차와 비교한 효과이기 때문에 상관계수가 1이면 항상 위험분산효과는 없다.

08 X

대출포트폴리오의 베타는 1보다 작고, 차입포트폴리오의 베타는 1보다 크다.

09 O

CML상에 있는 포트폴리오는 시장포트폴리오와 무위험자산에 분산투자하였기 때문에 시장포트폴리오의 상관계수는 항상 1이다.

10 X

위험자산과 무위험자산과의 상관계수는 항상 0이다.

11 O

CML상에 있는 포트폴리오는 시장포트폴리오와 무위험자산에 분산투자하였기 때문에 CML상에 있는 포트폴리오간의 상관계수는 항상 1이다.

12 O

시장포트폴리오와 상관계수가 0이 되어야 베타는 0이 된다.

13 O

CML상에 있는 포트폴리오는 시장포트폴리오와 무위험자산에 분산투자하였기 때문에 비체계적 위험이 없다.

14 X

비체계적 위험을 가진 포트폴리오는 비효율적 포트폴리오이므로 CML상에는 없지만 SML상에는 있을 수 있다.

15 O

효율적 포트폴리오는 항상 균형상태이다.

16 X

균형상태에 있는 포트폴리오일지라도 비계계적 위험이 있을 수 있다.

17 X

비효율적 포트폴리오일지라도 균형상태일 수 있다.

18 O

불균형상태에 있는 포트폴리오는 항상 비계계적 위험이 존재한다.

19 X

시장위험프리미엄은 항상 양의 값을 갖는다.

20 O

개별주식과 시장포트폴리오와 상관계수가 음수인 경우 베타는 음의 값을 가질 수 있다.

21 X

개별주식의 잔차분산은 주식의 균형수익률에 영향을 주지 않는다.

22 X

법인세율이 증가하면 현금흐름이 감소하여 주가는 하락하지만 주식의 균형수익률에는 영향을 주지 않는다.

23 O

인플레이션이 증가하면 무위험자산의 수익률이 증가하여 SML의 절편이 증가하므로 주식의 균형수익률은 증가한다.

24 O

베타는 음의 값을 갖는 위험자산의 기대수익률은 무위험이자율보다 작다.

25 O

시장포트폴리오는 가장 효율적 포트폴리오이다.

26 X

SML 위쪽에 있는 주식은 현재 주가가 과소평가되었기 때문에 시장참여자들이 주식을 매입하여 향후 주가상승이 예상된다.

27 X

주식의 기대수익률은 체계적 위험에 의하여 결정된다.

28 X

최적포트폴리오는 자본시장선(CML)과 무차별곡선과 접하는 점에서 결정된다.

29 X

APT에서는 정규분표와 같은 자산의 수익률 분포에 대한 제약이 필요 없다.

30 O

CAPM과 APT는 자산의 기대수익률과 관련 위험요인이 선형관계를 보여 준다.

01 절 마코위츠 포트폴리오 이론

문제 1

(2020년)

다음의 조건을 만족하는 위험자산 A와 위험자산 B로 구성된 포트폴리오 p에 관한 설명으로 적절한 항목만을 모두 선택한 것은? 단, $E(R_A)$, $E(R_B)$ 그리고 $E(R_p)$ 는 각각 위험자산 A, 위험자산 B 그리고 포트폴리오 p의 기대수익률을 나타내고, σ_A 와 σ_B 는 각각 위험자산 A와 위험자산 B 수익률의 표준편차를 나타낸다.

〈 조 건 〉
· 위험자산 A 수익률과 위험자산 B 수익률 간의 상관계수(ρ)는 -1보다 크고 1보다 작다.
· 공매도(short sale)는 허용되지 않는다.

a. $0 < E(R_A) \leq E(R_B)$ 의 관계가 성립한다면, 상관계수(ρ)의 크기에 관계없이 $E(R_A) \leq E(R_p) \leq E(R_B)$ 이다.

b. $\sigma_A = \sigma_B$ 인 경우, 상관계수(ρ)의 크기에 관계없이 두 위험자산에 투자자금의 50%씩을 투자하면 최소분산포트폴리오를 구성할 수 있다.

c. 위험자산 A와 위험자산 B에 대한 투자비율이 일정할 때, 상관계수(ρ)가 작아질수록 포트폴리오 p 수익률의 표준편차는 작아진다.

① a   ② a, b   ③ a, c   ④ b, c   ⑤ a, b, c

풀이

ⓐ 공매도가 허용되지 않은 경우 포트폴리오의 기대수익률은 위험자산 A와 위험자산 B의 기대수익률 사이에 있다.

ⓑ $w_A^{MVP} = \dfrac{\sigma_B^2 - \sigma_{AB}}{\sigma_A^2 + \sigma_B^2 - 2\sigma_{AB}}$ 에서 $\sigma_A = \sigma_B$ ⇨ $w_A^{MVP} = \dfrac{\sigma_A^2 - \sigma_{AB}}{\sigma_A^2 + \sigma_A^2 - 2\sigma_{AB}} = 0.5$

ⓒ 상관계수(ρ)가 작아질수록 포트폴리오효과(분산효과)가 커지기 때문에 포트폴리오 표준편차는 작아진다.

정답 : 5

문제 2

(2019년)

만기가 1년 후이고 만기일 이전에는 현금흐름이 발생하지 않는 위험자산 A가 있다. 이 자산은 만기일에 경기가 호황인 경우 140원, 불황인 경우 80원을 투자자에게 지급한다. 위험자산 A의 현재 적정 가격이 100원이라면, 위험자산 A의 적정 할인율에 가장 가까운 것은? 단, 경기가 호황과 불황이 될 확률은 각각 50%이다.

① 연 8%   ② 연 10%   ③ 연 14%   ④ 연 20%   ⑤ 연 30%

풀 이

$$100 = \frac{140 \times 0.5 + 80 \times 0.5}{1 + k} \rightarrow k = 10\%$$

정답 : 2

문제 3

(2019년)

두 개의 주식(A와 B)으로 포트폴리오를 구성하고자 한다. 공매도(short sale)가 허용된다고 가정할 때, 다음 중 수익률의 표준편차가 0인 포트폴리오를 구성할 수 있는 경우만을 모두 선택한 것은? 단, 두 주식 수익률의 표준편차는 모두 0보다 크다고 가정한다.

a. 주식 A와 B 수익률의 상관계수가 −1인 경우
b. 주식 A와 B 수익률의 상관계수가 0인 경우
c. 주식 A와 B 수익률의 상관계수가 1인 경우

① a   ② a, b   ③ a, c   ④ b, c   ⑤ a, b, c

풀 이

상관계수가 0인 경우 공매가 허용되어도 포트폴리오의 표준편차가 0이 되지 않는다.

⇨ 두 주식의 상관계수가 0인 경우 포트폴리오의 위험은 항상 0보다 크다.

$$\rho_{12} = 0 \rightarrow \sigma_p = \sqrt{w_1^2 \times \sigma_1^2 + w_2^{2 \times} \sigma_2^2}$$

정답 : 3

문제 4

지배원리를 이용하여 두 위험자산 A, B에서만 자산을 선택하려고 한다. 두 자산 A와 B의 기대수익률과 표준편차가 다음 표와 같다. 두 자산 간의 상관계수가 0이라고 가정할 때, 다음 설명 중 적절하지 않은 것은?

주식	기대수익률	표준편차
A	12%	10%
B	5%	20%

① 상호배타적 투자의 경우, 모든 위험회피적 투자자는 자산 A를 선택한다.
② 상호배타적 투자의 경우, 모든 위험중립적 투자자는 자산 A를 선택한다.
③ 상호배타적 투자의 경우, 자산 A를 선택하는 위험선호적 투자자가 존재할 수 있다.
④ 두 자산으로 분산투자하는 경우, 모든 위험회피적 투자자는 자산 A를 양의 비율로 보유한다.
⑤ 두 자산으로 분산투자하는 경우, 자산 A와 B를 각각 70%와 30%의 비율로 보유하는 위험회피적 투자자가 존재할 수 있다.

풀이

(1) 위험회피적 투자자 : A 선택 (기대수익률이 더 크고 위험이 작기 때문)

(2) 위험중립적 투자자 : A 선택 (기대수익률이 더 크고 때문)

(3) 위험선호적 투자자 : A 또는 B선택

(4) (5) 최소분산포트폴리오 주식 A의 투자비율 : $w_A^{MVP} = \dfrac{20^2 - 0}{10^2 + 20^2 - 2 \times 0} = 0.8$

효율적 포트폴리오 : $w_A \geq 0.8, w_B \leq 0.2$ 주식 A의 투자비율이 80%이상 이어야 한다.

정답 : 5

(2017년)

위험회피적인 투자자 갑은 무위험자산과 위험자산 A를 이용하여 자신의 효용을 극대화하는 포트폴리오를 구성하고자 한다. 투자자 갑의 효용을 극대화하는 포트폴리오에서 위험자산 A 가 차지하는 투자비중에 관한 다음 설명 중 옳은 것만을 모두 선택한 것은? 단, 위험자산 A 의 기대수익률은 무위험수익률보다 높고, 투자자 갑의 효용함수는 $U = E(R_p) - \frac{1}{2} \times \gamma \times \sigma_p^2$ 과 같다고 가정한다. 여기서, $E(R_p)$와 σ_p는 각각 위험자산 A와 무위험자산이 결합한 포트폴리오의 기대수익률과 표준편차이다. 그리고 γ는 투자자 갑의 위험회피도(위험회피계수)이다.

> a. 다른 조건은 일정할 때, 위험자산 A의 기대수익률이 높을수록 위험자산 A에 대한 투자비중도 높다.
> b. 다른 조건은 일정할 때, 투자자 갑의 위험회피도가 클수록 위험자산 A에 대한 투자비중도 높다.
> c. 다른 조건은 일정할 때, 위험자산 A의 표준편차가 클수록 위험자산 A에 대한 투자비중도 높다.

① a   ② b   ③ c   ④ a, c   ⑤ b, c

풀이

$U = E(R_p) - \frac{1}{2} \times \gamma \times \sigma_p^2$ 에서

효용 = f (기대수익률 +, 위험회피도 − , 표준편차 −)

정답 : 1

주식 A와 주식 B로 위험포트폴리오를 구성하고자 한다. 주식 A와 주식 B의 기대수익률은 10%로 같으며, 주식 A 수익률의 표준편차와 주식 B 수익률의 표준편차는 각각 20%와 40%이다. 샤프비율($\frac{E(R_i) - R_f}{\sigma_i}$)에 관한 다음 설명 중 옳은 것만을 <u>모두</u> 선택한 것은?

단, $E(R_i)$와 σ_i는 각각 주식(포트폴리오) i의 기대수익률과 수익률의 표준편차이고, 주식 A와 주식 B에 대한 투자비율의 합은 1이며, 무위험수익률(R_f)은 5%이다. 공매도는 허용하지 않는다고 가정한다.

> a. 주식 A의 샤프비율은 주식 B의 샤프비율의 두 배이다.
> b. 주식 A와 주식 B 사이의 상관계수가 1인 경우, 주식 B에 대한 투자비율이 높아질수록 위험포트폴리오의 샤프비율은 하락한다.
> c. 주식 A와 주식 B 사이의 상관계수가 0인 경우, 위험포트폴리오 가운데 최소분산포트폴리오의 샤프비율이 가장 크다.

① a   ② b   ③ a, c   ④ b, c   ⑤ a, b, c

풀이

(1) 주식 A의 샤프비율 = (10−5)/20 = 0.25

    주식 B의 샤프비율 = (10−5)/40 = 0.125

(2) 주식 B에 대한 투자비율 = w 라고 하면

    포트폴리오의 기대수익률 = (1−w) × 10 + w × 10 = 10%

    포트폴리오의 표준편차 = (1−w) × 20 + w × 40 = 20w + 20

    포트폴리오의 샤프비율 = $\dfrac{E(R_p) - R_f}{\sigma_p} = \dfrac{10-5}{20w+20} = \dfrac{1}{4w+4}$

    ⇨ w가 증가면 샤프비율은 감소한다.

(3) 두 주식은 기대수익률은 동일하지만 위험이 상이하므로 상관계수와 관계없이 두 주식으로 구성된 포트폴리오는 수평선이다. 상관계수와 관계없이 최소분산포트폴리오는 주식A이므로 최소분산포트폴리오의 샤프비율이 가장 크다.

정답 : 5

(2016년)

위험자산 A, B, C의 기대수익률과 수익률의 표준편차는 다음과 같다. 지배원리를 이용하여 투자자 갑은 이들 세 가지 위험자산 가운데 두 가지 효율적 자산을 선택하고, 이 두 가지 효율적 자산에 각각 50%씩 투자하여 포트폴리오 K를 구성하고자 한다. 포트폴리오 K 수익률의 표준편차에 가장 가까운 것은? 단, 각 위험자산 사이의 상관계수는 모두 0이라고 가정한다.

위험자산	A	B	C
기대수익률	9%	12%	10%
표준편차	13%	15%	10%

① 7%　　　② 8%　　　③ 9%　　　④ 10%　　　⑤ 11%

풀 이

지배원리에 의하여 주식 A는 주식 C보다 비효율적이다.

따라서 포트폴리오 K는 주식 B와 주식 C에 투자한 것이다.

$R_K = 0.5 \times R_B + 0.5 \times R_C$

$Var(R_K) = 0.5^2 \times 15^2 + 0.5^2 \times 10^2 + 2 \times 0.5 \times 0.5 \times 0 = 81.25$

$\sigma_K = \sqrt{81.25} = 9.01\%$

정답 : 3

문제 8

시장에는 두 개의 위험자산 A와 B만 존재한다고 가정하자. 이 두 위험자산의 기대수익률은 동일하며, 위험(표준편차) 역시 서로 동일하다. 위험회피적인 투자자 갑은 두 개의 위험자산 A와 B로 포트폴리오를 구성하려고 한다. 투자자 갑의 최적 포트폴리오에서 위험자산 A에 대한 투자비율은 얼마인가? 단, 이 두 자산 사이의 공분산($Cov(R_A, R_B)$)은 0이다.

① 0.0   ② 1/4   ③ 1/3   ④ 1/2   ⑤ 2/3

풀 이

최소분산포트폴리오는 효율적 포트폴리오이므로 최적포트폴리오가 될 수 있다. 두 위험자산의 표준편차가 동일하고 공분산이 0이므로 최소분산포트폴리오의 위험자산 A의 투자비율은 다음과 같다.

$$w_A = \frac{\sigma_B^2 - \sigma_{AB}}{\sigma_A^2 + \sigma_B^2 - 2\sigma_{AB}} = \frac{\sigma_B^2 - 0}{\sigma_A^2 + \sigma_B^2 - 2 \times 0} = \frac{\sigma_A^2 - 0}{\sigma_A^2 + \sigma_A^2 - 2 \times 0} = 0.5$$

⇨ different solution

두 개 주식에 동일한 비율로 투자한 포트폴리오는 항상 효율적이다.

정답 : 4

(2015년)

다음은 세 가지 위험자산(A, B, C)의 기대수익률과 표준편차이다.

	A	B	C	
기대수익률	10%	15%	20%	
표준편차	5%	?	15%	

지배원리를 적용하였을 때, 옳은 것만을 모두 고르면? (단, 투자자는 위험회피형이고, 투자자의 효용함수는 2차함수의 형태를 가지며, 수익률은 정규분포를 따른다고 가정한다.)

> a. B의 표준편차가 3%이면, A가 B를 지배한다.
> b. B의 표준편차가 18%이면, B가 C를 지배한다.
> c. B의 표준편차가 13%이면, A, B, C 사이에는 지배관계가 성립하지 않는다.

① a   ② b   ③ c   ④ a, b   ⑤ b, c

풀이

B의 표준편차가 3%이면, 지배원리에 의하여 B가 A를 지배한다.

B의 표준편차가 18%이면, 지배원리에 의하여 C가 B를 지배한다.

B의 표준편차가 13%이면, A, B, C 사이에는 지배관계가 성립하지 않는다.

정답 : 3

문제 10

두 개의 자산만으로 포트폴리오를 구성하려고 한다. 자산의 기대수익률과 표준편차는 다음과 같다.

	기대수익률	표준편차
자산 I	13%	10%
자산 II	20%	15%

다음 설명 중 적절한 항목만을 모두 고르면? (단, 공매도는 가능하지 않다고 가정한다.)

(가) 상관계수가 −1일 경우 무위험포트폴리오를 만들기 위한 두 자산 I, II의 구성비율은 각각 0.4와 0.60이다.

(나) 상관계수가 0.2일 경우 포트폴리오의 표준편차를 10%보다 작게 만드는 두 자산의 구성비율이 존재한다.

(다) 상관계수가 0.8일 경우 포트폴리오의 표준편차는 결코 10%보다 작을 수 없다.

(라) 두 자산으로 구성된 포트폴리오 A와 B가 모두 효율적(efficient) 포트폴리오라면, 두 포트폴리오 A와 B의 구성비를 선형 결합한 새로운 포트폴리오도 효율적이다.

① (나), (라)　　　　② (다), (라)　　　　③ (나), (다)

④ (나), (다), (라)　　⑤ (가), (나), (라)

풀 이

(가) 상관계수가 −1일 때 무위험포트폴리오는 최소분산포트폴리오를 구성한다.

$$w_1 = \frac{\sigma_2^2 - \sigma_{12}}{\sigma_1^2 + \sigma_2^2 - 2\sigma_{12}} = \frac{15^2 - 10 \times 15 \times (-1)}{10^2 + 15^2 - 2 \times -10 \times 15 \times (-1)} = 0.6$$

∴ 두 자산 I, II의 구성비율은 각각 0.6과 0.4이다.

(나)(다) 최소분산포트폴리오의 위험이 주식1의 위험보다 작다면 최소분산포트폴리오의 주식1 투자

비율이 1보다 작아야 한다. $w_1 = \dfrac{\sigma_2^2 - \sigma_{12}}{\sigma_1^2 + \sigma_2^2 - 2\sigma_{12}} = \dfrac{15^2 - 15 \times 10 \times \rho_{12}}{15^2 + 10^2 - 2 \times 15 \times 10 \times \rho_{12}} < 1 \Rightarrow \rho_{12} < \dfrac{2}{3}$

상관계수가 0.67보다 작으면 포트폴리오의 표준편차를 10%보다 작게 만들 수 있으며 상관계수가 0.67보다 크면 포트폴리오의 표준편차를 10%보다 작게 만들 수 없다.

(라) 효율적 포트폴리오와 효율적 포트폴리오의 포트폴리오는 효율적이다.

정답 : 4

문제 11 (2012년)

가로축은 투자안의 위험을 나타내고 세로축은 투자안의 기대수익을 나타낸다. 이 그림 중에서 위험중립형 투자자의 등기대효용곡선은 어느 것인가?

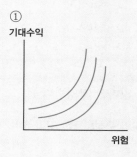

① 기대수익 / 위험

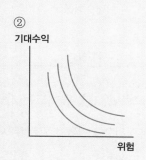

② 기대수익 / 위험

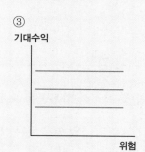

③ 기대수익 / 위험

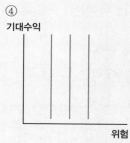

④ 기대수익 / 위험

⑤ 기대수익 / 위험

풀이

위험회피형의 무차별곡선은 우상향이므로(1)이다.
위험중립형의 무차별곡선은 수평이므로(3)이다.
위험선호형의 무차별곡선은 우하향이므로(2)이다.

정답 : 3

문제 12

주식 A의 수익률의 평균(=기대값)과 표준편차는 각각 9%와 20%이고, 주식 B의 수익률의 평균과 표준편차는 각각 5%와 10%이다. 이 두 주식에 분산투자하는 포트폴리오 C의 수익률의 평균과 분산에 관한 주장 중 맞는 것을 모두 골라라. 단, 주식의 공매도(short sale)가 가능하며, 두 주식의 수익률의 공분산은 0이다.

> a. 포트폴리오 C의 수익률의 평균이 29%가 될 수 있다
> b. 포트폴리오 C의 수익률의 평균이 0%가 될 수 있다
> c. 포트폴리오 C의 수익률의 평균이 −5%가 될 수 있다
> d. 포트폴리오 C의 분산이 0이 될 수 있다

① a, b, c, d   ② a, b, c   ③ b, c   ④ a, c   ⑤ b, c, d

풀이

2개 주식으로 구성된 포트폴리오 : $R_C = w_A R_A + w_B R_B$

(1) 포트폴리오의 기대수익률

공매가능 : 9%보다 더 크거나 5%보다 더 작을 수 있다.

공매불가능 : 5%이상, 9%이하

(2) 포트폴리오의 분산

공분산=0이므로 상관계수도 0이다.

$\rho = 0 \rightarrow \sigma_C^2 = w_A^2 \times \sigma_A^2 + w_{B2}^2 \times \sigma_B^2 > 0$

두 주식의 상관계수=0이면 무위험포트폴리오의 구성은 불가능하다.

정답 : 2

(2006년)

자산 세 개(A, B, C)의 1년 후 시장상황에 따른 예상수익 (단위: 원)은 다음과 같다. 단, 1년 후 호황과 불황의 확률은 각각 50% 이다.

	자산 A	자산 B	자산 C
1년후 수익(호황)	110	120	160
1년후 수익(불황)	110	100	80

자산 A의 현재가격은 100원이다. 다음 중 자산의 균형가격으로 성립될 수 없는 것은?
① 위험회피형 투자자만 있는 세계에서 자산 B의 현재가격이 97원이다.
② 위험회피형 투자자만 있는 세계에서 자산 C의 현재가격이 105원이다.
③ 위험선호형 투자자만 있는 세계에서 자산 C의 현재가격이 115원이다.
④ 위험중립형 투자자만 있는 세계에서 자산 B의 현재가격이 100원이다.
⑤ 위험중립형 투자자만 있는 세계에서 자산 C의 현재가격이 107원이다.

풀 이

(1) 위험중립형 투자자의 자산 평가

자산A는 미래현금흐름의 불확실성이 없기 때문에 무위험자산이다.

$$P_A = 100 = \frac{(110 \times 0.5) + (110 \times 0.5)}{1 + R_f} \rightarrow 무위험이자율 = 10\%$$

위험중립형 투자자는 자산B와 자산C의 현재가치도 무위험이자율로 할인한다.

$$P_B = \frac{(120 \times 0.5) + (100 \times 0.5)}{1.1} = 100 \qquad P_C = \frac{(160 \times 0.5) + (80 \times 0.5)}{1.1} = 109$$

(2) 위험회피형 투자자의 자산평가

자산A는 무위험자산이기 때문에 위험회피형 투자자도 무위험이자율 10%로 할인한다.

$$P_A = 100$$

위험회피형 투자자는 RP > 0이기 때문에 자산B와 자산C의 현재가치는 무위험이자율 보다 더 큰 이자율로 할인한다.

$$P_B = \frac{(120 \times 0.5) + (100 \times 0.5)}{(1 + 0.1 + RP)^1} < 100 \qquad P_C = \frac{(160 \times 0.5) + (80 \times 0.5)}{(1 + 0.1 + RP)^1} < 109$$

(3) 위험선호형 투자자의 자산평가

자산A는 무위험자산이기 때문에 위험선호형 투자자도 무위험이자율 10%로 할인한다.

$$P_A = 100$$

위험선호형 투자자는 RP<0이기 때문에 자산B와 자산C의 현재가치는 무위험이자율 보다 더 작은 이자율로 할인한다.

$$P_B = \frac{(120 \times 0.5) + (100 \times 0.5)}{(1 + 0.1 + RP)^1} > 100 \qquad P_C = \frac{(160 \times 0.5) + (80 \times 0.5)}{(1 + 0.1 + RP)^1} > 109$$

정답 : 5

(2006년)

문제 14

두개의 자산으로 포트폴리오를 구성하고자 한다. 각 자산의 수익률의 표준편차와 구성 비율은 다음과 같다. 단, $\sigma_1 < \sigma_2$, $w_1 + w_2 = 1$, $w_1 \geq 0$, $w_2 \geq 0$ 이다.

	표준편차	구성비율
자산 1	σ_1	w_1
자산 2	σ_2	w_2

아래에서 옳은 기술만을 모두 모은 것은?

> **a.** 상관계수가 −1일 경우 무위험포트폴리오를 만들기 위한 구성 비율은 $w_2 = \dfrac{\sigma_2}{\sigma_1 + \sigma_2}$이다.
>
> **b.** 만약 $\sigma_1 = 0$ 이고, $w_1 = w_2 = 0.5$ 이면 포트폴리오의 표준편차는 $0.5 \times \sigma_2$ 이다.
>
> **c.** 상관계수가 양수이면 포트폴리오의 표준편차는 항상 σ_1보다 크거나 같다.

① a 　② b 　③ a,b 　④ b,c 　⑤ a,b,c

풀 이

(1) $R_p = w_1 R_1 + w_2 R_2$

상관계수가 −1일 때 무위험포트폴리오는 최소분산포트폴리오를 구성한다.

$$w_1 = \frac{\sigma_2^2 - \sigma_{12}}{\sigma_1^2 + \sigma_2^2 - 2\sigma_{12}} = \frac{\sigma_2^2 + \sigma_1 \times \sigma_2}{\sigma_1^2 + \sigma_2^2 + 2 \times \sigma_1 \times \sigma_2} = \frac{\sigma_2}{\sigma_1 + \sigma_2}$$

(2) $\sigma_1 = 0$ 이므로 자산 1은 무위험자산

무위험자산과 위험자산의 포트폴리오의 위험

$$R_p = w \times R_2 + (1-w) \times R_f \Rightarrow \sigma_p = w \times \sigma_2 = 0.5 \times \sigma_2$$

(3) 상관계수 < 1

두 주식의 포트폴리오의 위험은 개별주식의 위험보다 작을 수 있다.

정답 : 2

문제 15

다음은 A, B 두 주식에 대한 기대수익률, 수익률의 표준편차, 수익률의 공분산이다. 총 1억원의 투자자금으로 위의 주식들을 활용하여 I, II, III 세 가지의 포트폴리오를 구축하였다고 하면 위험회피형 투자자의 투자 행태에 대한 설명으로 가장 적절한 것은?

$$E(R_A) = 8\%, \quad E(R_B) = 10\%, \quad \sigma_A = 10\%, \quad \sigma_B = 15\%, \quad \sigma_{AB} = -0.006$$

포트폴리오	주식 A	주식 B
I	1억원	–
II	5천만원	5천만원
III	–	1억원

① 포트폴리오 I은 적절한 투자안이 될 수 있다.
② 포트폴리오 II는 적절한 투자안이 될 수 있다.
③ 지배원리에 의하면 포트폴리오 III은 포트폴리오 II보다 효율적인 투자안이므로 II를 지배한다.
④ 위험회피도가 낮은 투자자는 포트폴리오 III에 비하여 포트폴리오 I을 선택할 가능성이 높다.
⑤ 위험회피도가 높은 투자자는 포트폴리오 II에 비하여 포트폴리오 III을 선택할 가능성이 높다.

풀 이

(1) 포트폴리오 II의 기대수익률과 표준편차

$R_p = 0.5R_A + 0.5R_B$ $\qquad\qquad E(R_p) = 0.5 \times 8 + 0.5 \times 10 = 9\%$

$\sigma_p = \sqrt{0.5^2 \times 10^2 + 0.5^2 \times 15^2 + 2 \times 0.5 \times 0.5 \times (-60)} = 7.16\%$

(2) 효율적 포트리오

	I	II	III
기대수익률	8%	9%	10%
표준편차	10%	7.16%	15%

지배원리에 의하면 포트폴리오 II는 I을 지배하며, II와 III는 선택 가능하다.
따라서 포트폴리오 I은 비효율적이며, II와 III은 효율적이다.
⇨ 위험회피도가 낮은 투자자는 III을 선택하며, 위험회피도가 높은 투자자는 II를 선택한다.

정답 : 2

A, B, C, D 투자안의 호경기와 불경기 때의 수익률이 주어져 있다. 투자안 가운데 하나를 선택하는 경우, 다음 중 옳은 것을 모아 놓은 것은?

투자안	호경기	불경기
A	10%	10%
B	13%	7%
C	14%	6%
D	15%	9%

단, 호경기와 불경기가 발생할 확률은 각각 1/2로 동일하다.

> a. 위험회피적 투자자들 가운데에서도 D 투자안을 선택하는 투자자가 있다.
> b. 위험중립적 투자자는 A 투자안, B 투자안 및 C 투자안을 동일하게 평가한다.
> c. 위험추구적 투자자는 A 투자안과 B 투자안 중에서는 B 투자안을 선택한다.

① a, b, c   ② b, c   ③ a, c   ④ a, b   ⑤ c

풀이

투자안의 기대수익률과 표준편차를 구하면 다음과 같다.

투자안	기대수익률	표준편차
A	10%	0%
B	10%	3%
C	10%	4%
D	12%	3%

(1) 위험회피적 투자자

　　지배원리에 의하여 A가 B와 C를 지배하므로 A 또는 D를 선택한다.

(2) 위험중립적 투자자

　　기대수익률이 가장 큰 D를 선택하며 A, B, C는 동일하게 평가한다.

(3) 위험추구적 투자자

　　A, B, C중에서는 C를 선택하므로 C 또는 D를 선택한다.

정답 : 1

문제 17

주식과 채권 반반으로 구성된 뮤추얼펀드가 있다고 하자. 뮤추얼펀드를 구성하고 있는 주식과 채권의 분산이 각각 0.16과 0.04이고, 주식과 채권간의 공분산은 −0.1이다. 뮤추얼펀드의 분산을 $\sigma_p^2 = w_s S_s + w_b S_b$ 라고 할 때 ($w_s = w_b = \frac{1}{2}$, S_s = 주식으로 인한 뮤추얼펀드의 분산 기여도, S_b = 채권으로 인한 뮤추얼펀드의 분산 기여도), S_s 는 얼마인가?

① 0.02   ② 0.03   ③ 0.05   ④ 0.08   ⑤ 0.16

풀 이

(1) 개별주식과 포트폴리오의 공분산

$R_p = w_1 R_1 + w_2 R_2$

주식1과 포트폴리오의 공분산 $\sigma_{p1} = Cov(R_p, R_1) = w_1 \sigma_1^2 + w_2 \sigma_{12}$

주식2와 포트폴리오의 공분산 $\sigma_{p2} = Cov(R_p, R_2) = w_2 \sigma_2^2 + w_1 \sigma_{12}$

(2) 포트폴리오의 위험

포트폴리오의 분산을 개별주식과 포트폴리오의 공분산으로 정리하면 다음과 같다.

$\sigma_p^2 = w_1^2 \sigma_1^2 + w_2^2 \sigma_2^2 + 2w_1 w_2 \sigma_{12} \rightarrow \sigma_p^2 = w_1 \sigma_{p1} + w_2 \sigma_{p2}$

(3) 뮤추얼펀드의 분산

$\sigma_p^2 = w_s S_s + w_b S_b \rightarrow S_s$ = 주식과 뮤추얼펀드의 공분산

$S_s = w_s \sigma_s^2 + w_b \sigma_{sb} = (0.5 \times 0.16) + (0.5 \times -0.1) = 0.03$

정답 : 2

문제 18

포트폴리오의 분산효과에 대한 설명으로 타당한 것은?

① 완전한 분산투자는 모든 위험을 제거한다.
② 양의 상관관계를 가지는 주식들 사이에는 분산투자효과가 없다.
③ 포트폴리오에 포함된 주식의 종류가 많을수록 총위험은 줄어든다.
④ 15~20개의 주식을 구입하기 전에는 분산투자효과가 없다.
⑤ 분산투자로 포트폴리오의 기대수익률은 줄어든다.

풀 이

(1) 완전한 분산투자도 체계적 위험은 제거할 수 없다.
(2) 상관계수가 1이 아니면 분산투자효과는 존재한다.
(4) 두 개 이상의 주식으로 포트폴리오를 구성하면 분산효과가 있다.
(5) 분산투자로 포트폴리오의 위험이 줄어든다.

정답 : 3

문제 19

다음은 두 자산으로 이루어진 포트폴리오의 기대수익률과 위험을 상관계수에 따라 그래프로 표시한 것이다. 잘못 표시된 것은?

①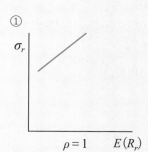

②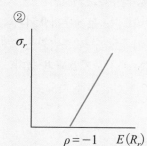

③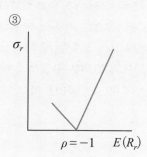

④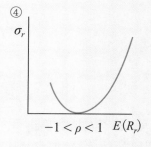

⑤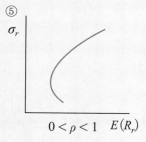

풀이

주어진 그림은 X축이 기대수익률, Y축이 표준편차이다. 원칙적으로는 축을 회전하여 분석을 하여야 하지만 (5)의 경우에는 $0 < \rho < 1$ 의 범위에서 기존의 그래프와 문제의 그래프가 동일하므로 틀린 답이라는 것을 빨리 찾을 수 있다. 시간이 부족한 1차 시험장에서는 (1), (2), (3), (4)의 그림의 축을 회전하는 것보다는 기존의 그림과 동일한 (5)를 빨리 찾아내는 지혜가 필요하다.

정답 : 5

문제 20

세 개의 위험자산 A, B, C만이 유통되는 자본시장에서 아래와 같은 두 개의 포트폴리오가
효율적 포트폴리오(efficient portfolio)임을 알게 되었다.

	자산의 구성비율(A : B : C)	기대수익률
효율적 포트폴리오 (X)	(50% : 30% : 20%)	30%
효율적 포트폴리오 (Y)	(10% : 50% : 40%)	18%

기대수익률이 22%가 되는 효율적 포트폴리오의 자산 A의 구성비를 나타내시오.

풀이

효율적 포트폴리오 X의 구성 : $R_X = 0.5 \times R_A + 0.3 \times R_B + 0.2 \times R_C \Rightarrow E(R_X) = 30\%$

효율적 포트폴리오 Y의 구성 : $R_Y = 0.1 \times R_A + 0.5 \times R_B + 0.4 \times R_C \Rightarrow E(R_Y) = 18\%$

기대수익률 22%의 효율적 포트폴리오의 구성

$R_P = w \times R_X + (1-w) \times R_Y$

$E(R_P) = w \times 30 + (1-w) \times 18 = 22 \Rightarrow w = 1/3$

자산 A의 구성비 $= 0.5 \times 1/3 + 0.1 \times 2/3 = 0.2333(23.33\%)$

자산 B의 구성비 $= 0.3 \times 1/3 + 0.5 \times 2/3 = 0.4333(43.33\%)$

자산 C의 구성비 $= 0.2 \times 1/3 + 0.4 \times 2/3 = 0.3333(33.33\%)$

$\Rightarrow$ 효율적 포트폴리오와 효율적 포트폴리오의 포트폴리오는 항상 효율적이다.

정답 : 23.33%

문제 21

자산 X와 자산 Y의 수익률의 기대값과 표준편차는 다음의 표와 같다.

	자산 X	자산 Y
기대수익률	20%	10%
표준편차	15%	5%

자산 X와 자산 Y의 상관계수가 −1이고 이들 두 자산만으로 구성된 포트폴리오의 표준편차가 13%일 경우에 허용 가능한 포트폴리오의 기대수익률을 모두 구하시오. 단, 공매도가 가능하다고 가정한다.

풀이

상관계수가 −1인 경우 표준편차가 13%인 포트폴리오

$$\sigma_p = |w \times \sigma_X - (1-w) \times \sigma_Y|$$
$$= |15 \times w - 5 \times (1-w)| = 13 \rightarrow w = 0.9 \text{ 또는 } w = -0.4$$

포트폴리오의 기대수익률

$w = 0.9$인 경우 : $E(R_p) = 0.9 \times 20 + 0.1 \times 10 = 19\%$

$w = -0.4$인 경우 : $E(R_p) = (-0.4) \times 20 + 1.4 \times 10 = 6\%$

정답 : 6%, 19%

문제 22

주식 1과 주식 2에 자료가 다음과 같다. (단, 두 주식의 상관계수는 −0.1이다.)

	주식 1	주식 2
표준편차	10%	20%
기대수익률	10%	20%

(1) 최소분산 포트폴리오의 기대수익률과 표준편차는 얼마인가?
(2) 시장 포트폴리오가 각 주식에 균등 투자한 것이라면, 주식 1과 시장포트폴리오와의 공분산은 얼마인가?

풀 이

(1) 두 주식의 공분산 : $\sigma_{12} = (-0.1) \times 10 \times 20 = -20$

최소분산포트폴리오의 주식1의 투자비율

$$w_1 = \frac{\sigma_2^2 - \sigma_{12}}{\sigma_1^2 + \sigma_2^2 - 2\sigma_{12}} = \frac{20^2 - (-20)}{10^2 + 20^2 - 2 \times (-20)} = 0.777$$

최소분산포트폴리오의 기대수익률

$E(R_p) = 0.777 \times 10 + 0.223 \times 20 = 12.23 \rightarrow 12.23\%$

최소분산포트폴리오의 분산 및 표준편차

$Var(R_p) = 0.777^2 \times 10^2 + 0.223^2 \times 20^2 + 2 \times 0.777 \times 0.223 \times (-20) = 72.970$

$\rightarrow \sigma_p = 8.54\%$

(2) 시장포트폴리오 : $R_m = 0.5R_1 + 0.5R_2$

시장포트폴리오와 주식1의 공분산

$Cov(R_m, R_1) = Cov(0.5R_1 + 0.5R_2, R_1) = 0.5 \times 10^2 + 0.5 \times (-20) = 40\%^2 \rightarrow 0.004$

정답 : 12.23%, 8.54%, 0.004

02절 ▶ 자본시장선(CML)

문제 23

(2020년)

시장포트폴리오와 무위험자산에 대한 투자비율이 각각 80%와 20%인 최적포트폴리오 A가 있다. CAPM이 성립한다고 가정할 때, 시장포트폴리오의 샤프비율과 최적포트폴리오 A의 샤프비율 사이의 차이($\frac{E(R_m) - R_f}{\sigma_m} - \frac{E(R_A) - R_f}{\sigma_A}$)는 얼마인가? 단, 시장포트폴리오의 기대수익률($E(R_m)$)과 무위험수익률(R_f)은 각각 20%와 5%이며, 시장포트폴리오 수익률의 표준편차(σ_m)는 15%이다. $E(R_A)$와 σ_A는 각각 최적포트폴리오 A의 기대수익률과 수익률의 표준편차를 나타낸다.

① −1.0   ② −0.5   ③ 0   ④ 0.5   ⑤ 1.0

풀이

$R_A = 0.8R_m + 0.2R_f$

$E(R_A) = 0.8 \times 20 + 0.2 \times 5 = 17\%$

$\sigma_A = w \times \sigma_m = 0.8 \times 15 = 12\%$

$$\frac{E(R_A) - R_f}{\sigma_A} - \frac{E(R_m) - R_f}{\sigma_m} = \frac{17 - 5}{12} - \frac{20 - 5}{15} = 0$$

⇨ different solution

자본시장선상의 포트폴리오는 샤프비율(CML 기울기)이 모두 동일하므로 최적포트폴리오와 시장포트폴리오와의 샤프비율의 차이는 0이다.

정답 : 3

문제 24

투자자 갑은 시장포트폴리오에 1,000만원을 투자하고 있으며, 그 가운데 주식 A와 B에 각각 100만원과 200만원을 투자하고 있다. 다음 문장의 빈칸 (a)와 (b)에 들어갈 내용으로 적절한 것은? 단, CAPM이 성립하고, 두 투자자(갑과 을)를 포함한 모든 투자자들은 CAPM에 따라 최적 포트폴리오를 구성한다고 가정한다.

> 투자자 을은 1,000만원을 시장포트폴리오와 무위험자산에 나누어 투자하고 있다. 전체 투자금액 가운데 300만원을 시장포트폴리오에 투자한다면, 투자자 을의 시장포트폴리오에 대한 투자금액 가운데 주식 A에 투자하는 비중은 (a)이다. 그리고 시장 전체에서 볼 때, 주식 A의 시가총액은 주식 B의 시가총액의 (b)이다.

	(a)	(b)
①	3%	$\frac{1}{2}$배
②	3%	2배
③	10%	$\frac{1}{2}$배
④	10%	2배
⑤	30%	$\frac{1}{2}$배

풀이

최적포트폴리오는 자본시장선상에 있다.

⇨ 무위험자산과 시장포트폴리오에 대한 투자비율은 투자자마다 다르지만 시장포트폴리오의 구성비율을 누구나 동일하다.

시장포트폴리오에서 위험자산의 투자비중 = 시가총액 비중

시장포트폴리오에서 A의 투자비중 = $\frac{100}{1,000}$ = 10%

시장포트폴리오에서 B의 투자비중 = $\frac{200}{1,000}$ = 20%

정답 : 3

문제 25 (2017년)

투자자 갑이 구성한 최적포트폴리오(optimal portfolio)의 기대수익률과 표준편차는 각각 10%와 12%이다. 시장포트폴리오의 표준편차는 15%이고 무위험수익률은 5%라면, 시장포트폴리오의 기대수익률은? 단, CAPM이 성립한다고 가정한다.

① 6.50%　　　② 8.25%　　　③ 11.25%　　　④ 12.50%　　　⑤ 17.50%

풀이

최적포트폴리오는 자본시장선상에 있다.

$$E(R_p) = R_f + \frac{E(R_m) - R_f}{\sigma_m} \times \sigma_p$$

$$10 = 5 + \frac{E(R_m) - 5}{15} \times 12 \rightarrow E(R_m) = 11.25\%$$

정답 : 3

문제 26 (2016년)

시장포트폴리오와 상관계수가 1인 포트폴리오 A의 기대수익률은 12%이고, 무위험수익률은 5%이다. 시장포트폴리오의 기대수익률과 수익률의 표준편차는 각각 10%와 25%이다. 포트폴리오 A 수익률의 표준편차에 가장 가까운 것은? 단, CAPM이 성립한다고 가정한다.

① 30%　　　② 35%　　　③ 40%　　　④ 45%　　　⑤ 50%

풀이

포트폴리오 A 시장포트폴리오와 상관계수가 1이므로 자본시장선상에 있다.

(1) 포트폴리오 A의 구성 : $R_A = w \times R_m + (1-w) \times R_f$

(2) 포트폴리오 A의 기대수익률

　　$12 = w \times 10 + (1-w) \times 5 \rightarrow w = 1.4$

(3) 포트폴리오 A의 표준편차

　　$\sigma_A = w \times \sigma_m = 1.4 \times 25 = 35\%$

⇨ different solution

포트폴리오 A의 기대수익률을 CML에 대입한다.

$$E(R_A) = R_f + \frac{E(R_m) - R_f}{\sigma_m} \times \sigma_A \Rightarrow 12 = 5 + \frac{10-5}{25} \times \sigma_A \Rightarrow \sigma_A = 35\%$$

정답 : 2

문제 27

자본시장선(CML)과 증권시장선(SML)에 관한 설명으로 가장 적절하지 <u>않은</u> 것은?

① 자본시장선에 위치한 위험자산과 시장포트폴리오 간의 상관계수는 항상 1이다.
② 증권시장선은 모든 자산의 체계적 위험(베타)과 기대수익률 간의 선형적인 관계를 설명한다.
③ 자본시장선은 자본배분선(capital allocation line)들 중에서 기울기가 가장 큰 직선을 의미한다.
④ 자본시장선의 기울기는 '시장포트폴리오의 기대수익률에서 무위험자산수익률(무위험이 자율)을 차감한 값'으로 표현된다.
⑤ 증권시장선의 균형 기대수익률보다 높은 수익률이 기대되는 주식은 과소평가된 자산에 속한다.

풀 이

자본시장선의 기울기 $= \dfrac{E(R_m) - R_f}{\sigma_m}$

증권시장선의 기울기 $= E(R_m) - R_f$

정 답 : 4

문제 28   (2014년)

자본자산가격결정모형(CAPM)의 가정에 관한 설명으로 가장 적절하지 <u>않은</u> 것은?

① 투자자들은 자신의 기대효용을 극대화하고자 하는 위험중립적인 합리적 투자자로서 평균−분산 기준에 따라 투자결정을 한다.

② 각 자산의 기대수익률과 분산, 공분산 등에 관한 자료는 모든 투자자들이 동일하게 알고 있다. 즉, 모든 투자자들의 위험자산에 대한 예측은 동일하다.

③ 정보는 모든 투자자에게 신속하고 정확하게 알려지며 정보획득에 따른 비용도 존재하지 않는다.

④ 투자자들의 투자기간은 현재와 미래만 존재하는 단일기간(single period)이다.

⑤ 모든 투자자는 가격수용자(price taker)이기 때문에 어떤 투자자의 거래도 시장가격에 영향을 미칠 만큼 크지 않다.

풀 이

투자자들은 자신의 기대효용을 극대화하고자 하는 위험회피적인 합리적 투자자로서 평균 − 분산 기준에 따라 투자결정을 한다.

정 답 : 1

문제 29

투자자 갑은 다음 표와 같이 포트폴리오 A와 B, 시장포트폴리오의 자료를 수집하였다. 무위험자산수익률은 5%이고, 이 수익률로 무한정 차입과 대출이 가능하다고 가정한다.

	기대수익률	표준편차	시장포트폴리오와의 상관계수
포트폴리오 A	10%	15.0%	0.6
포트폴리오 B	12%	25.2%	0.5
시장포트폴리오	15%	18.0%	1.0

다음 설명 중 적절한 항목만을 모두 고르면? (단, 투자비중은 퍼센트 기준으로 소수 첫째 자리에서 반올림하여 계산한다.)

(가) 시장포트폴리오와 무위험자산이 결합한 포트폴리오 X의 표준편차가 포트폴리오 A의 표준편차와 동일하기 위해서는, 시장포트폴리오에 83%를 투자해야 한다.

(나) 시장포트폴리오와 무위험자산이 결합한 포트폴리오 Y의 기대수익률이 포트폴리오 B의 기대수익률과 동일하기 위해서는, 시장포트폴리오에 50%를 투자해야 한다.

(다) 시장모형이 성립한다고 가정하면 포트폴리오 A와 포트폴리오 B 사이의 상관계수는 0.3으로 추정된다.

① (가) 　　② (나) 　　③ (가), (다) 　　④ (나), (다) 　　⑤ (가), (나), (다)

풀 이

(가) 포트폴리오 X는 시장포트폴리오와 무위험자산으로 구성되어 있으므로 CML상에 있다.

$$R_p^{CML} = w \times R_m + (1-w) \times R_f \Rightarrow \sigma_p = w \times \sigma_m$$

$$R_X = w \times R_m + (1-w) \times R_f \Rightarrow \sigma_X = w \times 18 = 15 \Rightarrow w = \frac{15}{18} = 83\%$$

(나) 포트폴리오 Y는 시장포트폴리오와 무위험자산으로 구성되어 있으므로 CML상에 있다.

$$R_p^{CML} = w \times R_m + (1-w) \times R_f \rightarrow R_Y = w \times 15 + (1-w) \times 5 = 12 \rightarrow w = 0.7$$

(다) 시장모형이 성립하며 두 주식의 상관계수는 다음과 같다.

$$\rho_{ij} = \rho_{im} \times \rho_{jm}$$

$$\rho_{AB} = \rho_{Am} \times \rho_{Bm} = 0.5 \times 0.6 = 0.3$$

정답 : 3

(2008년)

투자자 갑과 투자자 을이 자본시장선(CML)상에 있는 포트폴리오 중에서 자신의 기대효용을 극대화하기 위해 선택한 최적포트폴리오의 기대수익률과 표준편차는 다음과 같다. 단, 시장 포트폴리오의 기대수익률은 18%이며, 무위험이자율은 6%이다.

투자자	기대수익률	표준편차
갑	21%	15%
을	15%	9%

위험회피 성향이 갑보다는 높지만 을보다 낮은 투자자가 투자원금 1,000만원을 보유하고 있다면 자신의 기대효용을 극대화하기 위한 다음 포트폴리오 중 가장 적절한 것은?

① 300만원을 무위험자산에 투자하고 나머지 금액을 시장포트폴리오에 투자한다.
② 500만원을 무위험자산에 투자하고 나머지 금액을 시장포트폴리오에 투자한다.
③ 670만원을 무위험자산에 투자하고 나머지 금액을 시장포트폴리오에 투자한다.
④ 80만원을 무위험이자율로 차입해서 원금과 함께 총액인 1,080만원을 모두 시장포트폴리오에 투자한다.
⑤ 500만원을 무위험이자율로 차입해서 원금과 함께 총액인 1,500만원을 모두 시장포트폴리오에 투자한다.

풀이

최적포트폴리오는 효율적 포트폴리오이므로 CML선상에 있다.

$R_p^{CML} = w \times R_m + (1-w) \times R_f$

투자자 갑 : 21= w × 18 + (1 − w) × 6 → w = 1.25
투자자 을 : 15= w × 18 + (1 − w) × 6 → w = 0.75
∴ 투자원금이 1,000만원인 투자자는 시장포트폴리오에 750만원~1,250만원 범위에서 투자한다.

정답 : 4

다음 중 CAPM이 성립하는 시장에서 존재할 수 없는 경우는?

① A주식 : 기대수익률 = 8%, 표준편차 = 20%

　　B주식 : 기대수익률 = 20%, 표준편차 = 18%

② A주식 : 기대수익률 = 18%, 베타 = 1.0

　　B주식 : 기대수익률 = 22%, 베타 = 1.5

③ A주식 : 기대수익률 = 13%, 표준편차 = 20%

　　B주식 : 기대수익률 = 20%, 표준편차 = 40%

④ A주식 : 기대수익률 = 14.6%, 베타 = 1.2

　　시장포트폴리오의 기대수익률 = 13%, 무위험이자율 = 5%

⑤ A주식 : 기대수익률 = 20%, 표준편차 = 30%

　　시장포트폴리오 : 기대수익률 = 12%, 표준편차 = 16%, 무위험이자율 = 4%

풀 이

CAPM이 성립하면 개별주식의 기대수익률은 베타로 결정된다. ⇨ high beta high return

(1)(3) A와 B의 베타를 알 수 없기 때문에 두 주식의 기대수익률을 비교할 수 없다.

　　따라서 A주식의 기대수익률이 B주식보다 클 수도 있고 작을 수도 있다.

(2) B주식의 베타가 A주식보다 더 크기 때문에 기대수익률도 더 커야 한다.

(4) $E(R_A) = R_f + (E(R_m) - R_f) \times \beta_A$ = 5 + (13−5) x 1.2 = 14.6%

(5) CML $E(R_p) = R_f + \dfrac{[E(R_m) - R_f]}{\sigma_m} \times \sigma_p$ = $4 + \dfrac{12-4}{16} \times 30$ = 19%

표준편차가 30%인 경우 자본시장선의 기대수익률은 19%이지만 주식A의 기대수익률은 20%이므로 CAPM이 성립하는 경우 존재 할 수 없는 상황이다. 왜냐하면 개별주식의 기대수익률이 CML의 기대수익률보다 더 클 수는 없기 때문이다.

정답 : 5

문제 32

아래 표에서와 같이 세 가지 펀드만 판매되고 있는데 위험수준은 수익률의 표준편차를 나타낸다. 위험수준 25%를 추구하는 투자자에게 총투자액 1억원을 "안정주식형"에 3천만원, "성장주식형"에 5천만원, "국채투자형"에 2천만원씩 투자하는 최적포트폴리오를 추천하고 있다. 위험수준 15%를 추구하는 투자자가 총투자액 8천만원으로 최적포트폴리오를 구성한다면 "안정주식형"에 투자해야 하는 금액은 얼마인가?

펀드명칭	기대수익률	위험수준
안정주식형	10%	20%
성장주식형	20%	40%
국채투자형	5%	0%

① 1,152만원 ② 1,440만원 ③ 1,800만원 ④ 2,400만원 ⑤ 3,840만원

풀 이

(1) 시장포트폴리오의 구성 최적포트폴리오는 CML상에 있으며 국채투자형은 무위험자산이므로 위험수준 25%를 추구하는 투자자의 시장포트폴리오 구성은 다음과 같다.

$$R_m = \frac{3}{8} w \times R_{안정} + \frac{5}{8} \times R_{성장}$$

(2) 시장포트폴리오의 표준편차

$$R_p^{CML} = w \times R_m + (1-w) \times R_f \rightarrow \sigma_p = w \times \sigma_m$$

위험수준 25%인 투자자 : $25 = 0.8 \times \sigma_m \rightarrow \sigma_m = 31.25\%$

(3) 위험수준 15%인 투자자의 구성

위험수준 15%인 투자자 : $15 = w \times 31.25 \rightarrow w = 0.48$

∴ 안정형 주식 투자금액 = 8,000만원 $\times$ 0.48 $\times$ 3/8 = 1,440만원

정 답 : 2

문제 33

투자자 1과 2의 포트폴리오 선택에 관한 설명으로 틀린 것은?

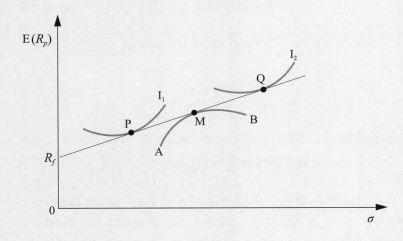

① 두 투자자 모두 위험 회피적이다.

② 이를 자본시장선 (CML)이라 한다.

③ 효율적 투자선은 AMB이다.

④ 투자자 2가 투자자 1보다 덜 위험회피적이다.

⑤ P, Q는 전체 위험자산에 대한 금액 중 개별 위험자산이 차지하는 투자비율이 동일하다.

풀이

(1) CAPM에서는 모든 투자자는 위험 회피형이다.

(3) 무위험 자산이 존재하는 경우 효율적 투자선은 CML이다.

　⇨ 무위험자산이 없는 경우 효율적 투자선은 AMB이다.

(4) 투자자 1은 대출형, 투자자 2는 차입형이므로 투자자 1은 더 위험회피적이다.

(5) 무위험자산과 시장포트폴리오에 대한 투자비율은 투자자마다 다르지만 시장포트폴리오의 구성

　비율을 누구나 동일하다.

정답 : 3

(CPA 2차)

문제 34

다음과 같이 시장에 두 개의 위험자산과 무위험자산이 존재하는 자본시장을 가정한다. 무위험이자율은 10%다.

위험자산	개별 자산의 시장가치
주식 A	200억원
주식 B	300억원

투자자 갑은 총 투자금액 1,000원을 시장포트폴리오와 무위험자산에 70%와 30%씩 나누어 투자하고 있다. 투자자 갑은 현재 주식 A와 주식 B에 투자한 금액이 향후 경기 상황에 따른 주가 변화로 인해 다음과 같이 바뀔 것으로 예상하고 있다. 이 때 시장포트폴리오의 위험프리미엄은 몇 %인가?

경기상황	확률	주식 A	주식 B
호황	50%	350원	462원
불황	50%	315원	441원

풀이

$R_m = 0.4 \times R_A + 0.6 \times R_B$

$R_p^{갑} = 0.7 \times R_m + 0.3 \times R_f = 0.28 \times R_A + 0.42 \times R_B + 0.3 \times R_f$

$E(R_m) = 0.4 \times \dfrac{350 \times 0.5 + 315 \times 0.5 - 280}{280} + 0.6 \times \dfrac{462 \times 0.5 + 441 \times 0.5 - 420}{420} = 12\%$

시장포트폴리오의 위험프리미엄 = 12% - 10% = 2%

정답 : 2%

문제 35

주가지수를 복제한 포트폴리오의 기대수익률은 12%, 표준편차는 25%이며, 무위험이자율은 2%이다. 펀드매니저 김이 관리하고 있는 펀드 K는 위험자산만으로 구성되었으며, 기대수익률은 16%이고, 표준편차는 15%이다. 현재 펀드매니저 김은 펀드 K에 수수료를 부과하지 않고 있다. 투자자 갑은 소극적 투자자로 주가지수를 복제한 포트폴리오와 무위험자산을 보유하고, 투자자 을은 펀드 K와 무위험자산을 보유하고 있다. 단, 무위험이자율로 무한정 차입과 대출이 가능하다고 가정한다.

(1) 투자자 갑은 주가지수를 복제한 포트폴리오와 무위험이자율에 각각 70%와 30%를 투자하고 있다. 투자자 갑이 보유한 포트폴리오의 기대수익률과 표준편차를 계산하라.
(2) 투자자 을이 투자자 갑과 동일한 기대수익률을 얻기 위해서 펀드 K에 투자해야 하는 비율은 얼마이며, 이 때 투자자 을이 부담하는 위험(표준편차)은 얼마인가?

풀 이

자본시장선상의 포트폴리오

$$R_p = w \times R_m + (1-w) \times R_f \Rightarrow = \sigma_p = w \times \sigma_m$$

(1) 투자자 갑: $R_p = 0.7 \times 12 + 0.3 \times 2 = 9\%$ $\sigma_p = 0.7 \times 25 = 17.5\%$

(2) 투자자 을: $R_p = w \times 16 + (1-w) \times 2 = 9\% \Rightarrow w = 0.5$ $\sigma_p = 0.5 \times 15 = 7.5\%$

정답 : 9%, 17.5%, 7.5%

03 절 증권시장선(SML)

문제 36 (2020년)

CAPM이 성립한다는 가정 하에 다음 문장의 (a)와 (b)에 들어갈 값으로 적절한 것은?

주식 A 수익률과 주식 B 수익률의 표준편차는 각각 10%와 20%이며, 시장포트폴리오 수익률의 표준편차는 10%이다. 시장포트폴리오 수익률은 주식 A 수익률과 상관계수가 0.4이고, 주식 B 수익률과는 상관계수가 0.8이다. 주식 A와 주식 B의 베타는 각각 0.4와 (a)이며, 주식 A와 주식 B로 구성된 포트폴리오의 베타가 0.76이기 위해서는 주식 B에 대한 투자비율이 (b)이어야 한다.

	(a)	(b)
①	0.8	30%
②	0.8	70%
③	1.0	30%
④	1.6	30%
⑤	1.6	70%

풀이

(1) 공분산 모형을 이용한 베타의 결정

$$\beta_B = \rho_{Bm} \times \frac{\sigma_B}{\sigma_m} = 0.8 \times \frac{20}{10} = 1.6$$

(2) 베타의 가산원리

$$\beta_p = (1-w) \times \beta_A + w \times \beta_B \Rightarrow 0.76 = (1-w) \times 0.4 + w \times 1.6 \Rightarrow w = 0.3$$

정답 : 4

문제 37

다음 표는 1개의 공통요인만 존재하는 시장에서 포트폴리오 A와 포트폴리오 B의 기대수익률과 공통요인에 대한 베타를 나타낸다. 차익거래의 기회가 존재하지 않는다고 할 때, 포트폴리오 B의 기대수익률은 얼마인가? 단, 무위험수익률은 5%이고, 포트폴리오 A와 포트폴리오 B는 모두 잘 분산투자된 포트폴리오이며 비체계적 위험이 없다고 가정한다.

포트폴리오	기대수익률	베타
A	15%	0.8
B	( )	1.2

① 15%　　② 20%　　③ 25%　　④ 27.5%　　⑤ 30%

풀 이

차익거래의 기회가 존재하지 않기 때문에 A와 B는 SML상에 있다.

(1) 포트폴리오 A를 SML에 대입하여 시장위험프리미엄을 도출한다.

$$E(R_i) = R_f + (E(R_m) - R_f) \times \beta_i$$

포트폴리오 A : 15 = 5 + RP_m × 0.8 ⇨ RP_m = 12.5%

(2) 포트폴리오 B의 베타를 SML에 대입하여 기대수익률을 결정한다.

포트폴리오 B : $E(R_B)$ = 5 + 12.5 × 1.2 = 20%

정답 : 2

문제 38

두 투자자 각각의 최적 포트폴리오 A와 B의 베타는 0.8과 0.4이다. 다음 설명 중 가장 적절하지 않은 것은? 단, CAPM이 성립하고, 모든 투자자들은 CAPM에 따라 최적 포트폴리오를 구성하고 있다.

① 포트폴리오 A의 베타 1단위당 위험프리미엄($\frac{E(R_A) - R_f}{\beta_A}$)은 시장포트폴리오의 위험프리미엄과 같다. 단, $E(R_A)$와 β_A 는 포트폴리오 A의 기대수익률과 베타이고, R_f 는 무위험수익률이다.

② 포트폴리오 B의 위험프리미엄이 4%이면, 포트폴리오 A의 위험프리미엄은 8%이다.

③ 포트폴리오 A 수익률의 표준편차는 포트폴리오 B 수익률의 표준편차의 2배이다.

④ 포트폴리오 A와 B의 기대수익률이 각각 6%와 4%가 되기 위해서는 무위험수익률은 3%이어야 한다.

⑤ 무위험수익률이 5%이고 시장포트폴리오의 위험프리미엄이 5%이면, 포트폴리오 A의 기대수익률은 9%이다.

풀 이

최적포트폴리오는 CML 및 SML에 위치한다.

(1) $E(R_A) = R_f + (E(R_m) - R_f) \times \beta_A \Rightarrow \frac{E(R_A) - R_f}{\beta_A} = E(R_m) - R_f$

(2) $(E(R_m) - R_f) \times \beta_B = (E(R_m) - R_f) \times 0.4 = 4\%$

$\Rightarrow (E(R_m) - R_f) \times \beta_A = (E(R_m) - R_f) \times 0.8 = 8\%$

(3) CML에 위치한 포트폴리오와 시장포트폴리오와의 상관계수=1이므로

$\beta_B = \rho_{Bm} \times \frac{\sigma_B}{\sigma_m} = 1 \times \frac{\sigma_B}{\sigma_m} = 0.4 \Rightarrow \sigma_B = 0.4 \times \sigma_m$

$\beta_A = \rho_{Am} \times \frac{\sigma_A}{\sigma_m} = 1 \times \frac{\sigma_A}{\sigma_m} = 0.8 \Rightarrow \sigma_A = 0.8 \times \sigma_m$

(4) $E(R_m) - R_f = \frac{E(R_A) - E(R_B)}{\beta_A - \beta_B} = \frac{6\% - 4\%}{0.8 - 0.4} = 5\%$

포트폴리오 A : $6\% = R_f + 5\% \times 0.8 \rightarrow R_f = 2\%$

(5) $E(R_A) = R_f + (E(R_m) - R_f) \times \beta_A = 5 + 5 \times 0.8 = 9\%$

정 답 : 4

두 위험자산 A와 B의 기대수익률과 표준편차가 다음 표와 같다. 시장에서 CAPM이 성립하고 차익거래의 기회가 없다고 가정한다. 다음 중 적절하지 않은 것은?

주식	기대수익률	표준편차
A	12%	6%
B	10%	15%

① 자산 A의 베타가 자산 B의 베타보다 크다.
② 자산 A의 비체계적위험이 자산 B의 비체계적위험보다 작다.
③ 무위험자산과 자산 A를 각각 40%와 60%의 비율로 구성한 포트폴리오의 표준편차는 2.4% 이다.
④ 무위험이자율이 4.5%인 경우, 자산 A의 샤프지수는 1.25이다.
⑤ 시장포트폴리오의 표준편차가 5%인 경우, 자산 A의 베타는 1.2보다 크지 않다.

풀 이

CAPM이 성립하기 때문에 두 위험자산은 SML상에 있다.

(1)(2) 자산 A의 기대수익률이 더 크기 때문에 베타도 더 크다.

(3) 무위험자산과 위험자산의 포트폴리오(자본배분선)

$$R_p = w \times R_A + (1-w) \times R_f \Rightarrow \sigma_p = w \times \sigma_A = 0.6 \times 6\% = 3.6\%$$

(4) $\dfrac{E(R_A) - R_f}{\sigma_A} = \dfrac{12 - 4.5}{6} = 1.25$

(5) $\beta_A = \rho_{Am} \times \dfrac{\sigma_A}{\sigma_m} = \rho_{Am} \times \dfrac{6}{5}$ 에서 상관계수가 1이하이므로 베타A는 1.2이하이다.

정 답 : 3

문제 40

(2017년)

주식 A와 주식 B의 기대수익률은 동일하다. 주식 A와 시장포트폴리오의 상관계수는 주식 B 와 시장포트폴리오의 상관계수의 2배이다. CAPM이 성립하고 주식 A의 표준편차가 10%라 면, 주식 B의 표준편차는?

① 5%   ② 10%   ③ 15%   ④ 20%   ⑤ 25%

풀이

$$\beta_A = \beta_B$$

$$\frac{\rho_{Am} \times \sigma_A}{\sigma_m} = \frac{\rho_{Bm} \times \sigma_B}{\sigma_m} \Rightarrow \rho_{Am} \times \sigma_A = \rho_{Bm} \times \sigma_B \Rightarrow 2 \times \rho_{Bm} \times 10 = \rho_{Bm} \times \sigma_B \Rightarrow \sigma_B = 20\%$$

정답 : 4

문제 41

(2016년)

다음 설명 중 옳은 항목만을 <u>모두</u> 선택한 것은? 단, 자본자산가격 결정모형(CAPM)이 성립 한다고 가정한다.

> a. 투자자의 효용을 극대화시키는 최적포트폴리오의 베타 값은 그 투자자의 시장포트폴리오에 대 한 투자비율과 동일하다.
> b. 투자자의 위험회피성향이 높아질수록 최적포트폴리오를 구성할 때 시장포트폴리오에 대한 투 자비율이 낮아진다.
> c. 시장포트폴리오와 개별 위험자산의 위험프리미엄은 항상 0보다 크다.

① a   ② b   ③ a, b   ④ a, c   ⑤ a, b, c

풀이

(a) 자본시장선상의 포트폴리오의 베타

$$E(R_p) = w \times E(R_m) + (1-w) \times R_f \qquad \beta_p = w \times 1 + (1-w) \times 0 = w$$

(b) 자본시장선상의 포트폴리오의 투자비율

$$E(R_p) = w \times E(R_m) + (1-w) \times R_f$$

위험회피성향이 높아질수록 w는 감소, 위험회피성향이 낮아질수록 w는 증가

(c) $E(R_m) - R_f > 0$: 시장포트폴리오의 위험프리미엄은 항상 0보다 크다.

$[E(R_m) - R_f] \times \beta_i$: 개별 위험자산의 위험프리미엄은 베타가 음수인 경우 0보다 작다.

정답 : 3

문제 42

CAPM을 이용하여 주식 A, B, C의 과대/과소/적정 평가 여부를 판단하고자 한다. 주식 A, B, C의 베타와 현재 가격에 내재된 기대수익률은 다음과 같다. 다음 설명 중 가장 적절하지 <u>않</u>은 것은? 단, 시장포트폴리오의 기대수익률과 무위험수익률(R_f)은 각각 10%와 5%이다.

주식	베타	현재 가격에 내재된 기대수익률
A	0.5	8.5%
B	0.8	7.0%
C	1.2	11.0%

① 주식 A는 과소평가되어 있다.
② 주식 A의 위험보상률($\frac{E(R_A) - R_f}{\beta_A}$)은 시장위험프리미엄과 같다. (단, β_A 와 $E(R_A)$는 각각 주식 A의 베타와 현재 가격에 내재된 기대수익률이다.)
③ 주식 B는 증권시장선(SML)보다 아래에 위치한다.
④ 주식 B의 현재 가격에 내재된 기대수익률은 균형수익률(요구수익률)보다 작다.
⑤ 주식 C의 알파 값은 0이다.

풀이

(1) 주식 A의 균형수익률 $= R_f + (E(R_m) - R_f) \times \beta_A = 5 + (10 - 5) \times 0.5 = 7.5\%$

주식 A의 기대수익률 = 8.5%

기대수익률 > 균형수익률 ⇨ SML 보다 위에 위치 , 주가 과소평가

(2) 주식 A의 위험보상률 $= \dfrac{E(R_A) - R_f}{\beta_A} = \dfrac{8.5 - 5}{0.5} = 7\%$

시장위험프리미엄 $= E(R_m) - R_f = 10 - 5 = 5\%$

(3)(4) 주식 B의 균형수익률 $= R_f + (E(R_m) - R_f) \times \beta_B = 5 + (10 - 5) \times 0.8 = 9\%$

주식 B의 기대수익률 = 7%

기대수익률 < 균형수익률 ⇨ SML 보다 아래에 위치 , 주가 과대평가

(5) 주식 C의 균형수익률 $= R_f + (E(R_m) - R_f) \times \beta_C = 5 + (10 - 5) \times 1.2 = 11\%$

주식 B의 기대수익률 = 11%

기대수익률 = 균형수익률 ⇨ SML상에 위치, 초과수익률(알파) = 0

정답 : 2

문제 43

시장포트폴리오의 기대수익률과 표준편차는 각각 15%와 20%이다. 그리고 무위험자산의 수익률은 5%이다. 효율적 포트폴리오 A의 기대수익률이 10%라고 하면, 포트폴리오 A의 베타는 얼마인가? 그리고 포트폴리오 A와 시장포트폴리오와의 상관계수는 얼마인가? 단, CAPM이 성립한다고 가정한다.

	베타	상관계수
①	$\dfrac{1}{3}$	0.5
②	$\dfrac{1}{3}$	1.0
③	$\dfrac{1}{2}$	0.5
④	$\dfrac{1}{2}$	1.0
⑤	$\dfrac{2}{3}$	0.5

풀이

효율적 포트폴리오는 CML상에 있으므로 시장포트폴리오와의 상관계수는 1이다.

효율적 포트폴리오는 SML상에 있으므로 SML을 이용하여 베타를 구한다.

$$E(R_A) = R_f + (E(R_m) - R_f) \times \beta_A$$

$10 = 5 + (15 - 5) \times \beta_A \rightarrow \beta_A = 0.5$

정답 : 4

문제 44

증권시장선(SML)에 관한 설명으로 가장 적절하지 <u>않은</u> 것은?

① 위험자산의 기대수익률은 베타와 선형관계이다.
② 개별 위험자산의 베타는 0보다 작을 수 없다.
③ 개별 위험자산의 위험프리미엄은 시장위험프리미엄에 개별위험자산의 베타를 곱한 것이다.
④ 균형상태에서 모든 위험자산의 $\dfrac{E(R_j) - R_f}{\beta_j}$ 는 동일하다. 단, $E(R_j)$와 β_j는 각각 위험자산 j 의 기대수익률과 베타이며, R_f는 무위험수익률이다.
⑤ 어떤 위험자산의 베타가 1% 변화하면, 그 자산의 위험프리미엄도 1% 변화한다.

풀이

$$\beta_i = \frac{\sigma_{im}}{\sigma_m^2} = \frac{\sigma_i \times \rho_{im}}{\sigma_m}$$

개별 위험자산과 시장포트폴리오와의 상관계수가 음수이면 베타는 음수가 될 수 있다.

정답 : 2

문제 45

다음은 내년도 경기상황에 따른 시장포트폴리오의 수익률과 주식 A와 B의 수익률 예상치이다. 경기상황은 호황과 불황만 존재하며 호황과 불황이 될 확률은 동일하다. 증권시장선 (SML)을 이용하여 주식 A의 베타(β_A)와 주식 B의 베타(β_B)를 비교할 때, β_A는 β_B의 몇 배인가? (단, CAPM이 성립하고 무위험자산수익률은 5%이다.)

경기상황	수익률		
	시장포트폴리오	주식 A	주식 B
호황	12.5%	20.0%	27.5%
불황	7.5%	10.0%	12.5%

① $\dfrac{1}{2}$ 배   ② $\dfrac{2}{3}$ 배   ③ $\dfrac{3}{4}$ 배   ④ $\dfrac{4}{3}$ 배   ⑤ $\dfrac{3}{2}$ 배

풀 이

(1) 기대수익률

시장포트폴리오 : $E(R_m) = 0.5 \times 12.5 + 0.5 \times 7.5 = 10\%$

주식A : $E(R_A) = 0.5 \times 20 + 0.5 \times 10 = 15\%$

주식B : $E(R_B) = 0.5 \times 27.5 + 0.5 \times 12.5 = 20\%$

(2) CAPM이 성립하므로 주식A와 주식B는 SML상에 있다.

$E(R_i) = k_e = R_f + [E(R_m) - R_f] \times \beta_i$

$E(R_A) = 15 = 5 + (10-5) \times \beta_A \Rightarrow \beta_A = 2$

$E(R_B) = 20 = 5 + (10-5) \times \beta_B \Rightarrow \beta_B = 3$

정답 : 2

문제 46

CAPM이 성립하며 시장에는 다음 두 위험자산만이 존재한다고 하자.

	기대수익률	표준편차
주식 A	18%	35%
주식 B	8%	22%

두 주식 수익률간의 공분산은 0이다. 시장포트폴리오를 구성하는 주식 A와 B의 구성비는 각각 68%와 32%이며, 무위험 자산은 존재하지 않는다고 가정한다. 이 시장포트폴리오에 대한 제로베타포트폴리오의 기대수익률에 가장 가까운 것은? (단, 공매제한은 없으며, 각 주식에 대한 가중치는 퍼센트 기준으로 소수 셋째 자리에서 반올림하여 계산한다.)

① 5.00%   ② 5.25%   ③ 5.53%   ④ 5.72%   ⑤ 6.00%

풀이

(1) 시장포트폴리오의 구성 : $R_m = 0.68 \times R_A + 0.32 \times R_B$

(2) 제로베타포트폴리오의 구성 : $R_z = w \times R_A + (1-w) \times R_B$

(3) 제로베타포트폴리오는 시장포트폴리오와의 공분산이 0이어야 한다.

$Cov(R_z, R_m) = 0 = 0.68w \times 35^2 + 0.32w \times 0 + 0.68(1-w) \times 0 + 0.32(1-w) \times 22^2$

$\Rightarrow w = -0.2284$

∴ 투자금액의 22.84%만큼 A주식을 공매하고 122.84%만큼 B주식을 매수

(4) 제로베타포트폴리오의 기대수익률 : $E(R_z) = -0.2284 \times 18 + 1.2284 \times 8 = 5.716\%$

정답 : 4

문제 47 (2011년)

(주)대한은 총 5억원의 기금을 3개 프로젝트에 투자하고 있으며, 투자금액과 베타계수는 다음과 같다. 주어진 자료에 근거하여 추정된 SML로부터 산출한 기금의 기대수익률로 가장 적절한 것은?

프로젝트	투자금액	베타계수
A	1.4억원	0.5
B	2.0억원	1.6
C	1.6억원	2.0

무위험자산수익률은 5%이며, 내년도 시장수익률의 추정확률분포는 다음과 같다.

확 률	시장수익률
0.2	9 %
0.6	12 %
0.2	15 %

① 12.95% ② 13.52% ③ 13.95% ④ 14.52% ⑤ 14.94%

풀이

(1) 베타의 가산원리를 이용하여 포트폴리오(기금)의 베타를 산출

$$\beta_p = \sum_{i=1}^{n} w_i \times \beta_i \ \rightarrow \ \beta_p = 0.5 \times \frac{1.4}{5} + 1.6 \times \frac{2}{5} + 2.0 \times \frac{1.6}{5} \rightarrow = 1.42$$

(2) 시장포트폴리오의 기대수익률

$E(R_m) = 9 \times 0.2 + 12 \times 0.6 + 15 \times 0.2 = 12\%$

(3) 포트폴리오(기금)의 기대수익률

$E(R_i) = R_f + [E(R_m) - R_f] \times \beta_i$

$E(R_p) = 5 + (12 - 5) \times 1.42 = 14.94\%$

정답 : 5

문제 48

자본시장에서 CAPM이 성립한다고 가정한다. 무위험자산의 수익률은 연 5.0%, 시장포트폴리오의 기대수익률은 연 15.0%, 시장포트폴리오 연 수익률의 표준편차는 5.0%, 주식A의 베타계수는 2.0, 주식A 연 수익률의 표준편차는 12.5%이다. 이들 자료에 근거하여 CML과 SML을 도출할 때 다음 설명 중 적절하지 않은 항목만으로 구성된 것은?

> a. CML과 SML은 기대수익률과 총위험의 상충관계를 공통적으로 설명한다.
> b. 주식A의 베타계수가 2.0으로 일정할 때 잔차의 분산이 감소하면 균형하에서 주식A의 기대수익률은 감소한다.
> c. 주식A 수익률과 시장포트폴리오의 수익률간의 상관계수가 1.0이므로 SML은 CML과 일치한다.
> d. CML상의 시장포트폴리오는 어떤 비효율적 포트폴리오보다 위험보상비율이 크다.
> e. SML을 이용하여 비효율적 개별자산의 균형수익률을 구할 수 있다.

① a, b, c   ② a, b, d   ③ a, c, e   ④ b, c, e   ⑤ b, d, e

풀이

(a) CML : 기대수익률과 총위험의 상충관계를 설명

   SML : 기대수익률과 체계적위험의 상충관계를 설명

(b) SML은 비체계적 위험의 크기와 관계없이 체계적 위험만으로 균형수익률을 결정하므로 잔차의 분산이 감소하여도 기대수익률은 변하지 않는다.

(c) $\beta_i = \dfrac{\sigma_i \times \rho_{im}}{\sigma_m} \ \rightarrow \ 2.0 = \dfrac{12.5 \times \rho_{Am}}{5} \ \ 2.0 \ \rightarrow \ \rho_{Am} = 0.8$

(d) CML상의 포트폴리오는 효율적 포트폴리오이므로 어떤 비효율적 포트폴리오보다 위험보상비율이 크다.

(e) SML을 이용하여 효율적 포트폴리오의 균형수익률 뿐만 아니라 비효율적 개별자산의 균형수익률도 구할 수 있다.

정답 : 1

문제 49

(주)대한은 투자자금 1,000,000원으로 베타가 1.5인 위험자산포트폴리오를 구성하려고 한다. (주)대한의 투자정보는 다음 표와 같다. 무위험자산수익률은 5.0%이다. 자산C의 기대수익률 과 가장 가까운 것은?

투자자산	베 타	기대수익률(%)	투자금액(원)
자산A	1.0	13.0	280,000
자산B	2.0	21.0	240,000
자산C	?	?	?
포트폴리오	1.5	?	1,000,000

① 16.90%　　② 17.33%　　③ 17.54%　　④ 17.76%　　⑤ 18.03%

풀 이

(1) 베타의 가산원리를 이용하여 포트폴리오의 베타에서 자산C의 베타를 산출

$$\beta_p = \sum_{i=1}^{n} w_i \times \beta_i \rightarrow 1.5 = 1.0 \times 0.28 + 2.0 \times 0.24 + \beta_C \times 0.48 \rightarrow \beta_C = 1.542$$

(2) 자산C의 기대수익률

$$E(R_C) = R_f + (E(R_m) - R_f) \times \beta_C$$

$$E(R_C) = 5 + (13 - 5) \times 1.542 = 17.34\%$$

정 답 : 2

문제 50

증권시장선과 자본시장선에 대한 설명 중 옳은 항목만을 모두 모은 것은?

> a. SML은 초과이익이 발생한다는 가격결정모형으로부터 도출된다.
> b. 인플레이션율이 상승하는 경우 SML의 절편이 상승한다.
> c. 개별증권과 시장수익률간의 상관계수가 1인 경우 SML은 CML과 일치하게 된다.
> d. CML을 이용하여 비효율적 개별자산의 균형수익률을 구할 수 있다.
> e. 수동적(passive) 투자포트폴리오를 구성하기 위해서는 CML을 이용할 수 있다.

① a, d   ② b, e   ③ a, b, c   ④ a, c, e   ⑤ b, c, e

풀이

(a) SML은 균형상태에서의 정상이익이 발생한다는 가격결정모형으로부터 도출된다.

(b) 물가상승 → 무위험이자율의 증가 → SML 절편 증가

(c) 개별증권과 시장수익률과 상관계수가 1이면 CML상에 있으며, CML상에 있기 때문에 SML상에도 있다.

(d) CML을 이용하여 효율적 자산의 균형수익률을 구할 수 있지만 비효율적 개별자산의 균형수익률을 구할 수는 없다.

(e) 수동적 포트폴리오는 지수펀드를 이용하는 것으로 CML을 이용할 수 있다.

정답 : 5

(2010년)

CAPM이 성립한다는 가정 하에서 다음 중 가장 적절하지 않은 것은?

(단, r_f 는 무위험이자율, m은 시장포트폴리오, 시장은 균형을 가정한다.)

① 모든 주식의 $\dfrac{E(r_j) - r_f}{cov(r_j, r_m)}$ 이 일정하다.

② 시장포트폴리오는 어떤 비효율적 포트폴리오보다 큰 변동 보상률을 갖는다.

③ 개별 주식 j가 시장포트폴리오의 위험에 공헌하는 정도를 상대적인 비율로 전환하면
$\dfrac{w_j cov(r_j, r_m)}{\sigma_m^2}$ 이다. (w_j는 j주식이 시장포트폴리오에서 차지하는 비중임)

④ 1년 후부터 매년 300원의 일정한 배당금을 영원히 지급할 것으로 예상되는 주식의 체계적 위험이 2배가 되면 주가는 40% 하락한다. (단, 위험이 증가하기 전 주식의 가격은 3,000원 이고 무위험이자율은 4%이다.)

⑤ 무위험이자율보다 낮은 기대수익률을 제공하는 위험자산이 존재한다.

풀이

(1) $E(R_i) = R_f + (E(R_m) - R_f) \times \beta_i = R_f + (R_m - R_f) \times \dfrac{\sigma_{im}}{\sigma_m^2}$

$\Rightarrow \dfrac{E(R_i) - R_f}{\sigma_{im}} = \dfrac{E(R_m) - R_f}{\sigma_m^2}$

(2) 시장포트폴리오는 가장 효율적인 포트폴리오이므로 가장 큰 변동보상률을 갖는다.

(3) 개별주식이 시장포트폴리오의 위험에 공헌하는 정도 $= w_i \times \beta_i = w_i \times \dfrac{\sigma_{im}}{\sigma_m^2}$

(4) 일정한 배당금을 지급하므로 영구연금 배당평가모형을 사용한다.

$P_0 = \dfrac{D}{k_e} \Rightarrow k_e = \dfrac{D}{P_0} = \dfrac{300}{3,000} = 10\%$

$k_e = R_f + (E(R_m) - R_f) \times \beta_i \Rightarrow 10\% = 4\% + (E(R_m) - R_f) \times \beta_i \Rightarrow (E(R_m) - R_f) \times \beta_i = 6\%$

주식의 체계적 위험이 2배가 되면 $(E(R_m) - R_f) \times \beta_i = 6\% \times = 12\%$

$k_e = R_f + (E(R_m) - R_f) \times \beta_i = 4\% + 12\% = 16\%$

위험이 증가한 후 주가 $P_0 = \dfrac{300}{0.16} = 1,875$원 $\Rightarrow$ 주가하락 $= \dfrac{1,875}{3,000} - 1 = -37.5\%$

(5) $\beta_i = \dfrac{\sigma_{im}}{\sigma_m^2} = \dfrac{\sigma_i \times \rho_{im}}{\sigma_m}$

개별 위험자산과 시장포트폴리오와의 상관계수가 음수이면 베타는 음수가 될 수 있다. 베타가 음수이면 위험자산의 기대수익률은 무위험이자율보다 더 낮다.

정답 : 4

문제 52

주식시장에서 거래되는 모든 주식의 베타는 3보다 작다고 가정한다. 투자자 갑은 자신의 자금 1,000만원으로 주식 A와 주식 B에 각각 w 및 (1 − w)의 비중으로 분산투자하려 한다. 주식 A, B에 분산투자 된 갑의 포트폴리오 C의 베타에 관한 주장 중 맞는 것의 개수를 골라라. (각 주식의 베타는 지난 6개월간 각 주식과 시장포트폴리오의 수익률 자료를 이용하여 추정되었다고 가정한다. 단, 주식의 공매도(short sale)가 가능하다.)

a. 포트폴리오 C의 베타가 3이 될 수 있다
b. 포트폴리오 C의 베타가 −4가 될 수 있다
c. 포트폴리오 C의 베타가 0이 될 수 있다
d. w가 어떤 값이 되더라도 포트폴리오 C의 베타 값이 전혀 변하지 않는 경우가 있다

① 4개   ② 3개   ③ 2개   ④ 1개   ⑤ 0개

풀이

(1) 포트폴리오의 베타

$\beta_c = \beta_A \times w + \beta_B \times (1-w)$에서 주식의 공매도가 가능하면 포트폴리오의 베타는 어떤 값도 가능하다.

∴ a, b, c 모두 맞다.

(2) $\beta_c = \beta_A \times w + \beta_B \times (1-w) = (\beta_A - \beta_B) \times w + \beta_B$에서

주식 A와 주식 B의 베타가 동일한 경우 $\beta_C = \beta_B$

∴ d는 맞다.

정답 : 1

문제 53

최근 주식시장에 상장된 주식 A의 최초의 3거래일 동안 주식 A와 시장포트폴리오의 일별 수익률은 다음과 같다. 문제 풀이의 편의를 위해 아래 자료가 주식 A의 수익률 자료의 전체 모집단이라 가정한다.

	주식 A의 수익률	시장포트폴리오의 수익률
거래일 1	0.1	0.1
거래일 2	0.3	0.2
거래일 3	−0.1	0.0

위자료에 근거하여 CAPM에 의한 주식 A의 베타 값을 산출한 후 가장 가까운 값을 골라라.

① 1.2   ② 1.5   ③ 1.7   ④ 2.0   ⑤ 2.3

풀 이

주식 A의 수익률 자료의 전체 모집단이라 가정하였기 때문에 자유도를 고려하지 않는다.

(1) 주식 A의 기대수익률 : $E(R_A) = \dfrac{10 + 30 - 10}{3} = 10\%$

(2) 시장포트폴리오의 기대수익률 : $E(R_m) = \dfrac{10 + 20 + 0}{3} = 10\%$

(3) 시장포트폴리오의 분산 : $\sigma_m^2 = \dfrac{(10-10)^2 + (20-10)^2 + (0-10)^2}{3} = 67$

(4) 주식 A와 시장포트폴리오의 공분산 :

$$\sigma_{Am} = \dfrac{(10-10) \times (10-10) + (30-10) \times (20-10) + (-10-10) \times (0-10)}{3} = 133$$

(5) 주식 A의 베타 : $\beta_i = \dfrac{\sigma_i \times \rho_{im}}{\sigma_m} \;\rightarrow\; \beta_A = \dfrac{133}{67} = 1.985$

정답 : 4

문제 54

CAPM이 성립하는 시장에서 시장포트폴리오의 수익률의 표준편차는 0.04이며 세 자산의 베타와 수익률의 표준편차가 다음과 같다. 틀린 설명은 무엇인가?

자산	베타	표준편차
A	0.8	0.10
B	0.8	0.05
C	0.4	0.10

① 자산B와 시장포트폴리오의 상관계수는 자산A와 시장포트폴리오의 상관계수의 2배수이다.
② 자산B와 시장포트폴리오의 상관계수는 자산C와 시장포트폴리오의 상관계수의 2배수이다.
③ 자산 A와 자산 B의 체계적 위험 1단위당 위험프리미엄은 동일하다.
④ 자산 A의 분산가능한 위험은 자산 C의 분산가능한 위험보다 낮다.
⑤ 투자원금 50만원을 보유한 투자자가 무위험이자율로 25만원을 차입하여 총액인 75만원을 자산 A에 투자할 경우의 기대수익률은 시장포트폴리오 보다 높다.

풀이

(1)(2) $\beta_i = \dfrac{\sigma_i \times \rho_{im}}{\sigma_m} \rightarrow \rho_{im} = \dfrac{\beta_i \times \sigma_m}{\sigma_i}$

$\rho_{Am} = \dfrac{0.8 \times 4}{10} = 0.32$ $\qquad \rho_{Bm} = \dfrac{0.8 \times 4}{5} = 0.64$ $\qquad \rho_{Cm} = \dfrac{0.4 \times 4}{10} = 0.16$

∴ B와 시장포트폴리오의 상관계수는 C와 시장포트폴리오의 상관계수의 4배이다.

(3) 체계적 위험 1단위당 위험프리미엄은 SML의 기울기이므로 모든 주식이 동일하다.

(4) A와 C는 총위험이 같지만 A가 베타가 더 크기 때문에 비체계적 위험은 더 작다.

(5) 포트폴리오 구성 : $R_p = 1.5 \times R_A + (-0.5) \times R_f$
포트폴리오 베타 : $\beta_p = 1.50 \times 0.8 - 0.5 \times 0 = 1.20$ 포트폴리오의 베타가 1보다 커서 포트폴리오의 기대수익률은 시장포트폴리오 보다 높다.

정답 : 2

문제 55

CAPM에 대한 설명으로 틀린 것은?

① 시장위험프리미엄(market risk premium)은 항상 0보다 커야 한다.
② 시장포트폴리오와 무위험자산간의 상관계수는 정확히 0이다.
③ SML에 위치한다고 해서 반드시 CML에 위치하는 것은 아니다.
④ 위험자산의 기대수익률은 무위험자산의 수익률보다 항상 높다.
⑤ 개별자산의 진정한 위험은 총위험의 크기가 아니라 체계적위험의 크기만으로 평가되어야 한다.

풀이

$$\beta_i = \frac{\sigma_{im}}{\sigma_m^2} = \frac{\sigma_i \times \rho_{im}}{\sigma_m}$$

개별 위험자산과 시장포트폴리오와의 상관계수가 음수이면 베타는 음수가 될 수 있다. 베타가 음수이면 위험자산의 기대수익률은 무위험이자율보다 더 낮다.

정답 : 4

문제 56

CAPM에 대한 다음의 설명 중 가장 올바른 것은?

① 증권시장선(SML)에서 다른 조건은 동일하고 시장 포트폴리오의 기대수익률이 커진다면 β가 1보다 매우 큰 주식의 균형수익률은 상승하지만, β가 0보다 크지만 1보다 매우 작은 주식의 균형수익률은 하락한다.
② 자본시장선(CML)에서 무위험자산과 시장포트폴리오에 대한 투자가중치는 객관적이지만, 시장포트폴리오에 대한 투자비율은 주관적이다.
③ 증권시장선(SML)의 기울기는 β값에 상관없이 항상 일정한 값을 가진다.
④ 자본시장선(CML)상에 있는 포트폴리오는 효율적이므로 베타는 0이다.
⑤ 자본시장선(CML)상에 있는 포트폴리오와 시장포트폴리오의 상관계수는 0이다.

풀 이

(1) 시장포트폴리오의 기대수익률이 증가한다면
　　β가 0보다 큰 주식의 균형수익률은 상승, β가 0보다 작은 주식의 균형수익률은 하락한다.
(2) 토빈의 분리정리
　　1단계 : 효율적 투자선 : 시장포트폴리오의 구성 → 객관적
　　2단계 : 최적포트폴리오 : 무위험자산과 시장포트폴리오의 구성비율 → 주관적
(3) SML의 기울기는 시장위험프리미엄으로 모든 주식이 동일하다.
(4) CML상에 있는 포트폴리오는 효율적이며 베타는 시장포트폴리오의 구성비율이다.

$$R_p = w \times R_m + (1-w) \times R_f \Rightarrow \beta_p = w \times 1 + (1-w) \times 0 = w$$

(5) CML상에 있는 포트폴리오와 시장포트폴리오의 상관계수는 1이다.

정답 : 3

문제 57

무위험이자율은 3%, 시장포트폴리오의 기대수익률은 13%이다. 아래 두 자산 가격의 균형/저평가/고평가 여부에 대하여 가장 적절한 것은?

자산	β 계수	기대수익률
A	0.5	9%
B	1.5	17%

① 두 자산의 가격은 모두 균형상태이다.
② 두 자산의 가격은 모두 저평가되어 있다.
③ 두 자산의 가격은 모두 고평가되어 있다.
④ 자산 A는 저평가되어 있고 자산 B는 고평가되어 있다.
⑤ 자산 A는 고평가되어 있고 자산 B는 저평가되어 있다.

풀이

(1) 자산 A

균형수익률 : $E(R_A) = R_f + [E(R_m) - R_f] \times \beta_A$ = 3 + (13 − 3) × 0.5 = 8%

기대수익률 (9%) > 균형수익률(8%) ⇨ 주가 과소평가

(2) 자산 B

균형수익률 : $E(R_B) = R_f + [E(R_m) - R_f] \times \beta_B$ = 3 + (13 − 3) × 1.5 = 18%

기대수익률 (17%) < 균형수익률(18%) ⇨ 주가 과대평가

정답 : 4

다음의 위험(risk)에 관한 여러 설명 중 옳은 것은?

① 총위험이 큰 주식의 기대수익률은 총위험이 낮은 주식의 기대수익률보다 항상 크다.
② SML보다 위쪽에 위치하는 주식의 기대수익률은 과대평가되어 있으므로 매각한다.
③ 시장포트폴리오의 베타는 항상 1로서 비체계적 위험은 모두 제거되어 있다.
④ 상관관계가 1인 두 주식으로 포트폴리오를 구성하는 경우에도 미미하지만 분산투자의 효과를 볼 수 있다.
⑤ 베타로 추정한 주식의 위험과 표준편차로 추정한 주식의 위험 사이에는 일정한 관계가 있다.

풀이

(1) CAPM이 성립하면 주식의 기대수익률은 베타로 결정된다. 총위험만으로는 베타의 크기를 알 수 없기 때문에 두 주식의 기대수익률을 비교할 수 없다.
(2) 기대수익률 > 균형수익률 → 주가 과소평가 → 주식매수
(4) 상관계수가 1인 경우 분산투자 효과는 없다. 왜냐하면 분산효과는 포트폴리오의 위험과 상관계수가 1인 경우의 위험과의 차이이기 때문이다.
(5) 비체계적 위험이 증가하면 표준편차는 증가하지만 베타는 일정하므로 베타로 추정한 주식과 표준편차로 추정한 주식은 일정한 관계가 없다.

정답 : 3

문제 59

자본시장선과 증권시장선과의 관계에 대한 서술 중 옳지 않은 것은?

① 동일한 β를 가지고 있는 자산이면 SML 선상에서 동일한 위치에 놓이게 된다.
② CML과 SML은 기대수익률과 총위험간의 선형관계를 설명하고 있다는 공통점을 가지고 있다.
③ 비체계적 위험(unsystematic risk)을 가진 포트폴리오는 CML 선상에 놓이지 않는다.
④ 어떤 자산과 시장포트폴리오의 상관계수가 1이면 CML과 SML은 동일한 표현식이 된다.
⑤ SML 선상에 있는 자산이라고 하여 모두 다 CML 선상에 위치하지는 않는다.

풀 이

(1) SML에 의하면 베타가 동일하면 균형수익률도 동일하여야 한다.
(2) CML은 기대수익률과 총위험가의 선형관계를 설명하지만 SML은 기대수익률과 체계적 위험 간의 선형관계를 설명한다.
(3) 비체계적 위험을 가진 포트폴리오는 CML선상에는 없지만, SML선상에는 놓일 수도 있다.
(4) 개별증권과 시장수익률과 상관계수가 1이면 CML선상에 있으며, CML선상에 있기 때문에 SML 선상에도 있다.
(5) SML선상에 있는 주식은 CML선상에 있을 수도 있고, 없을 수도 있다.

정답 : 2

문제 60

아래의 환경 변화가 동시에 발생한다면 SML은 어떠한 변화를 보이겠는가?

| a. 물가가 하락한다. | b. 투자자들이 더 위험회피적이 된다. |

① SML의 기울기는 커지고 위로 이동한다.
② SML의 기울기는 작아지고 아래로 이동한다.
③ SML의 기울기는 커지고 아래로 이동한다.
④ SML의 기울기는 작아지고 위로 이동한다.
⑤ SML의 기울기는 달라지지 않고 아래로 이동한다.

풀 이

물가 하락 → 무위험이자율 감소→ SML 절편 감소 → SML 아래로 평행 이동
투자자 위험 회피도 증가 → 시장위험프리미엄 증가 → SML 기울기 증가

정답 : 3

문제 61

10개의 주식에 1천만원씩 1억원을 투자한 포트폴리오가 있다. 현재 이 포트폴리오의 베타계수는 1.64이다. 베타계수가 2.0인 주식을 매각하고 새로운 주식을 매입하였더니 포트폴리오의 베타계수는 1.5가 되었다. 새로 매입한 주식의 베타계수는 얼마인가?

① 0.6　　　② 0.4　　　③ 0.7　　　④ 0.8　　　⑤ 0.9

풀이

포트폴리오의 베타 : $\beta_p = \sum_{i=1}^{n} w_i \times \beta_i$

$\beta_p^{before} = 1.64 = 0.1 \times 2 + 0.9 \times \beta_{나머지} \rightarrow \beta_{나머지} = 1.6$

$\beta_p^{after} = 1.5 = 0.1 \times \beta_{매입} + 0.9 \times 1.6 \rightarrow \beta_{매입} = 0.6$

⇨ different solution

　$\Delta \beta_p = 1.5 - 1.64 = (\beta_{매입} - 2) \times 0.1 \rightarrow \beta_{매입} = 0.6$

정답 : 1

문제 62

CML과 SML에 대한 설명 중 틀린 것은?

① CML과 SML은 증권의 위험과 기대수익률간의 관계를 나타내는 식이다.
② CML과 SML은 모든 증권에 적용되는데, 그 차이는 단지 CML에서는 위험이 표준편차로, SML에서는 위험이 베타계수로 측정된다는 점이다.
③ 균형하에서 모든 증권의 위험과 기대수익률의 관계가 CML상에 위치하는 것은 아니다.
④ CML의 기울기는 효율적 포트폴리오의 위험 1단위에 대한 보상을 나타낸다.
⑤ 균형하에서 모든 증권의 위험과 기대수익률은 SML상에 위치한다.

풀이

CML은 효율적 포트폴리오에만 적용되며, SML은 모든 증권에 적용된다.

정답 : 2

문제 63

(1991년)

다음 그림에 대한 설명 중 옳은 것은?

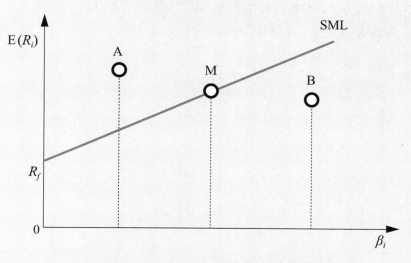

① A 자산은 과대평가되어 있고 B 자산은 과소평가되어 있다.
② A 자산의 수요는 감소하고 B 자산의 수요는 증가한다.
③ A 자산의 기대수익률은 상승하고 B 자산의 기대수익률은 하락한다.
④ A 자산을 공매하여 B 자산에 투자하면 초과이익을 남길 수 있다.
⑤ A 자산의 베타계수는 반드시 1보다 작다.

풀이

(1) 자산 A

기대수익률 > 균형수익률

→ 주가 과소평가 → 주식 매수 → 향후 주가 상승, 기대수익률 하락

(2) 자산 B

기대수익률 < 균형수익률

→ 주가 과대평가 → 주식 매도 → 향후 주가 하락, 기대수익률 상승

정답 : 5

문제 64

아래의 표는 위험요인이 1개이고 잘 분산된 두 개의 포트폴리오 백두산펀드와 한라산펀드의 기대수익률과 베타계수를 나타낸 것이다.

포트폴리오	기대수익률	베타계수
백두산펀드	16%	0.8
한라산펀드	20%	1.6

시장에서 차익거래가 존재하지 않기 위한 무위험이자율을 구하시오.

풀이

SML에 균형상태의 2개 주식의 기대수익률 및 베타계수를 대입

$$E(R_i) = R_f + [E(R_m) - R_f] \times \beta_i$$

백두산 펀드 : $16 = R_f + [E(R_m) - R_f] \times 0.8$

한라산 펀드 : $20 = R_f + [E(R_m) - R_f] \times 1.6$

위의 두 식을 연립으로 풀면 $R_f = 12\%, [E(R_m) - R_f] = 5\%$

정답 : 12%

문제 65

자본자산가격결정모형(CAPM)이 성립하는 세계에서 완전히 분산된 포트폴리오 A가 증권시장에서 거래되고 있다. 포트폴리오 A의 현재 시가총액과 시장포트폴리오 대비 시가총액 비중, 1기간 후 기대 시가총액과 시장포트폴리오 대비 기대시가총액비중은 다음과 같다.

포트폴리오	현재		1기간 후	
	시가총액	시가총액 비중	기대시가 총액	기대시가 총액비중
A	20,000원	1%	25,300원	1.1%

시장포트폴리오(market portfolio) 수익률의 표준편차는 15%이며, 위험프리미엄은 10%이다. 포트폴리오 A의 베타를 구하시오.

풀 이

시장포트폴리오의 현재금액 $= \dfrac{20,000}{0.01} = 2,000,000$

시장포트폴리오의 1기간 후의 금액 $= \dfrac{25,300}{0.011} = 2,300,000$

시장포트폴리오 기대수익률 : $E(R_m) = \dfrac{2,300,000 - 2,000,000}{2,000,000} = 15\%$

무위험이자율 : $R_f = E(R_m) - RP_m = 15\% - 10\% = 5\%$

포트폴리오 A의 기대수익률 : $E(R_A) = \dfrac{25,300 - 20,000}{20,000} = 26.5\%$

$E(R_A) = R_f + [E(R_m) - R_f] \times \beta_A \Rightarrow 26.5 = 5 + 10 \times \beta_A$ 에서 $\beta_A = 2.15$

정답 : 2.15

CAPM이 성립하는 세계에서 두 주식 A와 B의 수익률을 분석한 결과는 다음 표와 같다.

주식	기대수익률	베타
A	0.10	0.8
B	0.12	1.2

투자자 '종국'은 10억원의 투자자금으로 시장포트폴리오를 따라가는 지수펀드와 주식 B에 5 : 5로 투자하였다. '종국'이 이투자로부터 얻기로 기대하는 수익률은 얼마인가?

풀 이

SML에 균형상태의 2개 주식의 기대수익률 및 베타계수를 대입

$E(R_i) = R_f + [E(R_m) - R_f] \times \beta_i$

주식A : $10 = R_f + [E(R_m) - R_f] \times 0.8$

주식B : $12 = R_f + [E(R_m) - R_f] \times 1.2$

위의 두 식을 연립으로 풀면 $R_f = 6\%$, $E(R_m) = 11\%$

투자자의 포트폴리오 : $R_p = 0.5 \times R_B + 0.5 \times R_m$

포트폴리오 기대수익률 : $E(R_p) = 0.5 \times 12 + 0.5 \times 11 = 11.5\%$

정답 : 11.5%

시장모형

(2018년)

문제 67

다음 표는 시장모형을 만족시키는 두 주식 A와 B에 대한 정보를 보여준다. 시장포트폴리오의 표준편차는 20%이다. 다음 설명 중 가장 적절하지 않은 것은?

주식	베타	표준편차
A	0.4	30%
B	1.2	40%

① 주식 A와 주식 B 간의 공분산은 0.0192이다.
② 주식 B와 시장포트폴리오 간의 공분산은 0.048이다.
③ 분산으로 표시된 주식 B의 체계적 위험은 0.0576이다.
④ 분산으로 표시된 주식 B의 비체계적 위험은 0.1224이다.
⑤ 주식 A에 80%, 주식 B에 20% 투자된 포트폴리오의 베타는 0.56이다.

풀이

(1) $\sigma_{ij} = Cov(R_i, R_j) = \beta_i \beta_j \sigma_m^2$

$\sigma_{AB} = 0.4 \times 1.2 \times 0.2^2 = 0.0192$

(2) $\beta_i = \dfrac{\sigma_{im}}{\sigma_m^2} \rightarrow \sigma_{im} = \beta_i \times \sigma_m^2$

$\sigma_{Bm} = 1.2 \times 0.2^2 = 0.048$

(3) $\beta_B^2 \times \sigma_m^2 = 1.2^2 \times 0.2^2 = 0.0576$

(4) $\sigma_B^2 = \beta_B^2 \times \sigma_m^2 + Var(e_B) \Rightarrow Var(e_B) = \sigma_B^2 - \beta_B^2 \times \sigma_m^2$

$Var(e_B) = 0.4^2 - 0.0576 = 0.1024$

(5) 포트폴리오 베타 가산의 원리를 이용

$\beta_p = 0.8 \times \beta_A + 0.2 \times \beta_B = 0.8 \times 0.4 + 0.2 \times 1.2 = 0.56$

정답 : 4

지난 24개월 동안 펀드 A와 펀드 B 및 한국종합주가지수(KOSPI)의 평균수익률, 표준편차, 그리고 베타는 다음과 같다.

구분	평균수익률	표준편차	베타
펀드 A	12%	10%	0.5
펀드 B	20%	25%	1.5
KOSPI	15%	12%	1.0

이 기간 동안 무위험수익률이 4%로 변동이 없었다고 가정할 때 가장 적절하지 <u>않은</u> 것은?

① 펀드 A의 트레이너지수(Treynor measure)는 KOSPI의 트레이너지수보다 높다.
② 펀드 A의 샤프지수(Sharpe measure)는 KOSPI의 샤프지수보다 높다.
③ 젠센의 알파(Jensen's alpha) 기준으로 펀드 A의 성과가 펀드 B의 성과보다 우월하다.
④ 샤프 지수 기준으로 펀드 A의 성과가 펀드 B의 성과보다 우월하다.
⑤ 젠센의 알파 기준으로 KOSPI의 성과가 펀드 B의 성과보다 우월하다.

풀이

샤프지수 $= \dfrac{R_p - R_f}{\sigma_p}$

펀드A $= (12 - 4) / 10 = 0.8$

펀드B $= (20 - 4) / 25 = 0.64$

KOSPI $= (15 - 4) / 12 = 0.92$

샤프지수 기준 펀드 성과평가 : KOSPI $>$ A $>$ B

트레이너지수 $= \dfrac{R_p - R_f}{\beta_p}$

펀드A $= (12 - 4) / 0.5 = 16$

펀드B $= (20 - 4) / 1.5 = 10.67$

KOSPI $= (15 - 4) / 1 = 11$

트레이너지수 기준 펀드 성과평가 : A $>$ KOSPI $>$ B

젠센지수 $= R_p - (R_f + (R_m - R_f) \times \beta_p)$

펀드A $= 12 - \{4 + (15 - 4) \times 0.5\} = 2.5\%$

펀드B $= 20 - \{4 + (15 - 4) \times 1.5\} = (-)0.5\%$

젠센수기준 펀드 성과평가 : A $>$ B

정답 : 2

문제 69

주식시장이 주식 A와 주식 B만으로 이루어져 있다고 가정한다. 주식 A 45%와 주식 B 55%로 구성된 시장포트폴리오의 샤프비율(Sharpe ratio)이 0.2라고 할 때, 무위험이자율(risk free rate)값으로 가장 가까운 것은?

주식시장		
	주식 A의 수익률	주식 B의 수익률
평균	6.50%	8.50%
분산	0.10	0.15
공분산	0.06	

① 1.39%　　② 1.43%　　③ 1.47%　　④ 1.51%　　⑤ 1.55%

풀 이

(1) 시장포트폴리오의 구성 : $R_m = 0.45 \times R_A + 0.55 \times R_B$

(2) 시장포트폴리오의 수익률 : $R_m = 0.45 \times 6.50 + 0.55 \times 8.50 = 7.6\%$

(3) 시장포트폴리오의 표준편차

$$\sigma_p^2 = w_1^2 \sigma_1^2 + w_2^2 \sigma_2^2 + 2w_1 w_2 \sigma_{12}$$

$$\sigma_m^2 = 0.45^2 \times 0.1 + 0.55^2 \times 0.15 + 2 \times 0.45 \times 0.55 \times 0.06 = 0.095325 \Rightarrow \sigma_m = 30.87\%$$

(4) 시장포트폴리오의 수익률과 표준편차를 샤프지수에 대입

$$샤프지수 = \frac{R_p - R_f}{\sigma_p}$$

$$0.2 = \frac{7.6 - R_f}{30.87} \rightarrow R_f = 1.426\%$$

정답 : 2

문제 70

펀드K를 운용하고 있는 펀드매니저는 펀드의 위험을 표준편차로 추정하고 월간 수익률자료를 분석한다. 과거 5년간 펀드K와 KOSPI의 평균수익률은 각각 3.0%, 2.0%이다. 또한 KOSPI 수익률의 표준편차는 3.0%, 펀드K 수익률과 KOSPI 수익률의 상관계수는 0.8이다. 펀드K 수익률을 종속변수로, KOSPI 수익률을 독립변수로 한 단순회귀분석의 결과는 다음과 같다. 펀드K의 표준편차로 가장 적절한 것은?

변수	추정계수	표준오차	t-통계량	p-값
상수	0.15	0.50	0.26	0.75
KOSPI 수익률	1.60	0.08	15.4	0.0001

① 5.2%   ② 5.8%   ③ 6.0%   ④ 7.5%   ⑤ 8.0%

풀이

(1) 펀드K의 베타계수

　단순회귀분석의 결과 KOSPI 수익률의 추정계수 1.60이 펀드K의 베타계수이다.

(2) 펀드K의 표준편차

$$\beta_i = \frac{\sigma_i \times \rho_{im}}{\sigma_m} \rightarrow 1.60 = \frac{0.8 \times \sigma_K}{3} \rightarrow \sigma_K = 6\%$$

정답 : 3

문제 71 (2003년)

시장가치 1억원 규모의 펀드 A를 운용하고 있는 펀드매니저는 펀드의 위험을 표준편차로 추정하려 한다. 과거 5년간 펀드 A와 KOSPI의 월간 수익률 평균은 각각 1.8%, 1.4%였다. KOSPI 수익률 표준편차는 1.6%, 펀드 A 수익률과 KOSPI 수익률의 상관계수는 0.835로 나타났다. 이어 펀드 A와 KOSPI 월간 수익율을 이용한 회귀분석은 다음과 같다. 펀드 A의 표준편차는 얼마인가?

	계수	표준오차	t 통계량	P-값
상수	−0.178	0.635	−0.281	0.779
KOSPI	1.670	0.098	16.901	5.62E−32

① 2.8%   ② 3.2%   ③ 3.6%   ④ 3.9%   ⑤ 4.2%

풀 이

(1) 펀드A의 베타계수

　단순회귀분석의 결과 KOSPI 수익률의 추정계수 1.67이 펀드A의 베타계수이다.

(2) 펀드A의 표준편차

$$\beta_i = \frac{\sigma_i \times \rho_{im}}{\sigma_m} \rightarrow 1.67 = \frac{0.835 \times \sigma_A}{1.6} \rightarrow \sigma_A = 3.2\%$$

정답 : 2

문제 72

다음 표는 지난 36개월간 월별 시장초과수익률에 대한 (주)한국의 월별 주식초과수익률의 회귀분석 결과이다. (X1 변수는 시장 초과 수익률을 나타낸다.)

	계수	표준오차	t 통계량	p-값
Y 절편	0.0047	0.0044	1.0790	0.2882
X1	0.8362	0.1996	4.1892	0.0002

이 기간 중 (주)한국의 월별 주식수익률의 평균은 1.65%, 표준편차는 2.55%였고, 월별 시장수익률의 평균은 1.40%, 표준편차는 1.77%였다. 또한 무위험자산 수익률은 연 1.20%였고 36개월간 변동이 없었다. 샤프지수, 트레이너지수, 젠슨의 알파를 올바르게 계산한 것은?

	샤프지수	트레이너지수(%)	젠슨의 알파(%)
①	0.18	1.96	1.20
②	0.61	1.85	0.47
③	0.61	1.96	0.47
④	0.65	1.85	0.47
⑤	0.65	1.96	1.20

풀 이

무위험자산 수익률이 연 1.2%이므로 월별 수익률은 0.1%이다.

(1) 샤프지수

$$\frac{R_p - R_f}{\sigma_p} = \frac{1.65\% - 0.1\%}{2.55} = 0.6078$$

(2) 트레이너 지수

단순회귀분석의 결과 X1변수의 추정계수 0.8362가 (주)한국의 베타계수이다.

$$\frac{R_p - R_f}{\beta_p} = \frac{1.65\% - 0.1\%}{0.8362} = 1.8536\%$$

(3) 젠센지수

$$R_p - (R_f + (R_m - R_f) \times \beta_p) = 1.65 - \{0.1 + (1.40 - 0.1) \times 0.8362\} = 0.463\%$$

⇨ different solution

초과수익률 회귀분석의 상수계수 0.0047이 젠센의 알파이다.

정답 : 2

몇 개의 주식으로 이루어진 어느 포트폴리오는 시장 포트폴리오와 0.8의 상관계수를 갖는다. 포트폴리오의 수익률과 위험이 시장모형에 의해 설명된다고 가정하고 이 포트폴리오의 총위험 중 비체계적 위험의 비율을 구하시오.

① 80%   ② 64%   ③ 36%   ④ 20%   ⑤ 16%

풀 이

총위험 중 비체계적 위험의 비율 $= 1 - \rho_{im}^2 = 1 - 0.8^2 = 0.36$

정 답 : 3

시장모형이 성립한다고 가정하자. 주식A(베타=1.4)와 주식B(베타=0.6)에 투자액의 3/4과 1/4을 각각 투자한 포트폴리오 수익률의 표준편차가 0.04이다. 시장포트폴리오 수익률의 표준편차는 0.02로 알려져 있다. 이 포트폴리오의 총 위험에 대한 체계적 위험의 비율은?

① 32%   ② 34%   ③ 36%   ④ 38%   ⑤ 40%

풀 이

(1) 포트폴리오의 베타

$$\beta_p = \sum_{i=1}^{n} w_i \times \beta_i = \frac{3}{4} \times 1.4 + \frac{2}{4} \times 0.6 = 1.2$$

(2) 포트폴리오의 분산 (시장모형)

$$\sigma_p^2 = \beta_p^2 \times \sigma_m^2 + Var(e_p)$$

$$4^2 = 1.2^2 \times 2^2 + Var(e_p) \rightarrow Var(e_p) = 11.2$$

(3) 총위험 중 체계적 위험의 비율

$$= \frac{\beta_p^2 \times \sigma_m^2}{\sigma_p^2} = \frac{1.2^2 \times 2^2}{4^2} = 0.36$$

정 답 : 3

문제 75

다음 자료를 참조로 한 설명 중 옳지 않은 것은?

> 무위험 이자율 : 5%
>
> 시장의 기대수익률 : 15%　　　　　　시장수익률의 표준편차 : 0.05
>
> 주식 A의 베타계수 : 2　　　　　　　주식A 수익률의 표준편차 : 0.125

① 주식 A의 CML상 요구수익률과 SML상의 요구수익률이 서로 다른데 이는 주식 A가 비효율적인 증권임을 나타낸다.
② 주식 A의 잔차분산은 양의 값을 지닌다.
③ 만약 주식 A의 베타계수가 2로 유지된 상태에서 잔차분산이 증가한다면 균형하에서의 주식 A의 기대수익률은 증가한다.
④ 주식 A의 수익률과 시장수익률과의 상관계수는 1보다 작다.
⑤ 주식 A의 수익률과 시장수익률과의 회귀식에 의한 결정계수는 1보다 작다.

풀이

(4) $\beta_i = \dfrac{\sigma_i \times \rho_{im}}{\sigma_m} \;\rightarrow\; 2.0 = \dfrac{12.5 \times \rho_{Am}}{5}\, 2.0 \;\rightarrow\; \rho_{AM} = 0.8$

(5) $\rho^2_{AM} = 0.8^2 = 0.64$

(1) 주식A와 시장수익률간의 상관계수가 1보다 작기 때문에 주식A는 비계계적 위험이 존재하는 비효율증권이므로 CML의 기대수익률과 SML의 기대수익률이 다르게 나온다.

(2) 주식A와 시장수익률간의 상관계수가 1보다 작기 때문에 잔차분산은 양의 값을 지닌다.

(3) SML은 체계적 위험으로 균형수익률을 결정하므로 잔차분산이 변하여도 균형수익률(기대수익률)은 변하지 않는다.

정답 : 3

문제 76

(CPA 2차)

지난 5년 동안 시장포트폴리오의 평균초과수익률은 17%이고, 표준편차는 20%이다. 무위험 수익률은 4%로 일정하다. 지난 5년 동안 주식 A의 초과수익률($R_{A,\,t} - R_f$)과 시장포트폴리오의 초과수익률($R_{M,\,t} - R_f$)을 이용하여 다음과 같은 회귀식을 추정하였다.

$$(R_{A,t} - R_f) = \alpha_A + \beta_A(R_{M,\,t} - R_f) + \varepsilon_{A,t}$$

회귀분석의 결과를 이용하여 추정한 주식 A에 대한 성과지표들은 다음과 같다.

샤프지수	트레이너지수	젠센의 알파
( )	0.2	2.7%

주식 A의 베타는 얼마인가?

풀이

(1) 트레이너지수 : $\dfrac{R_A - R_f}{\beta_A} = 20\% \rightarrow R_A - R_f = \beta_A \times 20$

(2) 젠센의 알파 : $R_A - R_f = 2.7 + \beta_A \times 17 = 20 \times \beta_A \rightarrow \beta_A = 0.9$

⇨ 초과수익률 모형의 절편은 젠센의 알파 2.7%이다.

정답 : 0.9

문제 77

다음은 특정한 기간 동안 주식 A의 초과수익률을 시장포트폴리오의 초과수익률에 대해 회귀분석한 결과이다. 이 기간 동안의 무위험이자율은 6%로 일정하며, 시장포트폴리오 수익률의 평균과 표준편차는 각각 14%와 15%이다. 아래 표의 결과를 이용하여 주식 A의 운용성과를 측정하고자 한다. 단, 주식A의 초과수익률은 각 주식의 수익률에서 무위험이자율을 차감한 것이고, 시장포트폴리오의 초과수익률과 잔차의 공분산은 0이다.

	주식 A	
	계수	표준오차
상수	2%	0.0086
시장포트폴리오 초과수익률	1.3	0.5078
R^2	0.782	
잔차 표준편차 $\sigma(e_i)$	10.30%	

주식 A에 대하여 평균 초과수익률과 표준편차를 각각 계산하라.

풀이

(1) 평균 초과수익률

$$R_A - R_f = \alpha_A + \beta_A \times (R_m - R_f) = 2 + 1.3 \times (14 - 6) = 12.4\%$$

(2) 초과수익률의 표준편차

$$\sigma_A^2 = \beta_A^2 \times \sigma_m^2 + Var(e_A) = 1.3^2 \times 15^2 + 10.30^2 = 486.34$$

$$\sigma_A = \sqrt{486.34} = 22.05\%$$

정답 : 12.4%, 22.05%

05 절 차익거래가격결정이론(APT)

(2011년)

문제 78

증권 또는 포트폴리오의 수익률이 다음 2요인모형에 의하여 설명된다고 가정하자.

$R_i = E(R_i) + \beta_{i1}F_1 + \beta_{i2}F_2 + e_i$ e_i = 잔차항 (비체계적 위험)

R_i = 포트폴리오 i의 수익률 $E(R_i)$ = 포트폴리오 의 기대수익률

F_1 = 공통요인 1 β_{i1} = 포트폴리오 i의 공통요인 1에 대한 체계적 위험

F_2 = 공통요인 2 β_{i2} = 포트폴리오 i의 공통요인 2에 대한 체계적 위험

2요인 차익거래가격결정모형이 성립하는 자본시장에서 다음과 같은 3가지 충분히 분산된 포트폴리오가 존재한다. 요인1 포트폴리오와 요인2 포트폴리오 위험프리미엄의 조합으로 가장 적절한 것은?

포트폴리오	기대수익률	베타1	베타2
A	16%	1.0	1.0
B	17%	0.5	1.5
C	18%	−1.5	3.0

	요인1 포트폴리오	요인2 포트폴리오
①	4%	4%
②	4%	6%
③	6%	4%
④	6%	6%
⑤	8%	8%

풀이

APT 균형수익률(2요인) : $E(R_i) = \lambda_0 + \lambda_1 \times b_{i1} + \lambda_2 \times b_{i2}$

포트폴리오 A : $E(R_A) = 16 = \lambda_0 + \lambda_1 \times 1.0 + \lambda_2 \times 1.0$

포트폴리오 B : $E(R_B) = 17 = \lambda_0 + \lambda_1 \times 0.5 + \lambda_2 \times 1.5$

포트폴리오 C : $E(R_C) = 18 = \lambda_0 + \lambda_1 \times (-1.5) + \lambda_2 \times 3.0$

이를 연립방정식으로 풀면 $\lambda_0 = 6\%, \lambda_1 = 4\%, \lambda_2 = 6\%$

λ_1 = 요인1 위험프리미엄 = 요인1 포트폴리오 위험프리미엄 = 4%

λ_2 = 요인2 위험프리미엄 = 요인2 포트폴리오 위험프리미엄 = 6%

정답 : 2

문제 79

증권 수익률은 다음의 3요인모형으로 설명된다고 가정하자.

$$R_i = E(R_i) + \beta_{i1}F_1 + \beta_{i2}F_2 + \beta_{i3}F_3 + e_i$$

여기서, R_i : 증권 i의 수익률, $E(R_i)$: 증권 i의 기대수익률, F_j : 공통요인 j (j=1,2,3),

β_{ij} : 증권 i의 공통요인 j에 대한 체계적 위험(민감도), e_i : 잔차항

3–요인 차익거래가격결정모형(arbitrage pricing theory; APT)이 성립하며 각 요인들의 위험프리미엄(risk premium)은 아래와 같다.

요인	요인 1	요인 2	요인 3
위험 프리미엄	6%	4%	5%

무위험자산수익률은 3%이다. 요인 1, 요인 2, 요인 3의 체계적 위험이 각각 1.2, 0.2, 0.8인 증권의 균형 기대수익률은 얼마인가?

① 12% ② 15% ③ 17% ④ 19% ⑤ 21%

풀이

λ_k = 요인k 위험프리미엄 $\Rightarrow$ $\lambda_1 = 6\%$, $\lambda_2 = 4\%$, $\lambda_3 = 5\%$

APT 균형수익률 (3요인)

$$E(R_i) = \lambda_0 + \lambda_1 \times b_{i1} + \lambda_2 \times b_{i2} + \lambda_3 \times b_{i3}$$

$$E(R_i) = 3 + 6 \times 1.2 + 4 \times 0.2 + 5 \times 0.8 = 15\%$$

정답 : 2

문제 80

다음의 APT(차익거래가격결정이론)에 대한 설명 중 옳지 않은 것은?

① APT를 유도하기 위한 가정은 CAPM의 경우보다 상대적으로 약하며, 따라서 CAPM은 APT의 특수한 형태로 볼 수 있다.
② APT에서는 자산의 수익률 분포에 대한 제약이 필요 없으며, 투자자가 위험 회피적이라는 가정도 필요 없다.
③ APT는 시장포트폴리오를 필요로 하지 않기 때문에 시장에 존재하는 자산 일부만으로 자산가치평가를 할 수 있다.
④ APT에서 위험자산의 기대수익률 결정에 영향을 미치는 체계적 위험은 하나 이상이다.
⑤ APT와 CAPM은 둘 다 자산의 기대수익률과 관련 위험요인이 선형관계를 보여 준다.

풀이

APT에서는 자산의 수익률 분포에 대한 제약이 필요 없지만, 투자자가 위험 회피적이라는 가정은 필수적이다. ⇨ λ는 요인 위험프리미엄을 의미한다.

정답 : 2

자산수익률이 두 개의 공통요인 1과 2에 의해 결정되며 무위험이자율은 10%라고 한다. 충분히 분산 투자된 두 포트폴리오 A와 B의 균형수익률과 두 공통요인에 대한 민감도가 다음과 같을 때 다음 중 옳은 것은?

포트폴리오	$E(R_i)$	b_{i1}	b_{i2}
A	0.15	1.0	0
B	0.13	0	1.0

$$E(R_c) = 0.15, \quad b_{c1} = 1.2, \quad b_{c2} = 0.5$$

① 균형 상태에서 $E(R_i) = 0.1 + 0.15b_{i1} + 0.13b_{i2}$ 이다.

② 투자자는 가능하면 많은 투자자금을 포트폴리오 A에 투자하는 것이 바람직하다.

③ 무위험차익거래를 위해서는 포트폴리오 A와 B를 각각 1,200만원, 500만원씩 공매하고, C와 무위험자산에 1,000만원, 700만원씩 투자하여야 한다.

④ 포트폴리오 C의 현재가격은 균형가격보다 과대평가되어 있다.

⑤ 포트폴리오 A와 B를 각각 1,200만원과 500만원씩 매입하고, 포트폴리오 C를 1,000만 원 어치 공매하여 포트폴리오를 구성할 경우 5만원의 확실한 이윤을 낼 수 있다.

풀이

APT 균형수익률(2요인) : $E(R_i) = \lambda_0 + \lambda_1 \times b_{i1} + \lambda_2 \times b_{i2}$

포트폴리오 A : $E(R_A) = 15 = 10 + \lambda_1 \times 1.0 + \lambda_2 \times 0 \rightarrow \lambda_1 = 5\%$

포트폴리오 B : $E(R_B) = 13 = 10 + \lambda_1 \times 0 + \lambda_2 \times 1 \rightarrow \lambda_2 = 3\%$

(1) $E(R_i) = 0.1 + 0.05b_{i1} + 0.03b_{i2}$

(2) 포트폴리오 A는 균형상태이므로 차익거래 유형에 따라 매수 또는 매도한다.

(4) 포트폴리오 C 균형수익률 = 10 + (5 × 1.2) + (3 × 0.5) = 17.5%

　　기대수익률(15%) < 균형수익률(17.5%) ⇨ 주가 과대평가 ⇨ 주식 매도

(3)(5) 차익포트폴리오 : $E(R_p) = w_A \times R_A + w_B \times R_B + w_C \times R_C + w_f \times R_f$

　　1) no cost : $w_A + w_B + w_C + w_f = 0$

　　2) no risk 1요인 : $\beta_{p1} = 0 = w_A \times 1 + w_B \times 0 + w_C \times 1.2 + w_f \times 0$

　　3) no risk 2요인 : $\beta_{p2} = 0 = w_A \times 0 + w_B \times 1 + w_C \times 0.5 + w_f \times 0$

　　　포트폴리오 C를 공매하여야 하므로 $w_C = -1$ 결정하고 1), 2), 3)을 연립방정식으로 풀면

　　$w_A = 1.2 \quad w_B = 0.5 \quad w_C = -1 \quad w_f = -0.7$

∴ 주식C를 1000만원 공매하고 700만원을 차입하여 A와 B에 각각 1,200만원과 500만원을 투자하면 1년 후 확실한 이익 25만원(=1,000만원 × (17.5% − 15%))을 얻을 수 있다.

정답 : 4

06 절 > 최신 포트폴리오 이론

문제 82 (2018년)

행동재무학(behavioral finance)과 투자자의 비합리성에 관한 설명으로 가장 적절하지 않은 것은?

① 투자자의 비합리성과 차익거래의 제약으로 인하여 금융시장은 비효율적일 수 있다.

② 보수주의(conservatism)의 예로 어떤 기업의 수익성이 악화될 것이라는 뉴스에 대해 투자자가 초기에는 과소반응을 보여 이 정보가 주가에 부분적으로만 반영되는 현상을 들 수 있다.

③ 동일한 투자안 이더라도 정보가 제시되는 방법(예 이익을 얻을 가능성만 강조되는 경우, 반대로 손실을 입을 가능성만 강조되는 경우)에 따라 투자의사결정이 달라지는 현상은 액자(framing)편향으로 설명될 수 있다.

④ 투자자가 이익(gain)의 영역에서는 위험회피적 성향을, 손실(loss)의 영역에서는 위험선호적 성향을 보이는 것은 전망이론 (prospect theory)과 관련이 있다.

⑤ 다수의 의견이 틀리지 않을 것이라는 믿음 하에 개별적으로 수집 · 분석한 정보를 무시한 채 대중이 움직이는 대로 따라가는 현상을 과신(overconfidence)이라고 한다.

풀 이

다수의 의견이 틀리지 않을 것이라는 믿음 하에 개별적으로 수집 · 분석한 정보를 무시한 채 대중이 움직이는 대로 따라가는 현상을 군중심리(herd behavior)라고 한다.

정 답 : 5

(2018년)

CAPM과 APT 등 위험프리미엄의 가격모형에 관한 다음 설명 중 적절하지 않은 것은? (단, CAPM에서 시장이 균형상태라고 가정한다.)

① 자본시장선에 존재하는 두 위험포트폴리오 간의 상관계수는 1이다.
② CAPM에서 시장포트폴리오는 효율적 포트폴리오이다.
③ APT모형은 차익거래의 기회가 지속되지 않는다는 조건 등을 이용하여 적정 위험프리미엄을 도출한다.
④ 파마-프렌치의 3요인모형은 시장포트폴리오의 수익률, 기업규모, 주가순자산비율(PBR)을 반영한 세 가지 공통요인으로 주식의 수익률을 설명한다.
⑤ 자본시장선보다 아래에 존재하는 자산은 증권시장선에 놓이지 않을 수 있다.

풀이

자본시장선보다 아래에 존재하는 자산은 비효율적 자산이지만 시장이 균형상태이므로 증권시장선 상에 있다.

정답 : 5

SMART
객관식
재무관리

Chapter

07

채권

채권

01 절 ▶ 채권의 가치평가

1 채권의 기초

1. 이표채(이자부채권)

- 만기(n)까지 일정 시점마다 이자(C)가 지급되다가 만기에 원금(F)이 지급되는 채권
- 이표채의 가치평가

$$B_0 = \sum_{t=1}^{n} \frac{C}{(1+YTM)^t} + \frac{F}{(1+YTM)^n}$$

- 만기수익률 (YTM : yield-to-maturity)
  - 이표채권을 만기까지 보유할 경우의 수익률
  - 재투자수익률을 만기수익률로 가정
- 보유수익률 (HPY : holding-period-yield)
  채권을 중도 매각하는 경우 수익률로서 1년 보유한 경우 다음과 같이 계산한다.

$$B_0 = \frac{C + E(B_1)}{(1+HPY)^1}$$

$E(B_1)$: 1년 후 채권의 예상가격

- 경상이자율 또는 현행이자율 (CY : current yield)
  채권을 매입하여 얻게 되는 연간 이자액을 채권의 시장가격을 나는 수익률

$$CY = \frac{C}{B_0}$$

⇨ 무이표채의 경상이자율 = 0

2. 무이표채(할인채권)

- 만기(n)에 원금(F)만 지급되고 그 사이에 이자지급은 없는 채권
- 무채권의 가치평가

$$B_0 = \frac{F}{(1 + {}_oR_n)^n}$$

- 현물이자율 (= ${}_oR_n$)
  - 무이표채권을 만기까지 보유할 경우의 수익률
- 보유수익률 (HPY : holding−period−yield)
  채권을 중도 매각하는 경우 수익률로서 1년 보유한 경우 다음과 같이 계산한다.

$$B_0 = \frac{E(B_1)}{(1 + HPY)^1}$$

3. 영구채

- 만기가 없이 이자(C)만 일정한 금액으로 무한히 지급하는 채권
- 채권의 가치평가

$$B_0 = \frac{C}{R}$$

- 만기수익률과 보유수익률은 이표채와 동일한 성격을 갖는다.

2 채권수익률의 결정요인

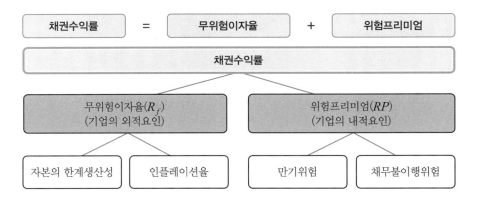

① 자본의 한계생산성

자본의 생산성이 증가하여 실질이자율은 높게 형성되므로 채권의 수익률도 증가한다.

② 물가상승률(inflation)

물가가 상승하면 명목이자율(무위험이자율)이 상승하게 되어, 채권의 수익률은 증가한다.

③ 채권의 만기

채권의 만기가 길수록 위험프리미엄(RP)이 증가하여 채권의 수익률은 증가한다.

④ 채무불이행위험

채무불이행위험이 증가하면 위험프리미엄(RP)이 증가하여 채권의 수익률은 증가한다.

3 이자율의 기간구조 이론

채권 만기와 채권 수익률의 관계를 수익률 곡선이라고 하며, 이러한 수익률 곡선의 형태를 설명하는 과정을 이자율의 기간구조라고 한다.

1. 선도이자율

현재시점에서 결정되는 미래의 이자율로써 현물이자율의 관계는 다음과 같다.

(1) 만기 t년 채권의 현물이자율과 만기 n년 현물이자율의 관계

$$(1 + {}_0R_n)^n = (1 + {}_0R_t)^t \times (1 + {}_tf_n)^{n-t}$$

(2) 만기1년 채권의 현물이자율과 만기 2년 현물이자율의 관계

$$(1+{}_0R_2)^2 = (1+{}_0R_1) \times (1+{}_1f_2)$$

→ 만기 2년 현물이자율은 만기1년 현물이자율과 선도이자율의 기하평균이다.

(3) 만기2년 이표채 만기수익률과 현물이자율과의 관계

$$B_0 = \frac{C}{(1+YTM)^1} + \frac{C+F}{(1+YTM)^2} = \frac{C}{(1+{}_0R_1)^1} + \frac{C+F}{(1+{}_0R_2)^2}$$

→ 만기 2년 이표채 만기수익률은 만기 1년 현물이자율과 만기 2년 현물이자율의 금액기준 평균이다.

(4) 현물이자율, 선도이자율 및 이표채 만기수익률과의 관계

수익률 곡선이 우상향인 경우 → ${}_0R_1 < {}_0YTM_2 < {}_0R_2 < {}_1f_2$

수익률 곡선이 우하향인 경우 → ${}_0R_1 > {}_0YTM_2 > {}_0R_2 > {}_1f_2$

2. 기대이론 (불편기대가설)

선도이자율이 미래에 발생할 예상이자율과 일치한다고 가정하는 이론

$$\rightarrow {}_1f_2 = E({}_1R_2)$$

3. 유동성선호이론

선도이자율은 기대현물이자율에 유동성 프리미엄까지 포함한다는 이론

$$\rightarrow {}_1f_2 = E({}_1R_2) + {}_1L_2$$

※ 유동성선호이론의 현물이자율이 기대이론의 현물이자율보다 크다.

4. 시장분할가설

- 단기채권 시장과 장기채권 시장이 분할되어 각 시장의 수급에 의하여 수익률이 결정
- 단기채권 시장의 수요증가 → 단기채권의 가격 상승, 수익률 하락 → 수익률곡선 우상향

5. 선호영역이론

각 투자자들이 선호하는 특정한 만기의 영역이 존재하나, 만일 다른 만기의 채권들에 충분한 위험프리미엄이 존재한다면 자신들이 선호하는 영역을 벗어난 만기를 가진 채권에 언제라도 투자할 수 있다

6. 기대현물이자율과 수익률곡선

미래이자율 예상	수익률곡선	
	기대이론	유동성 선호이론
상승	우상향	우상향
일정	수평	우상향
하락	우하향	모두 가능

7. 수익률곡선과 기대현물이자율

수익률곡선	미래이자율 예상	
	기대이론	유동성 선호이론
우상향	상승	모두 가능
수평	일정	하락
우하향	하락	하락

02 절 채권의 위험관리

1 채권의 위험

1. 이자율위험

(1) 가격위험

투자종료시점에서 채권의 가격이 이자율의 변동으로 인하여 기대가격과 달라질 위험으로 만기까지 보유하면 가격위험을 제거할 수 있다.

(2) 재투자위험

투자기간동안 받은 이자 재투자수익이 이자율의 변동으로 인하여 기대와 달라질 위험으로 무이표채권에 투자하면 재투자위험을 제거할 수 있다.

	가격 위험	재투자 수익
이자율 상승	채권가격 하락	재투자소득의 증가
이자율 하락	채권가격 상승	재투자소득의 감소

	시장이자율 변동에 따른 가격 변동위험	이자수익에 대한 재투자위험
이표채-만기수익률	X	O
이표채-보유수익률	O	O
무이표채-만기수익률	X	X
무이표채-보유수익률	O	X

(3) 채권의 종류와 이자율변동위험

- 다른 조건이 동일하다면 무이표채가 이표채보다 이자율 위험이 더 크다
- 다른 조건이 동일하다면 만기가 길수록 이자율 위험이 더 크다
- 다른 조건이 동일하다면 만기상환채권이 연속상환채권보다 이자율 위험이 더 크다
- 다른 조건이 동일하다면 고정금리채권이 변동금리채권보다 이자율 위험이 더 크다

2. 채무불이행위험

- 채무자가 원금 또는 이자의 지급을 불이행하여 기대 현금과 달라질 위험
- 국채는 채무불이행위험이 없으며 회사채는 채무불이행 위험이 있다.
- 채권등급 또는 신용등급으로 채무불이행 위험을 측정한다.

3. 인플레이션위험

- 채권의 수익률은 명목이자율이므로 모든 채권은 인플레이션 위험이 있다.
  ⇨ 무이표채 국채를 만기 보유하면 가격변동위험, 재투자위험 및 채무불이행위험은 없지만 인플레이션 위험은 있다.

4. 말킬의 채권가격정리

① 채권 가격과 수익률은 역의 관계이다.
② 잔존기간(만기)이 긴 채권이 잔존기간(만기)이 짧은 채권보다 가격 변동폭이 크다.

③ 채권 수익률 변동에 따른 채권 가격의 변동폭은 만기가 길어질수록 증가하나 그 증가율은 체감한다.

④ 잔존 기간(만기)이 일정할 때 채권 수익률 하락으로 인한 가격 상승폭이 같은 폭의 수익률 상승으로 인한 채권 가격 하락폭보다 크다. (채권의 볼록성)

⑤ 표면이자율이 높을수록 채권 가격 변동폭이 작다.

2 듀레이션

1. 듀레이션의 의의

(1) 채권 현금흐름의 가중평균회수기간

(2) 이자율 변동에 따른 가격위험과 재투자 수익률 위험을 면역하는 기간

(3) 이자율 변동에 따른 채권가격변동의 민감도

2. Macaulay 듀레이션

$$D = \sum_{t=1}^{n} t \times \frac{PV(C_t)}{B_0}$$

3. 수정듀레이션(MD)

$$MD = \frac{D}{1+R}$$

4. 채권의 종류와 듀레이션

이표채	할인채권	영구채권
D < 만기	D = 만기	$D = 1 + \dfrac{1}{R}$

5. 듀레이션의 결정요인

만기와 듀레이션은 (+)관계, 표시이자율과 채권수익률은 듀레이션과 (−)관계가 있다.

(1) 표시이자율(액면이자율)

액면이자율이 낮을수록 듀레이션은 증가한다.

(2) 시장이자율(만기수익률)

시장이자율(만기수익률)이 낮을수록 듀레이션은 증가한다.

(3) 만기

채권의 만기가 길어질수록 듀레이션은 증가한다.

① 무이표채(할인채)

무이표채의 듀레이션은 만기와 정비례한다.

② 이표채

이표채의 듀레이션은 만기와 정(+)의 관계에 있지만 정비례하지는 않는다.

- 할증채권: 만기가 증가하면 듀레이션은 '(R+1)/R'을 향해 지속적으로 증가한다.
- 액면채권: 만기가 증가하면 듀레이션은 '(R+1)/R'을 향해 지속적으로 증가한다.
- 할인채권: 만기가 증가하면 듀레이션은 처음에는 증가하지만 최고점에 도달한 후 '(R+1)/R'을 향해 지속적으로 감소한다.

(4) 옵션부채권

수의상환채권이나 상환청구권부채권은 일반채권보다 듀레이션이 작다.

6. 듀레이션 가산원리

n개의 채권으로 구성된 채권 포트폴리오의 듀레이션은 다음과 같이 개별 채권의 듀레이션을 구성비율로 가중평균한 합계가 된다.

$$D_p = \sum_{i=1}^{n} w_i D_i = w_1 \cdot D_1 + w_2 \cdot D_2 + \cdots + w_n \cdot D_n$$

$$단, \ w_1 + w_2 + \cdots + w_n = 1$$

7. 듀레이션과 채권가격의 변동

(1) 시장이자율 변동에 따른 채권가격의 변동금액

$$dB = -\frac{D}{1+R} \times B_0 \times dR = -MD \times B_0 \times dR$$

(2) 시장이자율 변동에 따른 채권가격의 변동률

$$\frac{dB}{B_0} = -\frac{D}{1+R} \times dR = -MD \times dR$$

(3) 채권가격의 이자율 탄력성

$$e = -D \times \frac{R}{1+R}$$

8. 면역전략

채권 포트폴리오의 목표투자기간을 포트폴리오의 듀레이션과 일치하여 시장이자율의 변동과 관계없이 목표수익률을 달성하는 방법으로 포트폴리오의 듀레이션은 다음과 같다.

$$D_p = \sum w_i \times D_i$$

이자율이 변동하거나 기간이 경과하면 각 채권의 가치와 듀레이션이 변동하기 때문에 포트폴리오를 재조정하여야 면역화 시킬 수 있다.

3 볼록성

1. 볼록성의 계산

듀레이션과 볼록성을 이용하여 추정한 채권가격의 변화율

$$\frac{dB}{B} = -MD \times dR + 0.5 \times CV \times (dR)^2$$

함수 : $B = f(R) = \sum_{t=1}^{n} C_t (1+R)^{-t}$

2차 미분 : $f''(R) = \sum_{t=1}^{n} [t \times (t+1) \times C_t \times (1+R)^{-t-2}]$

볼록성(convexity: CV) $= \dfrac{1}{B} \times f''(R)$

2. 볼록성의 의의

이자율이 상승하거나 하락하여도 볼록성에 의한 채권가격의 변동은 항상 (+)이며 이를 양(+)의 볼록성이라고 한다. 양(+)의 볼록성은 채권포트폴리오의 보유자에게 유리하게 작용하는데, 볼록성 때문에 금리상승시 가격하락폭보다 금리하락시 가격상승폭 커지게 되며, 듀레이션을 통해 추정한 채권가격변동과 실제의 채권가격변동의 차이가 발생한다.

'이자율 상승시 채권가격 하락보다 동일 이자율 하락시 채권가격 상승이 더 크다.'

3. 볼록성의 속성

① 양(+)의 볼록성은 채권자에게 유리하다.

② 듀레이션이 증가하면 볼록성은 증가하며, 체증적으로 증가한다.

③ 액면이자율이 감소하면 채권의 듀레이션과 볼록성은 커진다. 따라서 만기가 동일한 경우 무이표채는 이표채보다 듀레이션과 볼록성이 더 크다.

4 옵션부채권

1. 수의상환채권(callable bond)

채무자가 정해진 기간 내에 정해진 금액으로 채권을 중도 상환 할 수 있는 채권으로 채무자에게 채권을 기초자산으로 하는 콜옵션을 부여한 채권으로 다음과 같은 성격을 갖는다.

(1) 수의상환채권은 일반채권보다 가격은 낮고 수익률은 높다.

→ 수의상환채권의 가격 = 일반채권의 가격 − 수의상환권의 가치

(2) 수의상환채권은 일반채권보다 중도상환으로 인하여 듀레이션이 작다.

(3) 이자율이 상승하면 일반채권과 동일한 볼록성을 갖는다.

(4) 이자율이 하락하면 일반채권보다 작은 볼록성을 갖으며 음의 볼록성도 가능하다.

2. 상환청구권부채권(puttable bond)

채권자가 정해진 기간 내에 정해진 금액으로 채권을 중도 상환 할 수 있는 채권으로 채권자에게 채권을 기초자산으로 하는 풋옵션을 부여한 채권으로 다음과 같은 성격을 갖는다.

(1) 상환청구권채권은 일반채권보다 가격은 높고 수익률은 낮다.
   → 상환청구권부채권의 가격 = 일반채권의 가격 + 상환청구권의 가치
(2) 상환청구권채권은 일반채권보다 중도상환으로 인하여 듀레이션이 작다.
(3) 이자율이 상승하면 일반채권보다 큰 볼록성을 갖는다.
(4) 이자율이 하락하면 일반채권과 동일한 볼록성을 갖는다.

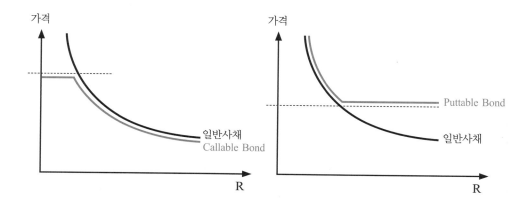

---

5 채권의 투자전략

1. 소극적 전략

소극적 투자전략은 채권시장이 효율적이며, 투자자는 미래에 대한 예측을 통하여 시장평균보다 더 좋은 투자성과를 얻을 수 없다고 전제한다. 이 경우 투자자는 잘 분산된 채권포트폴리오를 구성하여 가능한 한 위험을 줄이려고 한다.

(1) 면역전략

듀레이션기간 동안 채권을 보유하여 이자율위험(가격위험과 재투자위험)을 제거함으로써 목표시점의 채권자의 부(wealth)를 확정시키는 전략이다.

(2) 채권인덱싱(indexing)전략

운용하는 채권 포트폴리오의 성과가 벤치마크(benchmark)로 선정된 채권지수(index)의 성과와 일치시키는 전략이다.

(3) 만기보유전략

목표투자기간과 동일한 만기를 가진 채권을 매입하여 만기까지 보유하는 전략으로 이자율위험 중 가격위험을 제거할 수 있다.

(4) 사다리형 만기전략

만기별로 동일한 비중을 유지하여 위험과 수익의 평균적인 효과를 내는 전략이다.

(5) 현금흐름일치전략

향후 예상되는 현금유출액에 대비하여 채권포트폴리오의 현금유입액이 현금유출액을 상회하도록 포트폴리오를 구성하는 전략이다.

2. 적극적 전략

적극적 투자전략은 채권시장이 비효율적이며, 투자자는 채권가치평가나 미래에 대한 예측을 통하여 초과수익을 얻을 수 있다고 전제한다. 이 경우 투자자는 미래의 이자율, 이자율의 변동성 등을 예측하는 것이 중요한 과제가 된다.

(1) 금리예측전략

- 금리하락예상
  듀레이션이 클수록 채권 가격상승폭이 커지므로 포트폴리오의 듀레이션을 길게 구성하는 전략이다. 만기가 길고 액면이자율이 낮은 채권을 매입하면 듀레이션이 증가한다.

- 금리상승예상
  듀레이션이 작을수록 채권 가격하락폭이 작아지므로 포트폴리오의 듀레이션을 짧게 구성하는 전략이다. 만기가 짧고 액면이자율이 높은 채권을 매입하면 듀레이션이 감소한다.

(2) 수익률곡선타기

수익률곡선타기(riding yield curve)는 현재의 우상향하는 수익률곡선이 변하지 않을 것으로 예상되는 적극적 투자전략이다. 장기채권을 매입한 후 시간이 경과하면 현재의 우상향 수익률곡선이 유지된다고 가정이므로 수익률은 하락하고 채권가격은 상승하게 되어 이를 매각하여 자본이득을 얻는 전략이다.

(3) 채권교체전략

- 동종채권교체전략

  일시적으로 불균형으로 같은 종류의 채권이 서로 다른 가격에 거래될 때 채권을 교체하거나 같은 듀레이션에서 조금 더 큰 볼록성을 가진 채권으로 교체하는 전략

- 이종채권교체전략

  위험이 전혀 없는 채권의 수익률과 채무불이행의 위험이 있는 채권의 수익률과의 차이인 수익률 스프레드를 이용하는 전략이다.

(4) 수익률곡선전략

- 바벨전략(barbelll strategy)

  수익률 곡선의 변화를 예상하여 장기채와 단기채를 매수하고 중기채를 매도하는 전략

- 뷸렛전략(bullet strategy)

  수익률 곡선의 변화를 예상하여 장기채와 단기채를 매도하고 중기채를 매수하는 전략

6 ALM (자산부채종합관리)

1. 순자산가치 면역전략

순자산가치 면역전략은 이자율이 변동하더라도 순자산가치의 변동이 없도록 하는 전략으로 이자율의 변동에 따른 자산가치의 변화금액과 부채가치의 변화금액을 동일하게 함으로써 달성할 수 있는 전략이다.

$$D_A \times A = D_L \times L$$

자산가치의 변화금액 : $dA = -\dfrac{D_A}{1+R} \times A \times dR$

부채가치의 변화금액 : $dL = -\dfrac{D_L}{1+R} \times L \times dR$

$dK = 0 \Rightarrow dA = dL \Rightarrow \dfrac{D_A}{1+R} \times A \times dR = \dfrac{D_L}{1+R} \times L \times dR$

2. 듀레이션갭(DGAP) 분석

자기자본의 변동금액은 듀레이션갭에 자산의 가치와 금리변동분을 곱해 측정할 수 있다.

$$DGAP = D_A - D_L \times \dfrac{L}{A} \Rightarrow dK = -\dfrac{DGAP}{1+R} \times A \times dR$$

① 미래 이자율 변화를 예측할 수 없는 경우

듀레이션갭을 0으로 만드는 소극적인 관리

$DGAP = 0 \Rightarrow D_A = D_L \times \dfrac{L}{A} \Rightarrow$ 순자산가치 면역전략

② 미래 이자율의 하락이 예상되는 경우

듀레이션갭을 증가시키는 방향으로 적극적인 관리
$DGAP$ 증가 $\Rightarrow$ 자산의 듀레이션 증가, 부채의 듀레이션 감소

③ 미래 이자율의 상승이 예상되는 경우

듀레이션갭을 감소시키는 방향으로 적극적인 관리
$DGAP$ 감소 $\Rightarrow$ 자산의 듀레이션 감소, 부채의 듀레이션 증가

7 VaR을 이용한 위험관리

1. VaR

VaR(Value at Risk)란 정상시장에서 일정기간동안 주어진 신뢰수준에서 발생할 수 있는 최대 손실금액을 말한다.
예를 들어, "10일, 95% 신뢰수준에서 VaR가 1억원"은 다음과 같이 해석된다.

VaR(95%, 10일) = 1억원

- 10일 동안의 손실이 1억원 이하가 될 확률이 95%이다.
- 10일 동안의 손실이 1억원 이상이 될 확률이 5%이다.

2. 평균기준 VaR

평균에 대한 상대적 손실금액으로 정의한 평균기준 VaR를 표준정규분포를 이용하여 계산하는

공식은 다음과 같다.

$$\text{VaR(평균)} = W \times [E(R) - R] = W \times Z \times \sigma$$

포트폴리오 현재가치 100억원, 과거 일별수익률 평균 0.03%, 표준편차가 2.4%인 경우,

VaR(95%, 1일, 평균) = 100억 × 1.65 × 0.024 = 3.96억원

VaR(97.5%, 1일, 평균) = 100억 × 1.96 × 0.024 = 4.70억원

VaR(99%, 1일, 평균) = 100억 × 2.33 × 0.024 = 5.59억원

3. 포트폴리오의 분산효과

개별자산A와 개별자산B로 구성된 포트폴리오의 VaR

$$VaR_p(\text{평균}) = W_p \times Z \times \sigma_p$$

$$\sigma_p^2 = w_A^2 \sigma_A^2 + w_B^2 \sigma_B^2 + 2 w_A w_B \rho_{AB} \sigma_A \sigma_B$$

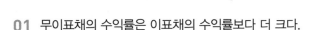

01 무이표채의 수익률은 이표채의 수익률보다 더 크다.

02 무이표채의 채권가격은 이표채의 채권가격보다 더 크다.

03 무이표채의 듀레이션은 이표채의 듀레이션보다 더 크다.

04 기대이론에 의하면 선도이자율은 현물이자율보다 높다.

05 유동성 선호이론에 의하면 선도이자율은 현물이자율보다 작다.

06 수의 상환채권의 수익률은 일반채권의 수익률보다 더 크다.

07 수의 상환채권의 채권가격은 일반채권의 채권가격보다 더 크다.

08 수의 상환채권의 듀레이션은 일반채권의 듀레이션보다 더 크다.

09 이자율 상승이 예상되면 듀레이션이 큰 채권의 매수가 더 유리하다.

10 이자율 상승이 예상되면 볼록성이 큰 채권의 매수가 더 유리하다.

11 무이표채는 재투자위험이 없기 때문에 이표채보다 이자율변동 위험이 낮다.

12 채권을 만기까지 보유하게 되면 이자율 변동위험을 제거할 수 있다.

13 자산의 듀레이션을 감소하려면 변동금리 조건을 고정금리 조건으로 변경한다.

14 자산의 듀레이션과 부채의 듀레이션이 동일한 금융기관은 이자율이 하락하면 이익이 예상된다.

15 만기 2년 현물 이자율이 12%, 만기 1년 현물 이자율이 10%, 1년 후 선도이자율이 12%인 경우 만기 2년 무이표채를 투자하는 것이 유리하다.

16 수의상환채권은 금리가 상승하면 음의 볼록성이 있을 수 있다.

17 이자율이 하락하면 수의상환채권의 투자자는 옵션을 행사할 가능성이 높다.

18 이자율이 하락하면 상환청구채권의 투자자는 옵션을 행사할 가능성이 높다.

19 일반사채에 비하여 상환청구권부 사채는 이자율 변동위험이 작다.

20 이자율 상승시 채권가격 하락보다 동일 이자율 하락시 채권가격 상승이 더 크다.

21 이표채의 듀레이션은 만기에 정비례한다.

22 무이표채의 듀레이션은 만기에 정비례한다.

23 만기가 같은 경우에는 액면이자율이 높은 채권의 듀레이션이 짧다.

01 X

수익률 곡선이 우상향 : 무이표채의 수익률 > 이표채의 수익률
수익률 곡선이 우하향 : 무이표채의 수익률 < 이표채의 수익률

02 X

무이표채는 현금흐름이 이표채 보다 작기 때문에 채권가격은 더 작다.

03 O

무이표채의 듀레이션은 만기와 동일하지만 이표채의 듀레이션은 만기보다 작기 때문에 무이표채의 듀레이션이 더 크다.

04 X

수익률 곡선이 우상향 : 선도이자율 > 현물이자율
수익률 곡선이 우하향 : 선도이자율 < 현물이자율

05 X

수익률 곡선이 우상향 : 선도이자율 > 현물이자율
수익률 곡선이 우하향 : 선도이자율 < 현물이자율

06 O

수의 상환채권은 투자자에게 수의상환 위험이 있기 때문에 수익률이 일반채권보다 더 크다.

07 X

수의 상환채권의 수익률이 일반채권보다 크기 때문에 채권가격은 일반채권보다 더 작다.

08 X

수의 상환채권은 만기 전에 수의상환이 될 수 있기 때문에 듀레이션은 일반채권보다 작다.

09 X

이자율 상승이 예상되면 채권 약세가 예상되므로 듀레이션이 작은 채권의 매수가 더 유리하다.

10 O

이자율 상승이 예상되면 채권 약세가 예상되므로 볼록성이 큰 채권의 하락 폭이 더 작기 때문에 볼록성이 큰 채권의 매수가 더 유리하다.

11 X

무이표채는 재투자위험이 없지만 이표채보다 듀레이션이 더 크기 때문에 이자율변동 위험이 더 크다.

12 X

이자율 변동위험을 면역시키기 위해서는 목표보유기간이 만기가 아닌 듀레이션이 되어야 한다.

13 X

변동금리 보다 고정금리 채권의 듀레이션이 더 크기 때문에 자산의 듀레이션을 감소하려면 변동금리 조건이 더 유리하다.

14 O

자산의 듀레이션과 부채의 듀레이션이 동일→ $D_A \times A > D_L \times L$ → 이자율이 하락하면 자산의 증가량이 부채의 증가량보다 더 크기 때문에 이익이 예상된다.

15 O

$$(1+{}_0R_2)^2 > (1+{}_0R_1)^1 \times (1+{}_1f_2)^1 \to \text{만기 2년 무이표채 매수}$$

16 X

수의상환채권은 금리가 하락하면 음의 볼록성이 있을 수 있으며 금리가 상승하면 일반채권과 동일한 볼록성을 갖는다.

17 X

이자율이 하락하면 수의상환채권의 발행자는 옵션을 행사할 가능성이 높다.

18 X

이자율이 상승하면 상환청구채권의 투자자는 옵션을 행사할 가능성이 높다.

19 O

상환청구권부 사채는 일반채권보다 듀레이션이 작고 볼록성이 더 크기 때문에 이자율 변동위험이 작다.

20 O

볼록성으로 인하여 채권은 이자율 상승시 채권가격 하락보다 동일 이자율 하락시 채권가격 상승이 더 크다.

21 X

무이표채의 듀레이션은 만기에 정비례하며, 이표채의 듀레이션은 만기에 체감하며 비례한다.

22 O

이표채의 듀레이션은 만기에 정비례하며, 이표채의 듀레이션은 만기에 체감하며 비례한다.

23 O

듀레이션은 액면이자율과 시장이자율과는 (−) 관계, 만기와는 (+) 관계가 있다.

문제 1

(2020년)

현재시점(t = 0)에서 1년 현물이자율($_0i_1$)은 6%, 2년 현물이자율($_0i_2$)은 9%, 1년 후 1년 동안의 유동성프리미엄($_1l_2$)은 1.5%이다. 유동성선호이론이 성립할 경우, 1년 후 1년 동안의 기대이자율 (E($_1i_2$))에 가장 가까운 것은? 소수점 아래 다섯째 자리에서 반올림하여 계산하시오.

① 10.58% ② 11.50% ③ 12.08% ④ 13.58% ⑤ 14.50%

풀이

$$(1 + {}_0R_2)^2 = (1 + {}_0R_1) \times (1 + E({}_1R_2) + {}_1L_2)$$

$$(1.09)^2 = (1.06) \times (1 + E({}_1R_2) + 0.015) \Rightarrow E({}_1R_2) = 10.5849\%$$

정답 : 1

문제 2

이자율기간구조와 관련한 설명으로 가장 적절한 것은?

① 만기와 현물이자율 간의 관계를 그래프로 나타낸 수익률 곡선(yield curve)은 항상 우상향의 형태로 나타난다.

② 불편기대(unbiased expectation)이론에 의하면 투자자는 위험중립형이며 기대 단기이자율(또는 미래 기대 현물이자율)은 선도이자율과 동일하다.

③ 유동성프리미엄(liquidity premium)이론에 의하면 투자자는 위험회피형이며 선도이자율은 기대 단기이자율에서 유동성프리미엄을 차감한 값과 동일하다.

④ 시장분할(market segmentation)이론에 의하면 투자자는 선호하는 특정한 만기의 영역이 존재하나, 만일 다른 만기의 채권들에 충분한 프리미엄이 존재한다면 자신들이 선호하는 영역을 벗어난 만기를 가진 채권에 언제라도 투자할 수 있다.

⑤ 선호영역(preferred habitat)이론에 의하면 투자자는 선호하는 특정한 만기의 영역이 존재하고, 설령 다른 만기의 채권들에 충분한 프리미엄이 존재한다고 할지라도 자신들이 선호하는 영역을 벗어난 만기를 가진 채권에 투자하지 않는다.

풀 이

(1) 수익률 곡선은 우상향, 수평, 우하향의 형태로 나타난다.

(3) 선도이자율 = 기대 단기이자율 + 유동성프리미엄.

(4) 시장분할이론에 의하면 투자자는 자신들이 선호하는 영역을 벗어난 만기를 가진 채권에 투자하지 않는다.

(5) 선호영역이론에 의하면 투자자는 자신들이 선호하는 영역을 벗어난 만기를 가진 채권에 언제라도 투자할 수 있다.

정답 : 2

문제 3

다음의 조건을 갖는 국채 A, B, C가 있다. 이자율은 모두 연 이자율이며, 이표채는 연 1회 이자를 지급한다. 다음 설명 중 가장 적절한 것은?

국채	만기	액면금액	액면이자율	만기수익률
A	1년	1,000원	10%	10%
B	2년	1,000원	20%	15%
C	3년	1,000원	0%	15.2%

① 2년 만기 현물이자율은 16.8%이다.
② 수익률곡선은 우상향한다.
③ 1년이 지나도 수익률곡선이 현재와 동일하게 유지된다고 예상하는 투자자 갑이 있다. 현재 시점에서 국채 C를 매입하고 1년 후 매도한다면 투자자 갑이 예상하는 투자수익률은 14.6%이다.
④ 1년 후부터 2년 후까지의 선도이자율은 22.7%이다.
⑤ 2년 후부터 3년 후까지의 선도이자율은 15.7%이다.

풀이

채권A : $_0R_1 = 10\%$

채권C : $_0R_3 = 15.2\%$

(1) 채권B : $\dfrac{200}{1.15^1} + \dfrac{1200}{1.15^2} = \dfrac{200}{1.10^1} + \dfrac{1200}{(1+_0R_2)^2}$ 에서 $_0R_2 = 15.5\%$

(2) 1년 만기 현물이자율 < 2년 만기 현물이자율 ⇨ 우상향
   2년 만기 현물이자율 > 3년 만기 현물이자율 ⇨ 우하향

(3) 국채C 1년 보유수익률 $= \dfrac{B_1}{B_0} - 1 = \dfrac{\dfrac{1000}{1.155^2}}{\dfrac{1000}{1.152^3}} - 1 = 14.6\%$

(4) $(1+_0R_2)^2 = (1+_0R_1) \times (1+_1f_2)$ ⇨ $(1.155)^2 = (1.10) \times (1+_1f_2)$에서 $_1f_2 = 21.3\%$

(5) $(1+_0R_3)^3 = (1+_0R_2)^2 \times (1+_2f_3)$ ⇨ $(1.152)^3 = (1.155)^2 \times (1+_2f_3)$에서 $_2f_3 = 14.6\%$

정답 : 3

(2017년)

문제 4

현재 채권시장에서 ㈜한국의 1년 만기 액면가 1,000원의 순수할인채권은 909.09원에, 2년 만기 액면가 1,000원의 순수할인채권은 783.15원에 거래되고 있다. ㈜한국이 액면가 1,000원, 만기 2년, 액면이자율 10%(이자는 연 1회 후급조건)인 회사채를 발행하려 한다면, 이 회사채의 발행가격과 가장 가까운 금액은?

① 952.32원 　　② 966.21원 　　③ 967.83원 　　④ 983.23원 　　⑤ 1,000원

풀이

$$\frac{1,000}{(1 + {}_0R_1)^1} = 909.09, \quad \frac{1,000}{(1 + {}_0R_2)^2} = 783.15$$

$$B_o = \sum_{t=1}^{n} \frac{C_t}{(1 + {}_0R_t)^t} + \frac{F}{(1 + {}_0R_n)^n} = \frac{100}{(1 + {}_0R_1)^1} + \frac{1,100}{(1 + {}_0R_2)^2} = 909.09 \times 0.1 + 783.15 \times 1.1$$

$$= 952.37$$

정답 : 1

(2016년)

문제 5

올해 1월 1일 현재 채권시장에서 (갑), (을), (병) 세 가지 종류의 무이표 국고채가 거래되고 있다. (갑) 채권은 액면가 10,000원, 만기 1년이고 만기수익률이 2%이다. (을) 채권은 액면가 10,000원, 만기 2년이고 만기수익률이 4%이며, (병) 채권은 액면가 10,000원, 만기 3년이고 만기수익률이 5%이다. (갑), (을), (병) 채권으로 복제포트폴리오를 구성하여 액면가 1,000,000원, 액면이자율 2%, 만기 3년이며 이자를 1년에 한번씩 연말에 지급하는 국고채의 가격을 구할 때 차익거래가 발생하지 않기 위한 채권가격과 가장 가까운 것은? 단, 현재 시장에서는 거래비용이 없다고 가정한다.

① 920,000원 　　② 940,000원 　　③ 960,000원 　　④ 980,000원 　　⑤ 1,000,000원

풀이

이표채의 균형가격

$$B_o = \sum_{t=1}^{n} \frac{C_t}{(1 + {}_0R_t)^t} + \frac{F}{(1 + {}_0R_n)^n} = \frac{20,000}{1.02} + \frac{20,000}{1.04^2} + \frac{1,020,000}{1.05^3} = 919,213원$$

정답 : 1

문제 6

이자율 기간구조이론에 관한 설명으로 가장 적절하지 않은 것은?

① 기대가설에 따르면 미래 이자율이 오를 것으로 예상하면 수익률곡선은 우상향한다.
② 유동성선호가설에 따르면 투자자들이 위험회피형이라고 할 때, 선도이자율은 미래 기대현물이자율(expected spot rate)보다 높다. 따라서 미래 기대현물이자율이 항상 일정한 값을 갖는다고 해도 유동성 프리미엄이 점차 상승한다면 수익률곡선은 우상향한다.
③ 기대가설에 따르면 2년 만기 현물이자율이 1년 만기 현물이자율보다 높으면 현재로부터 1년 후의 선도이자율은 1년 만기 현물이자율보다 높아야만 한다.
④ 기대가설에 따라 계산한 선도이자율은 미래 기대현물이자율과 같지 않다.
⑤ 실질이자율과 이자율위험프리미엄이 일정하다고 가정할 때 투자자들이 미래의 인플레이션율이 더 높아질 것이라고 믿는다면 수익률곡선은 우상향한다.

풀이

기대가설 : 선도이자율 = 미래 기대현물이자율
유동성 선호가설 : 선도이자율 = 미래 기대현물이자율 + 유동성프리미엄

정답 : 4

(2013년)

다음 표는 현재의 현물이자율을 이용하여 선도이자율을 계산한 결과이다. 여기서 $_if_{i+1}$은 i년 후부터 1년 동안의 선도이자율이다. 현재 1년 만기 현물이자율은 6%이다.

	$_1f_2$	$_2f_3$	$_3f_4$	$_4f_5$
선도이자율	6.5%	7.0%	7.5%	8.0%

추가적으로 다음 표와 같은 기간별 유동성프리미엄에 대한 정보를 수집하였다.

	2차년도	3차년도	4차년도	5차년도
유동성프리미엄	1.0%	1.7%	2.4%	3.0%

다음 설명 중 적절한 항목만을 모두 고르면?

(가) 현재 수익률곡선은 우상향(upward-sloping)하는 형태이다.
(나) 현재 수익률곡선은 우하향(downward-sloping)하는 형태이다.
(다) 현재 수익률곡선은 수평(flat)이다.
(라) 유동성선호가설에 따르면, 미래 단기이자율(기대현물이자율)은 상승한다.
(마) 유동성선호가설에 따르면, 미래 단기이자율은 하락한다.

① (가), (라)　　② (가), (마)　　③ (나), (라)　　④ (나), (마)　　⑤ (다), (마)

풀이

(가)(나)(다)

　　만기가 길수록 선도이자율이 증가하면 현물이자율도 증가하므로 수익률곡선은 우상향이다.

(라)(마)

　　기대현물이자율 = 선도이자율 − 유동성프리미엄

　　2차년도 기대현물이자율 = 6.5 − 1.0 = 5.5%

　　3차년도 기대현물이자율 = 7.0 − 1.7 = 5.3% → 미래 단기이자율은 하락한다.

⇨ 기대이론

　　기대현물이자율 = 선도이자율

　　2차년도 기대현물이자율 = 6.5%

　　3차년도 기대현물이자율 = 7.0% → 미래 단기이자율은 상승한다.

정답 : 2

정부가 발행한 채권의 만기에 따른 현물이자율과 선도이자율이 다음과 같을 때 3차년도와 4차년도 2년간의 내재선도이자율(implied forward rate)을 연단위로 계산하면 얼마인가? (단, 가장 근사치를 구하라.)

만기(년)	현물이자율	선도이자율
1	5.0%	−
2	6.5%	?
3	?	10.0%
4	8.5%	?

① 10.2%　　② 10.5%　　③ 10.8%　　④ 11.1%　　⑤ 11.3%

풀이

$$(1 + {}_0R_4)^4 = (1 + {}_0R_2)^2 \times (1 + {}_2f_4)^2$$

$$(1.085)^4 = (1.065)^2 \times (1 + {}_2f_4)^2 \Rightarrow {}_2f_4 = 10.54\%$$

⇨ different solution

　산술평균수익률 근사값으로 풀면 다음과 같다.

$$(1 + 0.085 \times 4) = (1 + 0.065 \times 2) + (1 + {}_2f_4 \times 2) \Rightarrow {}_2f_4 = 10.5\%$$

정답 : 2

문제 9 (2009년)

만기가 t년(단, t = 1, 2)인 무위험 무이표채의 수익률(yield)을 뜻하는 현물이자율) R(t)가 시장에서 R(t) = 0.07 + k × t로 결정되었다고 가정하자. 예로서 k = 0.02 이면 R(1) = 0.09, R(2) = 0.11이다. 단, k 값의 범위는 −0.02 ≤ k ≤ 0.02 이며 또한 k ≠ 0이다. 다음 주장 중 맞는 것을 모두 골라라. 현재로부터 1년 후 시점과 2년 후 시점을 연결하는 선도이자율 $_1f_2$는 1년을 단위기간으로 하는 이산복리법에 의하여 결정된다. 시장에는 만기 1년과 만기 2년의 무위험 무이표채만이 존재하며, 이 채권들을 각기 하나씩 포함하는 포트폴리오를 C라고 명명한다.

> a. 선도이자율 $_1f_2$가 R(1)과 R(2) 사이의 값을 가질 수 있다
> b. 선도이자율 $_1f_2$가 항상 R(1)과 R(2)의 최대값보다 크다
> c. 포트폴리오 C의 만기수익률은 선도이자율 $_1f_2$보다 작을 수 있다
> d. 포트폴리오 C의 만기수익률은 선도이자율 $_1f_2$보다 클 수 있다

① a   ② a, c   ③ a, c, d   ④ b, c, d   ⑤ c, d

풀이

포트폴리오 C의 수익률은 만기1년 현물이자율과 만기2년 현물이자율의 금액가중평균수익률

k > 0 → 우상향 수익률 곡선 ⇨ $_0R_1 < _0YTM_2 < _0R_2 < _1f_2$

k < 0 → 우하향 수익률 곡선 ⇨ $_0R_1 > _0YTM_2 > _0R_2 > _1f_2$

정답 : 5

문제 10

정부에서 발행한 두 종류의 채권이 시장에서 거래되고 있다. 즉 만기가 1년이고 액면가가 50만원인 무이표채(A)와, 만기가 2년이고 액면가가 100만원이며 쿠폰이자율이 10%인 채권(B)이 거래되고 있다. 만기 t년(t = 1, 2)인 무위험 현물이자율의 형태는 $R(t)=0.05+0.02 \times (t-1)$이다. 즉 1년 현물이자율은 0.05(5%), 2년 현물이자율은 0.07(7%)이다. 이 때 A, B가 각기 하나씩 포함된 채권 포트폴리오의 만기수익률(yield)에 가장 가까운 값을 구하라. 만기수익률 산출을 위한 각 계산 단계에서 항상 소수 넷째 자리까지 구한 후 이를 반올림하여 소수 셋째 자리로 확정하여 사용하여라.

① 0.055   ② 0.059   ③ 0.061   ④ 0.065   ⑤ 0.07

풀이

채권 포트폴리오 현재가격 : $B_0 = \dfrac{50+10}{1.05^1} + \dfrac{110}{1.07^2} = 153.221$

채권 포트폴리오 만기수익률 : $153.221 = \dfrac{60}{(1+y)^1} + \dfrac{110}{(1+y)^2}$

위의 식에(1)(2)(3)(4)를 대입하면 y=6.5% 근사값으로 산출

정답 : 4

문제 11

다음 설명 중 가장 적절하지 않은 것은?

① 기대이론에 따르면, 시장에서 향후 이자율이 상승할 것이라고 기대될 때에만 우상향하는 수익률곡선(yield curve)이 나타난다.
② 유동성선호이론은 수익률곡선이 항상 우상향 모양을 띠게 된다고 주장한다.
③ 국채의 수익률곡선이 평평할 때, 회사채의 수익률곡선은 우상향할 수 있다.
④ 기대이론에 따르면, 선도이자율이 미래의 각 기간별 기대 현물이자율과 일치한다.
⑤ 3년 만기의 회사채 만기수익률이 5년 만기 국채의 만기수익률보다 더 낮을 수 있다.

풀 이

(2) 기대이론과 유동성 선호이론에서는 수익률 곡선은 우상향, 우하향, 수평 모두 가능하다.
(3) 국채와 회사채 시장은 시장의 분리되어 있으므로 다른 모양의 수익률 곡선이 가능하다.
(5) 만기가 동일한 경우 채무불이행 프리미엄 때문에 회사채 만기수익률이국채의 만기수익률보다 더 크다. 그러나 수익률 곡선이 우상향한 경우 3년 만기수익률 보다 5년 만기수익률이 더 높기 때문에 3년 만기의 회사채 만기수익률이 5년 만기 국채의 만기수익률보다 더 낮을 수 있다.

정답 : 2

문제 12

현재시장에서 관찰되는 현물이자율이 만기가 길어짐에 따라 감소한다고 하자. 만기가 t년인 현물이자율을 S(t), t년 만기인 이표채의 만기수익률은 y(t), 현재부터 t − 1년에서 t년까지 사이의 선도이자율을 f(t)리가 할 때 다음 중에서 이들의 관계를 올바르게 표시한 것은?

① S(t) ⟨ y(t) ⟨ f(t)   ② y(t) ⟨ S(t) ⟨ f(t)   ③ S(t) ⟨ f(t) ⟨ y(t)
④ y(t) ⟨ f(t) ⟨ S(t)   ⑤ f(t) ⟨ S(t) ⟨ y(t)

풀 이

우상향 수익률 곡선 ⇨ $_0R_1 <\ _0YTM_2 <\ _0R_2 <\ _1f_2$
우하향 수익률 곡선 ⇨ $_0R_1 >\ _0YTM_2 >\ _0R_2 >\ _1f_2$

정답 : 5

문제 13

채권에 관한 다음 설명 중 가장 적절하지 않은 것은?

① 수익률곡선이 우상향일때 무이표채권의 만기수익률은 동일 조건인 이표채권보다 작다.
② 수익률곡선이 우상향일때 선도이자율은 현물이자율보다 높게 나타난다.
③ 이표율이 낮은 채권의 가격변화율은 이표율이 높은 동일 조건의 채권보다 이자율변화에 더 민감하게 반응한다.
④ 무이표채권의 듀레이션(duration)은 채권의 잔존만기와 동일하다.
⑤ 수의 상환채권의 가격은 동일 조건인 일반채권의 가격보다 낮다.

풀이

(1) 우상향 수익률 곡선 ⇨ $_0R_1 < _0YTM_2 < _0R_2 < _1f_2$

　　만기2년 이표채의 수익률 < 만기2년 무이표채의 수익률

(2) 우상향 수익률 곡선 : 선도이자율 > 현물이자율

(3) 표면이자율이 낮을수록 듀레이션이 더 크기 때문에 이자율변화에 더 민감하게 반응한다.

(4) 무이표채의 듀레이션 = 만기, 이표채의 듀레이션 < 만기

(5) 채권가격 : 수의상환채권 < 일반채권 < 상환청구채권
　　만기수익률 : 수의상환채권 > 일반채권 > 상환청구채권

정답 : 1

문제 14

액면금액 10,000원, 3년 만기, 표면이자율 연 16%(이자는 매분기말 지급)로 발행된 회사채가 있다. 만기일까지의 잔존기간이 5개월 남은 현시점에서 이 회사채의 만기수익률이 연 12%이면, 이 채권의 이론가격은?(가장 근사치를 고를 것)

① 9,890원　　② 10,000원　　③ 10,110원　　④ 10,290원　　⑤ 10,390원

풀이

$$B_0 = \frac{400}{1 + 0.12 \times \frac{2}{12}} + \frac{400 + 10,000}{1 + 0.12 \times \frac{5}{12}} = 10,290원$$

정답 : 4

문제 15

1년, 2년, 3년 만기 현물이자율(spot rate)이 각각 4.50%, 5.12%, 5.53%이다. 유동성프리미엄 가설(liquidity premium hypothesis)이 성립하며 2차연도와 3차연도의 유동성프리미엄이 각각 0.5%와 0.6%라고 가정하자.

(1) 1년이 지난 시점에서의 1년 만기 현물이자율을 구하시오.
(2) 2년이 지난 시점에서의 1년 만기 현물이자율을 구하시오.
(3) 1년이 지난 시점에서의 2년 만기 현물이자율을 구하시오.

풀 이

(1) 1년 후 1년 만기 기대현물이자율

$$(1 + {}_0R_2)^2 = (1 + {}_0R_1) \times (1 + E({}_1R_2) + {}_1L_2)$$

$$(1 + 0.0512)^2 = (1 + 0.045) \times (1 + E({}_1R_2) + 0.005) \Rightarrow E({}_1R_2) = 0.0524(5.24\%)$$

(2) 2년 후 1년 만기 기대현물이자율

$$(1 + {}_0R_3)^3 = (1 + {}_0R_2)^2 \times (1 + E({}_2R_3) + {}_2L_3)$$

$$(1 + 0.0553)^3 = (1 + 0.0512)^2 \times (1 + E({}_2R_3) + 0.006) \Rightarrow E({}_2R_3) = 0.0575(5.75\%)$$

(3) 1년 후 2년 만기 기대현물이자율

1년 후 유동성 프리미엄을 다음과 같이 1기간씩 조정한다.

$$(1 + E({}_1R_3))^2 = (1 + E({}_1R_2)) \times (1 + E({}_2R_3) + {}_1L_2)$$

즉, 현재시점에서 $E({}_1R_2)$의 유동성 프리미엄은 0.5%이지만 1년이 경과하면 기대현물이자율이 아닌 현물이자율이 되어 유동성 프리미엄은 없다. 또한 현재시점에서 $E({}_2R_3)$의 유동성 프리미엄은 0.6%이지만 1년이 경과하면 0.5%로 조정한다.

$$(1 + E({}_1R_3))^2 = (1 + 0.0524)) \times (1 + 0.0575 + 0.005) \Rightarrow E({}_1R_3) = 0.0574(5.74\%)$$

정답 : 5.24%, 5.75%, 5.74%

문제 16

채권에 관한 설명으로 적절한 항목만을 모두 선택한 것은?

> a. 현재시점(t=0)에서 수익률곡선이 우상향할 경우, t년 현물이자율 $_0i_t$보다 t기의 선도이자율 $_{t-1}f_t$가 더 높다.
> b. 현재의 우상향 수익률곡선이 향후 변하지 않을 경우, 수익률곡선타기 채권투자전략으로 추가적인 자본이득을 얻을 수 있다.
> c. 액면가, 만기, 만기수익률(YTM)이 동일한 일반사채의 경우, 이표이자율이 작을수록 볼록성이 커진다. 따라서 무이표채의 볼록성은 이표채보다 크다.
> d. 다른 조건이 동일할 경우, 일반사채의 듀레이션보다 수의상환조건이 있는 채권의 듀레이션은 크며 일반사채의 듀레이션보다 상환청구권이 있는 채권의 듀레이션은 작다.
> e. 고정이자부 채권으로 구성된 자산 포트폴리오의 듀레이션은 2.5이고 시장가치는 1,400억원이다. 고정이자부 부채 포트폴리오의 시장가치가 1,000억원일 경우, 순자산의 가치를 이자율위험에 대하여 완전면역화하는 부채 포트폴리오의 듀레이션은 3.5이다.

① a, b   ② c, d   ③ a, c, d   ④ b, d, e   ⑤ a, b, c, e

풀이

(a) 우상향 수익률 곡선 : 선도이자율 > 현물이자율

(b) 수익률곡선타기 전략 : 우상향 수익률곡선이 고정된 경우 유효한 전략

(c) 이표이자율이 작을수록 듀레이션과 볼록성은 커진다.

(d) 일반사채의 듀레이션 > 수의상환채권의 듀레이션,
일반사채의 듀레이션 > 상환청구채권의 듀레이션

(e) $D_A \times A = D_L \times L$
$2.5 \times 1400 = D_L \times 1000 \Rightarrow D_L = 3.5$

정답 : 5

문제 17

채권 A는 액면이자를 기말에 연 1회 지급한다. 현재 채권 A의 만기수익률(y)은 연 10%이며, 동 채권의 수정 듀레이션($=-\dfrac{dP}{dy}\times\dfrac{1}{P}$, 단, P는 현재 채권가격)과 볼록성($=\dfrac{d^2P}{dy^2}\times\dfrac{1}{P}$)은 각각 4와 50이다. 채권 A의 만기수익률이 0.1% 포인트 상승할 때, 채권가격의 변화율에 가장 가까운 것은? 단, 채권가격의 변화율은 채권가격의 만기수익률에 대한 테일러 전개식(Taylor series expansion)을 이용하여 계산하고 3차 이상의 미분 항들은 무시한다.

① −0.1500% ② −0.3611% ③ −0.3975% ④ −0.4025% ⑤ −0.4375%

풀이

$$\frac{\partial B}{B}=-MD\times\partial R+\frac{1}{2}\times C\times\partial R^2=-4\times0.001+\frac{1}{2}\times50\times0.001^2=-0.003975(-0.3975\%)$$

정답 : 3

문제 18

현재의 시장가치가 1,000만원인 포트폴리오(P)는 주식 A와 B로 구성되어 있다. 현재 주식 A의 시장가치는 400만원이고 주식 B의 시장가치는 600만원이다. 주식 A와 주식 B의 수익률 표준편차는 각각 5%와 10%이고 상관계수는 −0.5이다. 주식수익률은 정규분포를 따른다고 가정한다. 99% 신뢰수준 하에서 포트폴리오(P)의 최대 가치하락을 측정하는 Value at Risk (VaR)는 아래 식에 의해 계산된다. 포트폴리오(P)의 VaR값과 가장 가까운 것은?

$$VaR = 2.33 \times \sigma_p \times \text{포트폴리오(P)의 시장가치}$$
단, σ_p 는 포트폴리오(P) 수익률의 표준편차이다.

① 466,110원 ② 659,840원 ③ 807,350원 ④1,232,920원 ⑤ 2,017,840원

풀이

(1) 포트폴리오의 분산 및 표준편차

$\sigma^2 = 0.4^2\times5^2+0.6^2\times10^2+2\times0.4\times0.6\times-0.5\times5\times10 = 28$

$\sigma_p = \sqrt{28} = 5.2915\%$

(2) Value at Risk (VaR)

$VaR = 2.33 \times 0.052915 \times 10,000,000 = 1,232,920$원

정답 : 4

문제 19

다음 표는 A은행의 현재 시장가치 기준 자산·부채와 듀레이션을 보여주고 있다. 다음 설명 중 가장 적절하지 않은 것은?

자산	금액	듀레이션	부채자본	금액	듀레이션
현금	100억원	0	고객예금	600억원	1.0
고객대출	500억원	1.2	발행사채	300억원	5.5
회사채	400억원	6.0	자기자본	100억원	–

① 부채의 듀레이션은 2.5년이다.
② 듀레이션 갭은 0.5년이다.
③ 금리가 상승하면 자기자본가치가 하락한다.
④ 금리가 하락하면 자산가치의 증가분이 부채가치의 증가분보다 크다.
⑤ 순자산가치 면역전략은 듀레이션 갭이 0이 되도록 하는 포트폴리오 관리 기법이다.

풀이

(1) 듀레이션 가산의 원리를 이용하여 부채의 듀레이션을 구한다.

$$D_L = 1 \times \frac{6}{9} + 5.5 \times \frac{3}{9} = 2.5$$

(2) 듀레이션 가산의 원리를 이용하여 자산의 듀레이션을 구한다.

$$D_A = 0 \times 0.1 + 1.2 \times 0.5 + 6 \times 0.4 = 3$$

듀레이션 갭 : $DGAP_K = D_A - D_L \times \dfrac{L}{A} = 3 - 2.5 \times 0.9 = 0.75$년

(3) $D_A \times A = 3 \times 1000 = 3000$

$D_L \times L = 2.5 \times 900 = 2250$

$D_A \times A > D_L \times L$

금리 상승 : 자산가치의 감소분 > 부채가치의 감소분 ⇨ 자기자본가치 하락

금리 하락 : 자산가치의 증가분 > 부채가치의 증가분 ⇨ 자기자본가치 상승

(5) 순자산가치 면역전략

$$D_A \times A = D_L \times L \Rightarrow DGAP_K = 0$$

정답 : 2

문제 20

다음 그룹 A~C는 각각 두 가지 채권의 액면이자율(coupon rate), 만기수익률(yield to maturity), 만기를 제시하고 있다. 각각의 그룹에서 제시된 두 가지 채권 가운데 듀레이션이 작은 채권만을 선택한 것은? 단, 각 그룹에서 제시된 채권은 일반채권(옵션적 성격이 없는 채권)이고, 주어진 정보 이외에 다른 조건은 모두 동일하다고 가정한다.

그룹 A	가. 액면이자율 10%, 만기수익률 10%인 10년 만기 이표채권 나. 액면이자율 10%, 만기수익률 10%인 20년 만기 이표채권
그룹 B	다. 액면이자율 10%, 만기수익률 8%인 10년 만기 이표채권 라. 액면이자율 8%, 만기수익률 8%인 10년 만기 이표채권
그룹 C	마. 액면이자율 10%, 만기수익률 10%인 10년 만기 이표채권 바. 액면이자율 10%, 만기수익률 8%인 10년 만기 이표채권

	그룹 A	그룹 B	그룹 C
①	가	다	마
②	가	다	바
③	가	라	마
④	나	다	바
⑤	나	라	바

풀이

듀레이션 = f (만기 + , 액면이자율 − , 만기수익률 −)

그룹 A : 10년 만기 채권의 듀레이션(가) < 20년 만기 채권의 듀레이션(나)

그룹 B : 액면이자율 10% 채권의 듀레이션(다) < 액면이자율 8% 채권의 듀레이션(라)

그룹 C : 만기수익률 10% 채권의 듀레이션(마) < 만기수익률8% 채권의 듀레이션(바)

정답 : 1

문제 21

채권의 듀레이션에 관한 설명으로 가장 적절하지 <u>않은</u> 것은? 단, 이표채의 잔존만기는 1년을 초과한다고 가정한다.

① 영구채의 듀레이션은 $\frac{1+만기수익률}{만기수익률}$이다.

② 다른 조건이 동일할 때, 액면이자율이 낮은 이표채의 듀레이션이 더 길다.

③ 모든 채권은 발행 이후 시간이 경과하면 그 채권의 듀레이션은 짧아진다.

④ 다른 조건이 동일할 때, 만기수익률이 상승하면 이표채의 듀레이션은 짧아진다.

⑤ 이표채의 듀레이션은 만기보다 짧다.

풀이

듀레이션 = f (만기 + , 액면이자율 − , 만기수익률 −)

다른 조건이 동일하다면 시간이 경과하면 만기가 감소하여 채권의 듀레이션은 짧아진다.

(4)에서는 '다른 조건이 동일하다면'이라는 가정이 없기 때문에 시간이 경과하더라고 만기수익률이 감소하면 듀레이션은 더 길어질 수 도 있다.

정답 : 3

(2015년)

만기가 5년인 채권 A의 액면이자율(coupon rate), 경상수익률(current yield)과 만기수익률 (yield to maturity)이 각각 10%, 9.09%, 그리고 7.56%이다. 다음 중 가장 적절하지 <u>않은</u> 것은? 단, 이 채권은 채무불이행위험이 없고, 옵션적 특성이 없는 채권(일반채권)으로 가정하며, 경상수익률 = $\dfrac{\text{연간 액면이자}}{\text{채권가격}}$ 이다.

① 채권 A의 액면가는 10,000원이다. 이 채권이 반년마다 액면이자를 지급한다면, 6개월마다 지급하는 액면이자는 500원이다.
② 채권 A의 액면이자율과 경상수익률이 동일하다면, 이 채권의 가격은 액면가와 동일하다.
③ 다른 조건이 변하지 않는다면, 시간이 경과하여도 채권 A의 가격은 변하지 않을 것이다.
④ 다른 조건이 변하지 않는다면, 채권 A의 만기수익률이 상승하면 듀레이션은 작아진다.
⑤ 투자자가 만기수익률을 실현하기 위해서는 채권 A를 만기까지 보유하여야 하고, 지급받은 모든 액면이자를 만기수익률로 재투자하여야 한다.

풀이

(1) 액면이자 = 10,000원 × 10% × 6/12 = 500원
(2) 채권가격 = 액면가 ⇨ 액면이자율 = 경상수익률 = 만기수익률
(3) A채권은 액면이자율(10%)이 만기수익률(7.56%)보다 크기 때문에 채권의 가격이 할증이므로 다른 조건이 변하지 않고 시간이 경과하면 채권의 가격은 감소한다.
(4) 듀레이션 = f(만기 + , 액면이자율 − , 만기수익률 −)
    다른 조건이 동일하다면 만기수익률이 상승하면 채권의 듀레이션은 짧아진다.
(5) 만기수익률은 재투자수익률을 만기수익률로 가정한다.

정답 : 3

문제 23

이자율과 채권가격에 관한 설명으로 가장 적절하지 <u>않은</u> 것은?

① 이자율이 상승하면 채권가격은 하락한다.
② 만기가 길어질수록 동일한 이자율변동에 대한 채권가격 변동폭이 커진다.
③ 만기가 길어질수록 동일한 이자율변동에 대한 채권가격 변동폭은 체감적으로 증가한다.
④ 이자율 상승시 채권가격 하락보다 동일 이자율 하락시 채권가격 상승이 더 크다.
⑤ 액면이자율이 높을수록 동일한 이자율 변동에 대한 채권가격 변동률이 더 크다.

풀이

(1) 이자율과 채권가격은 역(−)의 관계
(2) 만기 증가 → 듀레이션 증가 → 이자율 변동에 따른 채권가격 변화 증가
(3) 만기 증가 → 이표채의 듀레이션은 체감적 증가, 무이표채의 듀레이션은 정비례 증가
(4) 채권의 볼록성
　　이자율 상승시 채권가격 하락보다 동일 이자율 하락시 채권가격 상승이 더 크다.
(5) 액면이자율 증가 → 듀레이션 감소 → 이자율 변동에 따른 채권가격 변동률 감소

정답 : 5

문제 24

듀레이션에 관한 설명으로 가장 적절하지 <u>않은</u> 것은?

① 다른 조건이 변하지 않는다면 무이표채의 경우 만기가 길어지면 듀레이션은 증가한다.
② 다른 조건이 변하지 않는다면 액면이자율이 높아지면 듀레이션은 감소한다.
③ 다른 조건이 변하지 않는다면 만기수익률이 높아지면 듀레이션은 감소한다.
④ 다른 조건이 변하지 않는다면 시간이 경과함에 따라 듀레이션은 감소한다.
⑤ 다른 조건이 변하지 않는다면 상환청구조건(put provision)은 듀레이션을 증가시킨다.

풀이

(1)(2)(3)(4)
듀레이션 $= f($만기 + , 액면이자율 − , 만기수익률 −$)$
다른 조건이 동일하다면 시간이 경과하면 만기가 감소하여 채권의 듀레이션은 짧아진다.
(5) 옵션부 채권은 중도상환으로 인하여 듀레이션이 일반채권보다 작다.

정답 : 5

문제 25 (2013년)

채권에 관한 다음 설명 중 가장 적절하지 <u>않은</u> 것은?

① 다른 모든 조건이 동일할 때, 만기수익률이 높은 채권일수록 금리의 변화에 덜 민감하게 반응한다.
② 무이표채의 매컬리듀레이션(Macaulay duration)은 채권의 잔존만기와 같다.
③ 영구채(perpetuity)의 매컬리듀레이션은 $\dfrac{1+y}{y}$ 이다. (단, y는 양수의 만기수익률이다.)
④ 다른 모든 조건이 동일할 때, 잔존만기가 길수록 할인채권(discount bond)과 액면가채권(par bond)의 매컬리듀레이션은 증가한다.
⑤ 다른 모든 조건이 동일할 때, 수의상환조항(call provision)이 있는 채권의 경우 조항이 없는 일반채권에 비해 매컬리듀레이션이 작다.

풀이

(1) 듀레이션 = f(만기 + , 액면이자율 − , 만기수익률 −)
　 만기수익률 증가 → 듀레이션 감소 → 이자율 변동에 따른 채권가격 변화 감소
(4) 할증채권 및 액면채권
　 ⇨ 만기가 증가하면 듀레이션은 "(R+1)/R"을 향해 지속적으로 증가
　 할인채권
　 ⇨ 만기가 증가하면 듀레이션은 처음에는 증가하지만 최고점에 도달한 후 "(R+1)/R"을 향해 지속적으로 감소
(5) 옵션부 채권은 중도상환으로 인하여 듀레이션이 일반채권보다 작다.

정답 : 4

문제 26

만기 5년, 액면가 1,000원, 액면이자율 7%인 이표채가 있다. 만기수익률이 현재 11%에서 9%로 하락할 때, 채권가격의 변화율을 다음의 두 가지 방법으로 구하려고 한다. 첫째, 이표채로부터 발생하는 현금흐름의 현재가치를 구한 아래의 표를 이용하여 실제 채권가격변화율을 구하고 그 값을 채권가격변화율$_A$ 라고 한다. 둘째, 이표채의 매컬리(Macaulay) 듀레이션을 아래의 표를 이용하여 구하고, 계산된 듀레이션을 이용하여 채권가격변화율을 구하고 그 값을 채권가격변화율$_B$ 라고 한다. 이때 (채권가격변화율$_A$ − 채권가격변화율$_B$)의 값으로 가장 가까운 것은?

(만기수익률이 11%인 경우)

(1) 연도	(2) 현금흐름	(3) 현금흐름의 현재가치	(1) × (3)
1	70	63.06	63.06
2	70	56.81	113.63
3	70	51.18	153.55
4	70	46.11	184.44
5	1,070	634.99	3,174.96

(만기수익률이 9%인 경우)

(1) 연도	(2) 현금흐름	(3) 현금흐름의 현재가치	(1) × (3)
1	70	64.22	64.22
2	70	58.92	117.84
3	70	54.05	162.16
4	70	49.59	198.36
5	1,070	695.43	3,477.13

① 0.37%   ② 0.42%   ③ 0.47%   ④ 0.52%   ⑤ 0.57%

풀이

(1) 실제 채권가격의 변화율

만기수익률 11%의 채권가격 = 63.06 + 56.81 + 51.18 + 46.11 + 634.99 = 852.15

만기수익률 9%의 채권가격 = 64.22 + 58.92 + 54.05 + 49.59 + 695.43 = 922.21

채권가격변화율$_A$: $\dfrac{dB}{B} = \dfrac{852.15 - 922.21}{852.15} = 8.22\%$

(2) 듀레이션을 이용한 채권가격의 변화율

듀레이션 = {63.06 + 113.63 + 153.55 + 184.44 + 3,174.96} ÷ 852.15 = 4.33년

채권가격변화율$_B$: $\dfrac{dB}{B} = -\dfrac{D}{1+R} \times dR = -\dfrac{4.33}{1.11} \times (-0.02) = +7.8\%$

$\therefore$ 변화율 차이 = 8.22 $-$ 7.8 = 0.42%

정답 : 2

문제 27 (2011년)

채권의 평가 및 투자전략에 관한 설명으로 가장 적절하지 않은 항목만으로 구성된 것은?

a. 채권평가에서 만기수익률 상승으로 인한 가격 하락폭보다 같은 크기의 만기수익률 하락으로 인한 가격 상승폭이 더 크다.

b. 채권에 3년간 투자하려고 할 때, 채권수익률 기간구조이론 중 불편기대가설이 성립하는 경우 정부발행 3년 만기 할인채에 투자 및 보유하는 전략과 정부발행 1년 만기 할인채에 3년 동안 선도계약을 활용하지 않고, 반복투자하는 롤오버(roll-over) 전략의 사후적인 투자성과는 같다.

c. 다른 조건이 동일하다면 수의상환조건이 있는 채권의 만기수익률은 수의상환조건이 없는 채권의 만기수익률보다 낮다.

d. 수익률곡선타기는 수익률곡선이 우상향할 때 효과적인 채권투자전략이다.

e. 이표채의 듀레이션(duration)은 만기에 정비례하고 만기가 같은 경우에는 액면이자율이 높은 채권의 듀레이션이 짧다.

① a, c, e   ② a, d, e   ③ b, c, d   ④ b, c, e   ⑤ c, d, e

풀이

(a) 볼록성 : 이자율 상승시 채권가격 하락보다 동일 이자율 하락시 채권가격 상승이 더 크다.

(b) 사전적인 투자성과는 동일하지만 사후적인 투자성과는 알 수 없다.

(c) 채권가격 : 수의상환채권 < 일반채권 < 상환청구채권
    만기수익률 : 수의상환채권 > 일반채권 > 상환청구채권

(d) 수익률 곡선타기는 수익률 곡선이 우상향 고정되어 있을 때 유효하다.

(e) 듀레이션 = f(만기 + , 액면이자율 − , 만기수익률 −)
    만기가 길어질수록 이표채의 듀레이션은 체감적 증가, 무이표채의 듀레이션은 정비례 증가

정답 : 4

문제 28

채권A, 채권B, 채권C에 대한 정보가 다음의 표와 같다. 시장이자율의 변동이 각 채권의 만기수익률에 동일한 크기의 영향을 미친다고 가정할 때 채권A, 채권B, 채권C에 대한 설명으로 가장 적절하지 않은 것은?

분류	채권A	채권B	채권C
채권 유형	무이표채	이표채	이표채
액면금액	1억원	1억원	1억원
액면이자율	–	연 5%	연 10%
잔존만기	5년	5년	5년
액면이자 지급시기	–	매년 12월 31일	매년 12월 31일
만기수익률	연 8%	연 8%	연 8%

① 현재시점에서 채권A의 가격이 가장 낮다.
② 시장이자율이 변동하면 채권A의 가격변동률이 가장 크다.
③ 채권A의 듀레이션(duration)은 5년이다.
④ 채권B와 채권C의 듀레이션은 5년 보다 작다.
⑤ 현재시점에서 채권B의 듀레이션 및 가격은 채권C의 듀레이션 및 가격보다 작다.

풀이

액면이자율의 높을수록 채권가격은 더 크다 → 채권가격 : A < B < C
액면이자율의 높을수록 듀레이션은 더 작다 → 듀레이션 : A > B > C

정답 : 5

문제 29

채권에 대한 다음 설명 중 가장 옳지 않은 것은? (단, 다른 조건은 일정하다.)

① 일반채권의 경우 볼록성(convexity)이 심한 채권의 가격이 볼록성이 약한 채권의 가격보다 항상 비싸다.
② 일반채권의 볼록성은 투자자에게 불리하다.
③ 이자율이 하락하면 수의상환채권(callable bond)의 발행자에게는 유리할 수 있고 투자자에게는 불리할 수 있다.
④ 이자율이 상승하면 상환청구권부채권(puttable bond)의 투자자에게는 유리할 수 있고 발행자에게는 불리할 수 있다.
⑤ 우상향 수익률곡선의 기울기가 심하게(steeper) 변한다면, 단기채를 매입하고 장기채를 공매하는 투자전략이 그 반대전략보다 투자자에게 유리하다. (단, 기울기는 항상 양의 값을 가진다.)

풀이

(1) (2) 볼록성은 투자자에게 유리하므로 볼록성이 심한 채권의 가격이 더 비싸다.
(3) 이자율 하락 → 수의상환채권가격 상승 제한 → 발행자 유리, 투자자 불리
(4) 이자율 상승 → 상환청구권채권가격 하락 제한 → 발행자 불리, 투자자 유리
(5) 우상향 수익률곡선의 기울기 증가 → 장기채 수익률 증가 → 장기채 채권가격 하락 → 단기채를 매입하고 장기채를 공매

정답 : 2

문제 30

다음 설명 중 가장 옳지 않은 것을 고르시오.

① MM수정이론(1963)에서는 다른 조건이 일정하다면 법인세율이 변하더라도 자기자본비용은 일정하다.

② 법인세와 개인소득세가 존재하는 경우, 이자소득세와 자본이득세가 같으면 부채사용기업의 가치는 무부채기업의 가치보다 크다.

③ 자기자본이익률(ROE)이 주주의 요구수익률보다 크면 주가순자산비율(PBR)은 항상 1보다 크다.

④ 연간 500만원을 지급하는 만기수익률 5%인 영구채권과 연간 600만원을 지급하는 만기수익률 5%인 영구채권의 듀레이션은 같다.

⑤ 액면채의 경우 만기와 무관하게 이자수익률과 자본이득률 모두 일정한 양(+)의 값을 가진다.

풀 이

(1) 법인세율의 증가 → 기업가치 감소, 자기자본비용 일정, wacc 감소

(2) $V_L = V_U + B\left[1 - \dfrac{(1-t)(1-t_s)}{(1-t_b)}\right]$ 에서 $t_s = t_b \rightarrow V_L = V_U + B \times t$

(3) ROE > k ⇔ 자기자본의 시장가치 > 자기자본의 장부가치 ⇔ PBR > 1

(4) 영구채권의 듀레이션은 만기수익률에 의해서 결정되므로 두 채권의 듀레이션은 같다.

(5) 액면채의 이자수익률은 항상 (+)이지만 시장이자율의 변동에 따라 채권가격이 변동되어 자본이득률은 (+), (−), 0 모두 가능하다.

정답 : 5

문제 31

이표이자를 1년마다 한 번씩 지급하는 채권이 있다. 이 채권의 만기수익률은 연 10%이며, 이 채권의 듀레이션을 구한 결과 4.5년으로 나타났다. 이 채권의 만기수익률이 0.1% 포인트 상승한다면, 채권가격 변화율은 근사치로 얼마이겠는가? 단, 채권가격의 비례적인 변화율과 만기수익률의 변화와의 관계식을 이용해야 한다.

① −0.4286% ② −0.4091% ③ −0.2953% ④ −0.2143% ⑤ −0.2045%

풀이

듀레이션을 이용한 채권가격의 변화율

$$\frac{dB}{B} = -\frac{D}{1+R} \times dR = -\frac{4.5}{1.10} \times 0.1\% = -0.4091\%$$

정답 : 2

문제 32

다음 여러 가지 채권의 볼록성에 대한 설명 중 가장 옳지 않은 것은?

① 일반사채(straight bond)의 경우 볼록성이 심할수록 이자율 상승시 채권가격이 적게 하락하고, 이자율 하락시 채권가격이 많이 상승한다.
② 이자율이 상승하거나 하락하거나 일반사채의 볼록성은 항상 양(+)의 값을 가진다.
③ 이자율이 상승하면 일반사채에 비하여 상환청구권부사채의 볼록성이 약하다.
④ 이자율이 하락하면 수의상환사채(callable bond)의 볼록성은 음(−)의 값을 가진다.
⑤ 이자율이 상승하면 수의상환사채의 볼록성은 일반사채와 같다.

풀이

	이자율 상승	이자율 하락
일반채권	(+) 볼록성	(+) 볼록성
수의상환채권	(+) 볼록성	(−) 볼록성 가능
상환청구권채권	일반채권보다 더 큰 볼록성	양의 볼록성

정답 : 3

채권가치평가와 관리에 관련된 다음 설명 중 가장 적절하지 않은 것은?

① 다른 조건은 동일하고 만기만 다른 채권 A(1년), B(3년), C(5년)가 있다. 시장이자율이 상승할 때, A와 B의 가격하락폭의 차이는 B와 C의 가격하락폭의 차이보다 작다.
② 다른 조건이 일정할 경우 시장이자율이 하락하면 채권의 듀레이션은 길어진다.
③ 시장이자율이 하락할 때 채권가격이 상승하는 정도는 시장이자율이 같은 크기만큼 상승할 때 채권가격이 하락하는 정도보다 더 크다.
④ 채권포트폴리오의 이자율위험을 면역화하기 위해서는 시간이 경과함에 따라 채권포트폴리오를 지속적으로 재조정해야 한다.
⑤ 채권포트폴리오의 이자율위험을 면역화하기 위해서는 시장이자율이 변동할 때마다 채권포트폴리오를 재조정해야 한다.

풀이

(1) 만기가 길어질수록 이표채의 듀레이션은 체감적 증가, 무이표채의 듀레이션은 정비례 증가
〈A,B,C가 무이표채인 경우〉
A와 B의 듀레이션 차이 = B와 C의 듀레이션 차이 = 2년
A와 B의 채권가격 변화폭의 차이 = B와 C의 변화폭의 차이
〈A,B,C가 이표채인 경우〉
A와 B의 듀레이션 차이 > B와 C의 듀레이션 차이
A와 B의 채권가격 변화폭의 차이 > B와 C의 변화폭의 차이
(2) 듀레이션 = f(만기 + , 액면이자율 − , 만기수익률 −)
(3) 볼록성 : 이자율 상승시 채권가격 하락보다 동일 이자율 하락시 채권가격 상승이 더 크다.
(4) (5) 면역전략에서 시간의 경과 또는 시장이자율의 변동에 따른 포트폴리오를 재조정한다.

정답 : 1

문제 34

옵션적 특성이 없는 채권과 관련된 다음의 설명 중 가장 올바른 것은?

① 만기에 가까워질수록 할증채와 할인채 모두 할증폭과 할인폭이 작아지며, 가격변화율도 작아진다.
② 만기에 가까워질수록 액면채는 이자수익률이 커지며 자본이득률이 작아진다.
③ 시장분할가설은 만기에 따라 분할된 하위시장 자체내에서 기대이자율과 유동성프리미엄에 의해 이자율이 결정된다는 가설이다.
④ 순수할인채나 이자부채권이 영구채에 비해 이자율변동위험이 더 크게 노출된다.
⑤ 순수할인채의 재투자위험은 없으며 현재수익률(current yield)이 0이다.

풀이

(1) 만기에 접근 → 듀레이션의 감소 → 채권가격 변화율의 감소

그러나 시장이자율의 변동에 따라 듀레이션이 증가하여 채권가격 변화율이 증가할 수도 있다.

(2) 시장이자율의 변동에 따라 채권가격이 변동되어 자본이득률은 (+), (−), 0 모두 가능하다.

(3) 기대이자율과 유동성프리미엄에 의해 이자율이 결정된다는 가설은 유동성선호이론이다.

(4) 영구채의 듀레이션은 무이표채 또는 이표채의 듀레이션보다 클 수도 있고 작을 수도 있기 때문에 이자율 변동 위험도 클 수도 있고 작을 수도 있다.

(5) 무이표채는 액면이자가 없기 때문에 재투자위험이 없으며, 현재수익률 = 0이다.

정답 : 5

채권에 대한 다음 설명 중 옳은 것은?

① 만기가 긴 채권의 만기수익률은 만기가 짧은 채권의 만기수익률보다 항상 높다.
② 다른 조건이 동일하다면, 유동성위험이 큰 채권의 만기수익률은 유동성위험이 낮은 채권의 만기수익률보다 낮다.
③ 만기가 긴 채권의 듀레이션이 만기가 짧은 채권보다 클 수도 있고 작을 수도 있다.
④ 다른 조건이 동일하다면, 수의상환조건이 있는 채권의 만기수익률은 수의상환조건이 없는 채권의 만기수익률보다 낮다.
⑤ 일반적으로 채권의 가격위험은 채권의 만기와 관련이 없다.

풀이

(1) 수익률 곡선 우상향 : 만기가 긴 채권의 만기수익률 > 만기가 짧은 채권의 만기수익률
    수익률 곡선 우하향 : 만기가 긴 채권의 만기수익률 < 만기가 짧은 채권의 만기수익률
(2) 유동성 위험 증가 ⇨ 채권수익률 위험프리미엄 증가 ⇨ 채권수익률 증가
(3) 듀레이션은 만기뿐만 아니라, 시장이자율과 액면이자율의 크기에 따라 달라진다.
(4) 채권가격 : 수의상환채권 < 일반채권 < 상환청구채권
    만기수익률 : 수의상환채권 > 일반채권 > 상환청구채권
(5) 만기가 클수록 듀레이션이 크기 때문에 채권의 가격위험은 증가한다.

정답 : 3

문제 36

채권투자에 관한 설명 중 가장 옳은 것은?

① 채권수익률 하락이 예상되면 장기채와 쿠폰금리가 높은 채권에 대한 투자를 증가시킨다.
② 채권수익률 기간구조이론 중 불편기대가설이 성립하는 경우 정부 발행 5년 만기 할인채에 투자하는 장기투자전략과 정부 발행 1년 만기 할인채에 5년 동안 반복 투자하는 롤오버전략의 사후적인 투자성과는 같다.
③ 만기가 동일한 채권에서 채권수익률 상승으로 인한 가격 하락폭보다 같은 크기의 수익률 하락으로 인한 가격 상승폭이 더 크다.
④ 이표채의 듀레이션은 만기에 정비례하고, 만기가 같은 경우에는 쿠폰금리가 높은 채권의 듀레이션이 짧다.
⑤ 수익률곡선타기전략은 수익률곡선이 상향 이동하는 경우에만 효과적인 전략이다.

풀이

(1) 시장이자율 하락 → 채권가격 강세 → 듀레이션 큰 채권을 매수하는 투자전략

듀레이션 = f(만기 +, 액면이자율 −, 만기수익률 −)

따라서 장기채와 쿠폰금리가 낮은 채권에 대한 투자를 증가시킨다.
(2) 사전적인 투자성과는 동일하여야 하지만, 사후적인 투자성과는 달라질 수 있다.
(3) 볼록성 : 이자율 상승시 채권가격 하락보다 동일 이자율 하락시 채권가격 상승이 더 크다.
(4) 만기가 길어질수록 이표채의 듀레이션은 체감적 증가, 무이표채의 듀레이션은 정비례 증가
(5) 수익률 곡선타기전략은 수익률 곡선이 우상향 고정되어 있을 때 유효하다.

정답 : 3

문제 37

총자산이 100조원이고 자기자본비율이 8%인 금융기관이 있다고 하자. 자산과 부채의 듀레이션은 각각 6년과 4년이다. 이 금융기관의 경영자는 조만간 이자율이 현재 8%에서 9%로 상승한다고 예측하고 대응전략을 강구하고 있다. 만일 이 예측이 사실이라면 주주의 입장에서 얼마만큼의 손실 혹은 이익이 발생하는가? (볼록성은 무시한다)

① 2.148조원 손실   ② 2.008조원 이익   ③ 1.525조원 손실

④ 1.525조원 이익   ⑤ 1.945조원 이익

풀이

$$dA = -\frac{D_A}{1+R} \times A \times dR = -\frac{6}{1.08} \times 100조 \times (+0.01) = -5.555조$$

$$dL = -\frac{D_L}{1+R} \times L \times dR = -\frac{4}{1.08} \times 92조 \times (+0.01) = -3.4707조$$

$$dK = dA - dL = -5.555조 - (-3.4707조) = -2.148조$$

정답 : 1

문제 38

자산의 시장가치가 1,000억원이고 듀레이션이 4년이며, 부채의 시장가치가 700억원이고 듀레이션이 5년인 가상은행이 있다고 하자. 이 은행은 어떤 금리위험에 노출되어 있으며, 이를 줄이기 위해 어떤 조치를 취할 수 있는가?

① 금리상승위험을 줄이기 위해 부채의 시장가치를 줄인다.
② 금리하락위험을 줄이기 위해 부채의 듀레이션을 늘린다.
③ 금리상승위험을 줄이기 위해 자산의 시장가치를 줄인다.
④ 금리하락위험을 줄이기 위해 자산의 듀레이션을 늘린다.
⑤ 금리하락위험을 줄이기 위해 자산과 부채의 듀레이션을 일치시킨다.

풀이

$D_A \times A > D_L \times L \;\rightarrow\; dA > dL$

금리 상승 → 자산의 감소 > 부채의 감소 → 손실예상 → D_A 감소 또는 D_L 증가

금리 하락 → 자산의 증가 > 부채의 증가 → 이익예상

정답 : 3

(2000년)

투자자 K씨는 액면가 100,000원, 표면이자율 연 20%(이자는 매년 말 1회 지급), 만기 2년인 채권의 매입을 검토하고 있다. 1년간의 현물이자율과 그 후 1년간의 선도이자율은 모두 15%로 알려져 있다. 채권가격과 이자율 사이의 볼록성 관계는 무시하기로 한다. 이 채권 투자에 따르는 이자율위험을 제거하기 위해 투자기간을 얼마로 해야 하는가? (소수점 아래 셋째자리에서 반올림 할 것)

① 1.57년   ② 1.66년   ③ 1.75년   ④ 1.84년   ⑤ 1.93년

풀이

채권가격 $B_0 = \dfrac{20,000}{1.15} + \dfrac{120,000}{1.15^2} = 108,128$

채권의 듀레이션 $D = [1 \times \dfrac{20,000}{(1.15)^1} + 2 \times \dfrac{120,000}{(1.15)^2}] \div 108,128 = 1.838$

정답 : 4

(1999년)

시장이자율이 하락할 것으로 예상되는 투자자가 앞으로 1년 동안 수익률을 극대화하기 위해 취할 수 있는 채권투자전략 중 가장 유리한 것은?

① 상대적으로 액면이자율이 낮은 만기 1년이상의 장기채를 매각한다.
② 상대적으로 액면이자율이 높은 만기 1년이상의 단기채를 매입한다.
③ 상대적으로 액면이자율이 낮은 만기 1년이상의 단기채를 매입한다.
④ 상대적으로 액면이자율이 높은 만기 1년이상의 장기채를 매입한다.
⑤ 상대적으로 액면이자율이 낮은 만기 1년이상의 장기채를 매입한다.

풀이

시장이자율 하락 → 채권가격 강세 → 듀레이션 큰 채권을 매수하는 투자전략
듀레이션 $= f($만기 $+$, 액면이자율 $-$, 만기수익률 $-)$
따라서 장기채와 액면이자율이 낮은 채권에 대한 투자를 증가시킨다.

정답 : 5

문제 41

채권A의 표면이자율은 연 8%, 채권B의 표면이자율은 연15%, 그리고 채권C는 무이표채이다. 이 채권들은 모두 액면금액이 10만원, 잔존만기가 3년, 이자지급시기도 같다. 현재시점에서 이 채권들의 만기수익률은 모두 12%이다. 다음 중 옳지 않은 것은?

① 채권A의 듀레이션은 3년보다 적다.
② 채권C의 듀레이션은 3년이다.
③ 현재시점에서 채권B의 가격이 가장 높다.
④ 시장이자율이 상승하면 채권B의 가격 하락률이 가장 크다.
⑤ 3년 동안 연12%의 수익률을 실현하고자 하는 투자자는 채권C를 구입하여야 한다.

풀이

액면이자율의 높을수록 채권가격은 더 크다 → 채권가격 : C < A < B

액면이자율의 높을수록 듀레이션은 더 작다 → 듀레이션 : C(3년) > A > B

(4) 시장이자율이 상승하면 채권C의 듀레이션이 가장 크기 때문에 채권C의 가격 하락률이 가장 크다.

(5) 무이표채는 재투자위험이 없기 때문에 무이표채를 만기까지 보유하면 가격변동위험과 재투자위험이 없기 때문에 만기수익률을 실현시킬 수 있다.

정답 : 4

금융기관인 A의 재무상태표에 따르면 자산으로서 장기채권의 시장가치가 1,000억원이고 부채로서 정기예금이 600억원, 그리고 자본금이 400억원으로 되어있다. 장기채권은 만기가 3년이고 4%의 액면이자를 매년 말 지급한다. 한편 정기예금은 만기가 1년이며 4%의 액면이자를 연말에 지급한다. 현재 시장이자율은 4%라고 가정한다.

(1) 시장이자율이 1%포인트 하락하는 경우 현금흐름할인법을 이용하여 자기자본의 가치변화를 계산하라.
(2) 시장이자율이 1%포인트 하락하는 경우 A의 자산과 부채 듀레이션을 이용하여 자기자본의 가치변화를 계산하라.

풀이

(1) 현금흐름할인법을 이용한 자기자본의 가치변화

　　시장이자율이 1% 하락하는 경우

$$자산 = \frac{40}{1.03^1} + \frac{40}{1.03^2} + \frac{1,040}{1.03^3} = 1,028.29$$

$$부채 = \frac{600+24}{1.03^1} = 605.83$$

　　자기자본 = 1,028.29 − 605.83 = 422.46

　　자기자본의 변화 = 422.46 − 400 = +22.46

　　∴ 시장이자율이 1%하락하면 자기자본은 22.46억원 증가한다.

(2) 듀레이션을 이용한 자기자본의 가치변화

　　① 자산의 듀레이션

$$D_A = (1 \times \frac{40}{1.04^1} + 2 \times \frac{40}{1.04^2} + 3 \times \frac{1,040}{1.04^3}) \times \frac{1}{1,000} = 2.8861년$$

　　② 부채의 듀레이션 = 1년

　　③ 시장이자율이 1% 하락하는 경우 자기자본의 변동

$$dA = -\frac{D_A}{1+R} \times A \times dR = -\frac{2.8861}{1.04} \times 1,000 \times (-0.01) = +27.75$$

$$dL = -\frac{D_L}{1+R} \times L \times dR = -\frac{1}{1.04} \times 600 \times (-0.01) = +5.77$$

$$dK = dA - dL = 27.75 - (5.77) = +21.98$$

　　∴ 시장이자율이 1%하락하면 자기자본은 21.98억원 증가한다.

정답 : 22.46억원 증가, 21.98억원 증가

문제 43

1년, 2년, 3년 후에 각각 1,000억원을 지불할 부채를 보유하고 있는 ㈜한국보험은 이자율 변동으로 발생하는 부채 포트폴리오의 가치변동위험을 면역화 하려고 한다. 자본시장에서 현재의 채권수익률은 5%이고 수익률곡선은 수평이며 평행이동 한다고 가정한다. 볼록성은 채권가격의 채권가격의 만기수익률에 대한 2차 미분값을 채권가격으로 나눈값으로 정의한다. ㈜한국보험이 보유한 부채 포트폴리오의 듀레이션과 볼록성은 각각 얼마인가?

풀이

채권가격 : $B_0 = \dfrac{1,000}{1.05} + \dfrac{1,000}{1.05^2} + \dfrac{1,000}{1.05^3} = 2,723.2480억$

듀레이션 : $\left(1 \times \dfrac{1,000}{1.05} + 2 \times \dfrac{1,000}{1.05^2} + 3 \times \dfrac{1,000}{1.05^3}\right) \div 2,723.2480 = 1.9675년$

볼록성 $\left(1 \times 2 \times \dfrac{1,000}{1.05^3} + 2 \times 3 \times \dfrac{1,000}{1.05^4} + 3 \times 4 \times \dfrac{1,000}{1.05^5}\right) \div 2,723.2480 = 5.8996$

정답 : 1.9675년, 5.8996

SMART
객관식
재무관리

Chapter

08

옵션

옵션

01 절 **옵션의 투자전략**

1 옵션의 기초

1. 옵션의 정의

"미래의 일정시점에 정해진 가격으로 특정 자산을 매수 또는 매도할 수 있는 권리를 현재시점에 약정한 계약"으로 옵션 매수자는 권리를 보유하고 그 대가로 옵션 프리미엄을 지급하고 옵션 매도자(발행자)는 옵션 매수자가 권리를 행사하면 매수 또는 매도하여야 하는 의무만을 부담하며 그 대가로 옵션프리미엄을 수취한다.

① 미래의 일정시점 ⇨ 만기 (t)
② 정해진 가격 ⇨ 행사가격 (X)
③ 특정자산 ⇨ 기초자산(S)
④ 기초자산을 매수할 수 있는 권리 ⇨ 콜옵션 보유자 (+C)
⑤ 기초자산을 매도할 수 있는 권리 ⇨ 풋옵션 보유자 (+P)
⑥ 기초자산을 매도하여야 하는 의무 ⇨ 콜옵션 발행자 (−C)
⑦ 기초자산을 매수하여야 하는 의무 ⇨ 풋옵션 발행자 (−P)
⑧ 만기에서만 옵션의 권리를 행사 ⇨ 유럽형 옵션
⑨ 만기 이전에 아무 때나 옵션의 권리를 행사 ⇨ 미국형 옵션
⇨ 옵션 매수자의 포지션은 (+)로 표기, 옵션 매도자의 포지션은 (−)로 표기

2. 위험관리

- **헤지** : 가격변동으로부터 발생하는 위험을 줄이거나 없애려는 투자전략
- **보험** : 가격변동으로 인해 포지션의 가치가 하락할 때 입게 되는 손실을 일정수준에서 막아 주면서, 포지션의 가치가 상승할 때 얻을 수 있는 이익의 기회를 추구하는 전략
- **레버리지** : 가격변동으로부터 발생하는 위험의 크기를 더 크게 만드는 투자전략

2 　기본포지션(순수포지션)

- 옵션투자전략은 기본포지션, 헤지포지션, 스프레드 및 콤비네이션으로 분류한다.
- 기본포지션(순수포지션): 하나의 기초자산이나 옵션을 매입 또는 매도하는 전략

  - S_t : 기초자산의 만기가치
  - C_t : 콜옵션의 만기가치
  - P_t : 풋옵션의 만기가치
  - S : 기초자산의 현재가격
  - C : 콜옵션의 현재가격(프리미엄)
  - P : 풋옵션의 현재가격(프리미엄)

1. 콜옵션

① 콜옵션 만기가치: $C_t = Max\,[S_t - X,\ 0]$

② 시간가치를 고려한 콜옵션 프리미엄 $= C \times (1 + R_f)^t$
   옵션의 만기가 매우 짧기 때문에 옵션프리미엄의 시간가치를 고려하지 않기도 한다.

③ 콜옵션 매입(+C)의 만기손익 $=$ ① $-$ ②
   $S_t > X + C \times (1 + R_f)^t \Rightarrow$ 이익
   $S_t < X + C \times (1 + R_f)^t \Rightarrow$ 손실

④ 콜옵션 발행($-$C)의 만기손익 $= -$③
   옵션 발행자(매도자)의 만기손익은 옵션 매입자(보유자)의 만기손익의 반대가 된다.

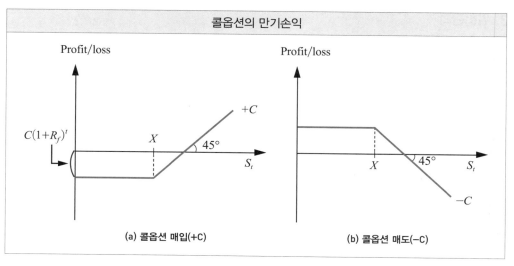

콜옵션의 만기손익

(a) 콜옵션 매입(+C)

(b) 콜옵션 매도(-C)

⇨ 콜옵션 매수 만기가치 < 주식 매수 만기가치 → $C \leq S$ (콜옵션 가격의 상한)

2. 풋옵션

① 풋옵션 만기가치: $P_t = Max[X - S_t, 0]$

② 시간가치를 고려한 풋옵션 프리미엄 $= P \times (1 + R_f)^t$

③ 풋옵션 매입(+P)의 만기손익 $=$ ① $-$ ②

$S_t < X - P \times (1 + R_f)^t$ ⇨ 이익 $S_t > X - P \times (1 + R_f)^t$ ⇨ 손실

④ 풋옵션 발행(-P)의 만기손익 $= -$③

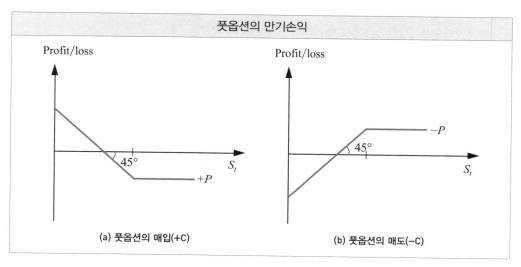

풋옵션의 만기손익

(a) 풋옵션의 매입(+C)

(b) 풋옵션의 매도(-C)

⇨ 풋옵션 매수 만기가치 < 채권 매수 만기가치 → $P \leq PV(X)$ (풋옵션 가격의 상한)

	콜옵션	풋옵션
내가격	$S > X$	$S < X$
등가격	$S = X$	$S = X$
외가격	$S < X$	$S > X$

3. 기초자산

① 기초자산 만기가치: S_t

② 시간가치를 고려한 기초자산 투자비용 $= S \times (1 + R_f)^t$

③ 기초자산 매입($+S$)의 만기손익 $= ① - ②$

   $S_t > S \times (1 + R_f)^t \Rightarrow$ 이익 $S_t < S \times (1 + R_f)^t \Rightarrow$ 손실

④ 기초자산 매도($-S$)의 만기손익 $= -③$

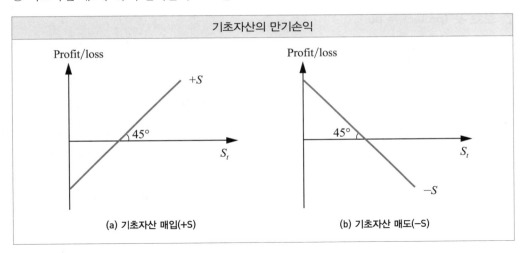

기초자산의 만기손익

(a) 기초자산 매입(+S)   (b) 기초자산 매도(−S)

4. 채권

옵션의 행사가격을 액면금액으로 하고 옵션의 만기와 동일한 만기를 갖는 무이표채의 현재가격을 B라고 할 때 (채권매입 = 대출, 채권매도 = 차입)

① 채권 만기가치: X

② 채권 구입가격의 미래가치 $= B \times (1 + R_f)^t$

③ 채권 매입($+B$, 대출)의 만기손익 $= ① - ② = 0$

④ 채권 공매($-B$, 차입)의 만기손익 $= -③ = 0$

   $\Rightarrow$ 균형상태에서 채권의 만기손익은 항상 0이다.

3 헤지포지션

기초자산과 옵션을 결합하여 한쪽에서 발생하는 손실을 다른 쪽의 이익으로 보전하는 전략

1. 방비 콜 (covered call)

- 기초자산을 1개 매입하고 콜옵션 1개를 매도하는 전략
- 방비콜 포지션 : +S−C
- 주식을 가지고 있는 투자자가 하락 또는 횡보장세를 전망하는 경우의 전략
- 방비콜 만기가치 $<$ 채권 만기가치 $\rightarrow S - C \leq PV(X) \rightarrow C \geq S - PV(X)$ (콜옵션 하한)
  이 조건이 충족되지 않는 경우, 차익거래 : 콜옵션 매입, 기초자산 공매도, 채권매입

2. 보호 풋 (protective put)

- 기초자산을 1개 매입하고 풋옵션 1개를 매수하는 전략 (보험전략)
- 보호풋 포지션 : +S +P
- 주식을 가지고 있는 투자자가 주가가 하락할 경우 발생하는 손실을 상쇄하려는 전략
- 보호풋 만기가치 $>$ 채권 만기가치 $\rightarrow S + P \geq PV(X) \rightarrow P \geq PV(X) - S$ (풋옵션 하한)
  이 조건이 충족되지 않는 경우, 차익거래 : 풋옵션 매입, 기초자산 매입, 채권매도

방비콜의 만기손익	보호풋의 만기손익

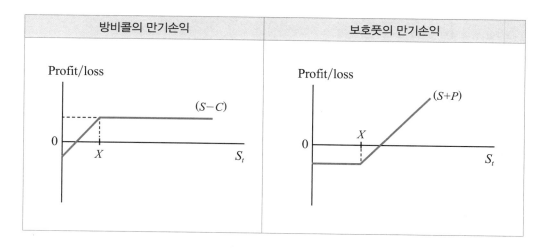

3. 헤지 포트폴리오 (hedge portfolio)

- 기초자산을 1개 매입하고 콜옵션을 1개 발행하며, 풋옵션을 1개 매입하는 전략

- 헤지포트폴리오 포지션 : $+S-C+P$

- 완전 헤지전략(정적헤지)

투자전략	현재시점 현금흐름	만기시점의 현금흐름	
		$S_t \leq X$	$S_t > X$
기초자산 매수	$-S$	$+S_t$	$+S_t$
콜옵션 매도	$+C$	0	$-(S_t - X)$
풋옵션 매수	$-P$	$X-S_t$	0
합　계	$-S+C-P$	$+X$	$+X$

- 헤지포트폴리오의 만기가치 = 채권의 만기가치

$$S-C+P=PV(X)=\frac{X}{(1+R_f)^t}$$

- 차익거래

$S-C+P<PV(X)$ ⇨ 주식매입, 콜옵션 발행, 풋옵션 매입, 무위험이자율 차입

$S-C+P>PV(X)$ ⇨ 주식공매, 콜옵션 매입, 풋옵션 매도, 무위험이자율 대출

- 복제포트폴리오

$C=S+P-PV(X)$ ⇨ 콜옵션 매입 = 주식매입 + 풋옵션 매입 + 무위험이자율 차입

$P=-S+C+PV(X)$ ⇨ 풋옵션 매입 = 주식공매 + 콜옵션 매입 + 무위험이자율 대출

$S=C-P+PV(X)$ ⇨ 주식 매입 = 콜옵션매입 + 풋옵션 발행 + 무위험이자율 대출

4. 풋-콜 패리티 (put-call parity)

- 동일한 기초자산에 대해 만기와 행사가격이 같은 콜옵션과 풋옵션의 가격 사이의 관계를 나타내며 헤지포트폴리오에서 도출

$$C - P = S - PV(X)$$

- 콜옵션의 가격을 알면 만기와 행사가격이 같은 풋옵션의 균형가격을 알 수 있다.
- 등가격에서는 콜옵션 가격이 풋옵션 가격보다 더 크다.

  $S = X \Rightarrow S > PV(X) \Rightarrow -S + PV(X) < 0 \Rightarrow P < C$

- 풋 – 콜 델타 패리티

  기초주식의 가격변화에 대하여 풋-콜 패리티를 미분하면 다음과 같다.

$$1 - \Delta_C + \Delta_P = 0$$

4 스프레드

- 기초자산이 동일한 동일 종류의 옵션 중에서 행사가격이나 만기가 서로 다른 옵션을 하나는 매입하고 다른 하나는 매도하는 전략

1. 수직 스프레드 (가격스프레드)

- 행사가격이 서로 다른 옵션을 하나는 매수하고 동시에 다른 하나는 매도하는 전략
- 만기가치 : 직선의 형태
- 방향성 전략 : 강세스프레드, 약세스프레드
- 변동성 전략 : 나비스프레드
- 헤지전략 : 박스스프레드

2. 수평 스프레드 (시간스프레드)

- 만기일이 서로 다른 옵션을 하나는 매수하고 동시에 다른 하나는 매도하는 전략
- 만기가치 : 곡선의 형태

3. 강세스프레드

- 행사가격이 낮은(X_1) 옵션을 매수하고 행사가격이 높은(X_2) 옵션을 매도하는 전략
- 주가가 상승하는 경우 이익이 발생

(1) 콜옵션 강세스프레드($+C_1 - C_2$)

- 행사가격이 낮은 콜옵션을 매수하고 행사가격이 높은 콜옵션을 매도하는 전략

  ① 만기가치

$S_t \leq X_1$	$X_1 < S_t < X_2$	$S_t \geq X_1$
0	$S_t - X_1$	$X_2 - X_1$

  ② 시간가치를 고려한 프리미엄 $= (C_1 - C_2) \times (1 + R_f)^t$

  ③ 만기손익 = ① - ②

  이익 구간 : $S_t > X_1 +$ ②   손실 구간 : $S_t < X_1 +$ ②

  최대이익 : $X_2 - X_1 -$ ②   최대손실 : ②

- 콜옵션 강세스프레드 만기가치 $<$ 채권 만기가치 $\rightarrow C_1 - C_2 < \dfrac{X_2 - X_1}{(1 + R_f)^t}$

(2) 풋옵션 강세스프레드($+P_1 - P_2$)

- 행사가격이 낮은 풋옵션을 매수하고 행사가격이 높은 풋옵션을 매도하는 전략

  ① 만기가치

$S_t \leq X_1$	$X_1 < S_t < X_2$	$S_t \geq X_1$
$X_1 - X_2$	$S_t - X_2$	0

  ② 시간가치를 고려한 프리미엄 $= (P_2 - P_1) \times (1 + R_f)^t$

  ③ 만기손익 = ① + ②

  이익 구간 : $S_t > X_2 +$ ②   손실 구간 : $S_t < X_2 +$ ②

  최대이익 : ②   최대손실 : $X_2 - X_1 -$ ②

4. 약세스프레드

- 행사가격이 낮은(X_1) 옵션을 매도하고 행사가격이 높은(X_2) 옵션을 매입하는 전략
- 주가가 하락하는 경우 이익이 발생

(1) 콜옵션 약세스프레드($-C_1 + C_2$)

- 행사가격이 낮은 콜옵션을 매도하고 행사가격이 높은 콜옵션을 매수하는 전략
  ① 만기가치 = −콜옵션 강세스프레드 만기가치
  ② 시간가치를 고려한 프리미엄 = $(C_1 - C_2) \times (1 + R_f)^t$
  ③ 만기손익 = ① + ② = −콜옵션 강세스프레드 만기손익

(2) 풋옵션 약세스프레드($-P_1 + P_2$)

- 행사가격이 낮은 풋옵션을 매도하고 행사가격이 높은 풋옵션을 매수하는 전략
  ① 만기가치 = −풋옵션 강세스프레드 만기가치
  ② 시간가치를 고려한 프리미엄 = $(P_2 - P_1) \times (1 + R_f)^t$
  ③ 만기손익 = ① − ② = −풋옵션 강세스프레드 만기손익

- 풋옵션 약세스프레드 만기가치 < 채권 만기가치 → $P_2 - P_1 < \dfrac{X_2 - X_1}{(1 + R_f)^t}$

강세스프레드 만기손익	약세 스프레드 만기손익
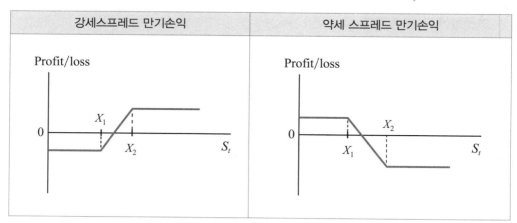	

5. 나비스프레드(butterfly spread)

- 변동성이 작아질 것으로 예상되는 경우에는 버터플라이 매입포지션
- 변동성이 커질 것으로 예상되는 경우에는 버터플라이 매도포지션

(1) 나비스프레드 매입

- 행사가격이 가장 낮은(X_1) 옵션과 행사가격이 가장 높은 (X_3) 옵션을 매수하고, 행사가격이 중간(X_2)인 옵션을 2개 매도하는 전략 (단, $X_2 = \dfrac{X_1 + X_3}{2}$)
- 기초자산의 가격이 중간행사가격 근처에 있을 때 이익 발생

(2) 콜옵션 나비스프레드 매입($+C_1 - 2 \times C_2 + C_3$)

① 만기가치

$S_t \leq X_1$	$X_1 < S_t < X_2$	$X_2 < S_t < X_3$	$S_t \geq X_3$
0	$+S_t - X_1$	$X_3 - S_t$	0

② 시간가치를 고려한 프리미엄 $= (C_1 + C_3 - 2 \times C_2) \times (1 + R_f)^t$

③ 만기손익 $=$ ① $-$ ②

　이익 구간 : $X_1 +$ ② $< S_t < X_3 -$ ②

　손실 구간 : $S_t < X_1 +$ ② 또는 $S_t > X_3 -$ ②

　최대이익 : $X_2 - X_1 -$ ② or $X_3 - X_2 -$ ②

　최대손실 : ②

- 콜옵션 나비 스프레드 만기가치 < 채권 만기가치 → $C_1 - 2C_2 + C_3 < \dfrac{X_2 - X_1}{(1 + R_f)^t}$

(3) 풋옵션 나비스프레드 매입($+P_1 - 2 \times P_2 + P_3$)

① 만기가치 = 콜옵션 나비스프레드 매입의 만기가치

② 시간가치를 고려한 프리미엄 $= (P_1 + P_3 - 2 \times P_2) \times (1 + R_f)^t$

③ 만기손익 $=$ ① $-$ ② $=$ 콜옵션 나비스프레드 매입의 만기손익

- 풋옵션 나비 스프레드 만기가치 < 채권 만기가치 → $P_1 - 2P_2 + P_3 < \dfrac{X_2 - X_1}{(1 + R_f)^t}$

(4) 나비스프레드 매도

행사가격이 가장 낮은(X_1) 옵션과 행사가격이 가장 높은(X_3) 옵션을 매도하고, 행사가격이 중간(X_2)인 옵션을 2개 매수하는 전략으로 기초자산 가격의 변동성이 높아질 가능성이 높을 때 이용하는 전략이다.

- 콜옵션을 이용한 버트플라이 스프레드 매도 : $-C_1 + 2 \times C_2 - C_3$

● 풋옵션을 이용한 버트플라이 스프레드 매도 : $-P_1 + 2 \times P_2 - P_3$

① 만기가치 = −나비스프레드 매입의 만기가치

② 시간가치를 고려한 프리미엄 = 나비스프레드 매입의 프리미엄

③ 만기손익 = ① + ② = − 나비스프레드 매입의 만기손익

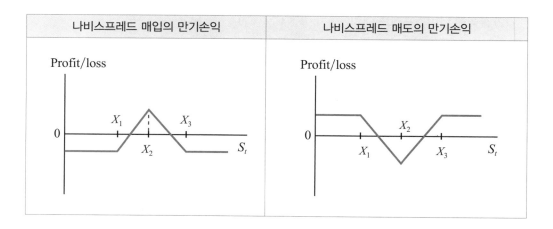

나비스프레드 매입의 만기손익	나비스프레드 매도의 만기손익

6. 박스스프레드

박스 스프레드는 콜옵션을 이용한 강세스프레드와 풋옵션을 이용한 약세스프레드를 결합한 전략이다. 즉, 낮은 행사가격(X_1)의 콜옵션을 매입하고 풋옵션을 매도하며, 높은 행사가격(X_2)의 콜옵션을 매도하고 풋옵션을 매입하는 전략으로 만기에 일정한 현금흐름($X_2 - X_1$)을 갖는 전략이다.

$$C_1 - C_2 - P_1 + P_2 = PV(X_2 - X_1) = \frac{X_2 - X_1}{(1 + R_f)^t}$$

5 **콤비네이션 전략**

만기일과 기초자산이 동일한 콜옵션과 풋옵션을 동시에 매입하거나 매도하는 전략

1. 스트래들(straddle)

(1) 스트래들 매입($C + P$)

- 기초주식, 행사가격, 만기일이 동일한 콜옵션과 풋옵션을 각각 1개씩 매입하는 전략
- 기초자산의 변동성이 커질 것으로 예상하는 경우에 이용하는 전략

  ① 만기가치 $= C_t + P_t = \max[0, S_t - X] + \max[0, X - S_t]$

  ② 시간가치를 고려한 프리미엄 $= (C + P) \times (1 + R_f)^t$

  ③ 만기손익 $=$ ① $-$ ②

  이익 구간 : $S_t < X -$ ② 또는 $S_t > X +$ ②

  손실 구간 : $X -$ ② $< S_t < X +$ ②

  최대이익 : 무한

  최대손실 : ②

(2) 스트래들 매도($-C - P$)

- 기초주식, 행사가격, 만기일이 동일한 콜옵션과 풋옵션을 각각 1개씩 매도하는 전략
- 기초자산의 변동성이 작아질 것으로 예상하는 경우에 이용하는 전략

  ① 만기가치 $= -$스트래들 매입의 만기가치

  ② 시간가치를 고려한 프리미엄 $= (C + P) \times (1 + R_f)^t$

  ③ 만기손익 $=$ ① $+$ ② $= -$스트래들 매입의 만기손익

2. 스트랭글(strangle)

(1) 스트랭글 매입($C_2 + P_1$ or $C_1 + P_2$)

- 기초주식 및 만기일이 동일하며 행사가격이 다른 콜옵션과 풋옵션을 각각 1개씩 동시에 매입하는 전략
- 기초자산의 변동성이 커질 것으로 예상하는 경우에 이용하는 전략

- 행사가격이 높은 콜옵션과 행사가격이 낮은 풋옵션을 결합한 스트랭글 매입 $(C_2 + P_1)$

  ① 만기가치 $= C_t + P_t = \max[0, S_t - X_2] + \max[0, X_1 - S_t]$

  ② 시간가치를 고려한 프리미엄 $= (C_2 + P_1) \times (1 + R_f)^t$

  ③ 만기손익 $= ① - ②$

    이익 구간 : $S_t < X_1 - ②$ 또는 $S_t > X_2 + ②$

    손실 구간 : $X_1 - ② < S_t < X_2 + ②$

    최대이익 : 무한

    최대손실 : ②

(2) 스트랭글 매도$(-C_2 - P_1$ or $-C_1 - P_2)$

- 기초주식 및 만기일이 동일하며 행사가격이 다른 콜옵션과 풋옵션을 각각 1개씩 동시에 매도하는 전략

- 기초자산의 변동성이 작아질 것으로 예상하는 경우에 이용하는 전략

- 만기손익 $= -$스트랭글 매입의 만기손익

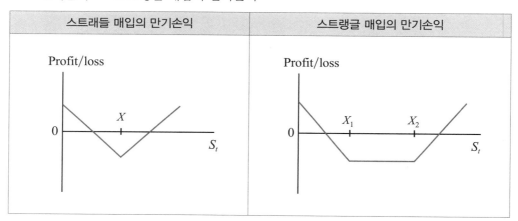

스트래들 매입의 만기손익	스트랭글 매입의 만기손익

3. 스트랩(strap)

- 기초주식, 행사가격, 만기일이 동일한 2개의 콜옵션과 1개의 풋옵션을 동시에 매입하는 전략. $\Rightarrow (2C + P)$

- 기초자산의 가격변동성 확대를 대비하면서도 기초자산 가격 상승가능성에 비중을 둔 투자전략

① 만기가치 $= 2C_t + P_t = 2 \times \max[0,\, S_t - X] + \max[0,\, X - S_t]$

② 시간가치를 고려한 프리미엄 $= (2C + P) \times (1 + R_f)^t$

③ 만기손익 $=$ ① $-$ ②

　이익 구간 : $S_t < X -$ ② 또는 $S_t > X +$ ② $\times 0.5$

　손실 구간 : $X -$ ② $< S_t < X +$ ② $\times 0.5$

　최대이익 : 무한

　최대손실 : ②

4. 스트립(strip)

- 기초주식, 행사가격, 만기일이 동일한 1개의 콜옵션과 2개의 풋옵션을 동시에 매입하는 전략. $\Rightarrow (C + 2P)$

- 기초자산의 가격변동성 확대를 대비하면서도 기초자산 가격 하락가능성에 비중을 둔 투자전략

  ① 만기가치 $= C_t + 2P_t = \max[0,\, S_t - X] + 2 \times \max[0,\, X - S_t]$

  ② 시간가치를 고려한 프리미엄 $= (C + 2P) \times (1 + R_f)^t$

  ③ 만기손익 $=$ ① $-$ ②

　이익 구간 : $S_t < X -$ ② $\times 0.5$ 또는 $S_t > X +$ ②

　손실 구간 : $X -$ ② $\times 0.5 < S_t < X +$ ②

　최대이익 : 무한

　최대손실 : ②

스트랩 매입의 만기손익	스트립 매입의 만기손익

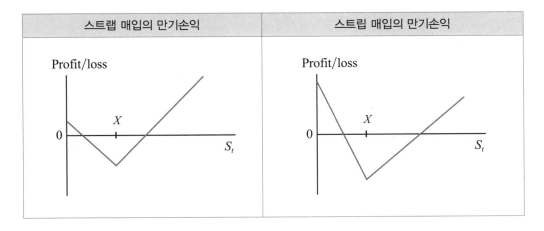

6 칼라(Collar)

- 높은 행사가격(X_2)의 콜옵션을 매도하고 낮은 행사가격(X_1)의 풋옵션을 매입하는 전략
  $\Rightarrow (P_1 - C_2)$
- 기초자산의 가격이 하락하면 이익을 얻을 수 있는 방향성전략
- 만기가치

$S_t \leq X_1$	$X_1 < S_t < X_2$	$S_t \geq X_2$
$X_1 - S_t$	0	$X_2 - S_t$

- 기초자산을 1개 매수한 투자자가 옵션칼라를 매입하면 손익의 범위를 한정할 수 있다.

02 절 옵션 가격의 결정요인

1 옵션가격의 범위

1. 유럽형콜옵션(C_E)

① $C \geq 0$

옵션은 유리할 때 행사하는 권리이므로 옵션의 가격은 0보다 작을 수 없다.

② $C \leq S$

콜옵션의 가격은 기초자산의 가격보다 높을 수 없다.

③ $C \geq S - PV(X)$

콜옵션 가격은 기초자산의 가격에서 행사가격의 현재가치를 차감한 값보다 작을 수 없다.

①, ②, ③의 조건에 따라 유럽형 콜옵션 가격의 범위는 다음과 같다.

$$Max\,[0,\ S-PV(X)] \ \leq \ C_E \ \leq \ S$$

〈옵션전략의 유형과 효과〉

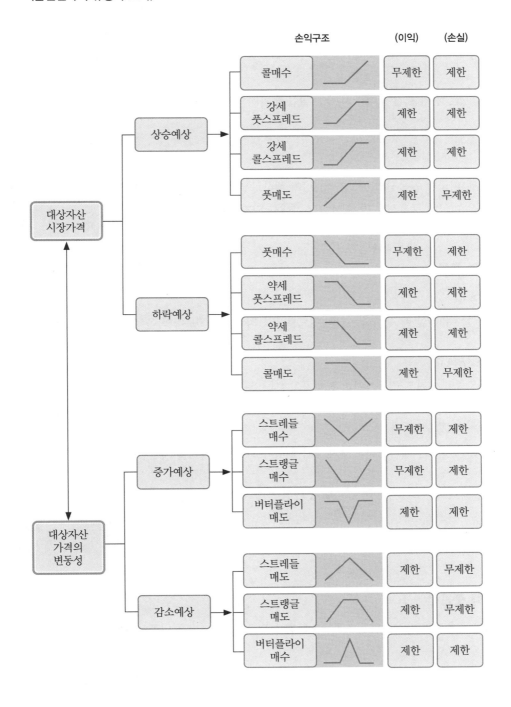

2. 미국형콜옵션(C_A)

유럽형 콜옵션의 가격범위 ①, ②, ③에 추가로 ④의 조건을 만족하여야 한다.

④ $C \geq S - X$

미국형 콜옵션의 가격은 기초자산의 가격에서 행사가격을 차감한 값보다 작을 수 없다.

①, ②, ③, ④의 조건에 따라 미국형 콜옵션 가격의 범위는 다음과 같다.

$$Max \ [0, \ S - X] \ \leq \ Max \ [0, \ S - PV(X)] \ \leq \ C_A \ \leq \ S$$

만기 전 미국형 콜옵션의 매도가격(③)이 행사로부터의 이득(④)보다 더 크기 때문에 배당이 없는 경우 미국형 콜옵션은 만기 전에 조기행사 되지 않는다.

3. 유럽형 풋옵션(P_E)

① $P \geq 0$

옵션은 유리할 때 행사하는 권리이므로 옵션의 가격은 0보다 작을 수 없다.

② $P \leq PV(X)$

풋옵션의 가격은 행사가격의 현재가치 보다 높을 수 없다.

③ $P \geq PV(X) - S$

풋옵션 가격은 행사가격의 현재가치에서 기초자산의 가격을 차감한 값보다 작을 수 없다.

①, ②, ③의 조건에 따라 유럽형 풋옵션 가격의 범위는 다음과 같다.

$$Max \ [0, \ PV(X) - S] \ \leq \ P_E \ \leq \ PV(X)$$

4. 미국형 풋옵션(P_A)

유럽형 풋옵션의 가격범위 ①, ②, ③에 추가로 ④, ⑤의 조건을 만족하여야 한다.

④ $P \geq X - S$

미국형 풋옵션의 가격은 행사가격에서 기초자산의 가격을 차감한 값보다 작을 수 없다.

⑤ $P \leq X$

풋옵션의 가격이 행사가격보다 높을 수 없다.

①, ②, ③, ④, ⑤의 조건에 따라 미국형 풋옵션 가격의 범위는 다음과 같다.

$$Max\,[0,\,PV(X)-S] \;\leq\; Max\,[0,\,X-S] \;\leq\; P_A \;\leq\; PV(X) \;\leq\; X$$

④의 가격하한이 ③의 가격하한보다 더 크고, ⑤의 가격상한이 ②의 가격상한보다 더 크기 때문에 미국형 풋옵션의 가격은 유럽형 풋옵션의 가격보다 더 크거나 같다.

▷ 유럽형과 미국형의 가격비교

	콜옵션의 가격	풋옵션의 가격
무배당	미국형 = 유럽형	미국형 ≥ 유럽형
유배당	미국형 ≥ 유럽형	

2 내재가치와 시간가치

1. 옵션가격의 구성

- 옵션가격(프리미엄) = 내재가치 + 시간가치

2. 내재가치

- 옵션을 현재시점에서 행사한 경우의 가치
- 콜옵션의 내재가치 = $\max[S - X,\ 0]$
- 풋옵션의 내재가치 = $\max[X - S,\ 0]$
- 옵션의 내재가치는 내가격에서 (+)이며 등가격 또는 외가격에서는 0이다.

3. 시간가치

- 옵션을 보유할 때 주가가 자신에게 유리한 방향으로 변동할 가능성에 대한 가치
- 시간가치 = 옵션가격 − 내재가치

- 옵션의 시간가치는 등가격에서 가장 크며, 외가격 또는 내가격에서 그 크기가 감소
  ⇨ 옵션의 내재가치는 내가격에서 가장 크며, 시간가치는 등가격에서 가장 크다.
- 옵션의 시간가치는 옵션의 만기 및 기초자산의 변동성과 (+)의 관계를 갖는다.

3 옵션가격의 결정요인

	콜옵션	풋옵션
기초자산 가격(S)	+	−
행사가격(X)	−	+
만기(t)	+	?
기초자산가격의 분산(σ)	+	+
무위험이자율(R_f)	+	−
배당(D)	−	+

- 시간이 경과한다면 만기가 짧아지기 때문에 콜옵션의 가격은 하락하지만 풋옵션의 가격은 알 수 없다.

03 절 옵션가격결정모형(OPM)

1 이항분포 모형

1. 모형의 특징

- 기초자산의 가격이 이항분포를 따른다고 가정
- 옵션의 가격은 주가의 상승확률(q)와 하락확률($1-q$)과는 무관하게 결정
  → CAPM에서 필요한 주가변동에 대한 동질적 예측의 가정이 필요 없다.
- 옵션의 가격은 투자자들의 위험에 대한 태도와 무관하다.
  → CAPM과 같이 위험회피적이라는 가정이 필요 없다.

- 이산적 시간모형
- 접근방법 : 헤지포트폴리오 접근방법, 복제트폴리오 접근방법 및 위험중립확률 접근방법

2. 모형의 용어

u : 주가상승계수

d : 주가하락계수

q : 주가상승확률

$1 - q$: 주가하락확률

m(HR) : 헤지비율

주가상승시 주식의 만기가치 : $S_u = uS$

주가하락시 주식의 만기가치 : $S_d = dS$

주가상승시 콜옵션의 만기가치 : $C_u = \max[S_u - X, 0]$

주가하락시 콜옵션의 만기가치 : $C_d = \max[S_d - X, 0]$

주가상승시 풋옵션의 만기가치 : $P_u = \max[X - S_u, 0]$

주가하락시 풋옵션의 만기가치 : $P_d = \max[X - S_d, 0]$

3. 헤지포트폴리오 접근방법

(1) 콜옵션의 균형가격

- 기초주식 1개를 매입하고 이 주식에 대해 m개의 콜옵션을 구입한 헤지포트폴리오(H)

  $H = S + m \times C$

- 헤지포트폴리오는 1기간 후 두 가지 상황의 만기가치가 같아야 한다.

  1기간 후 주가상승의 가치 : $H_u = S_u + m C_u$

  1기간 후 주가하락의 가치 : $H_d = S_d + m C_d$

  $H_u = H_d \Rightarrow m = -\dfrac{S_u - S_d}{C_u - C_d}$

- 헤지포트폴리오의 균형가격은 1기간 후 가치를 무위험이자율로 할인한 금액이다.

  $S + mC = \dfrac{H_u}{(1 + R_f)^1} = \dfrac{H_d}{(1 + R_f)^1}$

- 옵션의 델타

  기초자산의 가격이 1원 변동할 때 옵션가격의 변동하는 크기

$$콜옵션의\ 델타 : \Delta_C = \frac{\partial C}{\partial S} \Rightarrow 이항모형의\ 콜옵션의\ 델타 : \Delta_C = \frac{C_u - C_d}{S_u - S_d}$$

$$풋옵션의\ 델타 : \Delta_P = \frac{\partial P}{\partial S} \Rightarrow 이항모형의\ 풋옵션의\ 델타 : \Delta_P = \frac{P_u - P_d}{S_u - S_d}$$

- 이항모형의 콜옵션의 델타와 헤지비율(m)의 관계

$$m = -\frac{S_u - S_d}{C_u - C_d} = -\frac{1}{\Delta_C}$$

⇨ 옵션의 델타와 헤지비율은 '(−)역수'관계이다.

옵션델타의 절대값은 1보다 작고, 헤지비율의 절대값은 1보다 크다.

(2) 풋옵션의 균형가격

- 기초주식 1개를 매입하고 이 주식에 대해 m개의 풋옵션을 구입한 헤지포트폴리오(H)

$H = S + m \times P$

- 헤지포트폴리오는 1기간 후 두 가지 상황의 만기가치가 같아야 한다.

1기간 후 주가상승의 가치 : $H_u = S_u + mP_u$

1기간 후 주가하락의 가치 : $H_d = S_d + mP_d$

$$H_u = H_d \Rightarrow m = -\frac{S_u - S_d}{P_u - P_d}$$

- 헤지포트폴리오의 균형가격은 1기간 후 가치를 무위험이자율로 할인한 금액이다.

$$S + mP = \frac{H_u}{(1+R_f)^1} = \frac{H_d}{(1+R_f)^1}$$

- 이항모형의 풋옵션의 델타와 헤지비율(m)의 관계

$$m = -\frac{S_u - S_d}{P_u - P_d} = -\frac{1}{\Delta_P}$$

4. 위험중립접근법

(1) 위험중립확률의 도출

- 기초주식의 기대현금흐름을 위험조정할인율로 할인한 균형가격과 확실성등가를 무위

험이자율로 할인한 균형가격이 일치하여야 한다.

$$S_0 = \frac{S_u \times q + S_d \times (1-q)}{1+k_e} = \frac{S_u \times p + S_d \times (1-p)}{1+R_f} \;\rightarrow\; p = \frac{1+R_f-d}{u-d}$$

- 균형상태가 되기 위해서는 $d \leq 1+R_f \leq u$이 성립하여야 한다.

(2) 콜옵션의 균형가격

- 기초주식의 위험중립확률을 이용하여 콜옵션의 확실성등가를 무위험이자율로 할인

$$C = \frac{C_u \times p + C_d \times (1-p)}{1+R_f}$$

(3) 풋옵션의 균형가격

- 기초주식의 위험중립확률을 이용하여 풋옵션의 확실성등가를 무위험이자율로 할인

$$P = \frac{P_u \times p + P_d \times (1-p)}{1+R_f}$$

5. 복제포트폴리오 접근방법

(1) 콜옵션의 균형가격

- 주식 a개를 매입하고 채권을 구입한 콜옵션 복제포트폴리오(R) $\rightarrow R = a \times S + B$
- 1기간 후 두 가지 상황의 복제포트폴리오의 만기가치가 콜옵션과 동일하여야 한다.

  1기간 후 주가상승의 가치 : $C_u = aS_u + B \times (1+R_f)^1$

  1기간 후 주가하락의 가치 : $C_d = aS_d + B \times (1+R_f)^1$

  위의 식을 연립방정식으로 정리하여 a와 B를 결정한다. $\Rightarrow \frac{\partial C}{\partial S} = a = \Delta_C$

- 콜옵션의 균형가격 $\rightarrow C = a \times S + B$

(2) 풋옵션의 균형가격

- 주식 a개를 매입하고 채권을 구입한 풋옵션 복제포트폴리오(R) $\rightarrow R = a \times S + B$
- 1기간 후 두 가지 상황의 복제포트폴리오의 만기가치가 풋옵션과 동일하여야 한다.

  1기간 후 주가상승의 가치 : $P_u = aS_u + B \times (1+R_f)^1$

1기간 후 주가하락의 가치 : $P_d = aS_d + B \times (1 + R_f)^1$

위의 식을 연립방정식으로 정리하여 a와 B를 결정한다. $\Rightarrow \dfrac{\partial P}{\partial S} = a = \Delta_P$

- 풋옵션의 균형가격 → $P = a \times S + B$

6. 2기간 이항분포모형

- 2기간 후의 주식 및 옵션의 만기가치

$S_{uu} = u^2 \times S_0 = u \times S_u \Rightarrow C_{uu} = \max[S_{uu} - X, 0] \qquad P_{uu} = \max[X - S_{uu}, 0]$

$S_{ud} = u \times d \times S_0 = d \times S_u \Rightarrow C_{ud} = \max[S_{ud} - X, 0] \qquad P_{ud} = \max[X - S_{ud}, 0]$

$S_{du} = d \times u \times S_0 = u \times S_d \Rightarrow C_{du} = \max[S_{du} - X, 0] \qquad P_{du} = \max[X - S_{du}, 0]$

$S_{dd} = d^2 \times S_0 = d \times S_d \Rightarrow C_{dd} = \max[S_{dd} - X, 0] \qquad P_{dd} = \max[X - S_{dd}, 0]$

(1) 유럽형 콜옵션의 균형가격

$$C = \frac{p^2 \times C_{uu} + 2 \times p \times (1-p) \times C_{ud} + (1-p)^2 \times C_{dd}}{(1 + R_f)^2}$$

(2) 유럽형 풋옵션의 현재가격

$$P = \frac{p^2 \times P_{uu} + 2 \times p \times (1-p) \times P_{ud} + (1-p)^2 \times P_{dd}}{(1 + R_f)^2}$$

2 Black–Scholes 모형

1. 가정

- 주식과 옵션의 완전자본시장을 가정한다.

- 배당을 지급하지 않는 주식을 기초자산으로 하는 유럽형 옵션을 가정한다.

- 주가는 시간사이에서 연속적(continuous)으로 움직인다.

  ⇨ 이항분포는 이산적 시간모형이지만 블랙숄즈모형은 연속적 시간모형

- 옵션만기의 기간 동안 주가가 정규분포를 따른다.

2. 균형가격

- 콜옵션의 균형가격 → $C = S \times N(d_1) - PV(X) \times N(d_2)$

- 풋옵션의 균형가격 → $P = PV(X) \times [1 - N(d_2)] + S \times [N(d_1) - 1]$
- $N(d)$는 표준정규분포표에서 $z = d$ 까지의 누적확률을 의미한다.
- $d_2 = d_1 - \sigma \times \sqrt{t}$ → $N(d_1) > N(d_2)$

3. $N(d_1)$ 의 경제적 의미

- 주가의 변화에 대한 콜옵션 가격의 민감도 → $N(d_1)$ = 콜옵션의 델타
- 주가의 변화에 대한 풋옵션 가격의 민감도 → $N(d_1) - 1$ = 풋옵션의 델타

4. $N(d_2)$ 의 경제적 의미

$N(d_2)$는 만기에 가서 주가가 행사가격보다 높게 형성될 위험중립확률이다.

- $N(d_2)$: 유럽형 콜옵션이 행사될 위험중립확률
- $1 - N(d_2)$: 유럽형 풋옵션이 행사될 위험중립확률

5. 복제포트폴리오

- $C = S \times N(d_1) - PV(X) \times N(d_2)$
  → 콜옵션 1개 매수 = 기초주식 $N(d_1)$개 매수 + $PV(X) \times N(d_2)$ 만큼 차입
- $P = PV(X) \times [1 - N(d_2)] + S \times [N(d_1) - 1]$
  → 풋옵션 1개 매수 = 기초주식 $1 - N(d_1)$개 매도 + $PV(X) \times [1 - N(d_2)]$ 만큼 채권 매수

3 민감도 분석

1. 델타

- 기초자산의 가격변화에 대한 옵션의 가격변화
- 콜옵션의 델타 $\Delta_C = \dfrac{\partial C}{\partial S}$ → $0 \leq \Delta_C \leq 1$
- 풋옵션의 델타 $\Delta_P = \dfrac{\partial P}{\partial S}$ → $-1 \leq \Delta_P \leq 0$
  ⇨ 기초주식의 가격변화량보다 옵션의 가격변화량은 작다.

2. 감마

- 기초자산의 가격변화에 대한 옵션델타의 변화
- 콜옵션의 감마 : $\Gamma_C = \dfrac{\partial \Delta_C}{\partial S} = \dfrac{\partial^2 C}{\partial S^2} > 0$
- 풋옵션의 감마 : $\Gamma_P = \dfrac{\partial \Delta_P}{\partial S} = \dfrac{\partial^2 P}{\partial S^2} > 0$
- 콜옵션의 감마와 풋옵션의 감마 모두 양(+)의 값을 갖는다.
- 감마는 등가격일 때 가장 큰 값을 가지며 내가격이나 외가격으로 갈수록 작아진다.

3. 탄력성

- 기초자산의 가격변화율에 대한 옵션의 가격변화율
- 콜옵션의 탄력성 $e_C = \dfrac{\dfrac{\partial C}{C}}{\dfrac{\partial S}{S}} = \Delta_C \times \dfrac{S}{C} \rightarrow e_C \geq 1$
- 풋옵션의 탄력성 $e_P = \dfrac{\dfrac{\partial P}{P}}{\dfrac{\partial S}{S}} = \Delta_P \times \dfrac{S}{P} \rightarrow |e_P| \geq 1$

  ⇨ 기초주식의 가격변화율보다 옵션의 가격변화율은 더 크다.

4. 람다(= 베가)

- 기초자산의 가격변동성의 변화에 대한 옵션의 가격변화
- 콜옵션의 람다 > 0
- 풋옵션의 람다 > 0
- 람다는 등가격일 때 가장 큰 값을 가지며 내가격이나 외가격으로 갈수록 작아진다.

5. 세타

- 시간이 경과에 대한 옵션의 가격변화
- 콜옵션의 세타 > 0
- 풋옵션의 세타 < 0 또는 > 0
- 세타는 등가격일 때 가장 큰 값을 가지며 내가격이나 외가격으로 갈수록 작아진다.

6. 로우

- 이자율 변화에 따른 옵션의 가격변화
- 콜옵션의 로우 > 0
- 풋옵션의 로우 < 0

> ※ 등가격 (S = X)
> (1) 풋콜 패리티에 의하면 C > P
> (2) 시간가치는 등가격에서 가장 크며, 외가격 또는 내가격에서 그 크기가 감소
> (3) 감마는 등가격에서 가장 크며, 외가격 또는 내가격에서 그 크기가 감소
> (4) 세타는 등가격에서 가장 크며, 외가격 또는 내가격에서 그 크기가 감소
> (5) 람다는 등가격에서 가장 크며, 외가격 또는 내가격에서 그 크기가 감소

4 헤지

1. 정적헤지

정적복제(static replication)는 특정 자산과 동일한 현금흐름을 갖는 복제이다. 정적복제포트폴리오를 이용하여 특정자산을 위험회피대상으로 하고 정적복제포트폴리오를 위험회피수단으로 하는 헤지를 정적헤지(static hedge)라고 하며, 이는 지속적인 재조정(rebalancing)이 필요없다. 풋–콜 패리티의 헤지포트폴리오가 정적헤지이다.

$$H = S - C + P$$

2. 동적헤지(델타헤지)

동적복제(dynamic replication)는 특정자산과 동일한 현금흐름을 갖지 않는 복제이다. 동적복제포트폴리오를 이용하여 특정자산을 위험회피대상으로 하고 동적복제포트폴리오를 위험회피수단으로 하는 헤지를 동적헤지(dynamic hedge)라고 하며, 이는 지속적인 재조정(rebalancing)이 필요하다. 특히, 동적헤지는 헤지포트폴리오의 기울기인 델타를 0인 상태(델타 중립)로 만들기 때문에 델타 헤지(Delta Hedge)라고도 한다.

- 주식1개와 콜옵션 HR개의 델타헤지포트폴리오 → $H_P = S + HR \times C$
  기초주식의 가격변화에 대해서 헤지포트폴리오를 미분한 값이 0이 되도록 한다.

$$\frac{\partial H_P}{\partial S} = 1 + HR \times \frac{\partial C}{\partial S} = 0 \;\rightarrow\; HR = -\frac{\partial S}{\partial C} = -\frac{1}{\Delta_C}$$

  헤지비율이 음($-$) 이므로 콜옵션을 매도한다.

- 주식1개와 풋옵션 HR개의 델타헤지포트폴리오 → $H_P = S + HR \times P$
  기초주식의 가격변화에 대해서 헤지포트폴리오를 미분한 값이 0이 되도록 한다.

$$\frac{\partial H_P}{\partial S} = 1 + HR \times \frac{\partial P}{\partial S} = 0 \;\rightarrow\; HR = -\frac{\partial S}{\partial P} = -\frac{1}{\Delta_P}$$

  헤지비율이 양($+$) 이므로 풋옵션을 매수한다.

- 콜옵션1개와 주식 HR개의 델타헤지포트폴리오 → $H_P = C + HR \times S$
  기초주식의 가격변화에 대해서 헤지포트폴리오를 미분한 값이 0이 되도록 한다.

$$\frac{\partial H_P}{\partial S} = \frac{\partial C}{\partial S} + HR \times 1 = 0 \;\rightarrow\; HR = -\frac{\partial C}{\partial S} = -\Delta_C$$

  헤지비율이 음($+$) 이므로 주식을 매도한다.

- 풋옵션1개와 주식 HR개의 델타헤지포트폴리오 → $H_P = P + HR \times S$
  기초주식의 가격변화에 대해서 헤지포트폴리오를 미분한 값이 0이 되도록 한다.

$$\frac{\partial H_P}{\partial S} = \frac{\partial P}{\partial S} + HR \times 1 = 0 \;\rightarrow\; HR = -\frac{\partial P}{\partial S} = -\Delta_P$$

  헤지비율이 양($+$) 이므로 주식을 매수한다.

옵션가격결정모형(OPM)의 응용

1 자기자본가치과 부채가치

- 주주의 경제적 지위
  콜옵션 매입 (기초자산 = 기업자산, 행사가격 = 부채 액면금액)

- 채권자의 경제적 지위
  기업자산을 매입 + 콜옵션 발행 (기초자산 = 기업자산, 행사가격 = 부채 액면금액)
  무위험채권 매입 + 풋옵션 발행 (기초자산 = 기업자산, 행사가격 = 부채 액면금액)

- 지급보증의 가치 = 무위험채권의 가치 − 위험채권의 가치 = 풋옵션의 가치

2 옵션부 채권

	옵션	기초자산(S)	행사가격(X)
신주인수권	콜옵션 매수	주식	신주인수가격
전환권	콜옵션 매수	주식	일반사채의 가치
수의상환권	콜옵션 매도	채권	수의상환가격
상환청구권	풋옵션 매수	채권	상환청구가격

- 전환사채의 가치 = 일반사채의 가치 + 전환권의 가치

- 신주인수권부사채의 가치 = 일반사채의 가치 + 신주인수권의 가치

- 수의상환사채의 가치 = 일반사채의 가치 − 수의상환권의 가치

  - 수의상환사채의 발행자 = 일반사채 발행 + 콜옵션 매입
  - 수의상환사채의 투자자 = 일반사채 보유 + 콜옵션 매도

  수의상환사채의 투자자는 옵션 투자전략의 방비콜 매입의 경제적 지위

- 상환청구사채의 가치 = 일반사채의 가치 + 상환청구권의 가치

  - 상환청구권부사채의 발행자 = 일반사채 발행 + 풋옵션 매도
  - 상환청구권부사채의 투자자 = 일반사채 보유 + 풋옵션 매입

상환청구권부사채의 투자자는 옵션 투자전략의 보호풋 매입의 경제적 지위

3 실물옵션

1. 확장옵션 (=후속투자기회)

- 후속투자기회의 실행시점에서 경제성 여부에 따라 투자를 결정할 수 있는 권리
- 확장옵션의 가치

  = 확장기회가 있는 투자안의 NPV − 확장기회가 없는 투자안의 NPV

  = 콜옵션의 가치

2. 포기옵션

- 투자안을 일정한 대가에 처분할 수 있는 기회
- 포기옵션의 가치

  = 처분기회가 있는 투자안의 NPV − 처분기회가 없는 투자안의 NPV

  = 풋옵션의 가치

3. 연기옵션

- 투자시점을 선택하거나 연기할 수 있는 권리
- 연기옵션의 가치

  = 연기하여 투자하는 경우 투자안의 NPV − 지금 투자하는 경우 투자안의 NPV

  = 콜옵션의 가치

4 포트폴리오 보험

포트폴리오 보험이란 보유하고 있는 위험자산에 대하여 옵션이나 선물 또는 무위험자산을 이용하여 위험자산의 가격하락에 대비하는 한편 가격 상승 시 추가이익을 획득하려는 투자전략으로 포트폴리오 보험전략의 구성방법은 다음과 같다.

(방법1) 보호풋 전략 → 주식매수 + 풋옵션 매수

(방법2) 무위험채권 매수 + 콜옵션 매수

(방법3) 동적 자산배분전략
　　　　주식과 무위험채권의 매입으로 구성된 포트폴리오에서 두 자산의 편입비율을 조절

(방법4) 동적 헤지전략
　　　　선물매수와 무위험채권의 매입으로 구성된 포트폴리오에서 두 자산의 편입비율을 조절

(방법5) 동적 헤지전략
　　　　주식과 무위험채권의 매입포지션을 고정시킨 상태에서 선물매도포지션을 조정

01 콜옵션의 발행자는 특정 주식을 일정한 가격으로 매입해야 할 의무가 있다.

02 방비콜 전략은 주가가 높아져도 이익은 작지만 주가가 아무리 낮아져도 손실은 일정한 하한선 이하로 내려가지 않게 하는 효과가 있다.

03 수직스프레드는 만기손익이 곡선의 형태로 나타난다.

04 행사가격이 낮은 콜옵션을 매수하고 행사가격이 높은 콜옵션을 매도하는 것은 강세스프레드이다.

05 행사가격이 낮은 풋옵션을 매수하고 행사가격이 높은 풋옵션을 매도하는 것은 강세스프레드이다.

06 행사가격이 중간에 있는 옵션을 2개 매입하고 행사가격이 낮은 옵션과 행사가격이 높은 옵션을 각각 1개씩 발행하는 전략은 기초주식의 가격이 중간 행사가격 근처에 있을 때 이익을 얻을 수 있다.

07 기초자산 가격이 변화하지 않을 것으로 예상되는 경우 스트래들을 매도한다.

08 스트립 매입은 가격변동이 클 것을 기대하지만 기대방향이 강세인 경우의 투자전략이다.

09 무배당 주식의 경우 미국형 콜옵션의 가격은 유럽형보다 비싸다.

10 무배당 주식의 경우 미국형 풋옵션의 가격은 유럽형보다 비싸다.

11 콜옵션을 매도하고 풋옵션을 매수한 포트폴리오는 주식을 매도하고 차입을 한 포트폴리오의 복제이다.

12 보호풋의 가격은 헤지포트폴리오의 가격보다 비싸다.

13 풋 콜 패러티에서 $S + P - C < \dfrac{X}{(1+R_f)^t}$ 이면 차익거래 과정에서 차입을 한다.

14 등가격에서는 콜옵션의 가격과 풋옵션의 가격은 동일하다.

15 기초주식의 현재주가가 행사가격보다 낮은 경우 콜옵션의 가격은 풋옵션의 가격보다 더 클 수 있다.

16 잔존만기가 길수록 무배당주식의 콜옵션의 가격은 높게 형성된다.

17 잔존만기가 길수록 무배당주식의 풋옵션의 가격은 높게 형성된다.

18 콜옵션의 델타는 양(+)의 값, 풋옵션의 델타는 음(−)의 값을 갖는다.

19 콜옵션의 감마는 양(+)의 값, 풋옵션의 감마는 음(−)의 값을 갖는다.

20 무배당주식의 유럽형 풋옵션 가격은 주식가격보다 클 수는 없다.

21 무배당주식의 유럽형 콜옵션 가격은 행사가격의 현재가치보다 클 수는 없다.

22 옵션의 시간가치는 콜옵션이나 풋옵션 모두 등가격에서 가장 크다.

23 콜옵션의 기초자산 가격변동에 대한 탄력성은 절대값은 항상 1보다 크다.

24 풋옵션의 기초자산 가격변동에 대한 탄력성의 절대값은 항상 1보다 크다.

25 블랙숄즈 모형에서 $N(d_1)$은 항상 $N(d_2)$보다 크다.

26 블랙숄즈 모형에서 $N(d_1)$은 기초주식 1개 매입에 대한 콜옵션의 발행개수인 헤지비율을 의미한다.

27 무배당주식의 미국형 콜옵션의 경우 만기이전에 권리를 행사하는 것은 만기에 권리를 행사하는 것보다 항상 불리하다.

28 채권자의 경제적 지위는 기업자산을 매입하고 만기액면금액을 행사가격으로 풋옵션을 발행한 입장과 동일하다.

29 지급보증의 가치는 무위험부채의 가치에서 위험부채의 가치를 차감한 값이다.

30 수의상환사채를 매입한 투자자는 일반사채를 매입하면서 콜옵션을 매입한 것이다.

31 상환청구사채를 매입한 투자자는 일반사채를 매입하면서 풋옵션을 매입한 것이다.

32 자본예산에서 후속투자기회는 풋옵션의 성격을 갖는다.

33 헤지포트폴리오는 보유하고 있는 포트폴리오의 가치가 일정수준 이하로 하락하는 것을 방지하면서 가치상승시에는 이익을 얻도록 하는 전략이다.

34 주식포트폴리오와 무위험채권을 매수하고, 무위험채권의 투자비율을 시장상황에 따라 동적으로 변화시키면 보호풋과 동일한 효과를 갖는다.

01 X

콜옵션의 발행자는 특정 주식을 일정한 가격으로 매도해야 할 의무가 있다.

02 X

보호풋 전략은 주가가 높아져도 이익은 작지만 주가가 아무리 낮아져도 손실은 일정한 하한선 이하로 내려가지 않게 하는 효과가 있다.

03 X

수평스프레드는 만기손익이 곡선의 형태로 나타나며, 수직스프레드는 만기손익이 직선의 형태 로 나타난다.

04 O

행사가격이 낮은 콜옵션을 매수하고 행사가격이 높은 콜옵션을 매도하는 것은 강세스프레드이 며, 행사가격이 낮은 콜옵션을 매도하고 행사가격이 높은 콜옵션을 매수하는 것은 약세스프레 드이다.

05 O

행사가격이 낮은 풋옵션을 매수하고 행사가격이 높은 풋옵션을 매도하는 것은 강세스프레드이 며, 행사가격이 낮은 풋옵션을 매도하고 행사가격이 높은 풋옵션을 매수하는 것은 약세스프레 드이다.

06 X

나비 스프레드 매도전략은 기초자산 가격의 변동성이 높아질 가능성이 높을 때 이익을 얻을 수 있다.

07 O

기초자산 가격이 크게 변화하는 경우에는 스트래들 매수, 변화하지 않을 것으로 예상되는 경우 스트래들을 매도한다.

08 X

스트랩 매입은 기초자산의 가격변동성 확대를 대비하면서도 기초자산 가격 상승가능성에 비중 을 둔 투자전략이다.

09 X

무배당 주식의 경우 미국형 콜옵션의 가격은 유럽형과 동일하다.

10 O

무배당 주식의 경우 조기행사의 가능성 때문에 미국형 풋옵션의 가격은 유럽형보다 비싸다.

11 X

풋-콜패러티를 이용한 복제포트폴리오는 다음과 같다.

$S - C + P = PV(X) \rightarrow C - P = S - B$

⇨ 콜옵션 매수 + 풋옵션 매도 = 기초자산 매수 + 채권 매도(차입)

12 O

보호풋의 가격은 헤지포트폴리오의 가격보다 비싸며 방비콜의 가격은 헤지포트폴리오의 가격보다 싸다.

13 O

풋 콜 패러티에서 좌변보다 우변이 더 크면 좌변을 매입, 우변을 매도하므로 차익거래 과정에서 채권 매도 또는 차입을 한다.

14 X

풋 콜 패러티를 이용하면 등가격에서는 콜옵션의 가격과 풋옵션의 가격보다 비싸다.

15 O

기초주식의 주가와 행사가격이 동일한 등가격에서 콜옵션의 가격이 더 크기 때문에 주가가 행사가격보다 낮아 지면 콜옵션의 가격은 하락하고 풋옵션의 가격은 상승하지만 콜옵션의 가격은 풋옵션의 가격보다 더 클 수 있다.

16 O

잔존만기가 길수록 무배당주식의 콜옵션의 가격은 상승하며 풋옵션의 가격은 알 수 없다.

17 X

잔존만기가 길수록 무배당주식의 콜옵션의 가격은 상승하며 풋옵션의 가격은 알 수 없다.

18 O

델타는 기초주식의 가격변화에 대한 옵션의 가격변화이며 콜옵션은 양(+)의 값, 풋옵션은 음(-)의 값을 갖는다.

19 X

감마는 기초주식의 가격변화에 대한 옵션델타의 변화로서 콜옵션과 풋옵션 모두 양(+)의 값을 갖는다.

20 X

무배당주식의 유럽형 풋옵션 가격은 행사가격의 현재가치보다 클 수는 없다.

21 X

무배당주식의 유럽형 콜옵션 가격은 주식가격보다 클 수는 없다.

22 O

옵션의 시간가치는 콜옵션이나 풋옵션 모두 등가격에서 가장 크며, 외가격 또는 내가격에서 그 크기가 감소한다.

23 O

옵션의 탄력성은 기초주식의 가격변화율에 대한 옵션의 가격변화율로서 기초주식의 가격변화율 보다 옵션의 가격변화율은 더 크다.

24 O

옵션의 탄력성은 기초주식의 가격변화율에 대한 옵션의 가격변화율로서 기초주식의 가격변화율 보다 옵션의 가격변화율은 더 크다.

25 O

$$d_2 = d_1 - \sigma \times \sqrt{t} \ \rightarrow \ N(d_1) > N(d_2)$$

26 X

블랙숄즈 모형에서 N(d1)은 주가의 변화에 대한 콜옵션 가격의 민감도인 콜옵션의 델타이며 헤지비율의 역수이다.

27 O

무배당주식의 미국형 콜옵션의 경우 만기이전에 권리를 행사하는 것은 만기에 권리를 행사하는 것보다 항상 불리하기 때문에 유럽형과 미국형의 가격이 동일하다.

28 X

채권자의 경제적 지위

기업자산을 매입 + 콜옵션 발행 (기초자산 = 기업자산, 행사가격 = 부채 액면금액)

무위험채권 매입 + 풋옵션 발행 (기초자산 = 기업자산, 행사가격 = 부채 액면금액)

29 O

지급보증의 가치 = 무위험채권의 가치 풋-콜 위험채권의 가치 = 풋옵션의 가치

30 X

수의상환사채를 매입한 투자자는 일반사채를 매입하면서 콜옵션을 발행한 것이다.

31 O

상환청구사채를 매입한 투자자는 일반사채를 매입하면서 풋옵션을 매입한 것이다.

32 X

자본예산에서 후속투자기회와 연기가능성은 콜옵션의 성격을 갖는다.

33 X

포트폴리오 보험전략은 보유하고 있는 포트폴리오의 가치가 일정수준 이하로 하락하는 것을 방지하면서 가치상승시에는 이익을 얻도록 하는 전략이다.

34 O

포트폴리오 보험전략

(방법1) 보호풋 전략 → 주식매수+풋옵션 매수

(방법2) 무위험채권 매수+콜옵션 매수

(방법3) 동적 자산배분전략

　　　　주식과 무위험채권의 매입으로 구성된 포트폴리오에서 두 자산의 편입비율을 조절

(방법4) 동적 헤지전략

　　　　선물매수와 무위험채권의 매입으로 구성된 포트폴리오에서 두 자산의 편입비율을 조절

(방법5) 동적 헤지전략

　　　　주식과 무위험채권의 매입포지션을 고정시킨 상태에서 선물매도포지션을 조정

실전문제

01 절 옵션의 투자전략

문제 1 (2018년)

다음의 표는 잔존만기와 기초자산이 동일한 유럽형 옵션의 시장가를 정리한 것이다. 잔존만기와 무위험이자율이 양수라고 가정할 때, 다음 중 차익거래가 나타날 수 있는 포지션은? (단, 괄호 안은 행사가격을 나타낸다.)

행사가격	콜가격	풋가격
100	9.0	3.0
105	5.2	6.0
110	2.0	11.5

① 콜(100) 1개 매수, 콜(105) 1개 매도
② 풋(105) 1개 매수, 풋(110) 1개 매도
③ 콜(100) 1개 매수, 콜(105) 2개 매도, 콜(110) 1개 매수
④ 풋(100) 1개 매수, 풋(105) 2개 매도, 풋(110) 1개 매수
⑤ 콜(100) 1개 매수, 풋(100) 1개 매수

풀이

스프레드 균형가격의 절대값은 행사가격의 현재가치보다 작아야 한다.

$$|C_1 - C_2| \le PV(X_2 - X_1)$$
$$|P_1 - P_2| \le PV(X_2 - X_1)$$

행사가격 105와 행사가격 110의 풋옵션 가격차이가 5보다 크기 때문에 불균형상태이다.
현재투자금액을 0으로 하는 차익포트폴리오의 현재시점 현금흐름은 다음과 같다.
- 행사가격 105 풋옵션 매수($+P_2$): -6.0
- 행사가격 110 풋옵션 매도($-P_3$): $+11.5$
- 채권매입(대출): -5.5

차익포트폴리오의 만기손익은 0 이상이 된다.

정답 : 2

문제 2

옵션 투자전략에 관한 설명으로 가장 적절하지 <u>않은</u> 것은?

① 보호풋(protective put) 전략과 방비콜(covered call) 전략은 일종의 헤지(hedge)전략이다.
② 약세 스프레드(bear spread) 전략은 행사가격이 낮은 옵션을 매도하고 행사가격이 높은 옵션을 매입하는 전략이다.
③ 박스 스프레드(box spread) 전략은 콜옵션을 이용한 강세 스프레드와 풋옵션을 이용한 약세 스프레드를 결합한 전략이다.
④ 스트래들(straddle) 매입 전략은 만기와 행사가격이 동일한 콜옵션과 풋옵션을 동시에 매입하는 전략이다.
⑤ 스트립(strip) 전략은 만기와 행사가격이 동일한 콜옵션을 2개 매입하고 풋옵션을 1개 매입하는 전략이다.

풀이

스트립(strip) 전략: 만기와 행사가격이 동일한 콜옵션을 1개 매입하고 풋옵션을 2개 매입
스트랩(strap) 전략: 만기와 행사가격이 동일한 콜옵션을 2개 매입하고 풋옵션을 1개 매입

정답 : 5

문제 3

현재 옵션시장에서는 ㈜마바 주식을 기초자산으로 하고 만기가 동일하게 1년씩 남은 콜옵션과 풋옵션이 각각 거래되고 있다. 행사가격이 200,000원인 콜옵션의 가격은 20,000원이고 행사가격이 180,000원인 풋옵션의 가격은 10,000원이며 무위험이자율은 연 10%이다. 무위험이자율로 차입하여, 위의 콜옵션과 풋옵션을 각각 1개씩 매입한 투자자가 만기에 손실을 볼 수 있는 ㈜마바 주식가격(P)의 범위로 가장 적절한 것은?

① P < 147,000원   ② P < 169,000원   ③ P > 233,000원

④ 11,000원 < P < 33,000원   ⑤ 147,000원 < P < 233,000원

풀이

스트랭클 매입전략

행사가격이 다른 콜옵션과 풋옵션을 매입

(1) 만기가치 : $\max[S_t - 200,000, 0] + \max[180,000 - S_t, 0]$

(2) 시간가치를 고려한 옵션 프리미엄 = $(20,000 + 10,000) \times 1.10 = 33,000$원

(3) 만기손익 = $\max[S_t - 200,000, 0] + \max[180,000 - S_t, 0] - 33,000$

(4) 만기손익 손실범위

$\max[S_t - 200,000, 0] + \max[180,000 - S_t, 0] - 33,000 < 0$

→ $180,000 - 33,000 < S_t < 200,000 + 33,000$ → $147,000 < S_t < 233,000$

정답 : 5

문제 4

옵션 투자전략에 관한 설명으로 가장 적절하지 <u>않은</u> 것은?

① 순수포지션(naked position) 전략은 한 가지 상품에만 투자한 경우로 헤지가 되어있지 않은 전략이다.

② 보호풋(protective put) 전략은 기초자산을 보유한 투자자가 향후 자산가격이 하락할 경우를 대비하여 풋옵션을 매입하는 전략이다.

③ 방비콜(covered call) 전략은 기초자산을 보유한 투자자가 향후 자산가격이 하락하거나 상승하지 않을 경우를 대비하여 콜옵션을 매입하는 전략이다.

④ 기초자산을 1개 매입하고 풋옵션을 1개 매입하며 콜옵션을 1개 매도하는 풋-콜 패리티 (put-call parity) 전략을 이용하면, 만기시점의 기초자산 가격과 관계없이 항상 행사가격 만큼 얻게 되어 가격변동위험을 완전히 없앨 수 있다.

⑤ 강세 스프레드(bull spread) 전략은 행사가격이 낮은 옵션을 매입하고 행사가격이 높은 옵션을 매도하는 전략으로 기초자산의 가격이 상승할 때 이득을 얻는 전략이다.

풀 이

(3) 방비콜 전략(+S-C)은 기초자산을 보유한 투자자가 향후 자산가격이 하락하거나 상승하지 않을 경우를 대비하여 콜옵션을 매도하는 전략이다.

정답 : 3

문제 5 (2010년)

옵션의 투자전략에 대한 설명 중 옳은 항목만으로 구성된 것은?

> a. 기초자산 가격의 변동에 따른 이익 및 손실의 범위를 한정하기 위해서는 칼라(collar)를 이용하면 된다.
> b. 기초자산 가격이 큰 폭으로 변동할 것으로 예상되지만 방향을 알지 못하는 경우 strangle을 매입한다.
> c. 기초자산 가격이 변화하지 않을 것으로 예상되는 경우 straddle을 매도하면 된다.
> d. 기초자산 가격 변동에 따른 손익을 곡선의 형태로 실현하기 위해서는 수직스프레드를 이용하면 된다.
> e. 기초자산 가격이 큰 폭으로 변동하고 특히 하락보다는 상승이 예상되는 경우 스트립(strip)을 매입한다.

① a, b, c   ② a, c, d   ③ a, d, e   ④ b, c, e   ⑤ b, d, e

풀 이

(a) 옵션칼라 : 행사가격이 높은 콜옵션을 매도하고 행사가격이 낮은 풋옵션을 매수 전략

　　기초자산 보유자가 옵션 칼라를 매입하면 $(S - C_2 + P_1)$ 손익의 범위를 한정한다.

(b)(c) 변동성 증가예상 : straddle/strangle 매수전략

　　변동성 감소예상 : straddle/strangle 매도전략

(d) 수직스프레드: 만기가치가 직선, 수평스프레드: 만기가치가 곡선

(e) 기초자산 가격이 큰 폭으로 변동하고 특히 상승이 예상되는 경우 : strap 매수

　　기초자산 가격이 큰 폭으로 변동하고 특히 하락이 예상되는 경우 : strip 매수

정답 : 1

문제 6

투자자 갑은 3개월 만기 콜옵션 1계약과 3개월 만기 풋옵션 1계약을 이용하여 주가지수옵션에 대한 스트랭글 매도 투자전략을 구사하려 한다. 현재 형성된 옵션시세는 다음과 같다. 만기 주가지수가 1,120포인트일 때, 투자자의 만기손익과 최대손익을 구하시오.

> a. 3개월 만기 주가지수 콜옵션 (행사가격 = 1,100포인트, 콜옵션 프리미엄 = 35원)
> b. 3개월 만기 주가지수 풋옵션 (행사가격 = 1,100포인트, 풋옵션 프리미엄 = 21원)
> c. 3개월 만기 주가지수 콜옵션 (행사가격 = 1,200포인트, 콜옵션 프리미엄 = 32원)
> d. 3개월 만기 주가지수 풋옵션 (행사가격 = 1,200포인트, 풋옵션 프리미엄 = 27원)

	만기손익	최대손익
①	53	53
②	56	56
③	59	59
④	−60	60
⑤	−62	−62

풀이

스트랭글 매도 전략

행사가격이 높은 콜옵션과 행사가격이 낮은 풋옵션을 매도

(방법1) 행사가격 1,200원 콜옵션 매도, 행사가격 1,100 풋옵션 매도

(1) 만기가치 $= -\max[S_t - 1200, 0] - \max[1100 - S_t, 0]$
$$= -\max[1120 - 1200, 0] - \max[1100 - 1120, 0] = 0$$

(2) 옵션 프리미엄 = 32 + 21 = 53원

⇨ 무위험이자율이 주어지지 않았기 때문에 프리미엄의 시간가치는 고려하지 않는다.

(3) 만기손익 = (1) + (2) = +53원

(방법2) 행사가격 1,100원 콜옵션 매도, 행사가격 1,200 풋옵션 매도

(1) 만기가치 $= -\max[S_t - 1100, 0] - \max[1200 - S_t, 0]$
$$= -\max[1120 - 1100, 0] - \max[1200 - 1120, 0] = -100$$

(2) 옵션 프리미엄 = 35 + 27 = 62원

⇨ 무위험이자율이 주어지지 않았기 때문에 프리미엄의 시간가치는 고려하지 않는다.

(3) 만기손익 = (1) + (2) = −38원

정답 : 1

문제 7

어느 투자자가 행사가격이 25,000원인 콜옵션을 개당 4,000원에 2개 매입하였고, 행사가격이 40,000원인 콜옵션을 2,500원에 1개 발행하였다. 옵션만기일에 기초주식가격이 50,000원이라고 할 때, 이러한 투자전략의 만기가치와 투자자의 만기손익을 각각 구하라. (단, 옵션의 기초주식과 만기는 동일하며 거래비용은 무시하라)

	투자전략의 만기가치	투자자의 만기손익
①	15,000원	13,500원
②	25,000원	23,500원
③	30,000원	27,000원
④	35,000원	30,000원
⑤	40,000원	34,500원

풀이

투자전략 : $+2C_1 - C_2$ $(X_1 = 25,000, X_2 = 40,000)$

(1) 만기가치 : $2 \times \max[S_t - 25,000, 0] - \max[S_t - 40,000, 0]$
$$= 2 \times \text{Max}[50,000 - 25,000, 0] - \text{Max}[50,000 - 40,000, 0] = 40,000$$

(2) 옵션 프리미엄 = 4,000원 × 2개 − 2,500원 × 1개 = 5,500원

⇨ 거래비용은 무시하라고 하였기 때문에 프리미엄의 시간가치는 고려하지 않는다.

(3) 만기손익 = (1) − (2) = 40,000원 − 5,500원 = 34,500원

정답 : 5

문제 8

파생상품 투자주식회사의 옵션 운용부에서 근무하는 A부터 E까지 5명의 매니저(managers)가 다음과 같은 옵션 거래전략을 구성하였다. 옵션을 발행한 기초자산(underlying assets)의 주식가격이 향후 대폭 상승할 경우에 가장 불리한 투자결과를 낳을 것으로 예상되는 매니저는 누구인가? (옵션의 행사가격들은 현재의 주가에 근접하고 있으며 동일한 주식을 기초자산으로 하고 있다고 가정함)

> A : 주식을 매입하고 매입한 주식에 대한 콜 옵션을 동시에 발행
> B : 행사가격이 동일한 콜을 매입하고 동시에 풋을 발행
> C : 행사가격이 다른 콜과 풋을 동시에 매입
> D : 행사가격이 다른 두 개의 콜 중에서 높은 행사가격을 가진 콜을 매입하고 낮은 행사가격을 가진 콜을 발행
> E : 주식을 매입하고 매입한 주식에 대한 풋 옵션을 동시에 매입

① A매니저   ② B매니저   ③ C매니저   ④ D 매니저   ⑤ E 매니저

풀이

A : 방비콜(+S−C) → 주가상승시 이익, 주가하락시 손실

B : 풋−콜 패리티를 이용하면 +C−P = +S−PV(X) → 주가상승시 이익, 주가하락시 손실

C : 스트랭글 매수 → 주가 상승 또는 하락의 변동성 증가 시 이익

D : 약세스프레드 → 주가상승시 손실, 주가하락시 이익

E : 보호풋 → 주가상승시 이익, 주가하락시 손실

정답 : 4

(1994년)

어느 수출업자는 3개월 후에 외화 1단위를 수령하기로 되어 있다. 환율변동으로 인한 위험을 헤지하기 위하여 만기가 3개월이고, 행가가격이 Kp인 put option 1단위를 매입함과 동시에 만기가 행사가격이 Kc인 Call option 1단위를 매각(단, Kp < Kc) 하였다. 이 수출업자가 외화 1단위 수취시 외화표시액을 바르게 표시한 것은?

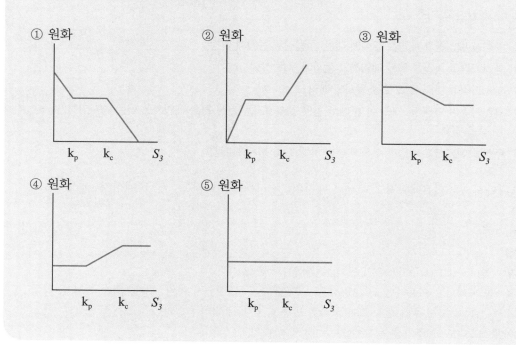

풀 이

옵션칼라 : 행사가격이 높은 콜옵션을 매도하고 행사가격이 낮은 풋옵션을 매수 전략
기초자산 보유자(수출업자)가 옵션 칼라를 매입하면 $(S - C_2 + P_1)$ 손익의 범위를 한정한다.

option collar는 행사가격이 높은 콜옵션을 매도하고 행사가격이 낮은 풋옵션을 매수 전략
주식보유자(수출업자)가 옵션 칼라를 매입하면 → $S_0 + P_L - C_H$ → 손익의 범위를 한정
put call parity 이용하여 '주식 1개 매입 + 옵션 칼라 매입'을 복제하면
'행사가격이 낮은 콜옵션 매수, 행사가격이 큰 콜옵션 매도, 무위험채권 매입'과 동일

정답 : 4

문제 10

시장에서 다음과 같이 옵션가격이 형성되어 있다. 옵션은 모두 1년 만기 유럽형이고 기초자산은 동일하다. 무위험이자율은 연간 7%이다. 단, 두 행사가격의 차이는 4,000원이다. 차익거래이익은 얼마인가?

행사가격	콜옵션	풋옵션
K1	4,640원	2,950원
K2	2,470원	4,490원

풀 이

박스스프레드의 균형가격

$$+ C_1 - C_2 - P_1 + P_2 = \frac{X_2 - X_1}{(1 + R_f)^t}$$

$$4,640 - 2,470 - 2,950 + 4,490 < \frac{4,000}{1.07^1}$$

∴ 박스스프레드의 시장가격(3,710원) < 균형가격 (3,738.32원)

→ 차익거래 : 박스스프레드 매수, 무위험채권 매도(차입)

→ 행사가격 K1의 콜옵션과 행사가격 K2의 풋옵션을 매수하고 행사가격 K2의 콜옵션과 행사가격 K1의 풋옵션을 매도하며, 무위험이자율로 3,738.32원을 차입한다.

→ 차익거래이익 : 28.32원

정답 : 28.32원

문제 11

㈜다라의 현재 주당 가격은 10,000원이다. ㈜다라의 주식을 기초자산으로 하는 행사가격 10,000원, 1년 만기 유럽형 풋옵션의 가격은 500원이고 무위험이자율은 연 10%이다. 현재 ㈜다라 주식 1,000주를 보유한 투자자 갑이 1년 후의 가격하락 위험을 제거하기 위하여 보호풋 (protective put) 전략을 사용하려 한다. 보호풋 전략을 취한 후 1년 후 ㈜다라의 주가가 5,000원이 된 경우와 15,000원이 된 경우의 투자성과는 각각 얼마인가?

풀이

보호풋 전략(+S+P)

주식 1개에 풋옵션 1개를 매입

보호풋의 만기가치 $= S_t + \max[X - S_t, 0] = \max[X, S_t]$

주가 5,000원이 된 경우 만기가치 $= \max[10,000원, 5,000원] \times 1000$개 $= 10,000,000$원

주가 15,000원이 된 경우 만기가치 $= \max[10,000원, 15,000원] \times 1000$개 $= 15,000,000$원

정답 : 1,000만원, 1,500만원

문제 12

AAA기업의 주식을 기초자산으로 하고 잔존만기가 1년으로 동일한 다음의 6가지 유럽형 옵션이 현재 시장에서 거래되고 있다. 단, 무위험이자율은 연 10%이다.

옵션종류	행사가격	옵션프리미엄
콜옵션	1,000원	100원
	1,150원	40원
	1,300원	5원
풋옵션	1,000원	20원
	1,150원	60원
	1,300원	105원

1년 후 옵션의 만기 시에 AAA기업의 주가의 변화에 따라 아래와 같은 만기가치를 동일하게 복제하는 옵션 포트폴리오를 만들고자 한다. 위에서 제시된 옵션들을 조합하여 만들 수 있는 거래전략을 두 가지 방법으로 나누어 소요되는 현재 시점에서의 총 비용을 각각 계산하라. (S_T: 만기 시 AAA기업의 주가)

주가	만기가치
$S_T \leq 1,000$	0
$1,000 < S_T \leq 1,150$	$S_T - 1,000$
$1,150 < S_T \leq 1,300$	$1,300 - S_T$
$1,300 < S_T$	0

풀이

주어진 만기가치는 나비스프레드 매입의 만기가치이다.

〈전략 1〉 $+C_1 - 2C_2 + C_3$
행사가격 1,000원 콜옵션 1개 매수,
행사가격 1,150원 콜옵션 2개 매도,
행사가격 1,300원 콜옵션 1개 매수
투자비용 = 100 − 40 × 2개 + 15 = 35원

〈전략 2〉 $+P_1 - 2P_2 + P_3$
행사가격 1,000원 풋옵션 1개 매수,
행사가격 1,150원 풋옵션 2개 매도,
행사가격 1,300원 풋옵션 1개 매수
투자비용 = 20 − 60 × 2개 + 105 = 5원

정답 : 35원, 5원

(CPA 2차)

문제 13

다음 표는 북해산 브렌트 원유를 기초자산으로 하는 만기 1년의 유럽형 콜옵션과 풋옵션의 프리미엄을 정리한 것이다. 행사가격은 1리터당 가격이고, 가격의 단위는 원이다. 다음 물음에 답하시오.

행사가격	콜프리미엄	풋프리미엄
1,500	104	70
1,600	60	125

(1) 위의 옵션을 이용하여 매수스트랭글(long strangle)을 취하는 두 가지 방법을 제시하고, 만기일의 현금흐름의 최소값을 각각 구하시오.
(2) 위의 옵션을 이용하여 강세스프레드(bull spread)의 매수 포지션을 취하는 두 가지 방법을 제시하고, 만기일의 현금흐름의 최대값을 각각 구하시오.

풀 이

(1) (방법1) 행사가격 1600 콜옵션 매수, 행사가격 1500 풋옵션 매수
→ 만기현금흐름 최소금액 = 0
(방법2) 행사가격 1500 콜옵션 매수, 행사가격 1600 풋옵션 매수
→ 만기현금흐름 최소금액 = 100

(2) (방법1) 행사가격 1500 콜옵션 매수, 행사가격 1600 콜옵션 매도
→ 만기현금흐름 최대금액 = 1600 − 1500 = 100
(방법2) 행사가격 1500 풋옵션 매수, 행사가격 1600 풋옵션 매도
→ 만기현금흐름 최대금액 = 0

정답 : 0원, 100원, 100원, 0원

문제 14 (2020년)

다음 상황에 관한 설명으로 가장 적절하지 않은 것은?

> 투자자 갑은 현재 주가가 45,000원인 주식 A 1주를 보유하고 있다. 투자자 갑은 "만기일인 한 달 후에 주식 A의 가격이 50,000원 이상이면 1주를 50,000원에 투자자 갑으로부터 매입할 수 있고 50,000원 미만이면 매입하지 않아도 되는 옵션"을 투자자 을에게 7,000원에 매도하였다.

① 투자자 갑은 투자자 을에게 콜옵션을 매도하였다.
② 이 옵션은 현재 외가격상태에 있다.
③ 이 옵션의 내재가치(intrinsic value)는 5,000원이다.
④ 이 옵션의 시간가치(time value)는 7,000원이다.
⑤ 이 옵션의 행사가격은 50,000원이다.

풀이

$S < X \Rightarrow$ 콜옵션 외가격 $\Rightarrow$ 내재가치 $= 0$
콜옵션의 내재가치 $= \max[45,000 - 50,000, \ 0] = 0$
콜옵션의 시간가치 $=$ 현재가격 $-$ 내재가치 $= 7,000 - 0 = 7,000$원

정답 : 3

문제 15 (2019년)

배당을 지급하지 않는 주식 E를 기초자산으로 하는 유럽형 옵션을 가정한다. 주식 E의 1주 당 시장가격은 현재 10,000원이다. 잔존만기 1년, 행사가격 11,000원인 유럽형 콜옵션과 풋옵션의 1계약 당 프리미엄은 현재 각각 1,500원과 500원으로 차익거래 기회가 존재한다. 차익거래 포지션의 만기일의 현금흐름을 0으로 할 때, 현재의 차익거래 이익에 가장 가까운 것은? 단, 무위험수익률은 연 10%이며 무위험수익률로 차입과 예금이 가능하다. 옵션 1계약 당 거래단위(승수)는 1주이며, 차익거래 포지션은 주식 E의 1주를 기준으로 구성한다.

① 800원　　② 900원　　③ 1,000원　　④ 1,100원　　⑤ 1,200원

풀이

풋-콜 패리티 :: $C - P = S - PV(X)$

$1,500 - 500 (= 1,000) > 10,000 - \dfrac{11,000}{1.10^1} (= 0) \Rightarrow$ 차익거래이익 $= 1,000$원

정답 : 3

문제 16

유럽형 옵션의 이론적 가격에 관한 설명 중 가장 적절하지 않은 것은?

① 풋옵션의 가격은 행사가격의 현재가치보다 작거나 같다.
② 배당을 지급하지 않는 주식을 기초자산으로 하는 콜옵션의 가격은 주식가격(S_0)과 행사가격(X)의 현재가치와의 차이($S_0 - PV(X)$)보다 크거나 같다.
③ 다른 조건이 동일할 때, 배당을 지급하는 주식을 기초자산으로 하는 콜옵션의 가격은 배당을 지급하지 않는 주식을 기초자산으로 하는 콜옵션 가격보다 낮거나 같다.
④ 다른 조건이 동일할 때, 배당을 지급하는 주식을 기초자산으로 하는 풋옵션의 가격은 배당을 지급하지 않는 주식을 기초로 하는 풋옵션 가격보다 높거나 같다.
⑤ 다른 조건이 동일할 때, 행사가격이 높은 콜옵션의 가격은 행사가격이 낮은 콜옵션의 가격보다 높거나 같다.

풀 이

(1) 유럽형 풋옵션 가격범위 : $\max[0, PV(X) - S] \leq P \leq PV(X)$

(2) 유럽형 콜옵션 가격범위 : $\max[0, S - PV(X)] \leq C \leq S$

(3) 콜옵션의 가격 = f (S + , X − , t + , R_f + , σ + , D −)

(4) 풋옵션의 가격 = f (S − , X + , t ? , R_f − , σ + , D +)

(5) 콜옵션의 가격 = f (S + , X − , t + , R_f + , σ + , D −)

　행사가격이 높은 콜옵션의 가격은 행사가격이 낮은 콜옵션의 가격보다 작거나 같다.

정 답 : 5

문제 17

배당을 지급하지 않는 주식을 기초자산으로 하는 선물과 옵션에 관한 다음 설명 중 가장 적절하지 않은 것은? (단, 시장이자율은 양수이다.)

① 다른 모든 조건이 같다고 할 때, 행사가격이 주식가격과 같은 등가격 유럽형 콜옵션의 이론가격은 등가격 유럽형 풋옵션의 이론가격과 같다.
② 선물의 이론가격을 계산할 때 주식의 변동성은 고려할 필요가 없다.
③ 블랙─숄즈─머튼 모형에서 $N(d_1)$은 콜옵션의 델타이다.
④ 블랙─숄즈─머튼 모형에서 $N(d_2)$는 옵션의 만기시 콜옵션이 내가격(in-the-money)이 될 위험중립확률이다.
⑤ 주식의 가격이 아무리 상승하더라도 미국형 콜옵션을 만기 전에 조기행사하는 것은 합리적인 행위가 아니다.

풀이

(1) 풋─콜 패리티 : $C - P = S - PV(X)$
   등가격인 경우 $S = X \Rightarrow S > PV(X) \Rightarrow C > P$
   등가격 유럽형 콜옵션의 이론가격은 등가격 유럽형 풋옵션의 이론가격보다 크다.
(2) 선물의 가격 $= f(S+, t+, R_f+, D-)$
   선물가격 결정요인은 주가, 무위험이자율, 만기이며 주가의 변동성은 영향을 주지 않는다.
(3) $N(d_1) = \Delta_c$
(4) $N(d_2)$ = 만기에 주가가 행사가격보다 클 확률
(5) 무배당주식을 기초자산으로 하는 미국형 콜옵션은 조기행사를 하지 않는 것이 유리하다.

정답 : 1

문제 18

배당지급이 없는 주식에 대한 옵션가격에 관한 설명으로 가장 적절하지 않은 것은? 단, C는 콜옵션의 가격, S는 주식의 현재가치, K는 옵션행사가격이고, $PV(K)$는 행사가격의 현재가치이다.

① 유럽식 콜옵션은 권리이므로 행사의 의무를 가지지 않으며, 만기일에 영(0) 아니면 양(+)의 수익을 얻는다.

② $C \geq \max[S - PV(K), 0]$이다. 이 조건이 충족되지 않는 경우, 투자자는 콜옵션을 매입하고 주식을 공매도하여 얻은 자금을 무위험이자율로 투자하여 차익을 얻을 수 있다.

③ 이자율이 양(+)이면, 만기 전 미국식 콜옵션의 매도가격은 행사로부터의 이득보다 크다.

④ 외가격(out of the money)이나 등가격(at the money) 옵션의 내재가치는 0이다.

⑤ 콜옵션가격의 상한선은 주식의 현재가치에서 콜옵션의 행사가격을 차감한 값이다(즉, $C \leq S - K$). 이 조건이 충족되지 않는 경우, 투자자는 콜옵션을 매도하고 주식을 매입하는 전략으로 차익을 얻을 수 있다.

풀이

(1)(2)(5) 유럽형 콜옵션 가격범위 : $\max[0, S - PV(K)] \leq C \leq S$

  콜옵션가격의 상한선은 주식의 현재가치이다.

(4) 내가격 : 옵션의 내재가치 > 0 등가격 : 옵션의 내재가치 $= 0$

  외가격 : 옵션의 내재가치 $= 0$

(3) 무배당주식을 기초자산으로 하는 미국형 콜옵션은 조기행사를 하지 않는 것이 유리하다.

  따라서 만기 전 미국식 콜옵션의 가격은 조기행사의 가치보다 더 크다.

정답 : 5

(2010년)

다음 표는 어느 특정일의 코스피200 주가지수 옵션시세표 중 일부이다. 다음의 설명 중 가장 적절하지 않은 것은?(단, 만기 전 배당, 거래비용, 세금은 없다고 가정한다. 1포인트는 10만원이다.)

(단위: 포인트, 계약)

종목	종가	전일대비	고가	저가	거래량	미결제약정수량
코스피200	213.44	3.71	213.56	212.09	−	−
C 1003 217.5	1.99	0.78	2.17	1.43	597,323	73,427
C 1003 215.0	3.05	1.15	3.25	2.31	265,900	63,076
C 1003 212.5	4.55	1.70	4.55	3.40	57,825	44,939
C 1003 210.5	5.85	1.85	6.15	4.80	34,650	30,597
P 1003 215.0	4.55	−2.95	6.10	4.35	24,324	26,032
P 1003 212.5	3.30	−2.55	4.85	3.20	39,636	21,824
P 1003 210.5	2.40	−2.15	3.50	2.34	253,298	49,416
P 1003 207.5	1.73	−1.67	2.60	1.69	329,762	33,767

① 등가격(ATM)에 가장 가까운 종목 중 행사가격이 동일한 콜과 풋옵션의 경우 콜옵션 가격이 풋옵션 가격보다 비싸다.

② 행사가격이 210.5인 풋옵션 10계약을 장 중 최저가에 매입한 후 최고가에 매도하였다면 116만원의 매매차익을 얻었을 것이다.

③ 외가격(OTM)이 심한 종목일수록 거래량이 많았다.

④ 콜옵션의 경우 내가격(ITM)이 심한 종목일수록 청산되지 않고 남아있는 수량이 적었다.

⑤ 풋콜패러티(put-call parity)를 통한 계산결과, 행사가격이 212.5인 풋옵션은 과소평가되어 있다. 단, (1+무위험수익률)잔존기간은 1.002이다.

풀이

(1) 코스피 200의 종가가 213.44이므로 등가격에 가까운 행사가격은 212.5이다.
행사가격은 212.5 콜옵션의 가격은 4.55이며 풋옵션의 가격은 3.30이다.

(2) 행사가격은 2102.5 풋옵션의 장 중 최고가는 3.50이며 최저가는 2.34
10계약을 매매한 차익 = (3.50 − 2.34) × 10계약 × 10만원 = 116만원

(3) 콜옵션은 행사가격이 클수록, 풋옵션은 행사가격이 작을수록 거래량이 증가하고 있다.

(4) 콜옵션은 행사가격이 작을수록 미결제약정 수량이 증가하고 있다.

(5) 풋-콜 패리티 : $S - C + P = PV(X) \Rightarrow P = -S + C + PV(X)$

$P = -213.44 + 4.55 + 212.5 \div 1.002 = 3.19$

풋옵션의 균형가격은 3.19이므로 시장가격 3.30은 과대평가 되어있다.

정답 : 5

(2009년)

문제 20

㈜한국의 주가가 현재 100만원인데, 1년 후 이 주식의 주가는 120만원 혹은 105만원 중 하나의 값을 갖는다고 가정한다. 이 주식의 주가를 기초자산으로 하고, 만기는 1년이며, 행사가격이 110만원인 콜옵션과 풋옵션이 있다. 기초자산과 옵션을 이용한 차익거래가 발생하지 못하는 옵션가격들을 이항모형을 이용하여 구한 후, 콜옵션과 풋옵션의 가격차이의 절대값을 계산하여라. 1년 무위험 이자율은 10%이고 옵션만기까지 배당은 없다.

① 0원   ② 500원   ③ 1,000원   ④ 5,000원   ⑤ 10,000원

풀이

풋-콜 패리티 : $C - P = S - PV(X)$

$C - P = 100 - \dfrac{110}{1.10^1} = 0$

정답 : 1

문제 21　　　　　　　　　　　　　　　　　　　　　　　　　　　　(2009년)

배당을 지급하지 않은 주식의 유럽형 옵션에 대한 다음 주장 중 이론적으로 설명이 가능한 주장을 모두 골라라. 단, 1)옵션 가격이 블랙-숄즈 옵션 이론가를 충실히 따르고, 2)아직 옵션의 만기시점이 도래하지 않았으며, 3)콜옵션과 풋옵션의 만기, 기초자산, 행사가격이 동일하다고 가정한다. 또 "시간의 경과"는 옵션 잔존만기가 짧아짐을 의미한다.

> a. 시간이 경과함에 따라 콜옵션의 가격은 상승하고 풋옵션의 가격은 하락할 수 있다.
> b. 시간이 경과함에 따라 콜옵션의 가격은 하락하고 풋옵션의 가격은 상승할 수 있다.
> c. 시간이 경과함에 따라 콜옵션의 가격과 풋옵션의 가격이 모두 하락할 수 있다.
> d. 시간이 경과함에 따라 콜옵션의 가격과 풋옵션의 가격이 모두 상승할 수 있다.

① a, b　　　② a, b, c, d　　　③ c, d　　　④ a, b, c　　　⑤ a, b, d

풀이

콜옵션의 가격 $= f(S+, X-, t+, R_f+, \sigma+, D-)$

풋옵션의 가격 $= f(S-, X+, t?, R_f-, \sigma+, D+)$

다른 조건이 동일하다면 시간이 경과함에 따라 잔존만기가 감소하므로 콜옵션의 가격은 하락하고 풋옵션의 가격은 상승할 수도 있고 하락할 수도 있다. 하지만 이 문제에서는 '다른 조건이 동일하다면'이라는 조건이 없기 때문에 다른 조건의 변동에 따라 옵션의 가격은 상승 또는 하락 모두 가능하다.

정답 : 2

문제 22

다음 내용 중 가장 옳지 않은 것은?

① 콜옵션의 가격은 주식(기초자산)의 주가보다 높을 수 없다.
② 무배당 주식에 대한 미국형 콜옵션의 경우 만기일 전에 권리를 행사하지 않는 것이 최적이다.
③ 무위험이자율이 상승하면 콜옵션의 가격은 하락한다.
④ 콜옵션의 가격이 행사가격보다 높을 수 있다.
⑤ 다른 조건이 일정할 경우, 콜옵션의 기초자산인 주식의 변동성이 커지면 콜옵션의 가치는 커진다.

풀이

(1) 유럽형 콜옵션 가격범위 : $\max[0, S - PV(K)] \leq C \leq S$

(2) 무배당주식을 기초자산으로 하는 미국형 콜옵션은 조기행사를 하지 않는 것이 유리하다.

(3) 콜옵션의 가격 = $f(S+, X-, t+, R_f+, \sigma+, D-)$
    무위험이자율이 상승하면 콜옵션의 가치는 커진다.

(4) 유럽형 콜옵션 가격범위 : $\max[0, S - PV(K)] \leq C \leq S$

(5) 콜옵션의 가격 = $f(S+, X-, t+, R_f+, \sigma+, D-)$
    기초자산의 변동성이 커지면 콜옵션의 가치는 커진다.

정답 : 3

문제 23

시장은 완전하며 차익거래의 기회가 없다고 가정할 경우, 주식을 기초자산으로 하는 유럽식 옵션에 관한 다음 설명 중 가장 적절하지 않은 것은? 단, 문항에서 제시한 조건이외에 다른 조건은 모두 동일하다.

① 주식의 가격이 증가하면 풋옵션의 가격은 하락한다.
② 행사가격이 클수록 콜옵션의 가격은 낮게 형성된다.
③ 잔존만기가 길수록 풋옵션의 가격은 높게 형성된다.
④ 무위험이자율이 증가하면 콜옵션의 가격은 증가한다.
⑤ 예상배당이 클수록 풋옵션의 가격은 높게 형성된다.

풀이

콜옵션의 가격 $= f\,(S+\,,\ X-\,,\ t+\,,\ R_f+\,,\ \sigma+\,,\ D-\,)$
풋옵션의 가격 $= f\,(S-\,,\ X+\,,\ t\,?\,,\ R_f-\,,\ \sigma+\,,\ D+\,)$
잔존만기가 길수록 콜옵션의 가격은 증가하지만, 풋옵션의 가격은 증가 또는 감소한다.

정답 : 3

기초자산의 현재가격이 100원이고, 행사가격 110원, 잔존기간 1년인 유럽형 콜옵션이 있다. 기초자산의 가격은 10원 단위로 변화한다. 만기일의 기초자산가격의 확률분포가 다음 그림과 같고 무위험이자율이 연 10%라고 할 때, 이 옵션의 현재이론가격은 얼마인가? (소수점 아래 셋째자리에서 반올림 할 것)

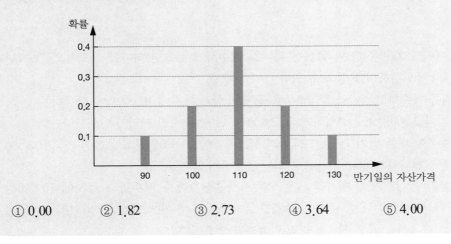

① 0.00   ② 1.82   ③ 2.73   ④ 3.64   ⑤ 4.00

풀 이

콜옵션 만기가치의 기댓값

$= \max[90 - 110, 0] \times 0.1 + \max[100 - 110, 0] \times 0.2 + \max[110 - 110, 0] \times 0.3$
$\quad + \max[120 - 110, 0] \times 0.2 + \max[130 - 110, 0] \times 0.1 = 4$

콜옵션의 현재가치 $= 4 \div 1.10 = 3.64$

정 답 : 4

(2004년)

배당을 지급하지 않는 A기업의 주가는 현재 10,000원이다. 투자자는 1년 동안 10,000원을 예금하는 경우 만기에 11,000원을 확정적으로 받게 되며, 예금 금리와 동일한 금리로 자금을 차입할 수 있다. 여기서 콜옵션과 풋옵션은 A기업 주식에 대한 만기 1년의 유럽형(European) 옵션을 의미하며, 행사가격은 11,000원으로 동일하다. 콜옵션 가격이 3,000원이라면 다음 중 옳은 것은?

① 풋옵션 가격이 2,000원이라면, 콜옵션 하나를 매수하고 풋옵션 하나를 매도함으로써 1년 후 1,100원의 무위험차익을 얻을 수 있다.

② 콜옵션 2개를 매수하고 A기업 주식 1주를 공매도 함과 동시에 10,000원을 예금하는 경우, 만기에 주가가 2,500원으로 하락하거나 12,500원으로 상승하면 이익이 발생한다.

③ A기업의 주식에 대한 만기 1년 선도계약의 선도가격이 10,500원이고 풋옵션 가격이 2,500원이라면 무위험차익거래(arbitrage) 기회는 존재하지 않는다.

④ 무위험차익거래 기회가 존재하지 않는 경우, 풋옵션 1개를 매수함과 동시에 10,000원을 차입하여 A기업 주식 한 주를 매수함으로써 A기업 주식에 대한 만기 1년의 미국형(American) 콜옵션을 매수하는 것과 같은 효과를 얻을 수 있다.

⑤ 콜옵션과 풋옵션에 대한 행사가격이 A기업 주식에 대한 1년 만기 선도계약의 선도가격과 같다면, 무위험차익거래 기회가 존재하지 않기 위해서는 콜 가격은 풋 가격보다 높아야 한다.

풀이

(1) 풋-콜 패리티 : $S - C + P = PV(X) \Rightarrow P = -S + C + PV(X)$

$P = -10,000 + 3,000 - 11,000 \div 1.10 = 3,000$

풋옵션의 균형가격은 3,000원이므로 시장가격 2,000원은 과소평가 되어있다.

차익거래 : 주식매입, 콜옵션 매도, 풋옵션 매수, 차입(10,000원)

(2) 투자자의 투자전략을 put call parity에 대입하면 스트래들 매입과 동일한 투자전략이다.

$2C - S + PV(X) \Rightarrow C + C - S + PV(X) \Rightarrow C + P$

[1] 만기가치 : $C_t + P_t = \max[S_t - 11,000, 0] + \max[11,000 - S_t, 0]$

[2] 시간가치를 고려한 투자금액 = (3,000원 × 2개 - 10,000원 - 10,000원) × 1.10 = 6,600원

[3] 만기손익 = (1) - (2) = $\max[S_t - 11,000, 0] + \max[11,000 - S_t, 0] - 6,600$

만기손익이 0보다 크기 위해서는 $11,000 - 6,600 > S_t$ 또는 $S_t > 11,000 + 6,600$

$\therefore S_t < 4,400$ 또는 $S_t > 17,600$

(3) 풋-콜-선물 패러티 : $C-P = PV(F-X)$

$$3,000 - P = \frac{10,500 - 10,000}{1.10} \rightarrow P = 2,545원$$

(4) 풋-콜-패러티를 이용하여 콜옵션을 복제하면 다음과 같다.

$S - C + P = PV(X) \Rightarrow C = S + P - PV(X)$

콜옵션 1개 매입 = 주식 1개 매입 + 풋옵션 1개 매입 + 차입(10,000원)

(5) 풋-콜-선물 패러티 : $C - P = PV(F-X)$

$F = X \Rightarrow C = P$

행사가격이 선도가격과 같다면, 콜 가격은 풋 가격과 같아야 한다.

정답 : 4

(1998년)

문제 26

가나다주식회사는 만기가 1년이고 행사가격이 10,000원인 유럽형 콜옵션과 풋옵션을 발행하였다. 가나다 회사의 현재주가는 10,000원, 액면이 1,000원인 1년 만기 무위험채권의 가격은 900원이다. 현재 콜옵션의 가격이 2,000원이라면, 풋옵션의 가격은 얼마인가?

① ₩1,000　　② ₩1,500　　③ ₩2,000　　④ ₩2,500　　⑤ ₩3,000

풀이

풋-콜 패러티 : $S - C + P = PV(X) \Rightarrow P = -S + C + PV(X)$

$PV(X) = 10,000 \times 900/1,000 = 9,000원$

$P = -10,000 + 2,000 - 9,000 = 1,000$

정답 : 1

문제 27

배당을 지급하지 않는 K회사 주식에 대해 투자자는 다음과 같은 정보를 가지고 있다. (거래비용은 없다고 가정한다)

- 현재주가 = 11,000원
- 유럽형 콜 옵션 가격 (행사가격 : 10,500원, 만기까지 남은 기간 : 1년) = 1,700원
- 유럽형 풋 옵션 가격 (행사가격 : 10,500원, 만기까지 남은 기간 : 1년) = 500원
- 무위험 이자율 = 연 5%

현재 상황에서 차익(arbitrage profit)을 얻기 위해 투자자가 취할 수 있는 거래 전략으로 바르게 명시한 것은?

① 현물주식 1주를 매입하고, 그 주식에 대한 콜 옵션을 1개 매도하며, 풋 옵션을 1개 매입하고, 동시에 10,000원을 차입한다.
② 현물주식 1주를 공매(空賣)를 하고, 그 주식에 대한 콜 옵션을 1개 매입하며, 풋 옵션을 1개 매도하고, 동시에 10,000원을 예금한다.
③ 현물주식 1주를 매입하고, 그 주식에 대한 콜 옵션을 1개 매입하며, 풋 옵션을 1개 매도하고, 동시에 10,000원을 차입한다.
④ 현물주식 1주를 공매(空賣)하고, 그 주식에 대한 콜 옵션을 1개 매도하며, 풋 옵션을 1개 매입하고, 동시에 10,000원을 예금한다.
⑤ 이 경우 차익거래기회가 존재하지 않는다.

풀이

풋-콜 패리티 : S−C+P = PV(X)

S − C + P = 11,000 + 500 − 1,700 = 9,800

PV(X) = 10,500 ÷ 1.05 = 10,000

헤지포트폴리오의 투자금액이 무위험채권의 가격보다 작기 때문에 헤지포트폴리오를 매입하고 무위험채권을 매도(차입)하는 차익거래를 한다.

→ 주식 1개 매수, 콜옵션 1개 매도, 풋옵션 1개 매수, 10,000원 차입

정답 : 1

문제 28

유럽형 옵션의 가격변동에 관한 다음의 설명 중 옳지 않은 것은?

① 기초증권의 가격이 상승하면 콜옵션의 가격은 증가한다.
② 기초증권의 가격이 상승하면 풋옵션의 가격은 감소한다.
③ 기초증권의 수익률의 분산이 증가하면 콜옵션의 가격은 증가한다.
④ 기초증권의 수익률의 분산이 증가하면 풋옵션의 가격은 감소한다.
⑤ 무위험이자율이 상승하면 콜옵션의 가격은 증가한다.

풀이

콜옵션의 가격 $= f(S+, X-, t+, R_f+, \sigma+, D-)$
풋옵션의 가격 $= f(S-, X+, t?, R_f-, \sigma+, D+)$
기초자산의 수익률의 분산이 증가하면 콜옵션과 풋옵션의 가격은 모두 증가한다.

정답 : 4

현재 가격이 31,000원인 무배당 주식(S)에 대해 콜옵션과 풋옵션이 거래되고 있다. 유럽형 콜옵션(c)의 가격은 3,000원이며 유럽형 풋옵션(p)의 가격은 2,200원이다. 이들 옵션의 행사가격(X)은 30,000원, 만기(T)는 1년, 무위험이자율(r)은 3%이다.

(1) 공매가 가능하며 무위험이자율로 차입과 대출이 가능하다고 가정하고 차익거래를 위한 전략을 기술하시오.
(2) 차익거래전략을 통해 만기일에 얻게 되는 순이익을 계산하시오.

풀이

(1) 차익거래

풋-콜 패리티 : $S-C+P = PV(X)$

$S-C+P = 31,000 - 3,000 + 2,200 = 30,200$원

$PV(X) = \dfrac{30,000}{1.03} = 29,126$원

헤지포트폴리오의 투자금액보다 무위험채권의 가격이 작기 때문에 헤지포트폴리오를 매도하고 무위험채권을 매입(대출)하는 차익거래를 한다.

→ 주식 1개 매도, 콜옵션 1개 매수, 풋옵션 1개 매도, 무위험채권 매입(29,126원)

(2) 차익거래이익

현재시점의 차익 = 30,200 − 29,126 = 1,074원

만기시점의 차익 = 1,074 × 1.03 = 1,106원

정답 : 주식 1개 매도, 콜옵션 1개 매수, 풋옵션 1개 매도, 무위험채권 매입, 1,106원

문제 30

(2020년)

1기간 이항모형을 이용하여 기업 A의 주식을 기초자산으로 하는 유럽형 콜옵션의 이론적 가격을 평가하고자 한다. 현재 이 콜옵션의 만기는 1년이고, 행사가격은 10,000원이다. 기업 A의 주식은 배당을 하지 않으며, 현재 시장에서 10,000원에 거래되고 있다. 1년 후 기업 A의 주가가 12,000원이 될 확률은 60%이고, 8,000원이 될 확률은 40%이다. 현재 무위험이자율이 연 10%라고 할 때, 이 콜옵션의 이론적 가격에 가장 가까운 것은?

① 1,360원   ② 1,460원   ③ 1,560원   ④ 1,660원   ⑤ 1,760원

풀이

$S = 10,000$ $S_u = 12,000 \Rightarrow u = 1.2$ $S_d = 8,000 \Rightarrow d = 0.8$

(1) 위험중립확률 : $p = \dfrac{1 + R_f - d}{u - d} = \dfrac{1.10 - 0.8}{1.2 - 0.8} = 0.75$

(2) 콜옵션의 만기가치

주가 상승시: $C_u = \max[S_u - X, 0] = \max[12,000 - 10,000, \ 0] = 2,000$

주가 하락시: $C_d = \max[S_d - X, 0] = \max[8,000 - 10,000, \ 0] = 0$

(3) 콜옵션의 균형가격

$$C = \frac{C_u \times p + C_d \times (1-p)}{(1 + R_f)^1} = \frac{2,000 \times 0.75 + 0 \times 0.25}{1.10^1} = 1,360원$$

정답 : 1

문제 31

주식 C를 기초자산으로 하는 콜옵션 20계약을 매도하고 풋옵션 10계약을 매수하고자 한다. 해당 콜옵션의 델타(delta)는 0.5이고 풋옵션의 델타는 −0.3이다. 델타중립(delta−neutral) 포지션 구축을 위한 주식 C의 거래로 가장 적절한 것은? 단, 옵션 1계약 당 거래단위(승수)는 100주이다.

① 아무 거래도 하지 않음　② 700주 매수　③ 700주 매도
④ 1,300주 매수　⑤ 1,300주 매도

풀이

동적헤지포트폴리오 H는 다음과 같다.

H = m × S − 20C + 10P

H를 기초자산에 대하여 미분을 하면 다음과 같다.

$$\frac{\partial H_p}{\partial S} = 0 = m \times 1 - 20 \times \Delta c + 10 \times \Delta_p$$

0 = m − 20 × 0.5 + 10 × (−0.3) ⇨ m = 13

∴ 13 × 100주 = 1,300주 ⇨ 기초주식 1,300주를 매수한다.

정답 : 4

문제 32

블랙-숄즈(1973) 또는 머튼(1973)의 모형을 이용하여 무배당주식옵션의 가치를 평가하려 한다. 다음 설명 중 적절한 것은?
(단, $N(d_1)$은 유럽형 콜옵션의 델타이고, $d_2 = d_1 -$ 변동성 $\times \sqrt{만기}$ 이다..)

① 옵션가를 계산하기 위해 주식의 현재 가격 및 베타, 행사가격, 이자율 등의 정보가 모두 필요하다.
② $N(d_1) - 1$은 유럽형 풋옵션의 델타이다.
③ $N(d_2)$는 만기에 유럽형 풋옵션이 행사될 위험중립확률이다.
④ $N(d_1)$은 유럽형 콜옵션 한개의 매수 포지션을 동적헤지하기 위해 보유해야 할 주식의 갯수이다.
⑤ 이 모형은 옵션만기시점의 주가가 정규분포를 따른다고 가정한다.

풀이

(1) 주식의 현재 가격, 표준편차, 행사가격, 이자율 등의 정보가 모두 필요하다.
(2) $\Delta_c = N(d_1) \rightarrow 1 - \Delta_c + \Delta_p = 0 \rightarrow \Delta_p = N(d_1) - 1$
(3) $N(d_2)$는 만기에 유럽형 콜옵션이 행사될 위험중립확률이다.
(4) $N(d_1)$은 콜옵션 한 개의 매수 포지션을 동적헤지하기 위해 매도해야 할 주식의 갯수이다.
(5) 이 모형은 옵션만기까지 주가가 정규분포를 따른다고 가정한다.

정답 : 2

문제 33

1기간 이항모형이 성립하고 무위험이자율이 연 10%라고 가정하자. ㈜가나의 주가는 현재 9,500원이며 1년 후에는 60%의 확률로 11,000원이 되거나 40%의 확률로 9,000원이 된다. ㈜가나의 주식에 대한 풋옵션(만기 1년, 행사가격 10,000원)의 현재 이론적 가격에 가장 가까운 것은?

① 350원　　　② 325원　　　③ 300원　　　④ 275원　　　⑤ 250원

풀이

$S = 10,000$　　　$S_u = 11,000$　　　$S_d = 9,000$

(1) 위험중립확률

상승계수와 하락계수의 소숫점 차이 때문에 위험중립확률은 다음과 같이 계산한다.

$S \times (1+R_f)^1 = S_u \times p + S_d \times (1-p)$

$9500 \times 1.10 = p \times 11000 + (1-p) \times 9000 \rightarrow p = 0.725$

(2) 풋옵션의 만기가치

주가 상승시: $P_u = \max[X - S_u, 0] = \max[10,000 - 11,000, \ 0] = 0$

주가 하락시 : $P_d = \max[X - S_d, 0] = \max[10,000 - 9,000, \ 0] = 1,000$

(3) 풋옵션의 균형가격

$$P = \frac{P_u \times p + P_d \times (1-p)}{(1+R_f)^1} = \frac{0 \times 0.725 + 1000 \times 0.275}{1.10^1} = 250원$$

정답 : 5

문제 34

㈜가나의 현재 주가는 100,000원이다. ㈜가나의 주가는 1년 후 120,000원이 될 확률이 70%이고 80,000원이 될 확률이 30%인 이항모형을 따른다. ㈜가나의 주식을 기초자산으로 하는 만기 1년, 행사가격 90,000원의 유럽형 콜옵션과 풋옵션이 현재 시장에서 거래되고 있다. 무위험이자율이 연 10%일 때 풋옵션의 델타와 콜옵션의 델타로 가장 적절한 것은?

	풋옵션델타	콜옵션델타
①	−0.25	0.25
②	−0.50	0.50
③	−0.25	0.75
④	−0.50	0.75
⑤	−0.75	0.75

풀이

1년 후 주가 상승하는 경우 옵션의 만기가치

$S_u = 120,000 \rightarrow C_u = \text{Max}[120,000-90,000,\ 0] = 30,000$

$\qquad\qquad\quad P_u = \text{Max}[90,000-120,000,\ 0] = 0$

$S_u = 80,000 \rightarrow C_d = \text{Max}[80,000-90,000,\ 0] = 0$

$\qquad\qquad\quad P_d = \text{Max}[90,000-80,000,\ 0] = 10,000$

콜옵션 델타 : $\Delta_c = \dfrac{\partial C}{\partial S} = \dfrac{30,000-0}{120,000-80,000} = 0.75$

풋옵션 델타 : $\Delta_p = \dfrac{\partial P}{\partial S} = \dfrac{0-10,000}{120,000-80,000} = -0.25$

⇨ different solution

풋-콜 델타 패러티 : $1 - \Delta_c + \Delta_p = 0$

주어진 보기에서 풋-콜 델타 패러티가 성립하는 조합은(3)이다.

정답 : 3

문제 35

옵션에 관한 설명으로 가장 적절하지 <u>않은</u> 것은?

① 위험헤지를 위하여 콜옵션 1단위 매도에 대하여 매입하여야 할 주식수를 헤지비율(hedge ratio)이라고 한다.

② 주식과 무위험채권을 적절히 이용하면 콜옵션과 동일한 손익구조를 갖는 복제포트폴리오를 구성할 수 있다.

③ 다기간 이항모형은 단일기간 이항모형과 달리 기간별로 헤지비율이 달라질 수 있으므로 옵션의 만기까지 지속적인 헤지를 원하는 경우 지속적으로 헤지포트폴리오의 구성을 재조정해야 하며 이를 동적헤지(dynamic hedge)라고 한다.

④ 이항모형에 의하면 옵션의 가치를 구하는 식에서 투자자의 위험에 대한 태도는 고려하지 않는다.

⑤ 옵션탄력성이 1보다 작다는 의미는 옵션이 기초자산보다 훨씬 위험이 크다는 것을 나타낸다.

풀 이

(1) 콜옵션을 1개 매도하고 주식을 m개 매입한 헤지포트폴리오 m은 헤지비율이다.

(2) 블랙−숄즈모형 : $C = N(d_1) \times S - N(d_2) \times PV(X)$

   콜옵션 1개 매입 = 주식 N(d1)개 매입, 무위험채권 N(d2)개 매도(차입)

(3) 동적헤지는 헤지포트폴리오의 구성을 재조정해야 하며 정적헤지는 재조정하지 않는다.

(4) OPM에서는 CAPM처럼 위험회피형을 가정하지 않는다.

(5) 옵션 탄력성은 항상 1보다 크다.

정답 : 5

문제 36

현재 ㈜다라 주식의 가격은 200,000원이다. ㈜다라 주식을 기초자산으로 하고 행사가격이 200,000원인 풋옵션의 현재가격은 20,000원이다. 풋옵션의 델타가 −0.6일 때 ㈜다라 주식의 가격이 190,000원이 되면 풋옵션의 가격은 얼마가 되겠는가?

① 6,000원   ② 12,000원   ③ 14,000원   ④ 26,000원   ⑤ 60,000원

풀 이

$$\Delta_p = \frac{\partial P}{\partial S} = \frac{P-20,000}{190,000-200,000} = -0.6 \Rightarrow P = 26,000원$$

정답 : 4

문제 37

기초자산의 현재가격이 10,000원이고 이에 대한 콜옵션의 현재가격은 2,000원이다. 콜옵션의 델타가 0.8일 때 기초자산의 가격이 9,000원이 되면 콜옵션의 가격은 얼마가 되겠는가?

① 300원   ② 800원   ③ 1,200원   ④ 1,700원   ⑤ 2,800원

풀 이

$$\Delta_c = \frac{\partial C}{\partial S} = \frac{C-2,000}{9,000-10,000} = 0.8 \rightarrow C = 1,200원$$

정답 : 3

문제 38

현재 ㈜가나 주식의 가격은 10,000원이고 주가는 1년 후 80%의 확률로 20% 상승하거나 20%의 확률로 40% 하락하는 이항모형을 따른다. ㈜가나의 주식을 기초자산으로 하는 만기 1년, 행사가격 9,000원의 유럽형 콜옵션이 현재 시장에서 거래되고 있다. 무위험이자율이 연 5%일 때 모든 조건이 이 콜옵션과 동일한 풋옵션의 현재가격에 가장 가까운 것은?

① 715원   ② 750원   ③ 2,143원   ④ 2,250원   ⑤ 3,000원

풀이

(1) 위험중립확률

$$p = \frac{1 + R_f - d}{u - d} = \frac{1.05 - 0.6}{1.20 - 0.6} = 0.75$$

(2) 풋옵션의 만기가치

$S_u = 10,000 \times 1.20 = 12,000원 \rightarrow P_u = \max[9,000 - 12,000,\ 0] = 0$

$S_d = 10,000 \times 0.6 = 6,000원 \rightarrow P_d = \max[9,000 - 6,000,\ 0] = 3,000$

(3) 풋옵션의 균형가격

$$P = \frac{P_u \times p + P_d \times (1-p)}{1 + R_f} = \frac{0 \times 0.75 + 3,000 \times 0.25}{1.05^1} = 714.29원$$

정답 : 1

문제 39

옵션의 가치와 옵션가격결정요인들에 관한 설명으로 가장 적절하지 않은 것은?

① 일반적으로 콜옵션의 델타(delta)는 양(+)의 값, 풋옵션의 델타는 음(−)의 값을 갖는다.
② 옵션의 세타(theta)는 시간이 지남에 따라 옵션가치가 변하는 정도를 나타내는 지표이다.
③ 다른 조건이 동일하다면 등가격 상태에서 콜옵션의 시간가치는 풋옵션의 시간가치보다 작다.
④ 배당의 현금흐름이 없는 유럽형 콜옵션의 감마(gamma)는 일반적으로 양(+)의 값을 갖는다.
⑤ 옵션의 감마값은 등가격 부근에서 크고 외가격이나 내가격으로 갈수록 감소한다.

풀이

(1) 콜옵션 델타의 범위 : $0 < \triangle_C < 1$
   풋옵션 델타의 범위 : $-1 < \triangle_P < 0$

(3) 풋−콜 패리티 : $C - P = S - PV(X)$
   등가격 $\Rightarrow S = X \Rightarrow S > PV(X) \Rightarrow C > P$
   등가격 유럽형 콜옵션의 이론가격은 등가격 유럽형 풋옵션의 이론가격보다 크다.
   등가격에서 콜옵션과 풋옵션의 내재가치는 0이므로 시간가치는 콜옵션이 풋옵션보다 크다.

(4) 콜옵션과 풋옵션의 감마는 양(+)의 값을 갖는다.

(5) 옵션의 시간가치와 옵션의 감마값은 등가격에서 가장 크다.

정답 : 3

문제 40

현재 주가는 10,000원이고, 무위험이자율은 연 3%이다. 1년 후 주가는 15,000원으로 상승하거나 7,000원으로 하락할 것으로 예상된다. 이 주식을 기초자산으로 하는 유럽형 옵션의 만기는 1년이고 행사가격은 10,000원이며 주식은 배당을 지급하지 않는다. 1기간 이항모형을 이용하는 경우, 주식과 옵션으로 구성된 헤지포트폴리오(hedge portfolio)로 적절한 항목만을 모두 고르면? (단, 주식과 옵션은 소수 단위로 분할하여 거래가 가능하다.)

(가) 주식 1주 매입, 콜옵션 $\frac{8}{5}$개 매도   (나) 주식 $\frac{5}{8}$주 매도, 콜옵션 1개 매입

(다) 주식 1주 매입, 풋옵션 $\frac{8}{3}$개 매입   (라) 주식 $\frac{3}{8}$주 매도, 풋옵션 1개 매도

① (가), (다)   ② (나), (라)   ③ (가), (나), (다)

④ (가), (나), (라)   ⑤ (가), (나), (다), (라)

풀 이

$S_u = 15,000 \rightarrow C_u = \max[15,000 - 10,000, 0] = 5,000 \quad P_u = \max[10,000 - 15,000, 0] = 0$

$S_d = 7,000 \rightarrow C_d = \max[7,000 - 10,000, 0] = 0 \quad P_d = \max[10,000 - 7,000, 0] = 3,000$

(가) $H_p = S + HR \times C \rightarrow HR = -\dfrac{S_u - S_d}{C_u - C_d} = -\dfrac{15,000 - 7,000}{5,000 - 0} = -\dfrac{8}{5}$

(나) $H_p = C + HR \times S \rightarrow HR = -\dfrac{C_u - C_d}{S_u - S_d} = -\dfrac{5,000 - 0}{15,000 - 7,000} = -\dfrac{5}{8}$

(다) $H_p = S + HR \times P \rightarrow HR = -\dfrac{S_u - S_d}{P_u - P_d} = -\dfrac{15,000 - 7,000}{0 - 3,000} = \dfrac{8}{3}$

(라) $H_p = P + HR \times S \rightarrow HR = -\dfrac{P_u - P_d}{S_u - S_d} = -\dfrac{0 - 3,000}{15,000 - 7,000} = \dfrac{3}{8}$

정 답 : 5

문제 41

A회사의 주식이 10,000원에 거래되고 있다. 이 주식에 대해 행사가격이 10,000원이며 만기가 6개월인 콜옵션의 가치는 블랙–숄즈 모형을 이용한 결과 2,000원이었다. 주가가 10% 올라서 11,000원이 된다면 콜옵션에 대해 가장 잘 설명하는 것은 무엇인가?

① 콜옵션가치는 1,000원보다 적게 증가하고 콜옵션가치의 증가율은 10%보다 높다.
② 콜옵션 가치는 1,000원보다 많이 증가하고 콜옵션 가치의 증가율은 10%보다 높다.
③ 콜옵션 가치는 1,000원보다 적게 증가하고 콜옵션 가치의 증가율은 10%보다 낮다.
④ 콜옵션 가치는 1,000원보다 많이 증가하고 콜옵션 가치의 증가율은 10%보다 낮다.
⑤ 콜옵션 가치는 1,000원 증가하고 콜옵션 가치의 증가율은 10%이다.

풀 이

콜옵션의 델타는 1보다 작고 탄력성은 1보다 크다.

$$\Delta_c = \frac{\partial C}{\partial S} < 1 \ \rightarrow \ \Delta_c = \frac{\partial C}{11,000 - 10,000} < 1 \ \rightarrow \ \partial C < 1,000$$

$$e_c = \frac{콜옵션가격변화율}{주가변화율} > 1 \ \rightarrow \ e_c = \frac{콜옵션가격변화율}{+10\%} > 1 \ \rightarrow \ 콜옵션가격변화율 > 10\%$$

정답 : 1

04 절 옵션가격결정모형(OPM)의 응용

문제 42
(2015년)

포트폴리오 보험(portfolio insurance)에 관한 설명으로 가장 적절하지 <u>않은</u> 것은?

① 보유하고 있는 포트폴리오의 가치가 일정수준 이하로 하락하는 것을 방지하면서 가치상승 시에는 이익을 얻도록 하는 전략이다.

② 기초자산을 보유한 투자자가 풋옵션을 매도하여 기초자산의 가치가 행사가격 이하가 되지 않도록 방지하는 포트폴리오 보험전략을 실행할 수 있다.

③ 주식포트폴리오에 대해 선물계약이 존재하는 경우 포트폴리오 보험은 선물계약과 무위험 순수할인채권의 매입으로 합성될 수 있다.

④ 보유한 자산에 대한 풋옵션이 존재하지 않거나 투자기간과 풋옵션의 만기가 일치하지 않는 경우 풋옵션 대신 주식과 채권으로 복제된 합성풋옵션을 이용하여 보호풋전략을 실행할 수 있다.

⑤ 시간이 흐름에 따라 풋옵션 델타가 변하는 경우 기초자산 투자액과 무위험대출액을 계속적으로 조정해야 하므로 합성풋옵션을 이용한 포트폴리오 보험전략은 동적헤지전략의 일종으로 볼 수 있다.

풀이

포트폴리오 보험전략의 구성방법

(방법1) 보호풋 전략 → 주식매수 + 풋옵션 매수
(방법2) 무위험채권 매수 + 콜옵션 매수
(방법3) 동적 자산배분전략
　　　　주식과 무위험채권의 매입으로 구성된 포트폴리오에서 두 자산의 편입비율을 조절
(방법4) 동적 헤지전략
　　　　선물매수와 무위험채권의 매입으로 구성된 포트폴리오에서 두 자산의 편입비율을 조절
(방법5) 동적 헤지전략
　　　　주식과 무위험채권의 매입포지션을 고정시킨 상태에서 선물매도포지션을 조정

정답 : 2

문제 43

주가지수를 추종하는 주식포트폴리오의 가치 하락시 하향손실(downside loss)을 일정 수준으로 한정시키면서 가치 상승시 상향이익(upside potential)을 얻을 수 있는 포트폴리오 운용전략으로 적절한 항목만을 모두 고르면? (단, 파생상품의 기초자산은 주가지수이다.)

> (가) 주식포트폴리오를 보유한 상태에서 풋옵션을 매수한다.
> (나) 무위험채권에 투자한 상태에서 콜옵션을 매수한다.
> (다) 주식포트폴리오를 보유한 상태에서 선물을 매도하고, 헤지비율을 시장상황에 따라 동적으로 변화시킨다.
> (라) 주식포트폴리오와 무위험채권을 매수하고, 무위험채권의 투자비율을 시장상황에 따라 동적으로 변화시킨다.

① (가), (나)   ② (다), (라)   ③ (가), (나), (다)
④ (나), (다), (라)   ⑤ (가), (나), (다), (라)

풀이

포트폴리오 보험전략의 구성방법

(방법1) 보호풋 전략 → 주식매수 + 풋옵션 매수

(방법2) 무위험채권 매수 + 콜옵션 매수

(방법3) 동적 자산배분전략
주식과 무위험채권의 매입으로 구성된 포트폴리오에서 두 자산의 편입비율을 조절

(방법4) 동적 헤지전략
선물매수와 무위험채권의 매입으로 구성된 포트폴리오에서 두 자산의 편입비율을 조절

(방법5) 동적 헤지전략
주식과 무위험채권의 매입포지션을 고정시킨 상태에서 선물매도포지션을 조정

정답 : 5

문제 44

㈜자원은 북태평양에서의 석유시추사업에 지금 당장 참여할 것인지 여부를 결정해야 한다. 사업을 지금 개시하게 되면 당장 100억원을 투자해야 하고 그로 인해 발생하는 미래 현금흐름의 현가(PV)는 100억원이다. 그런데 석유시추사업권을 매입하면 향후 3년까지 1년 단위로 사업개시 시점을 늦출 수 있다. 사업개시 시점을 늦추더라도 미래 현금흐름의 사업개시 시점에서의 현가(PV)는 100억원으로 동일하나 사업개시 시점에서의 투자액은 첫 해에는 95억원, 둘째 해에는 90억원, 셋째 해에는 88억원이다. 할인율은 30%이다. ㈜자원이 석유시추사업권을 매입해 얻게 되는 실물옵션 즉, 연기옵션 가치와 가장 가까운 것은?

① 5.46억원   ② 5.92억원   ③ 10.0억원   ④ 12.0억원   ⑤ 15.23억원

풀 이

첫해 연기옵션의 가치 $= \dfrac{100-95}{1.3^1} = 3.85$억

둘째 해 연기옵션의 가치 $= \dfrac{100-90}{1.3^2} = 5.92$억

셋째 해 연기옵션의 가치 $= \dfrac{100-88}{1.3^3} = 5.46$억

연기옵션의 가치가 가장 큰 둘째 해로 사업개시 시점을 연기함.

정답 : 2

문제 45

실물옵션을 이용한 투자평가 방법에 대한 설명 중 가장 적절하지 않은 것은?

① 연기옵션(option to wait)의 행사가격은 투자시점 초기의 비용이다.

② 연기옵션의 가치를 고려한 투자안의 순현재가치가 양의 값을 가지더라도, 지금 투자할 경우의 순현재가치보다 낮을 경우에는 투자를 연기하지 않는 것이 유리하다.

③ 확장옵션(expansion option)의 만기는 후속 투자안이 종료되는 시점이다.

④ 확장옵션에서 기초자산의 현재가격은 후속 투자안을 지금 실행할 경우 유입되는 현금흐름의 현재가치이다.

⑤ 포기옵션은 투자안 포기에 따른 처분가치를 행사가격으로 하는 풋옵션이다.

풀이

확장옵션의 만기는 투자안의 종료시점이 아닌 후속투자안의 투자시점이다.　　　**정답** : 3

문제 46

그 동안 5억원을 들여 조사한 바에 의하면 현재(t = 0) 30억원을 들여 생산시설을 구축하면 미래현금흐름의 1년 후 시점(t = 1)의 현가(PV)는 수요가 많을 경우 40억원이며 수요가 적을 경우 25억원이다. 수요가 많을 확률은 60%이며 수요가 적을 확률은 40%이다. 적절한 할인율은 10%이다. 그런데 생산시설을 구축하고 수요가 확인된 1년 후 20억원을 추가로 투자해 생산시설을 확장할 수 있다고 하자. 이 때 미래현금흐름의 1년 후 시점(t = 1)에서의 현가(PV)는 수요가 많을 경우 70억원이며 수요가 적을 경우 35억원이다. 1년 후 생산시설을 대규모시설로 확장할 수 있는 실물옵션(real option)의 현재 시점(t = 0)의 현가(PV)는 근사치로 얼마인가?

① 1.82억원　　② 5.45억원　　③ 6.0억원　　④ 6.36억원　　⑤ 10.0억원

풀이

5억원은 매몰원가이므로 고려하지 않는다.

실물옵션이 없는 경우의 NPV $= -30억 + \dfrac{40억 \times 0.6 + 25억 \times 0.4}{1.1} = 0.91억$

실물옵션이 있는 경우의 NPV $= -30억 + \dfrac{(70억 - 20억) \times 0.6 + 25억 \times 0.4}{1.1} = 6.36억$

실물옵션의 가치 = 6.36억 - 0.91억 = 5.45억원

정답 : 2

문제 47

단일기간에 걸쳐 단일사업을 하는 (주)한반도는 중도에 이자지급 없이 사업종료 시점에 50억원을 상환하기로 사업초기에 약정한 부채가 있다. 사업기간 중 무위험이자율은 10%이다. 사업종료 시점에 회사 자산의 시장가치가 80%의 확률로 60억원이 되고, 20%의 확률로 40억원이 되는 사업A에 투자하기로 했다. 자산의 현재 시장가치는 50억원이다. 현재 자기자본과 부채의 시장가치는 얼마인가?

풀이

(1) ① 1기간 말 자기자본의 만기가치 결정

$S_u = \max [0,\ 60억 - 50억] = 10억$

$S_d = \max [0,\ 40억 - 50억] = 0$

② 기업자산의 위험중립확률

$u = 60/50 = 1.2, \quad d = 40/50 = 0.8 \Rightarrow p = \dfrac{1.1 - 0.8}{1.2 - 0.8} = 0.75$

③ 기업자산의 위험중립확률을 이용하여 자기자본의 균형가격 계산

$S = \dfrac{10 \times 0.75 + 0 \times 0.25}{1.10} = 6.82억$

(2) ① 회계등식을 이용하는 방법

$V = B + S \Rightarrow 50억 = B + 6.82억 \Rightarrow B = 43.18억$

② 위험중립확률 접근법

1기간 말 부채의 만기가치를 결정한다.

$B_u = \min [60억,\ 50억] = 50억$

$B_d = \min [40억,\ 50억] = 40억$

기업자산의 위험중립확률을 이용하여 부채의 균형가격을 구한다.

$B = \dfrac{50 \times 0.75 + 40 \times 0.25}{1.10} = 43.18억$

정답 : 6.82억, 43.18억

문제 48

갑 제약회사는 1기간 전에 신약품 연구업체에 50억원을 투자하였다. 그 투자는 1기간 후에 결과가 나오며, 400억원을 추가투자 할 경우 신약생산에 들어가 추가투자한 후 1기간 후에 투자안의 가치는 70%의 확률로 600억원이고, 30%의 확률로 100억원이다. (단, 이 투자안의 할인율은 50%이고, 무위험이자율은 20% 이며, 각 물음은 독립적이다.) 제약회사는 이러한 신약생산을 1기간 연기할 수 있는 기회가 있을 때 연기옵션의 가치는 얼마인가? 이항옵션모형을 이용하여 답하라.

풀이

(1) 옵션이 없는 경우 투자안 순현가

$$NPV = \frac{0.7 \times 600억 + 0.3 \times 100억}{1.5} - 400억 = -100억$$

※ 50억원은 매몰비용이므로 고려하지 않는다.

(2) 연기옵션이 있는 경우 투자안 가치

① 기초자산의 위험중립확률

기초자산의 상승계수와 하락계수는 시장가격 400억원이 아닌 균형가격 300억원을 기준으로 구한다.

$$u = 600/300 = 2, \ d = 100/300 = 1/3 \Rightarrow p = \frac{1.2 - 1/3}{2 - 1/3} = 0.52$$

② 투자안 NPV의 이항모형

투자안의 가치가 상승한 경우 NPV: $NPV_u = \max[0, \ 600 - 400] = 200$

투자안의 가치가 하락한 경우 NPV: $NPV_d = \max[0, \ 100 - 400] = 0$

③ 1기간 연기할 수 있는 기회가 있을 때의 투자안의 순현가

$$NPV = \frac{0.52 \times 200 + 0.48 \times 0}{1.2} = 86.67억$$

④ 연기옵션의 가치

= 옵션이 있는 투자안의 NPV − 옵션이 없는 투자안의 NPV

86.67억 − (−100억) = 186.67억원

정답 : 187.67억

SMART
객관식
재무관리

Chapter

09

선물

Chapter
09 선물

핵심이론

01 절 ▶ 선물의 균형가격

1 선물거래

1. 선물의 정의

"미래의 일정시점에 정해진 가격으로 특정 자산을 매수 또는 매도하기로 현재시점에 약정한 계약"으로 장외거래는 선도계약, 장내거래는 선물계약이라고 한다.

① 미래의 일정시점 ⇨ 만기 (t)
② 정해진 가격 ⇨ 선물가격 (F)
③ 특정자산 ⇨ 기초자산 (S)
④ 선물 매입 포지션 ⇨ +f
⑤ 선물 매도 포지션 ⇨ −f

2. 선물거래와 선도거래

	선도거래(forward)	선물거래(futures)	
거래장소	장외시장	거래소	
거래단위	제한없음	표준화	
가격형성	거래 당사자 간에 합의	시장에서 형성	
신용위험	계약불이행 위험 존재	청산기관이 계약이행을 보증	
증거금	기본적으로 불필요	필요	
일일정산	기본적으로 불필요	필요	
실물인수도	대부분 실물인수도	대부분 차액결제	
만기일	거래 당사자 간에 합의	거래소가 정함	

3. 선물거래와 옵션

	옵션(option)	선물(futures)
권리 또는 의무	매수자는 권리를 가짐 매도자는 의무를 가짐	매수자와 매도자 모두 계약이행 의무를 가짐
거래의 대가	매수자가 매도자에게 권리의 대가(프리미엄) 지급	계약의 대가를 지불할 필요가 없음
증거금	매수자는 없으며, 매도자에게 부과	매수자와 매도자 모두에게 부과
일일정산	매도자만 일일정산	매수자와 매도자 모두 일일정산
손익구조	비대칭	대칭

4. 선물거래의 기초자산

구분		대상상품
상품선물	농산물	면화, 고무, 옥수수, 콩, 팥, 밀, 감자 등
	축산물	소, 돼지, 닭 등
	에너지	원유, 난방유 등
	귀금속	금, 은, 백금, 구리, 주석, 알루미늄 등
금융선물	주가지수	KOSPI200, S&P500 등
	금리	T-Bond, T-Bill, 국채 등
	통화	달러, 엔, 유로 등

5. 선물포지션과 만기손익

선물은 현재시점에서 현금흐름이 발생하지 않기 때문에 만기가치와 만기손익이 동일하다.

	현재시점 현금흐름	만기시점의 현금흐름
선물 매수(+f)	0	$+S_t - F$
선물 매도(−f)	0	$-S_t + F$

S_t = 만기시점의 기초자산 가격, F = 선물가격

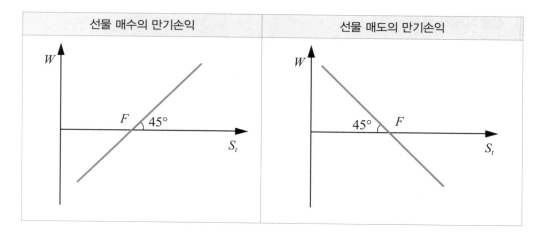

선물 매수의 만기손익	선물 매도의 만기손익

6. 선물가격과 기대현물가격

(1) 기대가설

선물가격은 선물시장에서 전망하는 미래 일정시점의 현물가격에 대한 예측값이다.

선물가격 = 기대현물가격 → $F_t = E(S_t)$

(2) 백워데이션

선물가격이 미래의 현물가격보다 낮게 형성된다.

선물가격 $<$ 기대현물가격 → $F_t < E(S_t)$

$S = \dfrac{F_t}{(1+R_f)^t} = \dfrac{E(S_t)}{(1+k_e)^t}$ 에서 $F_t < E(S_t) \rightarrow R_f < k_e \rightarrow \beta > 0$

(3) 콘탱고

선물가격이 미래의 현물가격보다 높게 형성된다.

선물가격 $>$ 기대현물가격 → $F_t > E(S_t)$

$S = \dfrac{F_t}{(1+R_f)^t} = \dfrac{E(S_t)}{(1+k_e)^t}$ 에서 $F_t > E(S_t) \rightarrow R_f > k_e \rightarrow \beta < 0$

6. 베이시스(Basis)

선물가격과 현물가격의 차이를 베이시스(basis)라고 한다. 만기일에 다가갈 수록 베이시스는 점점 작아지며, 결국 만기일에는 현물가격과 선물가격이 같아져 베이시스는 0이 된다.

선물균형가격

1. 현물−선물 등가식(패러티)

- 전략Ⅰ : t시점에 만기가 도래하는 선물계약 1단위 매입

전략Ⅰ	현재시점 현금흐름	만기시점 현금흐름
선물매입($+$f)	0	$+S_t - F$

- 전략Ⅱ : 현물가격에 해당하는 금액을 차입하여 현물 1단위 매입한 후 t시점까지 보유

전략Ⅱ	현재시점 현금흐름	만기시점 현금흐름
현물매입($+$S)	$-S$	$+S_t$
차입	$+S$	$-S\times(1+R_f)^t$
계	0	$S_t - S\times(1+R_f)^t$

일물일가의 법칙에 의하여 현물−선물 등가식은 다음과 같다.

$$F = S\times(1+R_f)^t$$

일물일가의 법칙에 의하여 선물의 복제포트폴리오는 다음과 같다.

$$선물매입(+f) = 현물매입(+S) + 차입(-B)$$
$$선물매도(-f) = 현물공매(-S) + 대출(+B)$$

2. 보유비용모형

- 전략Ⅰ : t시점에 만기가 도래하는 선물계약 1단위 매입

전략Ⅰ	현재시점 현금흐름	만기시점 현금흐름
선물매입($+$f)	0	$+S_t - F$

- 전략Ⅱ : 현물가격에 해당하는 금액을 차입하여 현물 1단위 매입한 후 t시점까지 보유

전략 Ⅱ	현재시점 현금흐름	만기시점 현금흐름
현물매입($+S$)	$-S$	$+S_t - C + R$
차입	$+S$	$-S \times (1+R_f)^t$
계	0	$S_t - C + R - S \times (1+R_f)^t$

C= 현물을 보유할 때 발생하는 보유비용 만기가치

R =현물을 보유할 때 발생하는 현금수익의 만기가치

일물일가의 법칙에 의하여 보유비용을 고려한 현물−선물 등가식은 다음과 같다.

$$F = S \times (1+R_f)^t + C - R$$

상품선물은 현금수입이 없기 때문에 $F = S \times (1+R_f)^t + C$

금융선물은 보관비용이 없기 때문에 $F = S \times (1+R_f)^t - R$

3. 차익거래

(1) 매수차익거래(현물보유전략)

선물시장가격 > 선물균형가격

① 현물매입($+S$)　② 선물매도($-f$)　③ 차입(채권매도)

(2) 매도차익거래(현물매도전략)

선물시장가격 < 선물균형가격

① 현물공매($-S$)　② 선물매수($+f$)　③ 대출(채권매입)

4. 불완전자본시장에서의 선물의 균형가격

시장의 불완전요인들로는 다음과 같은 것들이 있다.

- 거래수수료

- 호가 스프레드
- 차입이자율과 대출이자율의 차이
- 공매대금의 사용제한
→ 불완전시장에서는 선물가격은 단일가격을 갖지 않고 일정한 범위에서 움직인다.

3 주가지수선물 균형가격

1. 주가지수선물 균형식

$$F = S \times [1 + (R_f - d) \times \frac{t}{12}]$$

S = 주가지수(KOSPI 200)의 현재가격(포인트)
F = 주가지수(KOSPI 200) 선물가격(포인트)
d = 주가지수(KOSPI 200)의 연평균배당수익률
거래단위승수 : 1 포인트 = 25만원 (과거 기출문제에서는 50만원)

2. 주가지수선물 결정요인

선물의 가격 = $f(S +, \quad t +, \quad R_f +, \quad D -)$
선물가격 결정요인은 주가, 무위험이자율, 만기이며 주가의 변동성은 영향을 주지 않는다.
다른 조건이 동일하면

- 주가지수가 상승하면 선물가격은 상승한다.
- 시간이 경과함에 따라 잔존만기가 감소하므로 선물가격은 하락한다.
- 무위험이자율이 상승하면 선물가격은 상승한다.
- 배당수익률이 증가하면 선물가격은 하락한다.

3. 차익거래

(1) 주가지수 선물시장가격 > 주가지수 선물균형가격

$F > S \times [1 + (R_f - d) \times \frac{t}{12}]$ ⇨ 선물가격 과대평가 ⇨ 매수차익거래
① 현물매입(+S)   ② 선물매도(−f)   ③ 차입(채권매도)

(2) 주가지수 선물시장가격 < 주가지수 선물균형가격

$$F < S \times [1 + (R_f - d) \times \frac{t}{12}] \Rightarrow \text{선물가격 과소평가} \Rightarrow \text{매도차익거래}$$

① 현물공매(−S) ② 선물매수(+f) ③ 대출(채권매입)

4 통화선물 균형가격

1. 통화선물 균형식

$$F = S \times \left[\frac{1 + R_K}{1 + R_A} \right]^t$$

F : 만기 t의 달러당 선물환율

S : 현재 달러당 현물환율

R_K : 한국의 만기 t의 현물이자율

R_A : 미국의 만기 t의 현물이자율

2. 차익거래

(1) 통화선물 시장가격 > 통화선물 균형가격

$$F > S \times \left[\frac{1 + R_K}{1 + R_A} \right]^t \Rightarrow \text{선물가격 과대평가} \Rightarrow \text{매수차익거래}$$

선물매도, 현물매입(원화를 달러로 환전), 원화차입, 달러대출

(2) 통화선물 시장가격 < 통화선물 균형가격

$$F < S \times \left[\frac{1 + R_K}{1 + R_A} \right]^t \Rightarrow \text{선물가격 과소평가} \Rightarrow \text{매도차익거래}$$

선물매수, 현물매도(달러를 원화로 환전), 원화대출, 달러차입

5 금리선물 균형가격

1. 금리선물 균형식

금리선물의 기초자산이 무이표채인 경우 금리선물의 가격은 현물이자율의 기간구조에서 도출

된 선도이자율로 기초자산의 액면금액을 할인한 현재가치이다.

$$(1+{}_0R_T)^T = (1+{}_0R_t)^t \times (1+{}_tf_T)^{(T-t)} \ \Rightarrow \ F = \frac{\text{기초자산의 액면금액}}{(1+{}_tf_T)^{T-t}}$$

t : 금리선물의 만기

$T-t$: 금리선물의 만기시점으로부터 기초자산의 만기까지의 기간

2. 차익거래

$(1+{}_0R_2)^2 > (1+{}_0R_1)^1 \times (1+{}_1f_2)^1$

→ 선도이자율 과소평가, 선물가격 과대평가 ⇨ 매수차익거래

　선물 매도, 만기2년 채권 매수, 만기1년 채권 매도

$(1+{}_0R_2)^2 < (1+{}_0R_1)^1 \times (1+{}_1f_2)^1$

→ 선도이자율 과대평가, 선물가격 과소평가 ⇨ 매도차익거래

　선물 매수, 만기2년 채권 매도, 만기1년 채권 매수

6　선물과 옵션의 결합

1. 풋 – 콜 – 선물 패리티

풋–콜 패리티와 현물–선물 패리티를 이용하면 만기가 동일한 옵션가격과 선물가격의 관계를 도출할 수 있다.

풋–콜 패리티 : $S - C + P = PV(X) \ \Rightarrow \ S = C - P + \dfrac{X}{(1+R)^t}$

현물–선물 패리티 : $F = S \times (1+R_f)^t \Rightarrow S = \dfrac{F}{(1+R_f)^t}$

$$C - P = \frac{F - X}{(1+R)^t}$$

콜옵션 매입 + 풋옵션 매도 + 선물매도 = 채권매입(액면금액 = F−X)

2. 합성선물(Synthetic Futures)

동일한 행사 가격을 가진 콜 옵션과 풋 옵션을 이용하여 선물과 같은 손익 구조를 가지도록 구성한 옵션 포트폴리오

풋-콜-선물 패리티로부터 합성선물은 도출된다.
콜옵션 매입 + 풋옵션 매도 + 선물매도 = 채권매입(액면금액 = F-X)

> 선물매입 = 콜옵션 매입 + 풋옵션 매도 + 채권매도
> 선물매도 = 콜옵션 매도 + 풋옵션 매입 + 채권매입

3. 합성옵션(synthetic option)

옵션과 선물을 결합하여 또 다른 옵션을 만드는 전략

> 콜옵션 매입 = 선물매입 + 풋옵션 매입 + 채권매입
> 풋옵션 매입 = 선물매도 + 콜옵션 매도 + 채권매도

4. 차익거래

(1) 컨버젼(conversion)

상대적으로 선물가격이 저평가되어 있을 때의 전략

$C - P > PV(F - X)$

선물을 매수하고 합성선물을 매도(콜옵션매도+풋옵션매수)하는 전략

콜옵션 매도 + 풋옵션 매입 + 채권매입 + 선물매입

(2) 리버설(reverse conversion)

상대적으로 선물가격이 고평가되어 있을 때의 전략

$C - P < PV(F - X)$

선물을 매도하고 합성선물을 매수(콜옵션매수+풋옵션매도)하는 전략

콜옵션 매입 + 풋옵션 매도 + 채권매도 + 선물매도

1 헤지거래

1. 매입헤지(long hedge)

매입헤지(long hedge)는 현물시장에서 매도포지션(short)을 취하고 있는 투자자가 선물시장에서 매입포지션(long)을 취하는 전략으로, 현물가격의 상승위험을 제거할 수 있다.

- 원유 구입예정인 기업이 원유 가격상승위험을 방지
- 주식 공매도자가 주가상승위험을 방지
- 주식 구입예정자가 주가상승위험을 방지
- 수입기업이 환율 상승위험을 방지
- 채무자가 채권 가격상승위험(이자율 하락위험)을 방지
- 채권 매입예정인 기업이 채권 가격상승위험(이자율 하락위험)을 방지

2. 매도헤지(short hedge)

매도헤지(short hedge)는 현물시장에서 매수포지션(long)을 취하고 있는 투자자가 선물시장에서 매도포지션(short)을 취하는 전략으로, 현물가격의 하락위험을 제거할 수 있다.

- 원유 판매예정인 기업이 원유 가격하락위험을 방지
- 주식 보유자가 주가하락위험을 방지
- 수출기업이 환율 하락위험을 방지
- 채권보유자가 채권 가격하락위험(이자율 상승위험)을 방지
- 채권발행 예정인 기업이 가격하락위험(이자율 상승위험)을 방지

3. 직접헤지과 교차헤지

- 직접헤지(direct hedge)
  위험회피대상과 선물계약의 기초자산이 동일한 경우의 헤지
- 교차헤지(cross hedge)
  위험회피대상과 선물계약의 기초자산이 상이한 경우의 헤지

4. 정적헤지과 동적헤지

- 정적헤지(static hedge)

  위험회피대상과 선물이 동일한 현금흐름을 가지고 있기 때문에 지속적인 재조정 (rebalancing)과정이 필요 없는 헤지

- 동적헤지(dynamic hedge)

  위험회피대상과 선물이 상이한 현금흐름을 가지고 있기 때문에 지속적인 재조정 (rebalancing)과정이 필요한 헤지

- 직접헤지는 정적헤지 또는 동적헤지가 모두 가능하며, 교차헤지는 동적헤지이다.

5. 완전헤지과 불완전헤지

- 완전헤지(perfect hedge)

  선물을 이용하여 현물가격의 변동위험을 완전하게 제거한 헤지

- 불완전헤지(imperfect hedge)

  선물을 이용하여 현물가격의 변동위험을 완전하게 제거하지 못한 헤지

- 베이시스 위험(basis risk)

  현물가격과 선물가격의 차인 베이시스(basis)는 시간이 경과함에 따라 변동

  ⇨ 베이시스위험이 존재하거나 교차헤지인 경우 불완전헤지가 된다.

2 헤지비율

1. 헤지비율

헤지비율(HR : hedge ratio)이란 위험회피대상 1단위의 가격변동위험을 제거하기 위하여 필요한 선물의 단위를 말하며 HR 또는 m으로 표시한다.

2. 헤지계약수

헤지계약수(N)는 위험회피대상 전체의 가격변동위험을 제거하기 위하여 필요한 선물의 계약수를 말한다. 헤지계약수와 헤지비율의 관계는 다음과 같다.

$$N = HR \times \frac{Q_S}{Q_f}$$

Q_S : 위험회피대상의 수량 Q_f : 선물 1계약의 수량

3. 정적헤지전략

지속적인 재조정과정이 필요없는 정적헤지의 헤지비율 절대값은 1이다.

- 매입헤지 : $H_p = -S + f$

  현물시장에서 매도포지션 1단위를 취한 투자자는 선물시장에서 매입포지션 1단위를 취한다.

- 매도헤지 : $H_p = +S - f$

  현물시장에서 매수포지션 1단위를 취한 투자자는 선물시장에서 매도포지션 1단위를 취한다.

4. 동적헤지전략

- 지속적인 재조정과정이 필요한 동적헤지의 헤지비율은 선물델타의 역수가 된다.

- 동적헤지포트폴리오 : $H = S + m \times f$

  현물시장에서 매수포지션 1단위를 취한 투자자가 선물시장에서 m단위를 포지션 취함

  동적헤지폴리오를 기초자산에 대해서 편미분하면 0이 되어야 한다.

  $$\frac{\partial H}{\partial S} = 1 + m \times \Delta_f = 0 \ \Rightarrow \ m = HR = -\frac{1}{\Delta_f}$$

- 선물의 델타(Δ_f)

  기초자산 가격이 1원 변할 때 선물가격의 변동

  현물–선물 패리티 기본모형을 이용하면 선물의 델타는 다음과 같이 구할 수 있다.

  $$F = S \times (1 + R_f)^t \ \Rightarrow \ \Delta_f = \frac{\partial F}{\partial S} = (1 + R_f)^t$$

5. 최소분산헤지비율

불완전헤지에서 분산으로 측정되는 헤지포트폴리오의 위험을 최소화하기 위한 헤지비율

(1) 가격변동률 모형

현물가격변동률과 선물가격변동률을 회귀분석하는 단순회귀모형

$$\Delta R_s = a + b \times \Delta R_F + e$$

ΔR_s : 현물가격 변동률 (위험회피대상)　　　ΔR_F : 선물가격 변동률

$$b = \beta_{SF} = \frac{Cov(R_s, R_F)}{Var(R_F)} = \rho_{SF} \times \frac{\sigma_S}{\sigma_F}$$

(2) 헤지계약수

$$N=-\beta_{SF}\cdot\frac{S}{F}$$

S : 위험회피대상의 총금액 또는 총수량

F : 선물 1계약의 금액 또는 수량

3 주가지수선물 헤지거래

1. 헤지거래

주식을 보유하고 있는 투자자는 주가지수선물을 매도하는 매도헤지(short hedge)로 주가하락위험을 방지할 수 있다. 미래에 주식을 매입하고자 하거나 주식을 공매도한 투자자는 주가지수선물을 매수하는 매입헤지(long hedge)로 주가상승위험을 방지할 수 있다.

2. 단순헤지

위험회피대상과 주가지수선물의 거래규모만 고려하여 산출된 계약수만큼 위험회피대상과 반대가 되는 포지션을 취하는 방법

$$N=-\frac{S}{F}$$

F : 주가지수선물 1계약의 가치 (=선물지수 × 거래승수)

S : 위험회피대상의 총가치

3. 최소분산헤지

위험회피대상과 주가지수선물로 구성된 헤지포트폴리오의 수익률 변동위험을 최소화

$$N=-\beta_{SF}\cdot\frac{S}{F}$$

β_{SF} : 주가지수선물에 대한 위험회피대상의 베타

4. 위험관리

주가가 상승할 것으로 예상되면 주가지수선물을 매입하여 포트폴리오의 베타를 높이고, 주가가 하락할 것으로 예상되면 주가지수선물을 매도하여 포트폴리오의 베타를 낮춘다.

$$N = (\beta_T - \beta_{SF}) \times \frac{S}{F}$$

β_T : 포트폴리오의 목표베타 베타

4 통화선물 헤지거래

1. 매도헤지

외화채권을 보유하고 있는 경우 채권 결제일을 만기일로 하는 통화선물 매도계약을 체결하여 환위험을 헤지할 수 있다.

외화채권을 보유하고 있는 경우 ➡ 통화선물 매도 (−f)

	환율상승	환율하락
외화채권	환차익	환차손
통화선물매도	환차손	환차익

2. 매입헤지

외화채무를 보유하고 있는 경우 채무 결제일을 만기일로 하는 통화선물 매수계약을 체결하여 환위험을 헤지할 수 있다.

외화채무를 부담하고 있는 경우 ➡ 통화선물 매수 (+f)

	환율상승	환율하락
외화채권	환차손	환차익
통화선물매수	환차익	환차손

3. 직접헤지

통화선물 헤지거래는 위험회피대상인 외화와 통화선물계약의 기초자산의 통화가 동일하므로 대부분 직접헤지(direct hedge)거래이다.

03 절 〉 **스왑**

1 스왑

1. 스왑

두 당사자가 미래의 현금흐름을 서로 교환하기로 약속하는 선도계약 (장외상품)

(1) 금리스왑

일정기간동안 두 당사자가 고정금리이자와 변동금리이자를 교환하는 계약으로 원금은 교환하지 않고 이자만 교환한다.

(2) 통화스왑

일정기간동안 두 당사자가 서로 다른 통화의 이자와 원금을 교환하는 계약

2. 금리스왑

- 금리 스프레드(spread) : 기업의 신용도에 따른 금리수준의 차이
- 스왑의 총이익 = 변동금리 스프레드와 고정금리 스프레드의 차이
- 스왑의 총이익 = 두 당사자 이익의 합 + 중개은행 이익
- 고정금리 스프레드 < 변동금리 스프레드
  신용도가 높은 기업 : 변동금리 차입 및 금리스왑(고정금리지급자)
  신용도가 낮은 기업 : 고정금리 차입 및 금리스왑(변동금리지급자)
- 고정금리 스프레드 > 변동금리 스프레드
  신용도가 높은 기업 : 고정금리 차입 및 금리스왑(변동금리지급자)
  신용도가 낮은 기업 : 변동금리 차입 및 금리스왑(고정금리지급자)
  ⇨ 실전문제 20

3. 금리스왑의 평가

- 금리스왑 계약에 따른 고정금리현금흐름과 변동금리현금흐름의 차이인 매기말의 순현금 흐름을 현물이자율로 할인한 현재가치로 계산

- 변동금리현금흐름을 계산하기 위한 미래의 변동금리는 현물이자율의 기간구조에서 산출된 선도이자율을 이용

- 첫 번째 변동금리이자의 이자율 = 계약시점의 1년 현물이자율

- $(1 + {}_0R_2)^2 = (1 + {}_0R_1)^1 \times (1 + {}_1f_2)^1 \Rightarrow {}_1f_2 \Rightarrow$ 두 번째 변동금리이자의 이자율

- 고정금리 지급자 :   금리스왑의 가치 $= \sum_{t=1}^{n} \dfrac{({}_{t-1}f_t - 고정금리) \times 원금}{(1 + {}_0R_t)^t}$

- 변동금리 지급자 :   금리스왑의 가치 $= \sum_{t=1}^{n} \dfrac{(고정금리 - {}_{t-1}f_t) \times 원금}{(1 + {}_0R_t)^t}$

  $\Rightarrow$ 실전문제 17

4. 통화스왑

- 스왑의 총이익 = 원화금리 스프레드와 달러금리 스프레드의 차이

- 스왑의 총이익 = 두 당사자 이익의 합 + 중개은행 이익

- 원화금리 스프레드 < 달러금리 스프레드
  신용도가 높은 기업 : 달러차입 및 통화스왑(원화지급자)
  신용도가 낮은 기업 : 원화차입 및 통화스왑(달러지급자)

- 원화금리 스프레드 > 달러금리 스프레드
  신용도가 높은 기업 : 원화차입 및 통화스왑(달러지급자)
  신용도가 낮은 기업 : 달러차입 및 통화스왑(원화지급자)

- 당사자 중 일부는 환위험 부담
  $\Rightarrow$ 실전문제 18, 19

5. 통화스왑의 평가

- 통화스왑 계약에 따른 매기말의 순현금흐름을 현물이자율로 할인한 현재가치로 계산

- $F_1 = S \times \left[\dfrac{1 + {}_0R_1^K}{1 + {}_0R_1^A} \right]^1 \Rightarrow$ 첫 번째 현금흐름에 적용할 선물환율

- 달러지급자

$$통화스왑의\ 가치 = \sum_{t=1}^{n} \frac{원화이자 - 달러이자 \times F_t}{(1 + {_0}R_t^K)^t} + \frac{원화원금 - 달러원금 \times F_n}{(1 + {_0}R_n^K)^n}$$

- 원화지급자

$$통화스왑의\ 가치 = \sum_{t=1}^{n} \frac{원화이자 \div F_t - 달러이자}{(1 + {_0}R_t^A)^t} + \frac{원화원금 \div F_n - 달러원금}{(1 + {_0}R_n^A)^n}$$

2 신용파생상품

1. 신용파생상품

신용파생상품(credit derivatives)이란 차입자 또는 발행자의 신용에 따라 가치가 변동하는 기초 자산(underlying asset)의 신용위험(credit risk)을 분리하여 이를 다른 거래상대방에게 이전하고 그 대가로 프리미엄(수수료)을 지급하는 금융상품을 말한다.

(1) 시장위험 (market risk)

- 위험내용

  금리, 환율 등 가격변수의 변동에 따른 자산가치 하락 위험

- 헤지수단

  파생금융상품 : 선물(futures), 스왑(swaps), 옵션(options) 등

(2) 신용위험 (credit risk)

- 위험내용

  차입자 또는 발행자의 부도, 신용등급 하락 등에 따른 자산가치 하락 위험

- 헤지수단

  신용파생상품: 신용파산스왑(CDS), 신용연계증권(CLN), 총수익스왑(TRS) 등

2. 신용파산스왑(CDS)

신용파산스왑(CDS; Credit Default Swaps)거래에서 보장매입자는 보장매도자에게 정기적으로 일정한 프리미엄을 지급하고 그 대신 계약기간 동안 기초자산에 신용사건이 발생할 경우 보장 매도자로부터 손실액 또는 사전에 합의한 일정금액을 보상받거나 문제가 된 채권을 넘기고 채 권원금을 받기도 한다. 만약 기초자산에 신용사건이 발행하지 않으면 보장매입자는 프리미엄

만 지급하게 된다.

신용파산스왑(CDS) 거래구조

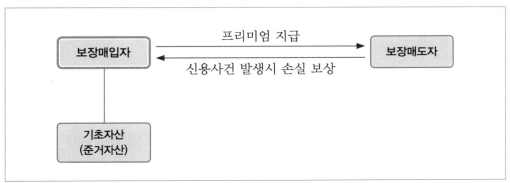

신용파산스왑거래에서 프리미엄은 거래의 만기가 길어질수록, 기초자산의 신용등급이 낮을수록 높아지게 된다. 또한 보장매도자의 신용등급이 높을수록 프리미엄이 높아지게 된다.

01 향후 원유를 구입하려고 하는 항공사는 원유 가격변동위험을 제거하기 위하여 원유선물을 매입하여야 한다.

02 달러로 수출대금을 수취하게 되는 수출업자는 환율변동위험을 제거하기 위하여 달러통화선물을 매입하여야 한다.

03 주식포트폴리오를 보유한 상태에서 선물을 매도하고, 헤지비율을 시장상황에 따라 동적으로 변화시키면 주식포트폴리오의 가치 하락시 하향손실을 일정 수준으로 한정시키면서 가치 상승시 상향이익을 얻을 수 있다.

04 콜옵션을 매입하고 풋옵션을 발행하면 선물매도와 같은 효과가 발생한다.

05 무위험 이자율보다 배당수익률이 더 크면 주가지수 현물보다 선물의 가격이 더 크다.

06 주가지수선물의 시장가격이 균형가격보다 크면 차익거래과정에서 주식구입금액을 차입 하여야 한다.

07 1년 후에 만기가 도래하며 기초채권의 만기가 1년인 금리선물의 매입은 만기2년 무이표채를 매수하고 만기1년 무이표채를 매도한 포트폴리오의 복제이다.

08 미국의 현물이자율이 한국의 현물이자율보다 크다면 현재 현물환율보다 선물환율이 더 커야 한다.

09 달러통화선물의 시장가격이 균형가격보다 크면 차익거래과정에서 달러를 차입한다.

10 스왑은 표준화된 상품인 선물, 옵션과 같이 거래소에서 거래된다.

11 고정금리 스프레드가 변동금리 스프레드보다 큰 경우 변동금리차입금을 가진 신용도가 높은 기업과 고정금리차입금을 가진 신용도가 낮은 기업 사이에 금리스왑이 가능하다.

01 O

향후 원유를 구입하려고 하는 항공사는 원유 가격이 상승하면 손실이 발생하므로 원유 가격변동 위험을 제거하기 위하여 원유선물을 매입하여야 한다.

02 X

수출업자는 환율변동위험을 제거하기 위하여 달러통화선물을 매도하여야 한다.

03 O

포트폴리오 보험전략의 구성방법
(방법1) 보호풋 전략 → 주식매수 + 풋옵션 매수
(방법2) 무위험채권 매수 + 콜옵션 매수
(방법3) 동적 자산배분전략
　　　　주식과 무위험채권의 매입으로 구성된 포트폴리오에서 두 자산의 편입비율을 조절
(방법4) 동적 헤지전략
　　　　선물매수와 무위험채권의 매입으로 구성된 포트폴리오에서 두 자산의 편입비율을 조절
(방법5) 동적 헤지전략
　　　　주식과 무위험채권의 매입포지션을 고정시킨 상태에서 선물매도포지션을 조정

04 X

콜옵션을 매입하고 풋옵션을 발행하면 선물매수와 같은 효과가 발생한다.

05 X

$$F = S \times [1 + (R_f - d) \times \frac{t}{12}]$$

무위험 이자율 > 배당수익률 → 선물가격 > 현물가격

06 O

$$F > S \times [1 + (R_f - d) \times \frac{t}{12}]$$

⇨ 선물가격 과대평가 ⇨ 매수차익거래
① 현물매입(+S)　② 선물매도(−f)　③ 차입(채권매도)

07 O

$$(1 + {_0}R_2)^2 = (1 + {_0}R_1)^1 \times (1 + {_1}f_2)^1$$

→ 만기2년 무이표채 매수 = 만기1년 무이표채 매수 + 선물매수
→ 선물매수 = 만기2년 무이표채 매도 + 만기1년 무이표채 매수

08 X

$$F = S \times \left[\frac{1+R_K}{1+R_A}\right]^t$$

미국의 현물이자율 > 한국의 현물이자율 → 선물환율 > 현물환율

09 X

$$F > S \times \left[\frac{1+R_K}{1+R_A}\right]^t \ \Rightarrow \ \text{선물가격 과대평가} \ \Rightarrow \ \text{매수차익거래}$$

선물매도, 현물매입(원화를 달러로 환전), 원화차입, 달러대출

10 X

스왑은 선도거래의 일종이다.

11 X

고정금리 스프레드 > 변동금리 스프레드
→ 고정금리차입금을 가진 신용도가 높은 기업과 변동금리차입금을 가진 신용도가 낮은 기업 사이에 금리스왑이 가능하다.

01 절 > 선물의 균형가격

(2018년)

문제 1

외환시장에서 1년 후 유로화의 현물환율이 1유로당 1,900원으로 상승하거나 1,500원으로 하락하는 두 가지 경우만 존재한다고 가정하자. 잔존만기가 1년인 유로선물환율은 현재 1유로당 1,800원에 거래되고 있다. 다음 중 적절하지 않은 것은? (단, 유로옵션은 유럽형이고 잔존만기가 1년이며, 시장은 완전하고 차익거래의 기회가 없다고 가정한다.)

① 국내시장의 무위험이자율이 EU시장의 무위험이자율보다 크다.
② 유로화의 현물환율이 1년 후 1,900원으로 상승할 위험중립확률은 0.75이다.
③ 행사가격이 1,800원인 유로콜의 가격은 동일 행사가격의 유로풋 가격과 같다.
④ 행사가격이 1,600원인 유로콜의 가격은 동일 행사가격의 유로풋 가격보다 크다.
⑤ 국내시장의 무위험이자율이 10%일 때, 행사가격이 1,570원인 유로콜의 1기간 이항모형가격은 225원이다.

풀이

(1) 통화선물의 균형가격 : $F = S \times \dfrac{1 + R_K}{1 + R_E}$

$1500 \leq S \leq 1900$ 이며 F=1800이므로 $R_K < R_E, R_K = R_E, R_K > R_E$ 모두 가능하다.

(2) 선물가격은 기초자산의 만기시점 확실성등가와 동일하다.

$F = S_u \times p + S_d \times (1-p)$　　　　$1800 = 1900 \times p + 1500 \times (1-p) \rightarrow p = 0.75$

(3) 풋-콜-선물 패리티 : $C - P = PV(F - X)$

X = 1800 ⇨ F = X ⇨ C = P

(4) 풋-콜-선물 패리티 : $C - P = PV(F - X)$

X = 1600 ⇨ F > X ⇨ C > P

(5) 행사가격 = 1570

$C_u = \max[S_u - X,\ 0] = \max[1900 - 1570,\ 0] = 330$

$C_d = \max[S_d - X,\ 0] = \max[1500 - 1570,\ 0] = 0$

$C = \dfrac{C_u \times p + C_d \times (1-p)}{(1 + R_f)^1} = \dfrac{330 \times 0.75 + 0 \times 0.25}{1.10^1} = 225$

정답 : 1

문제 2 (2017년)

현재 미국의 $1에 대해서 현물환율은 1,000원이고 1년 만기 선물환율은 1,020원이다. 무위험 이자율은 한국에서 연 5%이고 미국에서는 연 2%이다. 무위험이자율로 차입과 대출이 가능하고 거래비용이 없을 때, 차익거래의 방법으로 가장 적절한 것은?

① 선물 매수, 달러 차입, 원화로 환전, 원화 대출
② 선물 매수, 원화 차입, 달러로 환전, 달러 대출
③ 선물 매도, 달러 차입, 원화로 환전, 원화 대출
④ 선물 매도, 원화 차입, 달러로 환전, 달러 대출
⑤ 선물 매도, 원화 차입, 달러로 환전, 원화 대출

풀이

통화선물 균형가격

$$F = S \times \frac{1 + R_K}{1 + R_A} = 1,000 \times \frac{1.05}{1.02} = 1,029원$$

선물시장가격(1,020원)이 균형가격(1,029)보다 작기 때문에 매도차익거래를 한다.

(1) 현물매도($-S$) (2) 선물매수($+f$) (3) 달러 차입 (4) 원화 대출

정답 : 1

문제 3

(주)대한은 3,300만원의 투자자금을 보유하고 있다. 현재 현물환율은 KRW1,100/US$1이다. 미국금리는 연 10%이고 국내금리는 연 5%이다. 외환시장에서 선물환율이 금리평가이론에 의하여 결정되고 현시점에서 1년 만기 선물환계약과 함께 미국의 단기금융시장에 총 3,300만원을 투자할 경우 1년 만기 선물환율과 투자회수총액으로 가장 적절한 것은?

	1년 만기 선물환율(KRW/US$1)	투자회수총액 (만원)
①	1,025	3,275
②	1,050	3,465
③	1,075	3,585
④	1,100	3,660
⑤	1,125	3,685

풀이

(1) 통화선물 균형가격

$$F = S \times \frac{1 + R_K}{1 + R_A} = 1,100 \times \frac{1.05}{1.10} = 1,050$$

(2) 단기금융시장 투자회수금액

3,300만원 ÷ 1,100원 × 1.10 × 1,050원 = 3,465만원

정답 : 2

문제 4

동일한 수익구조를 만들어내는 복제포트폴리오의 구성방법 중 옳은 항목만을 모두 모은 것은?

a. 미 달러화 선물환 매도 = 원화채권 매입 + 현물환 매도 + 미 달러채권 매도
b. 채권 매입 = 선물 매도 + 기초자산 매입
c. 주식 공매 = 채권 매도 + 콜옵션 매도 + 풋옵션 매입

① a, b, c   ② b, c   ③ a, c   ④ c   ⑤ a, b

풀이

(a) 통화선물 복제포트폴리오

달러선물 매수(+f) = 달러현물 매입(+S) + 원화채권매도 + 달러채권매수

⇨ 달러선물 매도(−f) = 달러현물 매도(−S) + 원화채권매수 + 달러채권매도

(b) 선물 복제포트폴리오

선물 매수(+f) = 기초자산 매수(+S) + 차입(채권매도)

⇨ 채권매수 = 선물 매도(−f) + 기초자산 매입(+S)

(c) 풋−콜 패리티를 이용한 복제포트폴리오 구성

$S - C + P = PV(X) \Rightarrow -S = -C + P - PV(X)$

기초자산 매도(−S) = 콜옵션 매도(−C) + 풋옵션 매수(+P) + 채권 매도(차입)

정답 : 1

문제 5

배당을 지급하지 않은 주식의 주가를 기초자산으로 하는 선물(futures)에 대한 다음 주장 중 이론적으로 설명이 가능한 주장의 개수를 골라라. 단, 1) 선물가격은 현물과 선물을 이용한 차익거래가 불가능한 이론가격을 충실히 따르고, 2) 아직 선물의 만기시점이 도래하지 않았으며, 3) "시간의 경과"는 선물 잔존만기가 짧아짐을 의미한다.

> a. 시간이 경과함에 따라 기초자산의 가격이 상승하고 선물가격도 상승할 수 있다
> b. 시간이 경과함에 따라 기초자산의 가격이 상승하고 선물가격은 하락할 수 있다
> c. 시간이 경과함에 따라 기초자산의 가격이 하락하고 선물가격은 상승할 수 있다
> d. 시간이 경과함에 따라 기초자산의 가격이 하락하고 선물가격도 하락할 수 있다
> e. 시간이 경과함에 따라 기초자산의 가격이 불변이고 선물가격은 상승할 수 있다

① 1개 ② 2개 ③ 3개 ④ 4개 ⑤ 5개

풀이

선물의 가격 = $f(S+, t+, R_f+, D-)$

선물가격 결정요인은 주가, 무위험이자율, 만기이며 주가의 변동성은 영향을 주지 않는다.

다른 조건이 동일하면 시간이 경과함에 따라 잔존만기가 감소하므로 선물의 가격은 하락한다.

하지만 이 문제에서는 '다른 조건이 동일하다면' 이라는 단서가 없기 때문에 다른 조건의 변동에 따라 선물의 가격은 상승 또는 하락 모두 가능하다.

정답 : 5

차익거래(arbitrage)에 관한 다음의 설명 중 가장 적절하지 않은 것은? (단, 매도포지션을 취하는데 제약이 없으며 거래비용은 없다고 가정한다.)

① 현물환 시장에서, 1달러는 1,200원, 100엔은 1,140원, 100엔은 0.95달러의 환율이 형성되어 있다면 차익거래는 가능하지 않다.

② 1년 만기 무이표채의 가격이 원금의 92%이고 2년 만기 무이표채의 가격이 원금의 87%인 경우 액면이자율이 8%이고 원금이 10,000원이며 만기가 2년인 이표채(연1회 이자지급)의 무차익 가격은 10,132원이다.

③ 주식의 가격이 10,000원이고 6개월 후에 400원의 배당이 지급될 예정이다. 만기가 1년인 주식선물의 가격이 10,100원이면 선물계약이 과대평가되었으므로 차익거래가 가능하다. 단, 무위험이자율은 연 5%이다.

④ 행사가격이 K_1, K_2, K_3이고 $K_3 - K_2 = K_2 - K_1$ 이 성립하는 경우, 풋옵션의 가격이 각각 800원, 1,300원, 1,700원이면, 차익거래전략은 행사가격이 K_1인 풋옵션 1개 매입, 행사가격이 K_3인 풋옵션 1개 매입, 그리고 행사가격이 K_2인 풋옵션 2개를 매도하는 것이다. 여기서 풋옵션은 기초자산과 만기가 동일한 유럽형이다.

⑤ 1년과 2년 만기 현물이자율이 각각 6%와 7%이다. 만일 1년 후부터 시작하는 1년 동안 7.5%의 이자율로 차입할 수 있다면 차익거래자는 1년 만기 무이표채를 매입하고 2년 만기 무이표채를 공매도하여 무위험 이익을 얻을 수 있다.

풀이

(1) 100엔 = 1,140원 = 0.95달러 → 1달러 = 1,140 ÷ 0.95 = 1,200원 ∴ 균형상태

(2) 이표채의 균형가격 = 800원 × 0.92 + 10,800원 × 0.87 = 10,132원

(3) $F = S \times (1 + R_f)^t - R$

$F = 10,000 \times 1.05 - 400 \times (1 + 0.05 \times \frac{6}{12}) = 10,090$원 → 10,100원의 시장가격은 과대평가

(4) 낮은 가격과 높은 가격의 옵션을 1개씩 매입하고 중간가격의 옵션을 2개 발행하는 전략

풋옵션 샌드위치 스프레드 = $+ P_1 - 2 \times P_2 + P_3$

→ 투자금액 = −800원 + 2 × 1300원 − 1700원 = +100원

→ 만기가치는 1사분면에 위치 ∴ 차익거래이익 = 100원 이상

(5) $(1 + {}_0R_2)^2 = (1 + {}_0R_1)^1 \times (1 + {}_1f_2)^1$ → $(1.07)^2 > (1.06)^1 \times (1.075)^1$

∴ 차익거래 : 만기 1년 무이표채 매도, 만기 2년 무이표채 매수

정답 : 5

문제 7

(주)베타의 현재 주가는 10,000원이다. 이 주식을 기초자산으로 하며 만기가 6개월인 선물이 선물시장에서 11,000원에 거래되고 있다. 이 기업은 앞으로 6개월간 배당을 지급하지 않으며 현물 및 선물의 거래에 따른 거래비용은 없다고 가정한다. 무위험이자율인 연 10%로 대출과 차입이 가능할 때 차익거래에 관한 다음의 설명 중 옳은 것은?

① [주식 공매 + 대출 + 선물 매입] 전략을 이용해 차익거래이익을 얻을 수 있다.
② [주식 공매 + 차입 + 선물 매입] 전략을 이용해 차익거래이익을 얻을 수 있다.
③ [주식 매입 + 대출 + 선물 매도] 전략을 이용해 차익거래이익을 얻을 수 있다.
④ [주식 매입 + 차입 + 선물 매도] 전략을 이용해 차익거래이익을 얻을 수 있다.
⑤ 차익거래 기회가 없다.

풀 이

주가지수선물 균형가격

$F = S \times [1 + (R_f - d) \times \frac{t}{12}] = 10,000 \times [1 + (0.10 - 0) \times 6/12] = 10,500$원

선물시장가격(11,000원)이 균형가격보다 크기 때문에 매수차익거래를 한다.
매수차익거래 : (1) 현물매입(+S) (2) 선물매도(−f) (3) 차입
매수차익거래의 이익(만기시점) = 11,000 −10,500 =+500원

정 답 : 4

(2003년)

현재 KOSPI 200 지수는 75.00포인트이고, 만기 3개월물 KOSPI 200 선물지수는 76.00포인트
에 거래되고 있다. KOSPI 200 지수를 구성하는 주식들의 평균배당수익률은 연 4%이고, 무위
험이자율은 8%이다. 이런 시장 상황에서 지수차익거래가 가능한가? 가능하다면 차익거래의
결과 어떠한 변화가 예상되는가? (차익거래와 관련된 모든 거래비용은 무시하기로 한다.)

① 차익거래가 불가능하다.

② 차익거래에 의해 KOSPI 200 지수와 3개월물 KOSPI 200 선물가격이 상승한다.

③ 차익거래에 의해 KOSPI 200 지수가 상승하고, 3개월물 KOSPI 200 선물가격이 하락한다.

④ 차익거래에 의해 KOSPI 200 지수와 3개월물 KOSPI 200 선물가격이 하락한다.

⑤ 차익거래에 의해 KOSPI 200 지수가 하락하고, 3개월물 KOSPI 200 선물가격이 상승한다.

풀이

주가지수선물 균형가격

$$F = S \times [1 + (R_f - d) \times \frac{t}{12}] = 75 \times [1 + (0.08 - 0.04) \times 3/12] = 75.75$$

선물시장가격(76)이 균형가격(75.75)보다 크기 때문에 매수차익거래를 한다.

매수차익거래 : (1) 현물매입(+S)   (2) 선물매도(−f)   (3) 차입

따라서 향후 현물가격은 상승, 선물가격은 하락

정답 : 3

문제 9

펀드매니저 A는 10억원 규모로 KOSPI 200 지수와 상관계수가 1인 주식 index fund를 6개월 간 구성하여 운영하려고 한다. 그러나 인덱스 펀드의 관리에 어려움을 경험한 펀드매니저 B 는 인덱스 펀드 대신 만기까지 6개월 남은 KOSPI 200 지수선물 20계약과, 연수익률 6%이고 6개월 만기인 채권을 10억원 매입하였다. 두 펀드 매니저의 펀드 운용결과가 향후 시장의 등 락에 관계없이 동일하려면 B는 얼마의 가격에 선물을 매입하여야 하는가? (수수료 및 증거금 을 포함한 거래비용은 없으며 채권은 무위험으로 가정함)

KOSPI 200 지수 = 100 pt.	무위험금리 = 연 6%
지수종목주식 기대배당수익률 = 연 4%	선물승수 = 50만원/pt.

① 97 pt. ② 99 pt. ③ 101 pt. ④ 103 pt. ⑤ 105 pt.

풀이

주가지수선물 균형가격

$$F = S \times [1 + (R_f - d) \times \frac{t}{12}] = 100 \times [\,1 + (0.06 - 0.04) \times 6/12\,] = 101pt$$

정답 : 3

(1999년)

현재 자본시장에서는 무위험자산이 존재하고, 유가증권가격은 자본자산 가격결정모형(CAPM)에 의해 결정되며, 선물가격은 현물—선물 패리티(parity)에 따라 결정된다. 배당지급이 없는 유가증권의 선물가격과 기대 현물가격과의 관계에 대한 다음 설명 중 타당한 것은?

① (+)의 체계적 위험을 지닌 유가증권의 경우 선물가격은 기대현물가격보다 높다

② (+)의 체계적 위험을 지닌 유가증권의 경우 선물가격은 기대현물가격과 같다.

③ (+)의 체계적 위험을 지닌 유가증권의 경우 선물가격은 기대현물가격보다 낮다

④ (−)의 체계적 위험을 지닌 유가증권의 경우 선물가격은 기대현물가격과 같다.

⑤ (−)의 체계적 위험을 지닌 유가증권의 경우 선물가격은 기대현물가격보다 낮다.

풀이

배당지급이 없는 주식의 선물가격 : $F = S \times (1 + R_f)^t$

현물가격 : $S = \dfrac{E(S_t)}{(1 + k_e)^t} = \dfrac{F}{(1 + R_f)^t}$

자본자산 가격결정모형(CAPM) : $k_e = R_f + (E(R_m) - R_f) \times \beta_i$

$\beta > 0$: $k_e > R_f$ → $E(S_t) > F$

$\beta = 0$: $k_e = R_f$ → $E(S_t) = F$

$\beta < 0$: $k_e < R_f$ → $E(S_t) < F$

정답 : 3

문제 11

우리나라의 주가지수 선물거래에 관한 다음 설명 중 옳지 않은 것은?

① 주가지수선물은 유가증권으로 의제 되어 한국증권거래소에서 거래된다.

② 표준화된 계약으로 일일정산(daily settlement)된다.

③ 주가지수선물을 매입한 경우 만기에 주식을 현물로 인도 받는다.

④ 투자자는 주가지수 선물거래를 통하여 주가지수의 체계적 위험을 줄일 수 있다.

⑤ 매입자에게 발생하는 손익은 매도자의 손익과 정확하게 상쇄된다.

풀이

	선도거래	선물거래
거래장소	장외시장	거래소
가격형성	당사자간의 합의	표준화
일일정산	불필요	필요
실물인수도	대부분 실물인수도	차액결제

정답 : 3

(CPA 2차)

한국의 (주)산일은 20X1년 6월 1일 현재 미국의 (주)포토맥으로부터 목재를 수입하고, 1년 후에 3,000만 달러의 수입대금을 지급하기로 하였다. 20X1년 6월 1일 현재 현물환율, 선물환율, 한국과 미국의 단기금융시장에서의 이자율은 다음과 같다. 예대금리차는 없는 것으로 가정한다. 단기금융시장에서의 차입 및 투자에 세금, 거래비용, 신용위험은 없다고 가정한다.

- 현물환율 : ₩1,000/US$ - 1년 물 선물환율 : ₩1,100/US$
- 한국 단기금융시장의 연이자율 : 6%   - 미국 단기금융시장의 연이자율 : 4%

(주)산일은 미래 환율변동에 따른 위험을 헤지하기 위하여 1년 만기 달러선물환을 이용하거나 한국과 미국의 단기금융시장을 이용하는 두 가지 헤징방법을 고려하고 있다. 한국과 미국의 금융시장이 균형 하에 있다고 가정한다. 위의 두 가지 헤징방법이 무차별한 1년 만기 균형 선물환율을 계산하시오.

풀이

통화선물 균형가격

$$F = S \times \frac{1+R_K}{1+R_A} = 1000 \times \frac{1.06}{1.04} = 1,019.23원$$

정답 : 1,019.23원

02 절 ▷ 선물의 위험관리

문제 13

투자자 갑은 다음과 같은 주식 포트폴리오를 보유하고 있다.

주식	주당 주식가격	보유주식수	베타계수
A	20,000원	2,000주	1.5
B	40,000원	1,000주	1.2
C	10,000원	2,000주	0.8

이 포트폴리오를 현재 선물가격이 200포인트인 KOSPI200 주가지수선물을 이용하여 헤지하고자 한다. 단순헤지비율을 이용해 100% 헤지하기 위한 선물계약수와 최소분산헤지비율을 이용하여 헤지하기 위한 선물계약수를 계산하였다. 이 때, 최소분산헤지비율에 의한 선물계약수는 단순헤지비율에 의한 선물계약수의 몇 배인가? 가장 가까운 것을 선택하라. (단, 단순헤지비율은 현물과 선물을 1:1 비율로 헤지하는 것으로 주식포트폴리오의 시가총액을 주가지수선물 가치로 나눈 것이고, KOSPI200 주가지수선물의 거래승수는 1포인트당 50만원이다.)

① 0.8배   ② 0.9배   ③ 1.0배   ④ 1.2배   ⑤ 1.5배

풀이

(1) 포트폴리오의 시장가치

주식A = 20,000원 × 2,000주 = 4,000만원

주식B = 40,000원 × 1,000주 = 4,000만원

주식C = 10,000원 × 2,000주 = 2,000만원

포트폴리오의 시장가치 = 4,000 + 4,000 + 2,000 = 10,000만원

(2) 포트폴리오의 베타

$\beta_p = 1.5 \times 0.4 + 1.2 \times 0.4 + 0.8 \times 0.2 = 1.24$

(2) 단순헤지계약수

$N = -\dfrac{S}{F} = -\dfrac{10,000만원}{200 \times 50만원} = -1$

(3) 최소분산헤지계약수

$N = -\dfrac{S}{F} \times \beta_p = -\dfrac{10,000만원}{200 \times 50만원} \times 1.24 = -1.24$

정답 : 4

문제 14

현재는 9월 30일이다. 한 달 후 A항공은 항공기 연료로 사용되는 100만 배럴의 제트유가 필요하며, 12월에 만기가 도래하는 난방유 선물을 이용하여 가격변동 위험을 헤지하기로 하였다. 분산으로 측정되는 헤지포지션의 위험을 최소화하기 위해 과거 24개월 동안의 역사적 자료를 이용하여 최소분산헤지비율을 구하였다. 최소분산헤지비율을 계산하기 위해 월별 현물가격의 변화를 월별 선물가격의 변화에 대해 회귀분석한 결과의 일부를 다음의 표에 제시하였다. 난방유선물 1계약 단위가 42,000 배럴일 때, A항공이 취해야 할 전략으로 가장 적절한 것은?

	분산	표준편차	공분산	상관계수
선물가격변화율	0.00148	0.03841	0.00105	0.69458
현물가격변화율	0.00155	0.03936		

① 난방유선물 13계약 매입   ② 난방유선물 15계약 매도
③ 난방유선물 17계약 매입   ④ 난방유선물 19계약 매도
⑤ 난방유선물 21계약 매입

풀 이

위험회피대상 : 제트유

선물계약의 기초자산 : 난방유

위험회피대상과 기초자산이 불일치하므로 선물을 이용한 교차헤지를 한다.

위험회피대상의 베타 : $\beta_S = \dfrac{\sigma_{SF}}{\sigma_F^2} = \dfrac{0.00105}{0.00148} = 0.71$

최소분산헤지 선물계약수 : $N = -\dfrac{S}{F} \times \beta_S = -\dfrac{-1,000,000}{42,000} \times 0.71 = +16.9$계약

∴ 난방유 선물 17계약을 매입한다.

⇨ 헤지유효성 $= \rho_{SF}^2 = 0.69458^2 = 0.482$

난방유선물을 매입하면 제트유의 가격변화율 위험의 48.2%는 제거하지만 51.8%는 제거되지 않는다.

정답 : 3

문제 15

펀드매니저 K는 1,000억원 규모의 주식포트폴리오에 대해 1년간 관리하는 임무를 부여받았다. 현재 이 주식포트폴리오의 베타는 1.5이다. K는 향후 약세장을 예상하고 주가지수선물을 이용하여 이 주식포트폴리오의 베타를 1.0으로 줄이려고 한다. 1년 만기를 갖는 주가지수선물의 현재 지수가 80.0 포인트(1포인트당 50만원)라고 할 때, 어떻게 해야 하는가?

① 1,250계약 매입　　　② 1,250계약 매도　　　③ 2,500계약 매입
④ 2,500계약 매도　　　⑤ 3,750계약 매입

풀 이

목표베타 계약수

$$N = \frac{S}{F} \times (\beta_T - \beta_p) = \frac{1,000억원}{80 \times 500,000원} \times (1 - 1.50) = -1,250 \ (선물\ 1,250계약\ 매도)$$

정답 : 2

문제 16

선물을 이용한 다음의 헤지거래 중 가장 잘못된 것은?

① 1개월 후에 자금을 차입하려고 하는 기업이 금리선물을 매입하였다.
② 인덱스펀드(index fund)를 보유한 투자자가 주가지수선물을 매도하였다.
③ 2개월 후에 상대국통화로 수출대금을 수취하게 되는 수출업자가 상대국통화선물을 매도하였다.
④ 3개월 후에 채권을 매입하려고 하는 투자자가 금리선물을 매입하였다.
⑤ 보유현물과 동일하지 않으나 정(+)의 상관계수가 큰 선물을 매도하였다.

풀 이

자금을 차입하려고 하는 투자자는 채권매수와 동일한 손익이 발생하므로 금리선물을 매도하여야 한다. 반대로 채권을 매입하려고 하는 투자자가 채권매도와 동일한 손익이 발생하므로 금리선물을 매입하여야 한다.

정답 : 1

03 절 〉 스왑

문제 17

기업 D는 명목원금(notional principal) 1억원, 1년 만기 변동금리를 지급하고 8% 고정금리를 수취하는 5년 만기의 이자율 스왑계약을 3년 6개월 전에 체결하였다. 현재 동 스왑의 잔존만기는 1년 6개월이다. 현재가치 계산을 위해 활용되는 6개월과 1년 6개월 만기 현물이자율은 각각 연 10%와 연 11%이다. 직전 현금흐름 교환 시점의 1년 만기 변동금리는 연 10.5%였다. 기업 D의 관점에서 이 이자율 스왑 계약의 현재가치와 가장 가까운 것은? 단, 현금흐름은 기말에 연 1회 교환되고 이자율기간구조의 불편기대이론이 성립한다고 가정하며, $\dfrac{1}{1.10^{0.5}} = 0.9535$, $\dfrac{1}{1.11^{1.5}} = 0.8551$ 이다.

① $-5,382,950$원   ② $-4,906,200$원   ③ 0원

④ $4,906,200$원   ⑤ $5,382,950$원

풀 이

6개월 후 1년 만기 변동금리 $= \dfrac{0.9535}{0.8551} - 1 = 11.5074\%$

변동금리 지급자인 기업D는 변동금리를 지급하고 고정금리를 수취하므로 스왑의 가치는 다음과 같이 계산한다.

(방법1)

금리스왑의 가치 $= \displaystyle\sum_{t=1}^{n} \dfrac{(\text{고정금리} - {}_{t-1}f_t) \times \text{액면금액}}{(1 + {}_0R_t)^t}$

$= 100,000,000 \times [(8\% - 10.5\%) \times 0.9535 + (8\% - 11.5074\%) \times 0.8551]$

$= -5,382,928$

(방법2)

소숫점을 절사하지 않고 정확하게 계산하면 다음과 같다.

금리스왑의 가치

$= 100,000,000 \times [(8\% - 10.5\%) \times 0.9535 + (8\% - (0.9535/0.8551 - 1)) \times 0.8551]$

$= -5,382,950$

정답 : 1

문제 18

아래의 표와 같은 고정금리 차입조건 하에서 한국의 ㈜대한은 1,000만엔, ㈜민국은 10만달러를 차입하려고 한다. ㈜대한은 비교우위를 갖고 있는 달러화시장에서 10만달러, ㈜민국은 엔화시장에서 1,000만엔을 차입한 후, ㈜대한은 1,000만엔에 대한 연 5.5%의 이자를 ㈜민국에게 직접 지급하고 ㈜민국은 10만달러에 대한 연 3%의 이자를 ㈜대한에게 직접 지급하는 통화스왑계약을 체결하려고 한다. 이 통화스왑에서 정기적인 이자지급 외에도 ㈜대한은 계약시점에서 1,000만엔을 받고 10만달러를 주고, 만기시점에서는 10만달러를 돌려받고 1,000만엔을 돌려주어야 한다. 현재 환율이 100엔/달러일 때, 통화스왑으로 인해 발생하는 결과로 가장 적절한 것은?

	달러화 차입금리	엔화 차입금리
㈜ 대한	3%	6%
㈜ 민국	5%	7%

① ㈜대한은 달러화 환위험에 노출된다.
② ㈜민국은 달러화와 엔화 환위험에 노출된다.
③ ㈜대한은 달러화차입비용을 0.5%p 줄일 수 있게 된다.
④ ㈜민국은 달러화차입비용을 0.5%p 줄일 수 있게 된다.
⑤ ㈜민국은 엔화차입비용을 0.5%p 줄일 수 있게 된다.

풀 이

㈜대한의 순이자비용 = 5.5%(엔화)
   → 엔화 이자비용 0.5% 절감
㈜민국의 순이자비용 = 1.5%(엔화) + 3%(달러)
   → 달러 이자비용 2% 감소, 엔화 이자비용 1.5% 증가
㈜대한은 이자비용에 대하여 엔화 환위험에 노출
㈜민국은 이자비용에 대해서 달러와 엔화 모두 환위험이 존재

정답 : 2

문제 19

오랜 거래관계를 유지해온 한국의 기업K와 중국의 기업C는 각각 상대국에서 신규사업을 위해 중국 금융시장에서 위안화로 한국 금융시장에서 원화로 1년 만기 동일규모의 자금을 차입하고자 한다. 원화/위안화 환율은 고정환율로서 변동되지 않는다고 가정한다. 기업K와 기업C가 각국 금융시장에서 차입할 때의 시장이자율은 다음 표에서 요약된 바와 같다.

	한국 금융시장에서 원화 차입	중국 금융시장에서 위안화 차입
기업C	6.60%	4.20%
기업K	5.60%	3.83%

통화스왑 계약에서 거래비용은 존재하지 않으며 금융기관의 중개를 통하지 않고 기업K와 기업C의 양자계약의 형태를 갖는다고 가정한다. 기업K와 기업C가 1년 만기 통화스왑을 고려할 때 다음 중 옳지 않은 항목만으로 구성된 것은?

> a. 기업K는 기업C에 비하여 원화 및 위안화 차입에서 모두 낮은 이자율을 지급하므로 통화스왑을 맺을 경제적 유인을 갖지 않는다.
>
> b. 기업K는 원화 차입, 기업C는 위안화 차입 후에 통화스왑을 통해 부채비용을 절감할 수 있다.
>
> c. 기업K와 기업C가 통화스왑을 통해 절감할 수 있는 부채비용의 최대폭은 63 베이시스 포인트(basis point)이며 통화스왑 당사자들은 이를 균등하게 분할해야 한다.
>
> d. 통화스왑의 경우 이자율스왑과는 상이하게 차입원금이 교환되며 계약상 약정된 환율에 의하여 상환되는 것이 일반적이다.
>
> e. 본 통화스왑에서 신용위험은 존재하지 않으며, 이자율 및 환율의 변동에 따라서 스왑이자율의 조정 및 계약의 갱신 여부 등이 결정될 수 있다.

① a, c, e ② a, d, e ③ b, c, d ④ b, d, e ⑤ c, d, e

풀이

(a) 기업K는 기업C에 비하여 원화차입에서 비교우위가 있기 때문에 통화스왑을 맺을 경제적 유인을 갖는다.

(c) 1) 한국 금융시장에서 원화 차입 스프레드 = 6.6% − 5.6% = 1%

   2) 중국 금융시장에서 위안화 차입 스프레드 = 4.2% − 3.83% = 0.37%

   3) 스왑의 이익 = 1.00% − 0.37% = 0.63%(63bp)

   통화스왑 당사자들은 이를 당사자 간의 합의에 의하여 분할한다.

(e) 스왑은 선도계약이므로 신용위험은 존재한다.

정답 : 1

문제 20

기업 A, B는 국제금융시장에서 각각 다음과 같은 조건으로 자금을 차입할 수 있다. 은행이 기업 A와 B 사이에서 스왑을 중계하고자 한다. 은행이 기업 A에게 변동금리를 지급하고 고정금리를 수취하는 스왑계약을 체결하며, 기업 B와는 그 반대의 스왑계약을 체결한다. 본 스왑으로 인한 은행의 총마진은 0.2%이며, 스왑이득은 두 기업에게 동일하다. 만약 은행이 기업 A에게 LIBOR+1%를 지급한다면 기업 A는 은행에게 얼마의 고정금리를 지급해야 하는가?

	유로본드 시장	유로달러 시장
기업 A	8%	LIBOR + 1%
기업 B	9%	LIBOR + 3%

① 8%   ② 7.8%   ③ 7.6%   ④ 7.4%   ⑤ 7.2%

풀 이

고정금리스프레드 = 1%   변동금리스프레드 = 2%

스왑거래의 총이익 = 2% − 1% = 1%   은행의 이익 = 0.2%

A기업의 이익 = (1% − 02%) × 0.5 = 0.4%   B기업의 이익 = (1% − 02%) × 0.5 = 0.4%

A기업은 비교우위가 있는 유로달러시장에서 차입하여 금리스왑계약을 체결한다.

A기업은 변동금리 지급자이므로 수취하는 고정금리를 a라고 하면

이자비용 = LIBOR + 1% + a

이자수익 = LIBOR + 1%

순이자비용 = 이자비용 − 이자수익 = a

직접차입 고정금리 = 8%

스왑이익 = 8% − a = 0.4% ⇨ a=7.6%

정답 : 3

문제 21   (2003년)

스왑에 대한 다음 설명 중 가장 잘못된 것은?

① 스왑은 두 거래 당사자간 미래 현금흐름을 교환하는 계약으로 일련의 선도거래 또는 선물 계약을 한 번에 체결하는 것과 유사한 효과를 갖는다.

② 스왑은 표준화된 상품인 선물, 옵션과 같이 거래소에서 거래되지 않고, 스왑딜러 및 브로커의 도움을 얻어 주로 장외에서 거래가 이루어진다.

③ 금리스왑은 미래 일정기간동안 거래당사자간 명목원금에 대한 변동금리 이자와 고정금리 이자 금액만을 교환하는 거래로서 원금 교환은 이루어지지 않는다.

④ 통화스왑은 미래 일정기간동안 거래당사자간 서로 다른 통화표시 채무 원금에 대한 이자 금액만을 교환하는 거래로서 원금 교환은 이루어지지 않는다.

⑤ 스왑은 두 거래 당사자간 필요에 따라 다양하게 설계될 수 있는 장점이 있어 금리 또는 환 위험관리를 위해 적절하게 사용될 수 있다.

풀이

금리스왑은 원금은 교환하지 않고 이자만을 교환하며, 통화스왑은 이자뿐만 아니라 원금도 교환한다.

정답 : 4

SMART
객관식
재무관리

Chapter

10

환율

Chapter

10

환율

01 절 환율결정이론

1 환율의 기초

1. 환율의 표시방법

① 직접표시환율(자국통화표시환율)

외국통화를 기준으로 하여 외국통화 1단위와 교환되는 자국통화의 단위수로 표시한 환율
US$ 1 = ₩1,200

② 간접표시환율(외국통화표시환율)

자국통화 1단위당 외국통화의 교환대가로 표시하는 환율
1₩ = 0.000833US$

2. 차익거래와 재정환율

(1) 장소적 차익거래

국내외환시장에서 환율이 1$ = 1,250₩이고 뉴욕외환시장에서 환율이 1₩ = 0.00077$인 경우 달러의 표시가격이 뉴욕시장이 더 크다. (1₩ = 0.00077$ ⇨ 1$ = 1,299₩)
외환거래자는 한국시장에서 1달러를 1,250₩에 매입하여 뉴욕시장에 1달러를 1,299₩에 매각함으로써 차익을 얻을 수 있다.

(2) 삼각 차익거래

- 기준환율(basic rate) : 원－달러 환율 → 1 U$ = 1,200원
- 교차환율(cross rate) : 제3국 화폐에 대한 달러화 환율 → 1 EUR = 1.25U$

- 재정환율(arbitrage rate) : 삼각재정거래에 의한 제3국 화폐의 균형환율
  → 1 EUR = 1.25 × 1,200원 = 1,500원

3. 외환거래의 형태

① 현물환율(S)

- 현물환거래 : 계약체결과 동시에 외환이 인수 또는 인도되는 거래
- 현물환율(spot rate) : 현물환거래에 적용되는 환율

② 선물환율(F)

- 선물환거래: 미래 특정시점에서 정해진 환율로 외화를 매입 또는 매도할 것을 약속하고, 그 약정에 따라 결제가 이루어지는 거래
- 선물환율(forward rate) : 선물환거래에서 약정한 환율

③ 선물환 할증률

선물할증 : 선물환율 > 현물환율

선물할인 : 선물환율 < 현물환율

선물할증률은 연단위로 표시하기 때문에 다음과 같이 계산한다.

$$선물할증률 = \frac{F-S}{S} \times \frac{12}{t\,개\,월}$$

2 환율결정이론

상품 및 금융시장이 국가 간 상품이나 금융자산의 이동을 저해하는 요인인 세금, 운송비 등 거래비용이 없으며, 동질적 재화 및 완전한 예측을 전제하면 각국의 상품시장, 금융시장, 외환시장간 차익거래에 의해 물가, 금리, 환율간 일정한 등가관계가 성립한다. 각 이론의 공식 중 좌측은 정확한 공식이며 우측은 근사관계를 구하는 공식이다.

1. 구매력평가설

- 한 나라의 화폐는 모든 나라에서 동일한 수량의 재화를 구입할 수 있어야 한다는 이론
- 상품시장이 균형인 상태에서 현재 현물환율과 1기 후 기대현물환율의 비율은 두 국가의 기대인플레이션의 비율과 같다. (정확식)

- 상품시장이 균형인 상태에서 1기간 동안 현물환율의 변동률은 양국의 1기간 동안 기대인 플레이션율의 차이와 같다. (근사식)

$$\frac{S_1}{S} = \frac{1+i_K}{1+i_A} \qquad\qquad \frac{S_1 - S}{S} = i_K - i_A$$

S = 현재 현물환율,

S_1 = 1년 후 예상 현물환율

i_K = 1년 동안 한국의 물가상승률

i_A = 1년 동안 미국의 물가상승률

2. 피셔효과

- 금융시장이 균형인 상태에서 두 국가의 명목이자율의 비율은 두 국가의 기대인플레이션 의 비율과 같다. (정확식)

- 금융시장이 균형인 상태에서 두 국가의 명목이자율의 차이는 두 국가의 기대인플레이션 의 차이와 같다. (근사식)

$$\frac{1+R_K}{1+R_A} = \frac{1+i_K}{1+i_A} \qquad\qquad R_K - R_A = i_K - i_A$$

R_K = 1년 동안 한국의 명목이자율

R_A = 1년 동안 미국의 명목이자율

3. 국제피셔효과

- 국제피셔효과 = 구매력평가설 + 피셔효과

- 상품시장과 금융시장이 균형인 상태에서 현재 현물환율과 1기 후 기대현물환율의 비율은 두 국가의 명목이자율의 비율과 같다. (정확식)

- 상품시장과 금융시장이 균형인 상태에서 1기간 동안 현물환율의 변동률은 양국의 1기간 동안 명목이자율의 차이와 같다. (근사식)

$$\frac{S_1}{S} = \frac{1+R_K}{1+R_A}$$ $$\frac{S_1-S}{S} = R_K - R_A$$

4. 이자율평가설(금리평가설)

- 금융시장이 균형인 상태에서 1기 후 선물환율과 현재 현물환율의 비율은 두 국가의 명목이자율의 비율과 같다. (정확식)
- 금융시장이 균형인 상태에서 1기간 동안의 선물환율의 할증율(또는 할인율)은 두 국가의 명목이자율의 차이와 같다. (근사식)

$$\frac{F_1}{S} = \frac{1+R_K}{1+R_A}$$ $$\frac{F_1-S}{S} = R_K - R_A$$

F_1 = 만기 1년 선물환율

5. 효율적 시장가설

- 효율적 시장가설 = 국제피셔효과 + 이자율평가설
- 금융시장이 균형인 상태에서 선물환율은 기대되는 현물환율의 불편추정 값이 된다.

$$F_1 = S_1$$ $$F_1 = S_1$$

3 차익거래(이자율평가설)

① $\dfrac{F_1}{S} < \dfrac{1+R_K}{1+R_A}$

선물환율과 현물환율의 비율이 양국의 명목이자율의 비율보다 작은 경우 선물환율이 과소평가되었거나 미국이자율 과소평가 및 한국이자율 과대평가 되었으므로 다음과 같은 매도차익거래를 하여 차익을 얻는다.

선물매수, 현물매도(달러를 원화로 환전), 원화대출, 달러차입

② $\dfrac{F_1}{S} > \dfrac{1+R_K}{1+R_A}$

선물환율과 현물환율의 비율이 양국의 명목이자율의 비율보다 더 큰 경우 선물환율이 과대평가되었거나 미국이자율 과대평가 및 한국이자율 과소평가 되었으므로 다음과 같은 매수차익거래를 하여 차익을 얻는다.

선물매도, 현물매입(원화를 달러로 환전), 원화차입, 달러대출

02 절 > 환위험관리

1 수출기업(외화채권 보유)의 환위험헤지

수출기업의 환율변동위험은 환율이 상승하면 이익, 환율이 하락하면 손실이 발생하므로 기초자산의 매수(+S)와 동일한 헤지 전략을 취한다.

- 통화옵션거래 : 콜옵션 매도 (−C), 풋옵션 매수 (+P)
- 통화선물거래 : 통화선물매도 (−f)
- 통화스왑거래 : 달러를 지급하고 원화를 수취하는 통화스왑
- 금융시장거래 : 달러차입 (−S), 국내대출

2 수입기업(외화채무 보유)의 환위험헤지

수입기업의 환율변동위험은 환율이 상승하면 손실, 환율이 하락하면 이익이 발생하므로 기초자산의 매도(−S)와 동일한 헤지 전략을 취한다.

- 통화옵션거래 : 콜옵션 매수 (+C), 풋옵션 매도 (−P)
- 통화선물거래 : 통화선물매수 (+f)
- 통화스왑거래 : 달러를 수취하고 원화를 지급하는 통화스왑
- 금융시장거래 : 달러대출 (+S), 국내차입

OX 문제   ❖ 다음 물음에 대하여 옳으면 'O', 틀리면 'X'로 답하시오.

01 구매력평가설에 의하면 한국의 물가상승이 미국의 물가상승보다 더 높다면 환율은 하락한다.

02 국제피셔효과에 의하면 두 국가간의 명목이자율의 차이와 선물환할증율은 같다.

03 미국의 현물이자율이 한국의 현물이자율보다 크다면 현재 현물환율보다 선물환율이 더 커야 한다.

04 달러통화선물의 시장가격이 균형가격보다 크면 차익거래과정에서 달러를 차입한다.

05 수입대금을 달러로 지급해야 하는 기업은 환위험을 제거하기 위하여 달러선물 매도계약을 하여야 한다.

06 수출대금을 달러로 수취해야 하는 기업은 환위험을 제거하기 위하여 달러 풋옵션 매수계약을 하여야 한다.

07 수출대금을 달러로 수취해야 하는 기업은 환위험을 제거하기 위하여 스왑딜러를 통해 미국 현지의 A기업과 달러를 지급하고 원화를 수취하는 원-달러 통화스왑계약을 체결해야 한다.

08 수입대금을 달러로 지급해야 하는 기업은 환위험을 제거하기 위하여 달러채권을 매입 하여야 한다.

01 X

$$\frac{S_1}{S} = \frac{1+i_K}{1+i_A} \rightarrow i_K > i_A \rightarrow S_1 > S_0$$

한국의 물가상승이 미국의 물가상승보다 더 높다면 환율은 상승한다.

02 X

금리평가설에 의하면 두 국가간의 명목이자율의 차이와 선물환할증율은 같다.

03 X

$$\frac{F_1}{S} = \frac{1+R_K}{1+R_A} \rightarrow R_K < R_A \rightarrow F_1 < S$$

미국 현물이자율 > 한국 현물이자율 → 현물환율 > 선물환율

04 X

$$\frac{F_1}{S} > \frac{1+R_K}{1+R_A} \quad \text{또는} \quad \frac{F_1-S}{S} > R_K - R_A$$

선물환율이 과대평가되었거나 미국이자율 과대평가 및 한국이자율 과소평가 되었으므로 다음과 같은 매수차익거래를 하여 차익을 얻는다.

선물매도, 현물매입(원화를 달러로 환전), 원화차입, 달러대출

05 X

수입기업은 환위험을 제거하기 위하여 달러선물 매수계약을 하여야 한다.

06 O

수출기업은 환위험을 제거하기 위하여 달러 풋옵션 매수계약을 하여야 한다.

07 O

수출기업은 달러를 지급하고 원화를 수취하는 원–달러 통화스왑계약을 체결해야 한다.

08 O

수입기업은 환위험을 제거하기 위하여 달러채권을 매입하여야 한다.

01 절 환율결정이론

문제 1 (2007년)

한국의 90일 만기 국채의 만기수익률은 연 5%이며 180일 만기 국채의 만기수익률은 연 6%이다. 미국의 90일 만기 국채의 만기수익률은 연 5%이며 180일 만기 국채의 만기수익률은 연 5.5%이다. 이자율평가설이 성립한다고 가정하면 다음 중 가장 옳은 것은?

① 현물환율과 90일 선물환율이 동일하다.
② 현물환율과 180일 선물환율이 동일하다.
③ 90일 선물환율과 180일 선물환율이 동일하다.
④ 주어진 정보로는 현물환율과 선물환율의 크기를 비교할 수 없다.
⑤ 한국 국채의 수익률곡선은 우하향 모양을 띠게 된다.

풀이

균형선물환율 (만기 1년 미만) : $F = S \times \dfrac{1 + R_K \times \dfrac{t}{12}}{1 + R_A \times \dfrac{t}{12}}$

90일 만기 선물환율 $F = S \times \dfrac{1 + 0.05 \times \dfrac{3}{12}}{1 + 0.05 \times \dfrac{3}{12}} = S \Rightarrow$ 현물환율 = 선물환율

180일 만기 선물환율 $F = S \times \dfrac{1 + 0.06 \times \dfrac{6}{12}}{1 + 0.055 \times \dfrac{6}{12}} = S \times 1.0024 \Rightarrow$ 현물환율 $<$ 선물환율

정답 : 1

미국 달러와 원화 환율에 대한 90일 만기 선도환율이 현재 국내외환시장과 뉴욕외환시장에서 각각 1,250원/$과 0.00077$/원에 형성되었다고 하자. 두 시장에서 동시에 거래할 수 있는 국내은행의 외환딜러라면 어떤 차익거래를 해야 하는가?

① 한국시장에서 달러매도, 뉴욕시장에서 원화매도 선물환 체결
② 한국시장에서 달러매입, 뉴욕시장에서 원화매도 선물환 체결
③ 한국시장에서 달러매도, 뉴욕시장에서 원화매입 선물환 체결
④ 한국시장에서 달러매입, 뉴욕시장에서 원화매입 선물환 체결
⑤ 차익거래의 기회가 없다.

풀 이

뉴욕 외환시장 : 1$ = 1 ÷ 0.00077 = 1,298원

한국 외환시장 : 1$ = 1,250원

∴ 뉴욕 외환시장에서 달러매도, 한국 외환시장에서 달러매수

⇨ 뉴욕시장에서 원화매입 선물환 → 달러매도
　 뉴욕시장에서 원화매도 선물환 → 달러매입

정 답 : 4

환율결정이론에 관한 다음 설명 중 가장 타당하지 않은 것은?

① 피셔효과가 성립하면, 양국간 명목이자율의 차이는 기대인플레이션율의 차이와 같게 된다.
② 구매력평가이론(PPP)에 따르면, 양국 통화간 현물환율의 기대변동률은 양국간 기대인플레이션율의 차이와 같게 된다.
③ 양국 통화간 현물환율의 기대변동률이 양국간 명목이자율의 차이와 같게 되는 현상을 국제피셔효과라고 한다.
④ 이자율평가이론(IRP)에 따르면, 양국간 실질이자율의 차이는 선도환율의 할증률(혹은 할인율)과 같게 된다.
⑤ 이자율평가이론과 국제피셔효과가 성립하면, 선도환율은 미래 현물환율의 불편추정치가 된다.

풀이

이자율평가이론(근사식) : $\dfrac{F_1 - S}{S} = R_K - R_A$

→ 양국간 명목이자율의 차이는 선도환율의 할증률(혹은 할인율)과 같게 된다.

정답 : 4

문제 4

미국 달러화에 대한 원화의 환율이 1달러에 1,240원이고, 미국과 한국의 명목이자율은 각각 연 6%와 연 8%이다. 차익거래 기회가 존재하지 않기 위해서는 1년 만기의 균형선물환율이 얼마로 정해져야 하는가? (소수점 이하는 반올림 할 것)

① 1,217원   ② 1,240원   ③ 1,263원   ④ 1,314원   ⑤ 1,339원

풀이

이자율평가이론 : $F_1 = S \times \dfrac{1+R_K}{1+R_A}$

1년 만기 선물환율 $= 1,240 \times \dfrac{1.08}{1.06} = 1,263$원

정답 : 3

문제 5

원화표시와 달러화 표시의 1년 만기 무위험할인 채권의 가격이 각각 액면의 80%, 90%라 하자. 외환시장에서 현재 달러 당 원화의 환율이 1,500원이라면, 달러화에 대한 원화의 만기 1년의 선물환율은 얼마인가?

① 1,333원   ② 1,433원   ③ 1,583원   ④ 1,633원   ⑤ 1,688원

풀이

이자율평가이론 : $F_1 = S \times \dfrac{1+R_K}{1+R_A}$

1년 만기 선물환율 $= 1,500 \times \dfrac{\dfrac{100}{80}}{\dfrac{100}{90}} = 1,688$원

정답 : 5

문제 6

미국에서 5%의 이자율로 $40을 차입하였는데, 환율이 800원/$에서 880원/$으로 증가하였다. 회사가 차입금을 상환할 때 부담하게 되는 지급이자율은 얼마인가?

① 13.5%　　② 14.5%　　③15.5%　　④ 17.5%　　⑤ 15%

풀이

국제피셔효과　$\dfrac{E(S_1)}{S_0} = \dfrac{1+R_K}{1+R_A}$

$\dfrac{880}{800} = \dfrac{1+R_K}{1.05} \rightarrow R_K = 15.5\%$

정답 : 3

문제 7

재경(주)에서는 90일에 대금을 지불받기로 하고 미화 100만달러 상당의 기계장비를 중국의 한 회사에 수출하였다. 계약금액은 미화로 표시되었는데 현재의 현물환율은 미화1$당 780원이고, 90일 선물환율은 756원 이라고 한다. 이러한 환위험을 회피하기 위하여 재경(주)는 선물환 계약체결을 통해서 수출대금 100만 달러를 처분하였다. 이 경우 선물환시장을 이용하여 환위험을 회피하는데 드는 비용이 년으로 환산할 때 몇 %인가?

① 3.1%　　② 3.2%　　③ 9.4%　　④ 12.3%　　⑤ 12.7%

풀이

년 환산 비용 $= \dfrac{780원 - 756원}{780원} \times \dfrac{12개월}{3개월} = 12.3\%$

정답 : 4

문제 8   (1996년)

다음은 국제피셔효과를 도표로 표시한 것이다. 다음 중 옳은 것은? (단, FS_1 : 자국통화표시 기대선도환율, S_1 : 자국통화표시 기대현물환율, S_0 : 자국통화표시 현재환율)

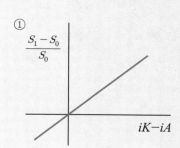

① $\dfrac{S_1 - S_0}{S_0}$, $iK-iA$

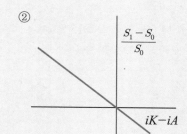

② $\dfrac{S_1 - S_0}{S_0}$, $iK-iA$

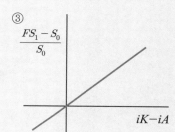

③ $\dfrac{FS_1 - S_0}{S_0}$, $iK-iA$

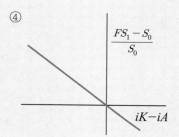

④ $\dfrac{FS_1 - S_0}{S_0}$, $iK-iA$

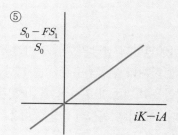

⑤ $\dfrac{S_0 - FS_1}{S_0}$, $iK-iA$

풀이

국제피셔효과(근사식) : $\dfrac{S_1 - S_0}{S_0} = R_K - R_A$

그림에서 Y축이 국제피셔효과 좌변, X축이 국제피셔효과 우변

정답 : 1

문제 9

만기가 동일한 위험자산의 명목수익률 ($i_A - i_B$)과 동일기간 선도환거래 환율 이 아래 그림의 X 점과 같은 상태에 있다면 커버된 이자율 재정거래가 나타난다. 이때 와 F는 B국 통화 1단위당 A국 통화가치로 표시된 현물환율 및 선도환율을 의미한다. 이 경우 재정거래로 인해 나타날 결과는?

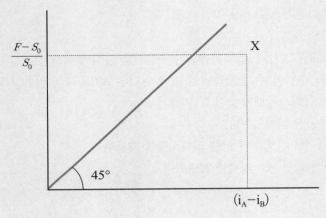

① B국 통화의 선도환 프리미엄이 감소한다.
② B국의 명목수익률 i_B가 하락한다.
③ B국 통화의 현물환율인 S_0가 상승한다.
④ A국의 무위험 금융자산의 가격이 상승한다.
⑤ 위 어떤 결과도 나타나지 않는다.

풀이

이자율평가이론(근사식) : $\dfrac{F_1 - S}{S} = R_K - R_A$

한국이자율＝i_A, 미국이자율＝i_B 이므로 그림에서 점의 위치는 $\dfrac{F_1 - S}{S} < R_K - R_A$

선물시장가격이 균형가격보다 작기 때문에 매도차익거래를 한다.
    (1) 현물매도($-S$)   (2) 선물매수($+f$)   (3) 달러 차입   (4) 원화 대출

매도차익거래 결과
    (1) 현물환율 하락   (2) 선물환율 상승
    (3) 미국(B) 채권가격 하락, 미국(B)이자율 상승
    (4) 한국(A) 채권가격 상승, 한국이자율(A) 하락

정답 : 4

02 절 환위험관리

문제 10

(2009년)

한국은 3개월 후에 미국기업에 대한 수입대금 1백만 달러를 지급해야 한다. 다음 중 환위험을 헤지하기 위해 환위험관리전략으로 가장 적절한 것은?

① 동일한 행사가격의 3개월 만기의 달러 콜옵션과 풋옵션을 동시에 매도한다.
② 스왑딜러를 통해 원화 수입이 주된 소득원인 미국 현지의 A기업과 달러를 지급하고 원화를 수취하는 원–달러 통화스왑계약을 체결한다.
③ 3개월 만기의 달러 콜옵션을 매입한다.
④ 국내 유로은행에서 달러를 차입하여 이를 외환시장에 매도한다.
⑤ 3개월 만기의 달러화 선물환 매도계약을 체결한다.

풀이

수입결제대금이 달러이므로 달러 부채($-S$)의 환위험 헤지전략을 한다.
(1) 콜옵션 매수($+C$)
(2) 풋옵션 매도($-P$)
(3) 선물 매수($+f$)
(4) 달러를 수취하고 원화를 지급하는 통화스왑
(5) 달러 예금($+S$)

정답 : 3

문제 11

미국에 물품을 수출하고 6개월 후에 대금 1백만 달러를 받기로 한 무역업자가 있다. 이 무역업자가 사용하기에 가장 적절한 환위험 헤지 방법은?

① 6개월 만기의 달러 콜옵션을 매수한다.
② 6개월 만기의 달러 풋옵션을 매도한다.
③ 6개월 만기의 선물환 계약에서 달러 매수포지션을 취한다.
④ 동일한 행사가격의 만기 6개월짜리 달러 콜옵션과 달러 풋옵션을 동시에 매수한다.
⑤ 6개월 만기 달러 대출을 받아 달러를 외환시장에서 매각한다.

풀이

수출대금이 달러이므로 달러 자산($+S$)의 환위험 헤지전략을 한다.
(1) 콜옵션 매도($-C$)
(2) 풋옵션 매수($+P$)
(3) 선물 매도($-f$)
(4) 달러를 지급하고 원화를 수취하는 통화스왑
(5) 달러 차입($-S$)

정답 : 5

(2005년)

(주)한국의 외화자금 수급에 대한 예측에 의하면 1년 후인 2006년 3월에 5억엔 상당의 엔화 수입자금에 대한 결제와 500만불 상당의 달러화 수출자금에 대한 결제가 동시에 이루어진다. 다음과 같은 정보가 주어져 있을 때 (주)한국이 환위험을 헤지하기 위하여 택할 수 있는 방법으로 가장 적절한 것은? (단, 수수료는 무시하라)

달러화 이자율	: 연 3%
엔화 이자율	: 연 1%
엔/달러 현물환율	: ¥101.98/$
1년 엔/달러 선물환율	: ¥100/$
1년 만기 행사가격 ¥100/$의 달러화 풋옵션	: ¥9.86
1년 만기 행사가격 ¥100/$의 달러화 콜옵션	: ¥9.84

① 엔/달러 선물시장에서 500만불 상당의 달러 선물환을 매입한다.
② 달러 자금 시장에서 1년 후 500만불을 상환하기로 하고 달러를 차입하여 엔/달러 현물 시장에서 엔화로 교환한 후 엔화 자금 시장에 1년간 예치한다.
③ 엔/달러 현물시장에서 500만불 상당의 달러 현물환을 매입한다.
④ 달러화 풋옵션과 달러화 콜옵션을 동시에 매입한다.
⑤ 달러화 풋옵션을 매도한다.

풀이

(1) 달러화 수출자금의 환헤지전략
→ 달러화 선물환 매도, 달러화 차입, 달러화 콜옵션 매도, 달러화 풋옵션 매수
(2) 엔화 수입자금의 환헤지전략
→ 엔화 선물환 매수, 엔화 예금, 엔화 콜옵션 매수, 엔화 풋옵션 매도

정답 : 2

문제 13

환위험에 노출되어 있는 기업이 그 위험을 관리하기 위하여 고려할 수 있는 방법 중 부적절한 것은?

① 외국통화로 자금을 지급하거나 수령하는 시기를 조정한다.
② 국내외 금융시장에서 자금을 차입하는 통화수단을 조정한다.
③ 해외원자재를 장기적으로 구매하거나 해외로 공장을 이전한다.
④ 통화관련 선물, 옵션, 스왑 등의 파생상품을 이전한다.
⑤ 외국기업과 전략적 제휴관계를 맺는다.

풀이

외국기업과 전략적 제휴를 맺는 것과 환위험 관리가 아닌 경영위험 관리이다.

정답 : 5

문제 14

환율 및 환위험에 대한 설명 중 틀린 것은?

① 국제외환거래에 있어서 두 나라간의 환율을 교차환율이라고 한다.
② 국내에서만 거래활동을 하는 기업은 환위험이 발생하지 않는다.
③ 선물환율이 600원, 1개월 선물환율이 606원인 경우 선물환할증율은 12%이다.
④ 기대하지 않은 환율의 변동으로 기업의 미래기대 현금흐름이 변화할 수 있는 가능성을 경제적 환노출이라고 한다.
⑤ 두 나라 통화간의 현물환율은 두 나라간의 인플레이션율의 차이에 비례하여 변동한다는 이론이 구매력 평가이론이다.

풀이

기준환율 : 원화와 미국달러의 환율
교차환율 : 미국달러와 제3국의 통화의 환율
재정환율 : 원화와 제3국의 통화의 환율로 기준환율과 교차환율의 관계에서 산출

정답 : 1

문제 15   (1992년)

수출 후 3개월 후에 \$600,000을 수취할 경우 환위험을 피할 수 있는 법은?

① 선물환 매입계약의 체결
② Put option 매각
③ \$600,000의 외화채권의 발생
④ Call option의 매입
⑤ Call option의 매각과 Put option 매입

풀이

수출대금이 달러이므로 달러 자산($+S$)의 환위험 헤지전략을 한다.

(1) 콜옵션 매도($-C$)

(2) 풋옵션 매수($+P$)

(3) 선물 매도($-f$)

(4) 달러를 지급하고 원화를 수취하는 통화스왑

(5) 달러 차입($-S$)

정답 : 5

SMART
객관식
재무관리

2021년 공인회계사

1차 기출문제

재무관리 공인회계사 1차 기출문제

문제1~문제24 : 일반경영학
문제25~문제40 : 재무관리

문제 25

투자규모와 내용연수가 동일한 상호배타적인 투자안 A와 투자안 B의 경제성을 평가하고자 한다. 투자안 A와 투자안 B의 자본비용은 동일하다. 두 투자안 간 증분현금흐름의 내부수익률은 15%이다. 현재시점에 현금유출이 발생하고, 이후 현금유입이 발생하는 투자형 현금흐름을 가정한다. NPV곡선(NPV profile)은 가로축이 할인율, 세로축이 NPV를 표시하는 평면에서 도출된다. 다음 표는 투자안 A와 투자안 B의 순현재가치(NPV) 및 내부수익률(IRR)을 요약한다. 다음 설명 중 가장 적절하지 않은 것은?

구분	투자안 A	투자안 B
NPV	4억원	3억원
IRR	20%	30%

① 투자안 A와 투자안 B의 NPV를 추정할 때의 자본비용은 15% 보다 작다.
② 투자안 A의 NPV곡선이 투자안 B의 NPV곡선보다 완만하다.
③ 피셔수익률은 20%보다 작다.
④ 순현재가치법과 내부수익률법의 결과가 상이하면 순현재가치법에 따라서 투자안 A를 선택하는 것이 합리적이다.
⑤ 독립적인 투자안이라면 투자안 A와 투자안 B를 모두 선택하는 것이 바람직하다.

풀이

[SMART 객관식 재무관리] 페이지 74, 페이지 100 문제17
NPV로 의사결정을 하면 투자안 A가 선택
IRR로 의사결정을 하면 투자안 B가 선택
순현가곡선이 교차하는 피셔수익률 = 증분내부수익률 = 15%
자본비용 < 피셔수익률(15%)
투자안 A의 내부수익률이 더 작기 때문에 순현가곡선의 기울기가 더 가파르다.

정답 : 2

문제 26

A기업은 부채비율(타인자본가치/자기자본가치: B/S) 100%를 유지한다. A기업의 부채는 채권발행으로 조달된다. A기업의 영업위험만 반영된 베타는 1.0이고 채권베타는 0.3이다. A기업은 영업활동으로 매년 말 세전현금흐름 500억원을 영구적으로 산출한다. 법인세율 30%, 무위험수익률 5%, 시장포트폴리오의 기대수익률은 10%이다. 채권에 대해 지급하는 이자율은 채권의 기대수익률과 동일하다고 가정한다. CAPM 및 MM수정이론(1963)이 성립한다고 가정한다. 1년 말 세전현금흐름의 확실성등가에 가장 가까운 것은? 단, 소수는 소수점 아래 다섯째 자리에서 반올림하고 금액은 백만원 단위에서 반올림하여 계산하시오.

① 315.6억원   ② 369.5억원   ③ 422.8억원
④ 483.9억원   ⑤ 534.5억원

풀 이

[SMART 객관식 재무관리] 페이지 77, 79

채권베타 > 0이므로 위험부채하마다모형을 적용한다.

$$\beta_S^L = \beta_S^U + (\beta_S^U - \beta_B) \times (1-t) \times \frac{B}{S} = 1 + (1-0.3) \times 0.7 \times 1 = 1.49$$

$$k_e = R_f + (E(R_m) - R_f) \times \beta_S^L = 5 + (10-5) \times 1.49 = 12.45\%$$

$$k_d = R_f + (E(R_m) - R_f) \times \beta_B = 5 + (10-5) \times 0.3 = 6.5\%$$

$$\text{wacc} = 6.5 \times (1-0.3) \times 1/2 + 12.45 \times 1/2 = 8.5$$

$$CEQ_1 = E(CF_1) \times \frac{1+R_f}{1+wacc} = 500 \times 1.05/1.085 = 483.87$$

정답 : 4

문제 27

금융시장에서 만기 및 액면금액이 동일한 채권 A와 채권 B가 존재하고 이 채권들의 액면이자율과 현재(t=0) 시장가격이 다음 표에 제시되어 있다. 다음 표의 자료를 이용하여 $_0i_4$ 가 현재 (t=0) 시점에서 4년 만기 현물이자율일 때 $(1+{_0i_4})^4$ 은 얼마인가? 액면이자는 연 1회 지급된다.

구분	채권 A	채권 B
만기	4년	4년
액면금액	10,000원	10,000원
액면이자율	10%	20%
현재 시장가격	8,000원	11,000원

① 1.5　　　② 1.75　　　③ 2.0　　　④ 2.25　　　⑤ 2.5

풀이

[SMART 객관식 재무관리] 페이지 331

채권 A를 2개 구입하면 채권 B를 1개 구입한 것과 액면이자가 동일하다.
현물이자율은 무이표채 수익률이므로 이표채 A와 B의 액면이자를 제거하기 위하여
채권 A 2개 구입에서 채권 B 1개 구입을 차감하면 다음과 같다.

$$8,000 \times 2 - 11,000 \times 1 = \frac{11,000 \times 2 - 12,000}{(1+{_0i_4})^4}$$

$$(1+{_0i_4})^4 = 2.0$$

정답 : 3

채권 듀레이션에 관한 설명으로 가장 적절하지 않은 것은?

① 무이표채의 경우 만기가 길어지면 듀레이션이 증가한다.
② 목표시기와 듀레이션을 일치시키는 채권 포트폴리오를 보유하면 목표시기까지 이자율의 중간 변동에 대하여 면역이 되므로 채권 포트폴리오를 조정할 필요가 없다.
③ 목표시기면역전략 수행에 있어서 다른 조건이 동일할 때 시간이 경과함에 따라 채권 포트폴리오의 듀레이션을 감소시키는 조정이 필요하다.
④ 다른 조건이 동일할 때 연간 이자지급횟수가 증가하면 채권의 듀레이션은 감소한다.
⑤ 영구채의 듀레이션은 시장이자율과 연간 이자지급횟수에 의하여 결정된다.

풀이

[SMART 객관식 재무관리] 페이지 336, 페이지 373 문제33

이자율이 변동하거나 기간이 경과하면 각 채권의 가치와 듀레이션이 변동하기 때문에 포트폴리오를 재조정(rebalancing)하여야 면역화 시킬 수 있다.

정답 : 2

문제 29

무위험부채를 보유한 A기업의 현재 법인세율은 30%이고 주식베타는 2.0이다. A기업과 부채비율 이외의 모든 것이 동일한 무부채 기업인 B기업의 베타는 1.0, 기업가치는 50억원, 법인세율은 30%이다. CAPM과 MM수정이론(1963)을 가정할 때, A기업의 이자비용 절세효과 (interest tax shield effect)의 현재가치(PV)에 가장 가까운 것은? 단, 금액은 억원 단위로 표시하고, 소수점 아래 셋째 자리에서 반올림한다.

① 2.71억원　　② 4.71억원　　③ 6.71억원　　④ 8.71억원　　⑤ 10.71억원

풀 이

[SMART 객관식 재무관리] 페이지 152 문제11

무위험부채 하마다모형을 이용하여 부채비율을 구한다.

$$\beta_S^L = \beta_S^U \times [1 + (1-t) \times \frac{B}{S}]$$

$2.0 = 1.0 \times [1 + (1 - 0.3) \times B/S] \Rightarrow B/S = 1.429 \Rightarrow B/V = 0.588$

부채비율을 MM 1명제에 대입하여 부채기업의 기업가치를 구한다.

$V_L = 50 + 0.3 \times 0.588 \times V_L \Rightarrow V_L = 60.71$

이자비용의 절세효과 현재가치를 구한다.

$B \times t = 60.71 \times 0.588 \times 0.3 = 10.71$

정 답 : 5

레버리지에 관한 설명으로 적절한 항목만을 모두 선택한 것은?

> a. 손익분기점 미만의 매출액 수준에서는 영업레버리지도(DOL)가 음(−)의 값으로 나타난다.
> b. 영업레버리지도(DOL)가 크다는 것은 영업이익 변화율에 비해 매출액 변화율이 크다는 것을 의미한다.
> c. 레버리지효과가 없을 경우 영업레버리지도(DOL)와 재무레버리지도(DFL)는 모두 0과 1사이의 값으로 나타난다.
> d. 재무레버리지도(DFL)와 결합레버리지도(DCL)가 각각 4, 8일 때, 매출액이 10% 증가하면, 영업이익은 20% 증가한다.
> e. 재무레버리지는 이자비용 중에서 영업고정비의 비중 증가에 따른 순이익 확대효과를 의미한다.

① a, d   ② b, d   ③ c, d   ④ a, c, d   ⑤ a, c, e

풀이

[SMART 객관식 재무관리] 페이지 13

b. DOL가 크다는 것은 매출액 변화율에 비해 영업이익 변화율이 크다는 것을 의미한다.

c. 레버리지효과가 없을 경우 DOL와 DFL는 모두 1의 값으로 나타난다.

e. 재무레버리지는 재무고정비의 비중 증가에 따른 순이익 확대효과를 의미한다.

정답 : 1

문제 31

배당평가모형에 따른 주식가치 평가에 관한 설명으로 적절한 항목만을 모두 선택한 것은?

> a. 전액 배당하는 무성장 영구기업의 주가수익배수(PER)는 요구수익률과 정(+)의 관계를 갖는다.
>
> b. A기업의 배당성장률(g)은 항상 2%이다. A기업의 현재 이론주가(P0)가 10,000원, 주식투자자의 요구수익률이 10%일 때, 최근 지급된 배당액(D0)은 750원보다 적다.
>
> c. 유보율이 0인 무성장 영구기업의 경우 현재 이론주가(P0)는 주당순이익(EPS1)÷자기자본비용 (ke)으로 추정할 수 있다.
>
> d. 항상(일정)성장모형을 통해 주가 추정시 주주 요구수익률이 성장률보다 작을 경우에 한해 현재 이론주가(P0)가 추정된다.
>
> e. 배당평가모형은 미래배당을 현재가치화한 추정모형이다.

① a, b　　　　② b, e　　　　③ c, e　　　　④ a, c, e　　　　⑤ a, d, e

풀이

[SMART 객관식 재무관리] 페이지 37~38

a. 주가수익배수(PER)는 요구수익률과 반(−)의 관계를 갖는다.

b. $P_0 = \dfrac{D_1}{k_e - g}$

$10,000 = \dfrac{D_o \times 1.02}{0.10 - 0.02}$ ⇨ D_0 = 784원

d. 항상(일정)성장모형의 가정 : 주주 요구수익률 > 성장률

정답 : 3

경제적 부가가치(EVA)에 관한 설명으로 적절한 항목만을 모두 선택한 것은?

> a. EVA는 투하자본의 효율적 운영 수준을 나타낸다.
> b. EVA는 영업 및 영업외 활동에 투자된 자본의 양적, 질적 측면을 동시에 고려한다.
> c. EVA는 자기자본이익률과 가중평균자본비용의 차이에 투하자본을 곱해서 산출한다.
> d. EVA는 투하자본의 기회비용을 반영해 추정한 경제적 이익의 현재가치의 합이다.
> e. EVA는 당기순이익에 반영되지 않는 자기자본비용을 고려하여 산출한다.

① a, b   ② b, c   ③ a, e   ④ b, c, e   ⑤ b, d, e

풀 이

[SMART 객관식 재무관리] 페이지 80

b. EVA는 영업 활동에 투자된 자본의 양적 측면을 고려한다.
c. EVA는 투하자본이익률과 가중평균자본비용의 차이에 투하자본을 곱해서 산출한다.
d. MVA는 투하자본의 기회비용을 반영해 추정한 경제적 이익의 현재가치의 합이다.

정답 : 3

문제 33

무부채기업인 A기업의 자기자본은 10억원이다. A기업에서는 매년 0.7억원의 영구 무성장 세후영업이익이 발생하며, 법인세율은 30%이다. A기업은 이자율 5%의 영구채 5억원 발행자금 전액으로 자사주 매입소각 방식의 자본구조 변경을 계획 중이다. MM수정이론(1963)을 가정할 때, 자본구조 변경에 따른 가중평균자본비용에 가장 가까운 것은? 단, 자본비용은 %기준으로 소수점 아래 셋째 자리에서 반올림한다.

① 6% ② 8% ③ 10% ④ 12% ⑤ 14%

풀 이

[SMART 객관식 재무관리] 페이지 145 문제4

$$V_U = \frac{EBIT(1-t)}{\rho} \Rightarrow 10 = \frac{0.7}{\rho} \Rightarrow \rho = 7\%$$

MM 1명제를 이용하여 부채기업의 기업가치를 구한다.
$$V_L = V_U + B \times t = 10 + 5 \times 0.3 = 11.5$$

MM 3명제를 이용하여 부채기업의 가중평균자본비용을 구한다.
$$k_o^L = \rho(1 - t\frac{B}{V}) = 7 \times (1 - 0.3 \times 5/11.5) = 6.09\%$$

※ 별해
부채기업의 가중평균자본비용은 무부채기업의 가중평균자본비용보다 작아야 하므로
주어진 보기에서 7%보다 작은 것은 ①이다.

정 답 : 1

주식배당에 관한 설명으로 가장 적절하지 않은 것은?

① 정보비대칭 하의 불완전자본시장을 가정할 경우 주식배당은 기업내부에 현금이 부족하다는 인식을 외부에 주는 부정적 효과가 있을 수 있다.
② 주식배당은 유보이익의 영구자본화를 가능하게 한다.
③ 완전자본시장의 경우 주식배당 실시 여부와 관계없이 주주의 부는 불변한다.
④ 주식배당은 주가를 상승시킴으로써 주식거래에 있어 유동성을 증가시킨다.
⑤ 주식배당의 경우 발행비용을 발생시켜 동일한 금액 수준의 현금배당보다 비용이 많이 들 수 있다.

풀 이

[SMART 객관식 재무관리] 페이지 137 표

④ 주식배당은 주식수가 증가하여 주가를 하락시키며 유동성을 증가시킨다.

정 답 : 4

자본자산가격결정모형(CAPM)이 성립할 때, 다음 중 가장 적절한 것은?

① 공매도가 허용될 때, 기대수익률이 서로 다른 두 개의 효율적 포트폴리오를 조합하여 시장포트폴리오를 복제할 수 있다.
② 시장포트폴리오의 위험프리미엄이 음(−)의 값을 가지는 경우가 발생할 수 있다.
③ 수익률의 표준편차가 서로 다른 두 포트폴리오 중에서 더 높은 표준편차를 가진 포트폴리오는 더 높은 기대수익률을 갖는다.
④ 비체계적 위험을 가진 자산이 자본시장선 상에 존재할 수 있다.
⑤ 베타가 0인 위험자산 Z와 시장포트폴리오를 조합하여 위험자산 Z보다 기대수익률이 높고 수익률의 표준편차가 작은 포트폴리오를 구성할 수 없다.

풀 이

[SMART 객관식 재무관리] 페이지 228, 231

② 시장포트폴리오의 위험프리미엄 > 0
③ 더 높은 베타를 가진 포트폴리오는 더 높은 기대수익률을 갖는다.
④ 비체계적 위험을 가진 자산은 자본시장선 상에 존재할 수 없다.
⑤ 위험자산 Z보다 기대수익률이 높고 베타가 작은 포트폴리오를 구성할 수 없다.
  ⇨ 표준편차가 더 작은 포트폴리오를 구성할 수 있다.

정 답 : 1

문제 36

다음 표는 자산 A, B, C, D의 젠센(Jensen)지수를 나타낸다. 공매도가 허용된다고 가정할 때, 다음 중 가능한 경우만을 모두 선택한 것은?

자산	A	B	C	D
젠센지수(%)	−2	−1	1	2

a. 자산 A와 자산 B로만 구성된 포트폴리오의 젠센지수가 1%인 경우

b. 자산 C의 샤프(Sharpe)지수가 자산 D의 샤프지수보다 큰 경우

c. 자산 C의 트레이너(Treynor)지수가 자산 D의 트레이너지수보다 큰 경우

① a   ② c   ③ a, b   ④ a, c   ⑤ a, b, c

풀이

[SMART 객관식 재무관리] 페이지 235

a. A 공매도, B매수 포트폴리오의 젠센지수 = +1%

b. 표준편차의 크기를 알 수 없기 때문에 가능

c. 베타의 크기를 알 수 없기 때문에 가능

정답 : 5

다음 표는 2개의 공통요인만이 존재하는 시장에서, 비체계적위험이 모두 제거된 포트폴리오 A, B, C, D의 기대수익률과 각 요인에 대한 민감도를 나타낸다. 차익거래가격결정이론(APT)이 성립할 때, 포트폴리오 D의 요인 1에 대한 민감도에 가장 가까운 것은?

포트폴리오	요인 1에 대한 민감도	요인 2에 대한 민감도	기대수익률
A	1	1	7%
B	2	1	10%
C	2	2	12%
D	( )	3	20%

① 2 ② 3 ③ 4 ④ 5 ⑤ 6

풀 이

[SMART 객관식 재무관리] 페이지 320 문제78

APT 균형수익률 : $E(R_i) = \lambda_0 + \lambda_1 \times \beta_{i1} + \lambda_2 \times \beta_{i2}$

포트폴리오 A : $7\% = \lambda_0 + \lambda_1 \times 1 + \lambda_2 \times 1$

포트폴리오 B : $10\% = \lambda_0 + \lambda_1 \times 2 + \lambda_2 \times 1$

포트폴리오 C : $12\% = \lambda_0 + \lambda_1 \times 2 + \lambda_2 \times 2$

이를 연립방정식으로 풀면 $\lambda_0 = 2\%, \lambda_1 = 3\%, \lambda_2 = 2\%$

포트폴리오 D : $20\% = 2 + 3 \times \beta_{D1} + 2 \times 3 \Rightarrow \beta_{D1} = 4$

정 답 : 3

문제 38

다음 표는 채권 A, B, C의 액면이자율을 나타낸다. 현재(t=0) 모든 채권의 만기수익률은 10% 이며, 1년 후(t=1)에도 유지된다고 가정한다. 채권들의 액면금액과 잔존만기(2년 이상)가 동일 하며, 액면이자는 연 1회 지급된다. 다음 설명 중 가장 적절하지 않은 것은?

단, t시점 경상수익률 $= \dfrac{\text{연간 액면이자}}{t\text{시점 채권가격}}$

채권	액면이자율
A	9%
B	10%
C	11%

① 채권 A의 현재 가격은 채권 B의 현재 가격보다 작다.
② 채권 A의 현재 경상수익률은 채권 B의 현재 경상수익률보다 높다.
③ 채권 A의 1년 후 경상수익률은 현재 경상수익률에 비해 낮다.
④ 채권 C의 1년 후 경상수익률은 현재 경상수익률에 비해 높다.
⑤ 채권 C의 1년 후 듀레이션은 현재 채권 C의 듀레이션에 비해 작다

풀이

[SMART 객관식 재무관리] 페이지 364 문제22

① 채권 A의 액면이자율(9%)이 채권B의 액면이자율(10%)보가 작기 때문에 현재 가격은 작다.
② 채권 A는 만기수익률(10%)이 액면이자율(9%)보다 크기 때문에 할인채권
　⇨ 경상수익률 > 액면이자율(9%)
　채권 B는 만기수익률(10%)과 액면이자율(10%)과 같기 때문에 액면채권
　⇨ 경상수익률 = 액면이자율 = 10%
③ 채권A는 할인채권이므로 1년후 가격은 현재가격보다 더 커지므로 경상수익률은 더 낮다.
④ 채권 C는 만기수익률(10%)이 액면이자율(11%)보다 작기 때문에 할증채권
　할증채권이므로 1년후 가격은 현재가격보다 더 작아지므로 경상수익률은 더 높다.
⑤ 만기수익률이 일정하므로 시간이 경과하면 만기가 감소하여 듀레이션은 감소한다.

정답 : 4

주식 A는 배당을 하지 않으며, 현재 시장에서 4,000원에 거래되고 있다. 1년 후 이 주식은 72.22%의 확률로 5,000원이 되고, 27.78%의 확률로 3,000원이 된다. 주식 A가 기초자산이고 행사가격이 3,500원이며 만기가 1년인 유럽형 풋옵션은 현재 200원에 거래되고 있다. 주식의 공매도가 허용되고 무위험이자율로 차입과 대출이 가능하고 거래비용과 차익거래기회가 없다면, 1년 후 항상 10,000원을 지급하는 무위험자산의 현재 가격에 가장 가까운 것은?

① 9,000원　　② 9,200원　　③ 9,400원　　④ 9,600원　　⑤ 9,800원

풀이

[SMART 객관식 재무관리] 페이지 405

$P_u = \max[3500 - 5000, 0] = 0$

$P_d = \max[3500 - 3000, 0] = 500$

풋옵션의 1년후 확실성등가 : $200 \times (1 + R_f) = 0 \times p + 500 \times (1 - p)$

주식A의 1년후 확실성등가 : $4,000 \times (1 + R_f) = 5,000 \times p + 3,000 \times (1 - p)$

위의 두 식을 연립방정식으로 풀면 $p = 7/12$, $(1 + R_f) = 1.04167$

무위험자산의 현재가격 $= 10,000 / 1.04167 = 9,600$

정답 : 4

문제 40

배당을 지급하지 않는 주식 A의 현재 가격은 10달러이다. 현재 환율은 1달러 당 1,100원이고, 달러화에 대한 무위험이자율은 1%이며, 원화에 대한 무위험이자율은 3%이다. 주식 A를 1년 후에 원화로 구입하는 선도계약이 가능할 때, 선도가격에 가장 가까운 것은? 단, 무위험이자율로 차입과 대출이 가능하고, 공매도가 허용되며, 거래비용과 차익거래기회가 없다.

① 10,786원   ② 11,000원   ③ 11,110원   ④ 11,330원   ⑤ 11,443원

풀 이

[SMART 객관식 재무관리] 페이지 473

무배당 달러주식의 현재 원화가격
$S = \$10 \times 1,100원 = 11,000원$

무배당 원화주식의 선물가격
$F = S \times (1 + R_f)^t = 11,000 \times 1.03 = 11,330원$

※ 주의
주식의 선물가격공식을 사용하여야 하며 아래의 달러의 선물가격공식을 사용하면 안 됨

$$F = S \times (\frac{1 + R_k}{1 + R_A})^t$$

정답 : 4

SMART
객관식
재무관리

부 록

Time table

- 미래가치요소 (FVIF : Future Value Interest Factor)

- 연금의 미래가치요소 (FVIFA : FVIF for annuity)

- 현재가치요소 (PVIF : Present Value Interest Factor)

- 연금의 현재가치요소 (PVIFA : PVIF for annuity)

1 미래가치요소(FVIF : Future Value Interest Factor)

$$FVIF = (1+i)^n \ (n=\text{기간}, \ i=\text{기간당 할인율})$$

n/i	1.0	2.0	3.0	4.0	5.0	6.0	7.0	8.0	9.0	10.0
1	1.01000	1.02000	1.03000	1.04000	1.05000	1.06000	1.07000	1.08000	1.09000	1.10000
2	1.02010	1.04040	1.06090	1.08160	1.10250	1.12360	1.14490	1.16640	1.18810	1.21000
3	1.03030	1.06121	1.09273	1.12486	1.15762	1.19102	1.22504	1.25971	1.29503	1.33100
4	1.04060	1.08243	1.12551	1.16986	1.21551	1.26248	1.31080	1.36049	1.41158	1.46410
5	1.05101	1.10408	1.15927	1.21665	1.27628	1.33823	1.40255	1.46933	1.53862	1.61051
6	1.06152	1.12616	1.19405	1.26532	1.34010	1.41852	1.50073	1.58687	1.67710	1.77156
7	1.07214	1.14869	1.22987	1.31593	1.40710	1.50363	1.60578	1.71382	1.82804	1.94872
8	1.08286	1.17166	1.26677	1.36857	1.47746	1.59385	1.71819	1.85093	1.99256	2.14359
9	1.09369	1.19509	1.30477	1.42331	1.55133	1.68948	1.83846	1.99900	2.17189	2.35795
10	1.10462	1.21899	1.34392	1.48024	1.62889	1.79085	1.96715	2.15892	2.36736	2.59374
11	1.11567	1.24337	1.38423	1.53945	1.71034	1.89830	2.10485	2.33164	2.58043	2.85312
12	1.12682	1.26824	1.42576	1.60103	1.79586	2.01220	2.25219	2.51817	2.81266	3.13843
13	1.13809	1.29361	1.46853	1.66507	1.88565	2.13293	2.40984	2.71962	3.06580	3.45227
14	1.14947	1.31948	1.51259	1.73168	1.97993	2.26090	2.57853	2.93719	3.34173	3.79750
15	1.16097	1.34587	1.55797	1.80094	2.07893	2.39656	2.75903	3.17217	3.64248	4.17725
16	1.17258	1.37279	1.60471	1.87298	2.18287	2.54035	2.95216	3.42594	3.97030	4.59497
17	1.18430	1.40024	1.65285	1.94790	2.29202	2.69277	3.15881	3.70002	4.32763	5.05447
18	1.19615	1.42825	1.70243	2.02582	2.40662	2.85434	3.37993	3.99602	4.71712	5.55992
19	1.20811	1.45681	1.75351	2.10685	2.52695	3.02560	3.61653	4.31570	5.14166	6.11591
20	1.22019	1.48595	1.80611	2.19112	2.65330	3.20713	3.86968	4.66096	5.60441	6.72750

n/i	11.0	12.0	13.0	14.0	15.0	16.0	17.0	18.0	19.0	20.0
1	1.11000	1.12000	1.13000	1.14000	1.15000	1.16000	1.17000	1.18000	1.19000	1.20000
2	1.23210	1.25440	1.27690	1.29960	1.32250	1.34560	1.36890	1.39240	1.41610	1.44000
3	1.36763	1.40493	1.44290	1.48154	1.52087	1.56090	1.60161	1.64303	1.68516	1.72800
4	1.51807	1.57352	1.63047	1.68896	1.74901	1.81064	1.87389	1.93878	2.00534	2.07360
5	1.68506	1.76234	1.84244	1.92541	2.01136	2.10034	2.19245	2.28776	2.38635	2.48832
6	1.87041	1.97382	2.08195	2.19497	2.31306	2.43640	2.56516	2.69955	2.83976	2.98598
7	2.07616	2.21068	2.35261	2.50227	2.66002	2.82622	3.00124	3.18547	3.37931	3.58318
8	2.30454	2.47596	2.65844	2.85259	3.05902	3.27841	3.51145	3.75886	4.02138	4.29982
9	2.55804	2.77308	3.00404	3.25195	3.51788	3.80296	4.10840	4.43545	4.78545	5.15978
10	2.83942	3.10585	3.39457	3.70722	4.04556	4.41143	4.80683	5.23383	5.69468	6.19173
11	3.15176	3.47855	3.83586	4.22623	4.65239	5.11726	5.62399	6.17592	6.77667	7.43008
12	3.49845	3.89598	4.33452	4.81790	5.35025	5.93603	6.58007	7.28759	8.06424	8.91610
13	3.88328	4.36349	4.89801	5.49241	6.15279	6.88579	7.69868	8.59936	9.59645	10.69932
14	4.31044	4.88711	5.53475	6.26135	7.07570	7.98752	9.00745	10.14724	11.41977	12.83918
15	4.78459	5.47356	6.25427	7.13794	8.13706	9.26552	10.53872	11.97374	13.58953	15.40701
16	5.31089	6.13039	7.06732	8.13725	9.35762	10.74800	12.33030	14.12902	16.17154	18.48842
17	5.89509	6.86604	7.98608	9.27646	10.76126	12.46768	14.42645	16.67224	19.24413	22.18610
18	6.54355	7.68996	9.02427	10.57517	12.37545	14.46251	16.87895	19.67324	22.90051	26.62332
19	7.26334	8.61276	10.19742	12.05569	14.23177	16.77651	19.74837	23.21443	27.25161	31.94798
20	8.06231	9.64629	11.52309	13.74348	16.36653	19.46075	23.10559	27.39302	32.42941	38.33758

2 연금의 미래가치요소(FVIFA : FVIF for annuity)

$$FVIFA = \frac{(1+i)^n - 1}{i}$$

n/i	1.0	2.0	3.0	4.0	5.0	6.0	7.0	8.0	9.0	10.0
1	1.00000	1.00000	1.00000	1.00000	1.00000	1.00000	1.00000	1.00000	1.00000	1.00000
2	2.01000	2.02000	2.03000	2.04000	2.04500	2.06000	2.07000	2.08000	2.09000	2.10000
3	3.03010	3.06040	3.09090	3.12160	3.13702	3.18360	3.21490	3.24640	3.27810	3.31000
4	4.06040	4.12161	4.18363	4.24646	4.27819	4.37462	4.43994	4.50611	4.57313	4.64100
5	5.10100	5.20404	5.30914	5.41632	5.47071	5.63709	5.75074	5.86660	5.98471	6.10510
6	6.15201	6.30812	6.46841	6.63298	6.71689	6.97532	7.15329	7.33593	7.52333	7.71561
7	7.21353	7.43428	7.66246	7.89829	8.01915	8.39384	8.65402	8.92280	9.20043	9.48717
8	8.28567	8.58297	8.89234	9.21423	9.38001	9.89747	10.25980	10.63663	11.02847	11.43589
9	9.36853	9.75463	10.15911	10.58279	10.80211	11.49132	11.97799	12.48756	13.02104	13.57948
10	10.46221	10.94972	11.46388	12.00611	12.28821	13.18079	13.81645	14.48656	15.19293	15.93742
11	11.56683	12.16871	12.80779	13.48635	13.84118	14.97164	15.78360	16.64549	17.56029	18.53117
12	12.68250	13.41209	14.19203	15.02580	15.46403	16.86994	17.88845	18.97713	20.14072	21.38428
13	13.80933	14.68033	15.61779	16.62684	17.15991	18.88214	20.14064	21.49530	22.95338	24.52271
14	14.94742	15.97394	17.08632	18.29191	18.93211	21.01506	22.55049	24.21492	26.01919	27.97498
15	16.09689	17.29342	18.59891	20.02359	20.78405	23.27597	25.12902	27.15211	29.36091	31.77248
16	17.25786	18.63928	20.15688	21.82453	22.71933	25.67252	27.88805	30.32428	33.00339	35.94973
17	18.43044	20.01207	21.76158	23.69751	24.74170	28.21287	30.84021	33.75022	36.97370	40.54470
18	19.61474	21.41231	23.41443	25.64541	26.85508	30.90565	33.99903	37.45024	41.30133	45.59917
19	20.81089	22.84056	25.11686	27.67123	29.06356	33.75998	37.37896	41.44626	46.01845	51.15908
20	22.01900	24.29737	26.87037	29.77807	31.37142	36.78558	40.99549	45.76196	51.16011	57.27499

n/i	11.0	12.0	13.0	14.0	15.0	16.0	17.0	18.0	19.0	20.0
1	1.00000	1.00000	1.00000	1.00000	1.00000	1.00000	1.00000	1.00000	1.00000	1.00000
2	2.11000	2.12000	2.13000	2.14000	2.15000	2.16000	2.17000	2.18000	2.19000	2.20000
3	3.34210	3.37440	3.40690	3.43960	3.47250	3.50560	3.53890	3.57240	3.60610	3.64000
4	4.70973	4.77933	4.84980	4.92114	4.99337	5.06650	5.14051	5.21543	5.29126	5.36800
5	6.22780	6.35285	6.48027	6.61010	6.74238	6.87714	7.01440	7.15421	7.29660	7.44160
6	7.91286	8.11519	8.32271	8.53552	8.75374	8.97748	9.20685	9.44197	9.68295	9.92992
7	9.78327	10.08901	10.40466	10.73049	11.06680	11.41387	11.77201	12.14152	12.52271	12.91590
8	11.85943	12.29969	12.75726	13.23276	13.72682	14.24009	14.77325	15.32699	15.90203	16.49908
9	14.16397	14.77566	15.41571	16.08535	16.78584	17.51851	18.28471	19.08585	19.92341	20.79890
10	16.72201	17.54873	18.41975	19.33729	20.30372	21.32147	22.39311	23.52131	24.70886	25.95868
11	19.56143	20.65458	21.81432	23.04451	24.34927	25.73290	27.19993	28.75514	30.40354	32.15041
12	22.71318	24.13313	25.65018	27.27074	29.00166	30.85016	32.82392	34.93106	37.18021	39.58049
13	26.21163	28.02911	29.98470	32.08865	34.35191	36.78619	39.40399	42.21865	45.24445	48.49659
14	30.09491	32.39260	34.88271	37.58106	40.50470	43.67198	47.10266	50.81801	54.84090	59.19591
15	34.40535	37.27971	40.41746	43.84241	47.58041	51.65949	56.11012	60.96525	66.26067	72.03509
16	39.18994	42.75327	46.67173	50.98034	55.71747	60.92501	66.64883	72.93899	79.85019	87.44210
17	44.50083	48.88367	53.73906	59.11759	65.07508	71.67301	78.97913	87.06801	96.02173	105.93052
18	50.39592	55.74971	61.72513	68.39405	75.83635	84.14069	93.40559	103.74025	115.26585	128.11662
19	56.93947	63.43967	70.74940	78.96922	88.21180	98.60320	110.28453	123.41349	138.16636	154.73994
20	64.20282	72.05243	80.94682	91.02491	102.44357	115.37971	130.03290	146.62792	165.41797	186.68792

3 현재가치요소(PVIF : Present Value Interest Factor)

$$PVIF = \frac{1}{(1+i)^n} \ (n=기간, \ i=기간당 \ 할인율)$$

n/i	1.0	2.0	3.0	4.0	5.0	6.0	7.0	8.0	9.0	10.0
1	0.99010	0.98039	0.97087	0.96154	0.95238	0.94340	0.93458	0.92593	0.91743	0.90909
2	0.98030	0.96117	0.94260	0.92456	0.90703	0.89000	0.87344	0.85734	0.84168	0.82645
3	0.97059	0.94232	0.91514	0.88900	0.86384	0.83962	0.81630	0.79383	0.77218	0.75131
4	0.96098	0.92385	0.88849	0.85480	0.82270	0.79209	0.76290	0.73503	0.70843	0.68301
5	0.95147	0.90573	0.86261	0.82193	0.78353	0.74726	0.71299	0.68058	0.64993	0.62092
6	0.94205	0.88797	0.83748	0.79031	0.74622	0.70496	0.66634	0.63017	0.59627	0.56447
7	0.93272	0.87056	0.81309	0.75992	0.71068	0.66506	0.62275	0.58349	0.54703	0.51316
8	0.92348	0.85349	0.78941	0.73069	0.67684	0.62741	0.58201	0.54027	0.50187	0.46651
9	0.91434	0.83676	0.76642	0.70259	0.64461	0.59190	0.54393	0.50025	0.46043	0.42410
10	0.90529	0.82035	0.74409	0.67556	0.61391	0.55839	0.50835	0.46319	0.42241	0.38554
11	0.89632	0.80426	0.72242	0.64958	0.58468	0.52679	0.47509	0.42888	0.38753	0.35049
12	0.88745	0.78849	0.70138	0.62460	0.55684	0.49697	0.44401	0.39711	0.35553	0.31863
13	0.87866	0.77303	0.68095	0.60057	0.53032	0.46884	0.41496	0.36770	0.32618	0.28966
14	0.86996	0.75788	0.66112	0.57748	0.50507	0.44230	0.38782	0.34046	0.29925	0.26333
15	0.86135	0.74301	0.64186	0.55526	0.48102	0.41727	0.36245	0.31524	0.27454	0.23939
16	0.85282	0.72845	0.62317	0.53391	0.45811	0.39365	0.33873	0.29189	0.25187	0.21763
17	0.84438	0.71416	0.60502	0.51337	0.43630	0.37136	0.31657	0.27027	0.23107	0.19784
18	0.83602	0.70016	0.58739	0.49363	0.41552	0.35034	0.29586	0.25025	0.21199	0.17986
19	0.82774	0.68643	0.57029	0.47464	0.39573	0.33051	0.27651	0.23171	0.19449	0.16351
20	0.81954	0.67297	0.55368	0.45639	0.37689	0.31180	0.25842	0.21455	0.17843	0.14864

n/i	11.0	12.0	13.0	14.0	15.0	16.0	17.0	18.0	19.0	20.0
1	0.90090	0.89286	0.88496	0.87719	0.86957	0.86207	0.85470	0.84746	0.84034	0.83333
2	0.81162	0.79719	0.78315	0.76947	0.75614	0.74316	0.73051	0.71818	0.70616	0.69444
3	0.73119	0.71178	0.69305	0.67497	0.65752	0.64066	0.62437	0.60863	0.59342	0.57870
4	0.65873	0.63552	0.61332	0.59208	0.57175	0.55229	0.53365	0.51579	0.49867	0.48225
5	0.59345	0.56743	0.54276	0.51937	0.49718	0.47611	0.45611	0.43711	0.41905	0.40188
6	0.53464	0.50663	0.48032	0.45559	0.43233	0.41044	0.38984	0.37043	0.35214	0.33490
7	0.48166	0.45235	0.42506	0.39964	0.37594	0.35383	0.33320	0.31393	0.29592	0.27908
8	0.43393	0.40388	0.37616	0.35056	0.32690	0.30503	0.28478	0.26604	0.24867	0.23257
9	0.39092	0.36061	0.33288	0.30751	0.28426	0.26295	0.24340	0.22546	0.20897	0.19381
10	0.35218	0.32197	0.29459	0.26974	0.24718	0.22668	0.20804	0.19106	0.17560	0.16151
11	0.31728	0.28748	0.26070	0.23662	0.21494	0.19542	0.17781	0.16192	0.14757	0.13459
12	0.28584	0.25668	0.23071	0.20756	0.18691	0.16846	0.15197	0.13722	0.12400	0.11216
13	0.25751	0.22917	0.20416	0.18207	0.16253	0.14523	0.12989	0.11629	0.10421	0.09346
14	0.23199	0.20462	0.18068	0.15971	0.14133	0.12520	0.11102	0.09855	0.08757	0.07789
15	0.20900	0.18270	0.15989	0.14010	0.12289	0.10793	0.09489	0.08352	0.07359	0.06491
16	0.18829	0.16312	0.14150	0.12289	0.10686	0.09304	0.08110	0.07078	0.06184	0.05409
17	0.16963	0.14564	0.12522	0.10780	0.09293	0.08021	0.06932	0.05998	0.05196	0.04507
18	0.15282	0.13004	0.11081	0.09456	0.08081	0.06914	0.05925	0.05083	0.04367	0.03756
19	0.13768	0.11611	0.09806	0.08295	0.07027	0.05961	0.05064	0.04308	0.03670	0.03130
20	0.12403	0.10367	0.08678	0.07276	0.06110	0.05139	0.04328	0.03651	0.03084	0.02608

4 연금의 현재가치요소(PVIFA : PVIF for annuity)

$$PVIFA = \frac{1 - \dfrac{1}{(1+i)^n}}{i}$$

n/i	1.0	2.0	3.0	4.0	5.0	6.0	7.0	8.0	9.0	10.0
1	0.99010	0.98039	0.97087	0.96154	0.95238	0.94340	0.93458	0.92593	0.91743	0.90909
2	1.97039	1.94156	1.91347	1.88609	1.85941	1.83339	1.80802	1.78326	1.75911	1.73554
3	2.94098	2.88388	2.82861	2.77509	2.72325	2.67301	2.62432	2.57710	2.53129	2.48685
4	3.90197	3.80773	3.71710	3.62990	3.54595	3.46511	3.38721	3.31213	3.23972	3.16987
5	4.85343	4.71346	4.57971	4.45182	4.32948	4.21236	4.10020	3.99271	3.88965	3.79079
6	5.79548	5.60143	5.41719	5.24214	5.07569	4.91732	4.76654	4.62288	4.48592	4.35526
7	6.72819	6.47199	6.23028	6.00206	5.78637	5.58238	5.38929	5.20637	5.03295	4.86842
8	7.65168	7.32548	7.01969	6.73275	6.46321	6.20979	5.97130	5.74664	5.53482	5.33493
9	8.56602	8.16224	7.78611	7.43533	7.10782	6.80169	6.51523	6.24689	5.99525	5.75902
10	9.47130	8.98259	8.53020	8.11090	7.72174	7.36009	7.02358	6.71008	6.41766	6.14457
11	10.36763	9.78685	9.25262	8.76048	8.30642	7.88687	7.49867	7.13896	6.80519	6.49506
12	11.25508	10.57534	9.95400	9.38507	8.86325	8.38384	7.94269	7.53608	7.16073	6.81369
13	12.13374	11.34837	10.63495	9.98565	9.39357	8.85268	8.35765	7.90378	7.48690	7.10336
14	13.00370	12.10625	11.29607	10.56312	9.89864	9.29498	8.74547	8.24424	7.78615	7.36669
15	13.86505	12.84926	11.93793	11.11839	10.37966	9.71225	9.10791	8.55948	8.06069	7.60608
16	14.71787	13.57771	12.56110	11.65230	10.83777	10.10590	9.44665	8.85137	8.31256	7.82371
17	15.56225	14.29187	13.16612	12.16567	11.27407	10.47726	9.76322	9.12164	8.54363	8.02155
18	16.39827	14.99203	13.75351	12.65930	11.68959	10.82760	10.05909	9.37189	8.75563	8.20141
19	17.22601	15.67846	14.32380	13.13394	12.08532	11.15812	10.33560	9.60360	8.95011	8.36492
20	18.04555	16.35143	14.87747	13.59033	12.46221	11.46992	10.59401	9.81815	9.12855	8.51356

n/i	11.0	12.0	13.0	14.0	15.0	16.0	17.0	18.0	19.0	20.0
1	0.90090	0.89286	0.88496	0.87719	0.86957	0.86207	0.85470	0.84746	0.84034	0.83333
2	1.71252	1.69005	1.66810	1.64666	1.62571	1.60523	1.58521	1.56564	1.54650	1.52778
3	2.44371	2.40183	2.36115	2.32163	2.28323	2.24589	2.20959	2.17427	2.13992	2.10648
4	3.10245	3.03735	2.97447	2.91371	2.85498	2.79818	2.74324	2.69006	2.63859	2.58873
5	3.69590	3.60478	3.51723	3.43308	3.35216	3.27429	3.19935	3.12717	3.05764	2.99061
6	4.23054	4.11141	3.99755	3.88867	3.78448	3.68474	3.58918	3.49760	3.40978	3.32551
7	4.71220	4.56376	4.42261	4.28830	4.16042	4.03857	3.92238	3.81153	3.70570	3.60459
8	5.14612	4.96764	4.79877	4.63886	4.48732	4.34359	4.20716	4.07757	3.95437	3.83716
9	5.53705	5.32825	5.13166	4.94637	4.77158	4.60654	4.45057	4.30302	4.16333	4.03097
10	5.88923	5.65022	5.42624	5.21612	5.01877	4.83323	4.65860	4.49409	4.33894	4.19247
11	6.20652	5.93770	5.68694	5.45273	5.23371	5.02864	4.83641	4.65601	4.48650	4.32706
12	6.49236	6.19437	5.91765	5.66029	5.42062	5.19711	4.98839	4.79323	4.61050	4.43922
13	6.74987	6.42355	6.12181	5.84236	5.58315	5.34233	5.11828	4.90951	4.71471	4.53268
14	6.98187	6.62817	6.30249	6.00207	5.72448	5.46753	5.22930	5.00806	4.80228	4.61057
15	7.19087	6.81086	6.46238	6.14217	5.84737	5.57546	5.32419	5.09158	4.87586	4.67547
16	7.37916	6.97399	6.60388	6.26506	5.95424	5.66850	5.40529	5.16235	4.93770	4.72956
17	7.54879	7.11963	6.72909	6.37286	6.04716	5.74870	5.47461	5.22233	4.98966	4.77463
18	7.70162	7.24967	6.83991	6.46742	6.12797	5.81785	5.53385	5.27316	5.03333	4.81220
19	7.83929	7.36578	6.93797	6.55037	6.19823	5.87746	5.58449	5.31624	5.07003	4.84350
20	7.96333	7.46944	7.02475	6.62313	6.25933	5.92884	5.62777	5.35275	5.10086	4.86958

SMART

객관식

재무관리

2021년 03월 15일 초판 2쇄 발행
2021년 07월 30일 2 판 1쇄 발행

저 자　| 김용석
편집·디자인| 유진강(아르케 디자인)
인쇄·제본| 천광인쇄

펴낸이　| 김용석
펴낸곳　| (주) 이러닝코리아
출판등록| 제 2016-000021
주 소　| 서울시 금천구 가산동 60-5번지 갑을그레이트밸리 A동 503호
전 화　| 02)2106-8992
팩 스　| 02)2106-8990

ISBN 979-11-89168-25-4   93320